第二版

21世纪经济学系列教材

ECONOMICS

新制度经济学

Neoinstitutional Economics

卢现祥 主编

WUHAN UNIVERSITY PRESS
武汉大学出版社

图书在版编目(CIP)数据

新制度经济学/卢现祥主编.—2版.—武汉：武汉大学出版社，2011.4
(2020.9重印)
21世纪经济学系列教材
ISBN 978-7-307-08498-8

Ⅰ.新…　Ⅱ.卢…　Ⅲ.新制度经济学　Ⅳ.F091.349

中国版本图书馆CIP数据核字(2011)第009322号

责任编辑:柴　艺　　责任校对:刘　欣　　版式设计:詹锦玲

出版发行：**武汉大学出版社**　(430072　武昌　珞珈山)
(电子邮箱：cbs22@whu.edu.cn　网址：www.wdp.com.cn)
印刷:武汉市宏达盛印务有限公司
开本:787×1092　1/16　印张:21　字数:494千字　插页:1
版次:2004年1月第1版　2011年4月第2版
2020年9月第2版第10次印刷
ISBN 978-7-307-08498-8/F·1466　定价:45.00元

第二版前言

本教材2004年出版后，不少高校将其作为本科生和研究生的教材，从出版到今天已经有六年多时间了，这期间国内外关于新制度经济学研究的文献也增加了不少，作为教材就要不断地反映本学科领域的最新成果和发展趋势。

第二版在原有基础上增加了制度分析的三种方法，这三种方法是由诺思提出来的：一是科斯、诺思等人的交易成本方法，二是布坎南、托利森和塔洛克等人的寻租方法，三是奥尔森的分利集团方法。交易成本模型提出了一种基础的制度理论，寻租模型和分利集团模型提供了关于无效率的体系实际运行状况的认真细致的分析。我们认为，解释不成功的制度（无效、低效甚至阻碍经济发展的制度）更重要，所以第二版增加了第二章制度分析方法，第六章寻租理论：产权理论的一个扩展，第七章集体行动、利益集团与制度，第十章制度演化的层次及第十二章互惠制度与掠夺型制度。这些内容既可用来分析历史与现实中一些不成功的制度是如何形成的，又可用来分析发展中国家及转型国家的一些现实问题。这也是本书主编这些年来主要研究的一些问题，本教材不少部分就是主编这方面研究成果的反映。此外，第二版还增加第五章企业理论（由崔兵撰写）以及关于非制度因素的分析（加入第十三章），对第十一章国家理论（初版是第六章）作了较大的改动。朱巧玲参与了第六章和第七章的部分修订工作，罗小芳参与了第十章和第十二章部分的修订工作。

制度经济学的问题不是没有理论，而是拥有太多彼此孤立的理论（阿兰·斯密德）。如何把这些彼此孤立的理论“联结”起来，形成一个有机体，是当代制度经济学家们所共同面临的一个基本问题。没有一个共同的体系，新制度经济学的传承就会受到影响。好在国内外有不少学者正在为建立一个新制度经济学体系而努力奋斗。本教材在修订过程中参考了国内外最新的新制度经济学文献，在此对这些文献的作者表示深深的谢意！在修订过程中，尽管我们做了大量的努力，但本教材可能还是难免存在这样或那样的问题，恳请读者批评指正！

卢现祥

2011年1月25日

第一版前言

改革开放以来，我国经济学研究的“热点”有三次较大的变化：一是改革初期对马克思主义经济学的研究；二是20世纪80年代中后期对东欧经济学的研究；三是20世纪90年代初期以来对西方经济学的研究。这些研究的转变与我国经济体制改革的进程是一种相互促进的关系。改革开放以来，我国经济学研究得到了长足的发展，并为推动经济体制改革作出了自己的贡献。

新制度经济学是科斯、诺思、威廉姆斯、阿尔钦及德姆塞茨等人应用新古典经济学的理论和方法分析制度的构成和运行而建立起来的一门学科。他们不同于以凡勃伦、康芒斯及加尔布雷斯等人为代表的近代制度经济学。作为一个独立的研究思潮，近代制度经济学主要由对于新古典经济学尖锐批判的研究原则所构成。而新制度经济学在坚持新古典经济学“硬核”的同时，又对其有所修正和发展。新制度经济学（包括新厂商理论）已经成为当代微观经济学发展中的一个新分支，并且逐步融入主流经济学。

近些年来，对新制度经济学的研究成为我国经济学领域的一大“热点”。新制度经济学对中国经济学界产生重要影响的原因就是新制度经济学理论与方法有利于分析我国新旧体制转型的过程及其转型中的经济和社会问题。中国的改革实践也为我国理论界对制度经济学的研究提供了土壤。在张五常看来，新制度经济学在美国不及在中国那样受到重视。中国偏爱的原因有三方面：一是制度经济学是真实世界的事，是每个人的经验，只要有洞察力就可以作出贡献。二是今天在中国比较年长的人，在经验上对制度的认识一般来说超出西方的经济学者。更重要的是马克思主义经济学包括着大量的制度分析，这些都有利于中国学者对新制度经济学的认同。三是中国的开放与改革需要制度经济学，制度经济学可以解释真实世界的问题，可以解释我国转型中的社会经济问题。

新制度经济学的理论和方法不仅对于我国经济学界产生了重要的影响，而且也对法学、社会学、政治学等社会科学的研究产生了较大的影响。值得指出的是，国外有学者提出，新制度经济学能统一社会科学。统一社会科学的创想直接来源于科斯和诺思。国际制度经济学学会中的许多经济学家都认为，起码可以在政治学、经济学、社会学、历史学、人类学、认知科学，甚至包括社会心理学等学科的领域内，用制度一统天下。能否用制度一统天下，尚需实践来检验。但是，制度经济学的方法越来越多地被政治学、社会学、法学等学科的学者所关注，甚至应用。

新制度经济学的体系及其综合是本教科书首先要解决的一个问题。国内较早尝试对西方新制度经济学进行综合评介的是笔者所著的《西方新制度经济学》（中国发展出版社，1996年）。国外翻译成中文的有思拉恩·埃格特森的《新制度经济学》（商务印书馆，1996年）、柯武刚和史漫飞的《制度经济学——社会秩序与公共政策》（商务印书馆，

2000 年）等。本书以《西方新制度经济学》一书提出的新制度经济学的框架为基础，参考了国内外新制度经济学的教科书和文献，形成了本教科书的体系。本书首先由我提出编写提纲，参加编写的人员有卢现祥（第一、二章）、袁铖（第三、六章）、王文贵（第四、五章）、熊红芳（第七、八章）。初稿形成后，我进行了修改和统纂。最后，敬请读者对本书的缺点和不足提出批评与指正。

卢现祥

2003 年 10 月 1 日于武汉

目 录

第一章 导 论

诺贝尔经济学奖获得者斯蒂格利茨指出，新制度经济学是从新的视角来解释制度并检查它的结果。21世纪将是新制度经济学繁荣发达的时代，它将对越来越多引导经济事务的具体制度安排提出自己的真知灼见，并且为改变这些安排以增强经济效率提供理论基础。在当代经济学中，新制度经济学为人们分析社会经济问题提供了一个全新的视角。尤其在一个新旧体制转轨的国家里，新制度经济学更是大有用武之地。

第一节 新制度经济学的研究对象

简单地讲，新制度经济学就是用经济学的方法研究制度的经济学。正如经济学说史上每次大的经济学革命都会引起争议一样，人们对新制度经济学地位的评价也不一。一种看法认为，新制度经济学不过是对新古典经济学的某种修正。另一种看法则认为，以科斯（Coase）、诺思（North）为代表的新制度经济学在经济学领域中掀起了一场革命（盛洪，1990）。新制度经济学不仅拓展了经济学的研究范围，而且还促使人们思考经济学的研究范围到底是什么。用科斯的话来说，“当代制度经济学是经济学本来就应该是的那种经济学”。言外之意是，现在的主流经济学还不是“应该是的那种经济学”。

“新制度经济学”（new institutional economics）这个概念是由威廉姆森（Williamson）最先提出来的。新制度经济学的研究对象是什么？科斯指出：“当代制度经济学应该从人的实际出发来研究人，实际的人在由现实制度所赋予的制约条件中活动。”① 新制度经济学的另一代表人物诺思认为：“制度经济学的目标是研究制度演进背景下人们如何在现实世界中作出决定和这些决定又如何改变世界。”② 科斯与诺思都强调新制度经济学应该研究人、制度与经济活动以及他们之间的相互关系。

新制度经济学就是利用正统经济理论去分析制度的构成和运行，并发现这些制度在经济体系运行中的地位和作用。舒尔茨在其《制度与人的经济价值的不断提高》一文中将制度定义为管束人们行为的一系列规则。这一定义为以后研究制度的学者所接受。把制度作为经济学的研究对象并不是始于以科斯、诺思为代表的新制度经济学，众所周知，康芒斯、加尔布雷思都是美国制度主义的代表人物，但科斯称其为近代制度经济学。

新制度经济学是应用现代微观经济学分析去研究制度和制度变迁的产物。因此，有人

① 科斯：《企业、市场与法律》，上海三联书店，1990年版。
② 诺思：《经济史中的结构与变迁》，上海三联书店，1991年版，第2页。

就把新制度经济学称为新微观经济学。它源自这样一种命题，即理性选择（在具体的约束条件下）将创造和改变诸如产权结构、法律、契约、政府形式和管制这样一些制度。这些制度和组织将提供激励或确立成本与收益，这些激励或成本与收益在一定时期内将支配经济活动和经济增长①。

科斯指出，经济学家应做的一件主要工作就是研究经济制度。我们每个人都生活在一种经济制度当中。人类自身的福利依赖于整个社会所能提供的产品与劳务，而后者又取决于经济制度的运作效率。亚当·斯密认为，经济制度的运作效率由分工决定，但只有存在交易时，专业分工才有可能；交易成本越低，制度的生产效率就越高。但是，交易成本依赖于一国的制度，如法律制度、政治制度、社会制度以及教育文化等诸方面的制度。制度决定着经济绩效，这正是新制度经济学所给出的重要结论②。经济绩效在很大程度上取决于控制人们经济行为的社会和政治规则。亚当·斯密推崇的制度结构，是个人对于经济资产拥有排他性私人权利的结构。他的“看不见的手”原理实际上描述了其理想的制度结构。在当代，亚当·斯密所推崇的制度结构仍是新制度经济学家们所期望的制度结构。

把制度作为经济学的研究对象是新制度经济学对正统经济理论的一场革命。经济理论的三大传统基石是天赋要素、技术和偏好。随着经济研究的深入，人们越来越认识到仅有这三大基石是不够的。新制度经济学家以强有力的证据向人们表明，制度就是经济理论的第四大基石，制度至关重要。土地、劳动和资本这些要素，有了制度才得以发挥功能。制度对经济行为影响的有关分析应该居于经济学的核心地位，但为什么制度又被长期排斥在经济理论分析之外（或被抽象掉了）呢？这个中的原因值得探讨。其中的一个主要原因可能是，尽管制度因素（如经济组织形式、政策法规等）对社会经济发展的影响无处不在，人们也能够意识到其影响，但是人们却没有一套理论工具（或理论范式）去分析制度的影响及其功能。科斯把交易成本和产权分析引入经济分析之中，从而改变微观分析结构。

现代经济学的发展呈现出三大趋势：一是完善新古典经济学自身，如把一些思想模型化等；二是在新古典经济学的前提上做文章，主要是改变其假设条件，如从零交易成本假设到交易成本为正的转变，从抽象掉产权到引入产权的转变，从完全信息到不完全信息的转变，从完全契约到不完全契约的转变等；三是把新古典经济学拓展到其他领域的研究，如贝克尔（Becker）用经济学分析婚姻、家庭、犯罪等，布坎南（Buchanan）用经济学分析政治、政府等问题，诺思等用经济学的观点重新分析历史，创立了新经济史学等。后面两种趋势使经济学与其他社会科学越来越接近。在这种趋势的形成过程中，新制度经济学是一支重要的力量。

---

① 埃克伦德等：《经济理论和方法史》，中国人民大学出版社，2001年版，第361页。

② 科斯、诺思等：《制度、契约与组织：从新制度经济学角度的透视》，经济科学出版社，2003年版，第12页。

第二节 新制度经济学的产生与一般性

一、新制度经济学的产生

新制度经济学的产生有长期的理论积累过程。在过去的几十年里，“制度重要”这一认识获得了迅速的普及。有人把这一发展比作哥白尼式的革命。为新制度经济学的形成和发展作出贡献的学者主要有：哈耶克（Hayek）及其他奥地利学派的学者；科斯，他使经济学家注意到交易成本的各种后果，把交易成本及产权引入经济分析之中，从而大大提高了经济学的解释力；布坎南及其他“公共选择”学派的理论家；经济史学家如诺思，他通过分析以往的经济发展发现了制度的重要性；还有像维克里那样的经济学家，他揭示了人具有有限而非对称信息的后果。这些学者分别在1974年（哈耶克）、1986年（布坎南）、1991年（科斯）、1994年（维克里）获得诺贝尔经济学奖。这一事实说明，制度经济学的研究正处于上升阶段①。

新制度经济学在近期的兴起有其现实的需要。第二次世界大战以后，受凯恩斯主义的影响，激增的政府干预和日益政治化的经济生活导致了许多无法预料的后果。在这些后果的影响下，资本主义制度下的传统经济秩序面临新的挑战。这导致了较低的经济增长速度并助长了人们对公共政策的不满。越来越多的政策制定者认识到，制度需要培育。新兴工业国家和不发达经济的人们也已意识到，传统的经济增长理论没有涉及经济发展问题中重要的、真正具有本质性的方面，特别是没有涉及实现自由、经济繁荣和安全的制度发展。当人们在分析东亚国家与非洲经济的增长经历何以如此大相径庭时，制度的关键作用是确凿无疑的。

新制度经济学的产生、发展与经济全球化密切相关。近几十年来，国际竞争有了较大发展。在很大程度上，这也是不同制度系统之间的竞争。在吸引推动经济增长的资本和企业方面，有些规则系统已被证明是成功的，而那些屈居下风的国家则开始努力仿效成功国家的制度。国与国之间的竞争在很大程度上讲是制度的竞争。尽管国与国之间、地区与地区之间制度的竞争看不见、摸不着，但却客观存在，并且愈来愈激烈。有人讲，21世纪世界的竞争将是制度之间的竞争。谁的制度好，资源就会流向那里。人才、资金及技术等都会流向那些制度环境好的地方。我国加入WTO后，制度竞争对于我们的挑战更加明显。认识制度的重要性，是我们寻找一种好制度的前提。开放与制度变迁、制度创新有着相互促进的关系。

新制度经济学在近些年的兴旺与大量经济转型国家的存在及这些国家对制度经济学的需要也密切相关。转型国家的人口几乎占世界的三分之一。经济转型主要是从传统的计划经济或管制经济向市场经济过渡。转型的实质是制度变迁或制度创新。现在，促进经济转型的挑战已经吸引了众多经济学家，使之聚焦于各种制度在利用知识、鼓励企业和交易上

---

① 柯武刚、史漫飞：《制度经济学——社会秩序与公共政策》，商务印书馆，2000年版，第1~4页。

的重要性。同样，那些坚持收入再分配和公共福利从而存在大量政府管制经济的西欧，也正体验着创新减缓、增长放慢和新就业机会减少。那里的许多观察家目前也在呼吁制度改革。要想理解他们的论据，首先需要将制度明确地纳入经济学理论。如果将制度分析排斥于研究之外，就无法满意地解释，为什么将许多像福利供给那样的政府经济活动（重新）私有化在总体上是有益的，以及为什么解除管制会有好处①。新制度经济学关于制度变迁和制度创新等方面的分析有利于帮助人们掌握转型中一些规律性的东西，有利于决策者在改革方案的设计上更科学，从而降低制度变迁的成本。

在东西方制度发生巨大变迁的时代，对经济学家来说拥有能看清不同制度相对优点的分析工具似乎十分重要。这些工具必须超越传统的诸如完全竞争、垄断和寡头垄断的分类。经济学家必须能够在所使用的模型的框架中赋予诸如放松管制、私有化、中央计划或市场经济等操作意义。

二、新制度经济学的一般性

新制度经济学尽管从西方国家的“历史与现实”中提炼而成，尽管隐含西方人的价值观和文化（甚至意识形态），但是其仍具有一般性。这种一般性表现在：

第一，制度因素在社会经济中的重要性及其作用，东西方都是一样的。制度是约束人们行为的一种规范，是一种“游戏规则”。同时，制度又是一种稀缺要素。以往人们认为，资金、劳动力、技术之类的要素短缺会制约经济的发展，新制度经济学的分析表明，制度短缺或制度供给的滞后同样会制约经济发展。在经济活动中，资金设备短缺可由劳动力替代，劳动力短缺可用机器设备替代，只要市场充分发展或健全，这些问题并不难解决。但是，制度具有“资产专用性”，制度短缺不能由其他要素来替代。一种体制比另一种体制效率高的原因就在于制度的不同。同样的生产要素在不同国家效益的差异实质上也就是一种制度的差异。就像技术有技术经济学，资金有货币金融学，劳动力有劳动经济学一样，制度有制度经济学。对于发展中国家来讲，新制度经济学更具有实用价值。笔者认为，发展中国家与发达国家的差距主要是制度的差异。一国经济并不是生产要素的简单叠加，土地、劳动力和资本、技术这些要素，有了制度才能发挥其功能。诸思（1990）对为什么一些国家富裕而另一些国家贫困进行了分析，他的结论是：“缺少进入有法律约束和其他制度化社会的机会，造成了现今发展中国家的经济长期停滞不前。”为什么发展中国家难以形成有效的制度？可以说，有效制度的形成是对制度变迁需求和供给相互作用的结果，而对制度变迁需求的转变是由要素与产品的相对价格的变化以及与经济增长相关联的技术变迁所引致的，对制度变迁供给的转变是由社会科学知识及法律、商业、社会服务和计划领域的进步所引致的。② 制度的形成需要耗费时间、智慧和精力，制度的形成是多种利益集团经过多重博弈的结果，制度的形成还受人们的观念、文化传统、习惯等因素的

---

① 柯武刚、史漫飞：《制度经济学——社会秩序与公共政策》，商务印书馆，2000年版，第1~4页。

② 科斯等：《财产权利与制度变迁：产权学派与新制度学派译文集》，上海三联书店，1991年版，第328页。

影响……随着新制度经济学研究的不断深入，人们终将揭示出发展中国家不能建立有效制度的原因。

第二，制度分析方法适用于所有国家。制度分析实质上是人的行为分析、利益矛盾分析、人与人关系（生产关系）分析的总称。制度分析实质上是马克思用于分析资本主义经济的基本方法之一。新制度经济学家在制度分析方面深受马克思历史唯物主义的影响。诺思是公认的新制度经济学的代表人物，他对新制度经济学的发展作出了不可磨灭的贡献。他最突出的贡献就是从历史的角度分析了制度的起源、制度变迁的规律以及制度变量在社会经济运转体系中的地位和作用。有趣的是，诺思的制度理论框架几乎“脱胎”于马克思的历史唯物主义，他确实从马克思那里“吸收”了许多“营养”，并且把它们与新古典经济学理论结合起来。新制度经济学的制度分析尽管从马克思那里“吸收”了“营养”，但与马克思的制度分析又不同。这种不同主要表现在，马克思的制度分析是建立在劳动价值论的基础之上的，而新制度经济学的制度分析是建立在新古典理论的要素论基础之上的；马克思的制度分析强调了不同阶级利益的矛盾以及制度变迁的革命道路，而新制度经济学家的分析则以人类（个人和集体）选择的合理性这一基本假设为出发点并强调了制度变迁的渐进性。如何在对中国经济问题的制度分析过程中发展马克思的制度分析，新制度经济学家们的做法无疑会给我们有益的启示。

第三，西方新制度经济学家揭示的制度运行和制度演变的规律尽管源于西方历史，但西方世界兴起的历史在某种意义上讲也就是市场经济制度确立、完善的历史。因此，他们所揭示的制度规律实际上也就是市场经济制度产生、发展、完善的历史。当然，市场经济制度的基础性制度是排他性产权制度。除基础性制度以外，还有与市场经济“配套”的一系列制度化设施。各经济主体因为它们才能够实现规模经济（股份公司、合伙），鼓励创新（专利法），提高各要素市场的效率（圈地、废除农奴制）或弥补市场的缺陷（保险公司）。这些制度化设施起到提高效率的作用。制度既给我们提供行为规范（游戏规则），又给我们带来效率。这是制度的两大功能。制度经济学能给我们带来什么？中国从计划经济走向市场经济的大趋势是不可逆转的。从计划经济走向市场经济实质上是一个制度的替代、转换与交易过程。这个制度变迁的时间需要多长呢？前苏联的一些天真改革者们曾“幻想”500天过渡到市场经济。良好的愿望并不总能变成现实。近几年理论界的一个热点问题是，在从计划经济走向市场经济的过程中，到底是“休克疗法”好（前苏联及东欧一些国家），还是“渐进式改革方法”好（中国），这确实是值得制度经济学研究的一个好课题。这个问题既涉及制度变迁方式的选择，也涉及路径依赖，同时还涉及意识形态。

第三节 新制度经济学的流派渊源关系及发展趋势

一、新制度经济学与新古典经济学的关系

近代制度经济学的代表人物之一凡勃伦最先使用新古典这个词，他用这个词刻画马歇尔经济学的特点。凡勃伦发现，在一般功利研究和享乐主义的心理假设的基础上，马歇尔

的剑桥学派与古典经济学具有连续性。但是多布认为，“新古典”这个词并不是描绘马歇尔经济学最合适的词汇，因为剑桥学派所做的是脱去古典政治经济学粗糙的外衣，割断其与自然哲学的联系，并用微分学将其重新陈述。新古典经济学一方面继承了古典经济学的许多经济思想，另一方面又加进了边际理论。边际理论的核心，一方面是方法上的个人主义，另一方面是源于主观价值论的边际生产力分配论。新古典主义理论的一切基本命题和基本分析方法，都包括在最初由瓦尔拉斯提出，至今发展为阿罗—德布鲁模型的市场一般均衡体系中。

在某种意义上讲，一种理论成熟之时也就是其僵化之日。目前，新古典模型已日趋僵化，如果不进行进一步的修正，很难用于各类重要的问题的分析，或者说对现实问题缺乏解释力。这一模型的僵化主要体现在它限制了对许多特定的很有意义的方向作进一步探索。埃格特森指出被新古典经济学家所忽视的三个研究领域：(1) 各种可供选用的社会法规（产权）和经济组织如何影响经济行为、资源配置和均衡结果？(2) 在同样的法律制度下，经济组织的形式为什么会使经济行为发生变化？概括而言，像企业以及其他一些经济契约的经济逻辑是什么？(3) 控制生产与交换的基本社会规则和政治规则背后的经济逻辑是什么？它们是如何变化的？

从20世纪60年代后期开始，一大批新古典经济学家开始对经济组织的结构产生了兴趣。一项新的研究规划开始试图将微观经济理论更一般化，当然这一研究仍保留传统价格理论的基本要素——稳定性偏好、理性选择模型和均衡分析方法。

拉卡托斯（1970）将一份研究纲领分为两个组成部分：不变的硬核和可变的保护带。对一种研究纲领的修正是重新调整它的保护带，而对原有研究纲领的内核要素的改变则意味着形成一种新的研究纲领（范式）。稳定性偏好、理性选择模型和相互作用的均衡结构构成了微观经济学范式的内核，它成为20世纪经济学主要的研究纲领。它的保护带按照努森（1986）的说法可以分成三个部分：(1) 主体面临特定的环境约束；(2) 主体拥有特定的关于环境的信息；(3) 研究特定的相互作用的方式。新制度经济学家通过引入信息和交易成本以及产权的约束，修正了新古典经济学的保护带。他们抛弃了新古典经济学的一些硬核，如理性选择模型。

新制度经济学的许多著作存在着很多方面的差异，但它们都有着共同的内在的一致性。首先，它们都试图将规则的限制和约束交易的契约纳入经济模型，而且新古典模型中的理想产权结构也被作为基本的标准而加以确认。其次，新古典经济学中关于完全信息和交易无成本的假设也被放宽，正交易成本的影响得到了广泛的研究。在交易成本为正的世界里，产权、企业、契约、组织、法律及制度就极为重要了。最后，对于有价值的商品仅存在两方面的特征——价格和数量的假设被放宽，经济产出的内在意义以及与商品和劳务的质量有关的经济组织方式得到了研究①。

新制度经济学与新古典经济学的关系可以概括为：新制度经济学利用新古典经济学的理论和方法去分析制度问题，但是这种利用并不是一种简单的、照搬式的应用，而是一种有修正、有发展的运用。诺思在获诺贝尔经济学奖时指出，新制度经济学的框架是对新古

① 埃格特森：《新制度经济学》，商务印书馆，1996年版，第10~12页。

典理论的修正，它所保持的是稀缺性的基本假设和由此产生的竞争及微观经济理论的分析工具，它所修改的是理性的假设，它所引入的是时间维。制度经济学与当代新古典经济学有很大的不同。新古典经济学的基础是一些有关理性和信息的苛刻假设，它隐含地假设制度是既定的。制度经济学与法学、政治学、社会学、人类学、历史学、组织科学、管理学和道德哲学都有重要的联系。

有人认为，新制度经济学所涉及的方法论在本质上与正统的微观经济学分析是一致的，如威廉姆森（1975）声称，“新制度经济学家认为，他们正在做的乃是对常规分析的补充，而不是对它的取代”。这种方法论上的一致性表明，新制度经济学融入主流经济学是没有什么问题的①。

新制度经济学对新古典经济学的修正和发展主要体现在以下几个方面：

第一，关于人的行为假设。新古典经济学认为，人是理性地追求效用最大化的，但是在新制度经济学的代表人物科斯看来，这个假设既没有必要，也会引人误入歧途。他指出，应该从现实的组织体制出发，应该从人的实际出发来研究人，实际的人在由现实制度所赋予的制度条件中活动。显然，新制度经济学是要用“现实的人”、“实际的人”来代替新古典经济学的“理性的人”。科斯所说的“现实的人”、“实际的人”可以用威廉姆森所概括的两点来描述：(1) 人的有限理性。人总是想把事情做得最好，但是人的智力是一种有限的稀缺性资源。(2) 人的机会主义行为倾向。新制度经济学对人的行为假设的修正有两个方面的重要意义：一是对“实际的人”的行为分析使经济学更具有“解释力”。二是从“实际的人”出发更有利于对制度问题的分析。人的行为与组织、契约及制度创新之间有着内在的联系。如果不对新古典经济学关于人的行为假设进行修正，就很难找到制度问题分析的突破口。

第二，关于交易费用、产权、制度、组织等的引入。新制度经济学的基本理论工具是交易费用理论和产权理论。有了交易费用理论和产权理论，我们就可以解释经济发展和制度变迁中的许多问题。为什么说交易费用理论和产权理论是新制度经济学的基本理论工具？(1) 交易费用范式构成了新制度经济学的理论框架。没有交易费用就没有新制度经济学。如果所有的交易成本为零，那么，不论生产和交换活动怎样安排，资源的使用都相同。这意味着，在不存在交易成本的情况下，各种制度安排或组织安排不会提供选择的依据。(2) 按照产权经济学的看法，经济学的核心问题不是商品买卖，而是权利买卖。最简单的商品权利与商品本身不可分，而复杂的商品（如知识、思想）没有看得见、摸得着的形式，支配和享用它的权利就不是用简单的实物买卖可以处理的事。所谓外部性问题，都是由于人们议定契约的权利无法严格界定，而没有严格界定的权利，就不会有有关产品的市场，所以产生了外部性。如清洁空气的所有权难以界定，就有了污染。市场失败是产权定义不明确的结果。产权制度是一个经济运行的基础，有什么样的产权制度就会有什么样的组织，什么样的技术，什么样的效率。在制度变迁和制度创新中，产权都是重要的变量，所以从交易成本、产权入手是我们理解制度运行和制度构成的关键。有学者认为，产权方法和交易成本方法之间是存在重要差别的，前者需要一种对个人诱因的分析，

---

① 迪屈奇：《交易成本经济学》，经济科学出版社，1999 年版，第 3 页。

而后者则把个人置于一个更广阔的框架内，它容许把公司作为一个组织起来的实体而加以分析①。

二、新制度经济学与近代制度学派的关系

如前所述，科斯把康芒斯、凡勃伦、加尔布雷斯等美国制度主义学者称为近代制度学派，而自己是新制度学派。科斯认为，新制度经济学与近代制度经济学并没有什么理论上的渊源关系。在某种程度上讲，新制度经济学与近代制度经济学在理论上还是对立的。近代制度经济学的观点不是理论性的，而是反理论的，他们尤其反对古典经济理论。他们没有一个理论，除了一堆需要理论来整理不然就只能一把火烧掉的描述性材料外，没有任何东西留传下来。新制度经济学恰恰相反，他们利用正统经济理论（包括古典经济理论）去分析制度与现实问题。斯蒂格勒指出，近代制度经济学的失败是因为它没有提出实证的理论学说。它当时所表现的仅仅是对正统经济理论的不满和批判态度。它注定得不出什么新东西。近代制度经济学的悲剧就在于没有留下什么理论工具（或范式）供别人或后人去使用。他们杂文般的笔调读后确实令人痛快，但仅此而已。人们很难沿着他们的足迹继续前进。

在两次世界大战之间，制度主义实际上是美国经济思想中的主导派。它之所以把阵地丧失给了新古典形式主义，部分是因为它忽视了自己的任务——发展基本理论。近代制度主义在奠定了制度规范和习惯的重要地位后，低估了花大力气描述经济政治制度的性质和功能这种工作的意义。制度主义者变成了出类拔萃的资料收集者。这种错误主要是方法上和认识上的，并且除了凡勃伦自己和少数其他人外，许多制度主义者都犯了这种错误。这种错误主要体现在他们企图通过越来越细地描绘具体的经济制度的图景来描述“现实”。近代制度学派没有理论框架，没有理论框架，科学就不可能进步，并且没有任何对现实的观察是独立于理论或概念的。近代制度学派一直执行着双重职能，即一方面提供对主流新古典学派的经济学批判；另一方面，提出关于经济的以及进行经济研究分析的一个可供替换的概念体系。

近代制度学派内部也存在很大差异，凡勃伦—艾尔斯传统集中于技术的进步作用和制度的约束作用；康芒斯传统则较少迷恋技术的责任，而在看待作为集体行动方式的制度时更中立些；两者都承认实际经济成就是技术和制度的一个函数。尽管他们有分歧，但有制度分析的共同核心②。

与主流经济学坚持认为中心的经济问题是资源配置、收入分配以及收入、产量和物价等水平的决定相反，近代制度学派认为经济体系的组织和控制问题，即经济体系的权力结构应该摆在第一位。近代制度学派思想的主要特点是整体主义和进化主义。

近代制度学派关于制度、交易等问题的分析对新制度经济学产生过重要影响，但两者又有很大的差别：

（1）价值判断标准不一样。近代制度学派以现实的资本主义社会的批判者和想象中

---

① 迪屈奇：《交易成本经济学》，经济科学出版社，1999年版，第5页。

② 《新帕尔格雷夫经济学大辞典》（第二卷），经济科学出版社，1996年版，第931页。

的未来社会的设计者的身份出现，而新制度学派则是以人类选择的合理性这一基本假设为基础的。

（2）从对研究对象的把握来看，近代制度学派指责正统经济学的范围过于狭小，但其研究对象实际上包括经济学、政治学、社会学、心理学及法学等，范围过大，从而丧失了明确的研究对象。这是近代制度学派不能形成系统的经济学理论的重要原因。新制度学派在把新古典经济学拓展到制度问题的研究上要理智得多。

（3）近代制度学派的观点不是理论性的，而是反理论的，他们尤其反对新古典理论，而新制度经济学则利用新古典理论去分析制度与现实问题。

（4）近代制度学派主要以资本主义制度为研究对象，缺乏一般性；新制度经济学更具有一般性，其原理对发达国家与发展中国家都适用。

三、马克思的制度分析与新制度经济学的关系

诺思认为，“在详细描述长期变迁的各种现存理论中，马克思的分析框架是最有说服力的，这恰恰是因为它包括了新古典分析框架所遗漏的所有因素：制度、产权、国家和意识形态”。马克思理论及制度分析法对西方新制度经济学的影响主要表现在以下几个方面：

（1）马克思的科学方法论对新制度经济学的影响。马克思关于生产力与生产关系相互作用的原理、经济基础与上层建筑相互作用的原理以及逻辑与历史相统一的方法等对新制度经济学的形成都有重要影响。法国学者勒帕日在其《美国新自由主义经济学》一书中指出，新制度经济学从一些纯粹的马克思概念（例如上层建筑和经济基础的联系）出发，发展出一种解释历史的非马克思主义的经济分析。

（2）马克思注重制度分析并把制度作为社会经济发展的一种内生变量。在马克思的理论中，制度因素是社会经济发展的内生变量，而不是独立于社会经济发展之外的。正如新制度经济学家拉坦所说的那样，马克思比他的同时代学者更深刻地洞见了技术与制度变迁之间的历史关系。他将发明看做一个社会进程，而不是先验的洞见或偶然的天赋灵感的结果。在马克思的体系中，阶级斗争反映了经济制度的演进与生产技术进步之间的不断“冲突”。尽管马克思强调了生产方式的变化（技术变迁）与生产关系的变化（制度变迁）之间的辩证关系，但他相信前者提供了社会组织变迁更为动态的力量。马克思揭示的生产关系一定要适应生产力的规律能够有效地解释人类社会经济发展的变迁过程。新制度经济学从马克思的历史观那里得到了许多启发。新制度经济学家意识到，在人类历史长期变迁的分析中不能离开制度分析。诺思认为对经济增长起决定作用的是制度因素而非技术性因素，一些经济学家在分析经济实绩时忽视制度因素是错误的，并指出这种制度框架约束着人们的选择集。在马克思看来，任何社会的生产都是在一定的生产关系及其制度条件下进行的，并且不同的制度其效率也是不同的，例如资本主义制度比封建制度、奴隶制度更有效率。新制度经济学在这个基础上把成本—效益分析引入了制度效率分析。

（3）马克思历史唯物主义框架对新制度经济学体系的形成产生了重要的影响。新制度经济学在对制度问题的分析中发现，马克思对社会经济发展问题的分析框架是最有说服力的。有人认为，西方新制度经济学实际上是在马克思的分析框架内引入了新古典经济学

的分析方法。抽象掉生产关系与制度的演变来分析经济的运行，这是西方正统经济学的问题所在。新制度经济学要找回的就是被正统经济学家们忽略掉了的制度问题、产权问题、国家问题甚至意识形态问题。这些问题之所以被抽象掉，有的是为了维护本阶级利益的需要，有的是因为一些经济学家认为这些问题不重要，有的经济学家则认为经济学家不应该研究这些问题。无论出于怎样的动机，离开了对这些问题的分析就不可能解释人类历史的演变过程。在短期的分析中可以抽象掉制度，但是在长期的社会经济发展分析中制度是至关重要的。诺思认为，马克思的分析力量恰恰在于强调了结构变迁和社会生产潜力与产权结构间的矛盾。这实际上就是指马克思的生产力与生产关系相互作用的原理。此外，马克思的国家理论、意识形态理论等对新制度经济学的形成都产生了重要的影响。

四、新制度经济学的发展趋势与前沿问题

在20世纪80年代和90年代，制度经济学发展成一个活跃而广阔的研究领域。它强调制度在推动经济行为方面的核心作用。现在，这个领域划分为两大阵营：一个是由来自传统的新古典经济学和组织学的分析者组成的集团，他们已经认识到制度和交易成本的重要性，并试图将这些引入传统的主流经济学。另一个阵营的经济学家们认为，制度经济学的基本假设与新古典福利经济学中“完备知识”和客观理性那样的构成性假设是不可兼容的，要重新从关于人类价值、认知和行为的基本假设出发建立制度经济学①。从新制度经济学近些年的研究文献来看，新制度经济学的发展呈现出以下趋势：

一是向公式化、模型化发展。新制度经济学在其发展初期，与其他经济学分支的产生与发展一样，也有一个概念引入及原创性的时期。因此，新制度经济学在早期的发展主要是定性或思想方面的。随着研究的深入，公式化、模型化及定量的分析在新制度经济学的研究中越来越重要。如前所述，新制度经济学要融入主流经济学，就必然有一个公式化、模型化及定量分析的问题。目前，博弈论、信息经济学等分析已被大量用于新制度经济学的分析中，如用博弈论分析制度的起源，制度分析中的主观博弈论模型认为，参与人对博弈结构持一种主观和简化的观点，当遇到客观博弈的内部动态力量内生的巨大外部冲击或困境时，他们将以一种互动和创新的方式修改其观点。因此，制度演进过程可以概括为“刻点均衡”（punctuated equilibrium），它兼有路径依赖与创新、稳定和间断双重特征②。值得指出的是，新制度经济学在其完善的过程中，注意理论的公式化、形式化及模型化方面的发展是必要的，但是，新制度经济学不能过分地公式化、形式化及模型化，因为过分地公式化、形式化及模型化会使其离开自己追求的“真实世界的经济学”。

二是用制度经济学的理论和方法解释历史上的经济发展，从而弥补新古典经济学的不足，在解释长期经济发展和制度变迁方面，马克思历史唯物主义和新经济史学比新古典经济学更有说服力。我们在前面分析过，没有雄厚的历史功底是很难对制度及制度变迁问题作深层次研究的。现在的以及面向未来的选择决定于过去已经作出的选择。经济的、社会的变迁不是骤然发生的，而是许多因素长期累积的结果。要理解现在，展望未来，就要重

① 柯武刚、史漫飞：《制度经济学——社会秩序与公共政策》，商务印书馆，2000年版，第44页。
② 青木昌彦：《比较制度分析》，上海远东出版社，2001年版，第186页。

新认识过去。诺思（1991）指出："新古典经济学在分析经济发展或经济史时，只有针对某一个时期或运用比较统计学，才能很好地说明某种经济的实绩，一旦要用它来说明某种经济在整个时期的实绩时，它就不大济事了。"研究长期的经济发展和制度变迁必须放在历史的长河中考察，在这方面新经济史学作出了有益的探讨。无论新制度经济学如何深入发展，从历史的长河中寻求制度变迁的规律是其一个值得探讨的课题。

格雷夫（1998）建议在运用均衡观点分析制度时，可采用以下分析程序处理历史信息：（1）以历史和比较知识为基础，首先区分出哪些技术和制度因素可以看做"外生的"，哪些制度因素需要当作"内生变量"，即需要解释的变量；（2）建立对应特定背景的博弈论模型，其中被界定为外生变量的因素定义了博弈的外生规则，然后解出所有的均衡解；（3）考察是否存在一些均衡解有助于解释内生性制度的性质；（4）研究哪些"历史"因素促成了对特定均衡解的选择，由此确定历史对制度形成的作用①。

三是注重制度差异的比较研究，如比较制度经济学的兴起，转型经济学的发展等。比较经济学的传统领域是比较社会主义与资本主义，而"新比较经济学"则是在研究转轨的经验和亚洲金融危机的基础上产生的。发生在20世纪末的转型过程是非常重要的，因为它涉及了世界上很重要的29个国家近16.5亿的人口，而中国在其中占有很大的部分。在外国，研究经济转轨有两种主要方式，一种是使用内生交易费用的正式模型分析经济转轨，清楚地说明假设和预测，具有正式模型的所有优势，其代表人物有Dewatripont和Roland（2000）、McMillan（1996）及Blanchard（1999）等。另一种包括以Lardy（1998）为代表的对制度和政策变化及其经济后果进行详细的文件记录，以诺思（1997）、Sachs和Woo（1999）为代表的对政策与历史的描述性分析。在转型过程中，市场体制的一些基本要素，实际上在各个国家是以不同的速度、不同的顺序以及不同的条件和不同的形式出现的。新比较经济学通过比较可选择的经济制度，可以更好地理解制度如何运行。过去两个世纪的政治经济学和最近的经验研究都表明不同国家之间的制度存在着系统和显著的差异，并且这些差异对解释经济政治绩效至关重要。新比较经济学的主题就是比较这些制度及其效果，并理解在一定环境中何种制度是适宜的。与制度经济学强调制度的共有成就不同（如对私有产权的保护），新比较经济学强调制度的差异性，它试图在一个统一的博弈论框架下分析制度多样性的源泉和影响，从该框架出发考察制度的相互依存性可能会得出制度安排的多重性、次优性和帕累托不可比性（Pareto-unrankable）。新比较经济学也和公共选择理论一样强调政治。国家之间大多数重要的制度差异源于政府的差异。

四是用制度分析探讨经济发展问题。早期发展经济学的理论导致了国家主导型发展政策，国家主导型发展政策从一个较长的历史时期看，带给人们的不是希望，而是失望。发展中国家从贫穷走向富裕的最大障碍，不是资源条件差、收入水平低、国际竞争力弱，也不是人口太多、缺乏外援，而往往是缺乏一种有效的制度。用制度分析探讨经济发展的根源及发展过程是当代经济学一个热门分支。诺思强调经济绩效是制度和意识形态共同作用的结果。制度影响交易成本，交易成本影响生产和交易。清晰的产权能降低交易成本和扩展市场，保证个人和财产不受政府或强制性实体滥用权力影响的经济能使生产和消费得到

① 转引自青木昌彦：《比较制度分析》，上海远东出版社，2001年版，第18页。

充分的发展。

新制度经济学的前沿问题主要归纳为以下几个方面：

(1) 新制度经济学与其他社会科学之间的关系，即它们能否相互渗透，能否相互交融，同时是不是像诺思所讲的那样，新制度经济学能统一社会科学。统一社会科学的创想直接来源于科斯和诺思。国际制度经济学学会的许多经济学家都认为，起码可以在政治学、经济学、社会学、历史学、人类学、认知科学，甚至包括社会心理学等学科的领域内，用制度一统天下。能否用制度一统天下，尚需实践来检验。但是，制度经济学的方法被越来越多的政治学、社会学、法学等学科的学者所关注，甚至应用。

(2) 关于新制度经济学的方法论。一是个人主义，二是反设事实，科斯、诺思在论述经济学发展走向时，对反设事实的方法论甚为推崇。近来，新制度经济学方法论上的最新进展是解析性叙述（analytic narrative）。

(3) 互惠制度的形成。研究产权、交易费用、公共选择及新经济史等问题都涉及互惠制度是怎样形成的问题。有人把这称为制度的微观基础研究。不少学者认为，所谓经济人还需要更为具体化的研究。

(4) 演化制度分析，也就是把演化论纳入制度变迁分析中。制度最好被认为是无数互动的个体行动无意识的结果。新制度经济学将集中于把选择机制作为经济变迁的来源来研究。在分析的层次上，较高层次的总量现象的变化通常可由较低层次的分析单位来解释，例如，纳尔逊和温特在产业的层次上进行解释，威廉姆森的交易费用经济学处理"低一个层次"的现象，组织形式的演化由个体的努力来解释。

(5) 国家理论。许多人提出按照奥尔森（Olson）的思想，用现代制度的分析方法来构建一个新制度主义的国家理论。

(6) 技术变迁与制度变迁的关系。

以上是新制度经济的几个前沿问题。新制度经济学最重要的学科基础是微观经济学。新制度经济学既需要雄厚的微观经济学基础，也需要一套历史、哲学的支撑①。从某种意义上讲，新制度经济学是把新古典经济学丢掉的古典经济学的一些传统"捡"回来。

五、新制度经济学的基本框架

威廉姆森清楚地阐述新制度经济学就是两个方面的内容：其一是组织，其二是组织的治理，从这两个角度来清理所谓的新制度经济学。埃格特森把现实及历史上的一切组织制度分为两个层次：一是在自由放任经济环境中，人们在生产交易过程中所形成的各种组织形式；二是在人类自由交换生产的基础上，存在的一套约束经济交易主体选择行为的规则和制度。在第一个层次，有企业组织形式、农村契约形式、市场习惯做法、交易媒介等；在第二个层次，产权的起源及产权结构、产权的利益集团、政府国家等都包括在内②。其实这两个层次是相互联系、相互制约的。在现实生活中，我们很难把这两个层次截然

---

① 秦海：《制度的历史分析》，载吴敬琏主编：《比较》（第4辑），中信出版社，2002年版，第192~193页。

② 埃格特森：《新制度经济学》，商务印书馆，1996年版，第2页。

分开。

在新制度经济学中有好几个层次的分析，这主要取决于哪些变量被看做内生的。在第一层次，产权结构和组织形式被明确模型化，但被看做外生的，而且主要强调它们对经济产生的影响。在第二层次，组织交换的活动被内生化，但是产权的基本结构仍是外生的。企业内部的交换、通过正式市场的交换，以及非市场情况下的交换，等等，是通过能约束各方的契约来组织进行的。比如，企业被定义为契约的网络。在第三层次，人们试图通过引进交易成本概念而把社会、政治规则以及政治制度结构内生化。直到20世纪80年代，新制度经济学才作为一个统一的研究项目逐渐形成。新制度分析的一些主要人物通常只专注于上面所说的三个分析层次的某一层面。

自20世纪60年代以来，当代西方经济学界的制度研究有三大流派：（1）以交易费用为分析工具的"新制度经济学派"。（2）以Arrow、Hahnt及Akerlof为代表的新古典主流经济学家，使用一般均衡的分析方法，引进交易费用研究制度的作用和选择。（3）以博弈论，尤其是20世纪90年代中后期发展起来的演化博弈论为工具的制度分析，主要代表代表人物有Binmore、Young、Sugden及Greif等。新制度经济学现在正处于发展时期，不断向其他学科渗透，新的方法和理论也在向新制度经济学渗透，如博弈论、行为经济学、演化经济学等。

新制度经济学还是当今许多经济学流派或理论的一种"综合"。新制度经济学的分支学科有交易费用经济学、产权经济学、经济分析法学、新经济史学等。这些分支学科从不同侧面揭示了与制度有关的问题。

威廉姆森（1975）把新制度经济学的重要特征概括为四个方面：（1）新制度经济学充分假设，制度有深刻的效率因素。也就是说，不同制度下绩效是不一样的。（2）新制度经济学坚持认为资本主义经济制度的重要性，不仅在于技术本质，而且还在于管理方式结构，后者带来不同的经济类型中信息传递、激励和分权控制的区别。（3）新制度经济学用的是比较方法，一种可行的形式与另一种相比，而不是与抽象的无摩擦的理想形式相比较。比较中的基本概念就是交易成本。（4）新制度经济学认为，经济组织的中心问题，归本求源是人类的行动属性，行为假设被看做现实中的重要部分，这个层次的严重失败将导致制度经济学的危机。新制度经济学在关于人类行为的假设及人类行为与关系上进行了许多有价值的分析。

本书的特色主要体现在两个方面：

一是对以交易费用为分析工具的"新制度经济学派"的基本观点进行详细的介绍和研究，如制度的构成与制度的起源；制度变迁与制度创新，包括制度需求与制度供给；制度、产权与国家理论；制度与经济发展的相互关系。自科斯以后，交易费用是新制度经济学另一个非常重要的元素。威廉姆森关心的是产权和交易费用研究体系，也就是以科斯理论为基础的一脉①。在新制度经济学的核心里，到处可以看到制度、交易成本和经济成果

---

① 秦海：《制度的历史分析》，载吴敬琏主编：《比较》（第4辑），中信出版社，2002年版，第179页。

之间的相互作用①。

二是重点探讨了制度分析的三种方法，即交易成本方法、利益集团方法和寻租方法。利益集团理论和寻租理论可以解释历史与现实中低效制度、无效制度甚至掠夺型制度是如何形成的。这种制度分析更适用于发展中国家和转型国家。总结发展中国家和转型国家的低效制度、无效制度甚至掠夺型制度形成的经验教训更有理论意义和现实意义。在制度经济学的研究中，人们对有效率的制度的研究比较成熟，但对低效制度、无效制度甚至掠夺型制度形成的原因和机理知道得相对较少。

◎思考题

1. 解释下列名词。

新制度经济学　　新古典经济学　　近代制度学派

2. 简述新制度经济学与新古典经济学的关系。
3. 简述马克思的制度分析与新制度经济学的关系。
4. 试述新制度经济学产生的根源及适用性。
5. 试述新制度经济学的发展趋势。

① 埃格特森：《新制度经济学》，商务印书馆，1996年版，第2页。

第二章　制度分析方法

制度分析方法是新制度经济学的重要组成部分。第一节分析新制度经济学的方法论及其特征，探讨科斯革命与新微观经济学的问题。第二节介绍诺思提出的制度分析的三种方法，即交易成本方法、寻租方法和分利集团方法。交易成本方法提供了一种基础的制度理论，寻租方法和分利集团方法提供了关于无效率的体系实际运行状况的认真细致的分析。这种制度分析框架更有利于我们研究现实的制度和体制。第三节是人类行为与制度的关系，重点探讨新制度经济学研究中关于人的行为的假设。

第一节　制度分析方法概述

一、新制度经济学的方法论及其特征

我们把从事制度经济学研究的学者分为两类，他们都遵循新古典传统，但在分析方法上有些不同。一类学者在分析组织或制度问题时采用一种文字表述方法，倾向于融入大量的描述性细节。另一类学者是正式主义学派，他们在更抽象的层次上进行研究，大量使用数学工具获取结论。这两种制度研究方法具有互补性。随着知识的增加和经济模型变得更加严格、复杂，数学方法的重要性可能增强。但是，对制度主义来说，在正式化模型成为所有严肃的理论家必须使用的工具以前，尚有很长的路要走。事实上，过早限制制度研究的范围和方法是危险的，会丧失广泛讨论带来的收益。现在所需要的是把非正式制度研究的一些发现融入正统微观经济学中。这样做，一个更令人满意的折中的制度理论才可能出现①。

新制度经济学仍遵循当代边际主义理论的一般方法。边际主义这个词首次进入普通的英文词典是在1966年，当时《韦伯斯特词典》（第3版）把“边际主义”解释为“一种经济分析，它强调边际特性在决定均衡中的作用”。19世纪70年代初期杰文斯的《政治经济学原理》、门格尔的《国民经济学原理》（均出版于1871年）以及瓦尔拉斯的《纯粹政治经济学纲要》（两卷分别于1874年和1877年出版）的出版标志着边际主义经济学的开始。这些著作第一次在使用价值与交换价值之间建立了一种人们梦寐以求的关系。19世纪70年代的这些著作至关重要，以至于人们称其“构成了整个经济学大厦的基础”，这是因为它提出了每个消费者交易之后价格与边际效用对应的条件，即效用最大化的条件。效用最大化的条件（意味着当价格发生变化时，每个消费者对商品替代的假设）对

① 菲吕博顿、瑞切特编：《新制度经济学》，上海财经大学出版社，1998年版，第345页。

解释商品需求曲线向下倾斜提供了一种分析依据，同时也解释了为什么在生产数量既定的情况下，相对价格只取决于边际效用，而与商品生产成本无关①。新制度经济学，包括科斯在其分析中都遵循了边际主义的方法。诺思认为，应注意不断地把传统正规新古典价格理论与制度理论结合起来，新制度经济学的最终目的不是试图去替代新古典理论，而是使制度经济学成为对人类更有用的理论。所以，如何把主流经济学的价格理论与正在构建的制度理论很好地整合在一起，就是新制度经济学的一项重要任务②。

新制度经济学在方法论上，与主流经济学的差别主要表现为：

1. 从抽象的世界到真实的世界

在科斯看来，主流经济学的内容正变得越来越抽象，并且与真实世界越来越疏远了。自亚当·斯密以来，经济学家们的所有努力都在试图构建通过价格机制协调经济体制运行的那只看不见的手的理论体系，但是主流经济学的分析都是在越来越抽象的层次上来完成这个理论体系的构造的。亚当·斯密曾指出，应该关注现实中的商品与劳务，以及是什么决定它们的种类和数量，但经济学家们在研究供给与需求怎样决定价格时，却忽略了那些在市场中决定什么商品和劳务被交易且因而被定价的因素，或者说，忽略了人的有限理性、产权、交易费用、不完全信息及不完全契约等对市场运行的影响。

与旧制度主义学者一样，新制度主义学者也是从批判流行经济理论“过于抽象”入手。降低抽象程度意味着要完全或在很大程度上放弃建立于确定性和无限理性基础之上的古典和新古典经济理论的基本假设。放弃这一基本假设的方法论意义无论是从整体说还是从局部说都是巨大的③。因此，如果新制度经济学要减轻抽象程度——这种抽象限制了许多现代微观经济理论的发展，那么，它必须从古典和新古典理论的演绎方法转向经验、历史和制度方法。与此相对应，抽象程度的减轻可能导致最终结论和理论应用范围的缩小。换言之，理论越抽象，应用的范围就越广泛。与形成一个统一的制度理论有关的一个基本问题涉及抽象。在应该把多少制度细节融入模型中以便模型成为解释实际现象的有用工具的问题上可能存在着不同意见。总之，在抽象程度应该多大问题上的意见分歧可能会一直存在下去。

西蒙认为，经济学是对人类制度的描述和解释，经济理论不可能像桥梁设计理论那样长期保持不变。涉及人的经济学要比其他自然科学要复杂得多。决策过程和人类制度的其他方面存在于人的头脑中。随着人们拥有的知识的变化以及计算方法的变化，决策过程也要发生变化。因此，从一个很小的前提集通过演绎推导来预测和描述人类经济行为的企图注定是行不通的。

当经济学越来越多地介入对不确定性的研究、越来越多地关注企业决策所面对的复杂的现实时，分析方法的转变是不可避免的。经济学领域将越来越宽广，它将从心理学角度现实地描绘人的理性受到的限制和这些限制对人的经济行为的影响，从而取代受环境约束

---

① 《新帕尔格雷夫经济学大辞典》（第三卷），经济科学出版社，1996 年版，第 344~355 页。

② 科斯、诺思等：《制度、契约与组织：从新制度经济学角度的透视》，经济科学出版社，2003 年版，第 17 页。

③ 菲吕博顿、瑞切特编：《新制度经济学》，上海财经大学出版社，1998 年版，第 48~49 页。

的无所不能的决策者这一过度简化的假设。

以科斯为代表的新制度经济学强调对现实问题的关注和研究。经济学的正规训练总是详细地介绍诸如替代和机会成本等核心概念，以及包括最优化分析技术和博弈论推理等各种正式工具的运用。正式工具的分析常常是数学化的和精确的，有时甚至是精美的。在有些情况下，这种正式的分析仅仅为文字的争论提供了一种逻辑的检验。在理想的状态下，它可能超越发现逻辑错误及其必要条件和引出附带结果。但是，正式分析常常变得固步自封并失去和现象的联系。当例行而便利的理论分析超越了对相关事实的考察时，正式分析的成长是封闭性的。它自身是越来越完美了，但是离现实也越来越远了。科斯把这种情况称为“黑板经济学”，因为这种情况下的教师往往“每一节课都在黑板上写满公式和教条，而不是去关注现实世界所发生的事情”。没有思想的技术工具的应用对公共政策的形成是没有任何价值的①。

2. 创立了产权和交易成本理论并成为研究制度问题的新途径

这也是新制度经济学研究制度问题的基本方法。这类研究虽然大部分是不正式的，但能够开辟重要的研究领域。新制度经济学在许多方面增加了新古典经济学对现实问题的解释力。尽管没有解决的问题依然存在，但是产权和交易成本模型已引入了重要的理论概念，并对制度结构和经济行为的相互关系提供了一个总体上很严密的解释②。在 20 世纪最后 20 年经济学的解释力要比以前强得多，这得益于像新制度经济学、博弈论与信息经济学、公共选择学派等经济学新分支的发展。产权和交易成本理论实际上提出了一种不同于传统主流经济学的新范式。

迄今为止，新制度经济学所取得的最大进展是分析制度安排被明确描述的相对简单的环境。在这种环境中，我们的问题是研究这些制度约束对选择行为的影响。新制度经济学面临的一个重大问题是，必须在经济学的基础上建立解释重要制度的起源和发展的制度变迁理论。解决这个问题的基本思路是制度变迁理论必须建立在产权、交易成本、公共选择和微观经济理论及其融合的基础之上。值得指出的是，比较制度理论提供了迥异于传统经济学和社会科学的新视角。它的独特特征是结合了制度、人类行为和各种现实方案的比较。它使用“硬”分析，可又没有像大部分现代经济学那样被数学淹没，并且它是经验导向的。新制度经济学与新古典经济学的一个重要区别还表现在它是经济导向的，更接近于真实的世界，因而也就更能解释世界。

3. 由于制度分析的目的，一些重要的变化被引入正统的生产和交换理论中

（1）方法论上的个人主义。在新制度经济学中，个人决策者在组织中的作用被赋予了全新的解释，“社会”、“国家”、“人民”、“企业”或“政党”不再被认为是一个像个人一样行动的集体。组织或集体本身不再是主要的研究对象。相反，对社会单位的分析必须从其个体成员的地位和行动开始，其理论必须建立在个体成员的地位和行动之上。在经济自由主义思潮中，个人主义是基本的方法论。哈耶克曾强调，各个社会成员的利益，不

① 科斯、诺思等：《制度、契约与组织：从新制度经济学角度的透视》，经济科学出版社，2003 年版，第 62 页。

② 菲吕博顿、瑞切特编：《新制度经济学》，上海财经大学出版社，1998 年版，第 422~428 页。

可能用统一的具有先后次序的目标序列来表达。而且，任何人都没有能力去了解所有人的各种需要，并给它们排出先后次序。在此基础上，哈耶克论证了市场机制优于计划机制。公共选择学派的代表人物布坎南也采用了彻底的个人主义方法论。他认为，只有个体是选择与行动的唯一和最终的实体，社会仅作为无数个体的集合来理解，它本身不存在任何独立于个人的价值、目标和行为。这就是说，不存在所谓的集体利益，社会福利函数如果被用来选择唯一的最优点，它必定是独裁的。新制度主义文献强调选择的个人基础，把决策者看做在有关约束条件确立的限制下追求自利的行动者。

(2) 效用最大化。在新制度经济学中，人们追求自己的利益，在由现有组织结构确定的约束限制下最大化自己的效用。与传统理论不同，新制度经济学通过把效用最大化假说扩展至所有人的选择而结束了消费者选择理论和企业理论的区分。一个人，无论他是一个政府官员还是一个企业主，都被认为在他所依存的体制所允许的界限内进行自己的选择、追求自己的目标。新制度经济学重视不同约束条件下人的行为的分析，如在不同的制度、产权下人的行为就有很大的差异。不同的制度、产权安排下收益—报酬结构也不一样。新制度经济学与新古典经济学一样，也是强调约束条件下的最大化，但是新制度经济学所讲的约束条件比新古典经济学所讲的约束条件要丰富得多。

(3) 有限理性。新制度经济学要研究真实的世界，就必须修正正统经济学对人的假设。要更深入地理解现实世界中的制度，就必须承认人们只有有限的获取和处理信息的能力这一观点。西蒙（1975）用“有限理性”这一术语来反映决策者不具有超理性这一事实，虽然可以假设他在主观上追求理性。对理性的限制意味着不是所有的经济交易都可以由合同和市场来组织。西蒙认为，人的理性是有限的，因而会采用满意策略，也就是他们只要求达到一个过得去的水平。满意模型分析了这样一个主要决策过程，人们在感到不太满意的时候开始搜索，同时也在修正他们的目标。有学者指出，在新古典框架上加上产权和交易成本，可以提供比用满意模型取代最大化假设的理论更为丰富和更具实证性的理论。正如 Kreps（1990）所说，一个具有有限理性的人试图最大化（其效用），但是他发现做到这一点成本极高，并且，他发现无法预测所有的偶然事件，认识到自己的能力有限，他就会在事前为可能会发生的意外事件（这几乎是不可避免的）作事后准备。简单地说，在存在有限理性（和交易成本不为零）的情况下，我们不可能完全通过合同来处理复杂问题。或者说，任何合同都是有局限性的，或不完全的。

(4) 机会主义。威廉姆森（1975）指出，虽然有限理性阻止完全合同的订立，但是，如果经济主体完全值得信赖，那么一般情况下还有不完全合同可以依赖。但是事实上，一些人（委托人或代理人）可能是不诚实的，他们可能掩盖偏好、歪曲数据、故意混淆是非。用威廉姆森的话说，就是存在“欺诈性地追求自我利益”（self-seeking with guile）。由于把机会主义者和非机会主义者在事前区分开来的成本一般很高，完全合同肯定会失败。根据威廉姆森的论述，在没有有限理性和机会主义行为的情况下，所有的经济合同都不会有问题。事实上，在这种情况下，根本就不必对经济制度进行研究，或者说有没有制度就无所谓了。但是，由于决策的实际困难和经济必须在存在交易成本和不对称信息的环境中运行，所以制度就变得十分重要。为了把有限理性的约束作用降到最小，同时保护交易免受机会主义风险的影响，经济主体就会寻求非市场形式的组织安排。

（5）技术效率。技术效率这一概念是微观经济学的核心。正统理论假定，在每种情况下都存在一个生产集，生产集的边界代表所有技术上有效率的经营方案的轨迹。偏离了边界、生产集内部的点是无效率的行为。这一逻辑十分直接，但受到了新制度经济学的批判。由于后者强调“现实”选择，用一个假想边界作为效率的判断标准被认为是不可接受的。它认为，在现实世界中，决策者除了面对理想化的新古典理论所考虑到的那些约束外，还有许多其他约束条件，所以，有效的机会集总是处于假想边界以内，一个生产者所能做的至多是达到有效率的边界。由于在现实世界中遇到的某些约束是不可避免的，它们必须反映于约束最大化问题中。但问题是，在实际操作中人们很难把约束条件分为可避免和不可避免两种类型。如果不确定哪些约束对所有的决策者有约束力，哪些约束不是这样，那就可能把观察到的任何结果都看做“有效率的”。也就是说，任何与约束最大化相一致的解都被认为是最优的，而所有观察到的解都可以满足这一标准，因为在事后，你总是能找到一些因素来解释不良业绩。

（6）信息结构。新制度经济学的一个主要观点是，必须认识到交易成本大于零这一事实。这一变化大大改变了阐释新古典分析的方法。一旦假定交易成本为正，传统上作为数据的因素不再被认为是客观给定的了。因此，在企业理论中，假想的决策者要做的就不仅仅是在一个清楚界定的生产集的边界上找到利润最大化的点。当生产在一个充满了“摩擦”和不确定性的世界中进行时，一个生产组织的“管理者”拥有技术知识的程度是一个作为一般优化过程的一个部分而被决定的变量。同样，关于要素质量、经理努力、价格等的信息水平也是需要确定的变量。正式模型必须明确哪些信息是决策者能够得到的、哪些是他无法得到的。分析的焦点必须放在潜在的可观察到的变量上①。

4. 反事实方法

反事实也称为反设事实，即设想或思维试验，也就是对历史事实的假设，假设某一条件与事实相反，经济会如何发展。因此，在哲学文献中，反设事实又名“反事实条件”。② 反事实计量是指在对经济史进行分析的过程中，根据推理和演绎的需要，提出某种假设，这一假设是与历史事实相背离的，并且以此作为分析前提探讨和估算经济生活中曾经有可能发生的一系列变化（它往往与历史事实的结果相反）。

计量经济学工具使得新经济史学研究能够对历史进行反事实计量研究，即根据理想状态的推理需要，不以历史事实为依据，做出与事实不符的“反事实假设”，然后分析，如果历史上的条件变化了，会有什么结果。这里的“反事实假设”是指，假定历史上不存在的现象曾经存在，或者历史上曾经存在的事实不曾存在，然后据此估算历史事件对经济的影响。因此，反事实假设也被称为“假设—演绎分析法”③。以福格尔为代表的一些新经济史学者认为这种分析是可行的，甚至在某种程度上是必要的。

福格尔（1964）用反事实计量的方法分析了美国19世纪兴建铁路的经济意义。他假

① 菲吕博顿、瑞切特编：《新制度经济学》，上海财经大学出版社，1998年版，第4~5页。

② 《新帕尔格雷夫经济学大辞典》（第一卷），经济科学出版社，1996年版，第758页。

③ 刘红忠：《从1993年诺贝尔经济学奖看新经济史学的崛起》，《世界经济文汇》，1994年第1期。

定19世纪后期美国西部不存在铁路，而存在另外两种可供选择的运输形式：水运和马车运输，这样可以分别建立存在铁路情形下与不存在铁路情形下的两种运输成本模型。他运用当时主要工业统计资料和数据、主要农产品（小麦、玉米、猪肉、牛肉）贸易量的分布状况等作为影响运输成本的诸种因素。结果是，在存在铁路的条件下运输成本较为低廉一些，但是，两个模型中得到的国民生产总值相差不大。这表明铁路作为一种运输手段，虽然在美国经济增长中起到一些作用，但这种作用在传统的观点下被夸大了。也就是说，美国经济增长的原因应该更多地从铁路以外的其他因素中去寻找。福格尔这种反事实计量分析给后来的经济史学者很多有益的启示，有一些经济学家就欧洲的铁路对经济增长的影响这个论题作了类似的分析。①

5. 比较分析

即一种可行的形式与另一种相比，而不是与抽象的无摩擦的理想形式相比较。例如，企业与市场就是两种可供选择的形式，这两种形式谁也不能完全替代对方，企业和市场的边界在什么地方，关键在于这两种形式成本的比较。所以比较中的基本概念就是交易成本。计划经济和市场经济也是两种形式，为什么市场经济最终取代了计划经济，是因为计划经济的交易成本要高于市场经济的交易成本（张五常）。

二、科斯革命与新微观经济学

有人把科斯理论称作一场革命，将其与凯恩斯革命相比，并认为科斯理论应当比凯恩斯理论更具有生命力。但是，凯恩斯理论很快被大多数经济学教科书所采纳，很快成为主流经济学。目前，越来越多的经济学家开始相信科斯的理论必定是现实而有效的微观经济理论的一个基础性组成部分。然而，科斯革命远没有凯恩斯革命“红火”。为什么真正的科斯革命尚未出现？有的学者认为有这样几个原因：（1）正统经济学家们不愿意看到大量积累的智力资本被废弃和毁灭。那些为掌握现行理论做出过艰辛努力并运用它工作的人尤其不愿意看到还有其他更加有用的真理。他们具有通过贬低和漠视新理论并抵制它的动力。（2）新理论突破的困难。一个全新的观察现实世界的方式要改变我们大脑中的传统观念是一个缓慢的过程。新的知识结构替代现存的结构是一个很艰难的过程②。（3）凯恩斯理论与科斯理论相比，更容易模式化、公式化。这也是凯恩斯理论很快成为主流经济学的重要原因之一。此外，凯恩斯理论作为一种开创性的宏观理论，不存在“大量积累的智力资本被废弃和毁灭”的现象，而新制度经济学要在成熟的微观经济学中加入新东西，确实是一场革命。

沃因认为，把科斯理论称为“新微观经济学”更恰当。这是因为科斯并没有改变现有微观经济学基本的行为结构，科斯所做的是增加一个新的成本分类，这一分类曾经被忽

① 参见孙涛、张蕴萍：《历史计量学——经济史学研究的进展》，《文史哲》，2005年第5期。

② 科斯、诺思等：《制度、契约与组织：从新制度经济学角度的透视》，经济科学出版社，2003年版，第56~57页。

视而现在证明是具有战略价值的①，但把新制度经济学称为新微观经济学并不能充分体现新制度经济学对经济学发展的贡献。新制度经济学不仅拓展了新古典经济学的研究范围，而且从更深层次上（包括对人的假设的改变等）改变了微观经济分析结构。

新制度经济学在新古典经济学的基础上增加了外生的新的约束，其中最重要的是产权结构和交易成本。产权分析和交易成本分析已被用于分析传统的市场交易，组织的内部交易如企业、官僚机构以及议会，各种各样经济体系内的交易等。加入交易成本及产权结构中的一些变量，使新古典模型更加丰富，但也会使之更加复杂②。新制度经济学的分析中要不要使用正式主义的数学及模式分析是有争议的，这种争议将影响新制度经济学发展的方向。一种观点是，反对数学在新制度经济学研究领域的运用。布坎南指出，如果要加深对制度的真正理解，就需要一场新的方法论革命，来推翻或者至少要大大削弱当前建立于数学基础上的理论的统治地位。这种完全否定数学在经济学研究中应用的观点是不可取的。某一正式模型可能有缺陷，但不能因此认为"数学方法"是个"方法论陷阱"。我们认为，过分地使用数学或为形式而形式是当代西方经济学研究中一个突出的问题，但一些制度经济学家完全否定数学在经济学研究中的应用是不利于经济学的发展的，也不利于新制度经济学本身的发展。

威廉姆森认为，新制度经济学家所做的大量工作更依赖严密的推理，但是，他们中的大部分同样也抵制"完全形式化"的方法。这样做既有利也有弊。利的方面表现为新制度经济学从来没有失去和现实的联系，而弊端主要表现在两个方面：新制度经济学难以传授，难以对错误进行逻辑检验或运用正式分析进行逻辑推演。事实上，还存在第三种弊端：在传统观念支配着职业活动的条件下，对于非传统体系的人的任命和提升很难进行恰当的评价③。换言之，抵制"完全形式化"的方法很难使新制度经济学融入主流经济学之中。

近些年来，经济学家们已进行了许多涉及各种特定形式不确定性和无知的抽象经济分析，但所有这些研究都仅限于从一个常常是无穷大的可能性集合中选取特例进行分析。这些特例的选择有时或经常是出于数理分析上的便利，而不是由于它们在经验、历史或制度上的真实性。不管怎样说，选择特例进行分析不可能充实具有普遍适用性的理论，如古典和新古典经济学家们所自封的那样，尽管这些理论所依赖的基本假设极端简单化。新古典分析被认为具有广泛的适用性，无论是对个人、家庭、企业还是政府。虽然其基本假设极端简单化，但这一理论认为，当人拥有充分信息、正确预期和无限理性时，只有一类决策是可能的。但是，在不充分信息、错误预期和有限理性的情况下，就有无穷的可能性，而且，在不同人之间，如工人和管理阶层、银行家和实业家之间，可能以很不相似的方式分布着不同的预期。

---

① 科斯、诺思等：《制度、契约与组织：从新制度经济学角度的透视》，经济科学出版社，2003年版，第56~57页。

② 埃格特森：《新制度经济学》，商务印书馆，1996年版，第28页。

③ 科斯、诺思等：《制度、契约与组织：从新制度经济学角度的透视》，经济科学出版社，2003年版，第62~63页。

新制度经济学发展的基本走向是，发展既接触制度现实，同时在分析框架上与标准微观经济学相一致的模型。在恰当的条件下，使用不同方法的学者可相互影响、相互促进。事实上，目前新制度主义者考虑的许多分析方法可以从更严格的正式分析中获益。这并不是说应该对现有制度模型加以修正，使它与当代主流经济学的前提概念相吻合。如果它们之间相互影响的过程进展顺利，可能正统理论和制度解释都会发生变化①。

制度经济学只是一般经济学理论。除非在一个普遍接受的微观经济学内核的构成上达成一致，否则对组织问题和企业行为的理解可能始终有些模糊。事实上，新制度经济学的发现必须被不断评价，然后用于修正现有理论的结构。但是，在目前，这一巩固过程有些滞后，尽管一些人试图扩展基本模型，但是还是有各种制度观点没有融入一般微观经济理论中②。制度经济学由于其研究对象的复杂性，要建立像微观经济学那样的正式结构，确实还有很多工作要做。

第二节　制度分析的三种方法

一、制度分析的三种方法

制度分析的方法很多，但从总体上研究制度的性质和效率的主要有诺思提出的制度分析的三种方法。一是科斯、诺思等人的交易成本方法，二是布坎南、托利森和塔洛克等人的寻租方法，三是奥尔森的分利集团方法③。交易成本方法提供一种关于契约成本的基本理论框架，据此建立一个政治经济制度的一般理论。它的重点是交易成本和国家一起决定产权结构并决定经济绩效。寻租方法致力于建立政治体系的利益集团模型，界定一种决策规则结构，然后分析这些决策规则的后果。奥尔森分析了利益集团的相互作用，其结论是制度降低了体系的效率和生产力④。交易成本模型提出了一种基础的制度理论，寻租模型和分利集团模型提供了关于无效率的体系实际运行状况的认真细致的分析⑤。

为什么诺思提出制度分析的三种方法？这与诺思和主流经济学家之间的争论有关，即一个社会的经济是否可能在长期内停滞于“低收入陷阱”。生存竞争总是迫使人们改进生存条件，所以主流经济学否认长期停滞于“低收入陷阱”的可能性。然而诺思引用了大量经济史的例子来说明确实存在“停滞经济”。诺思与主流经济学家不同，关键在于他相信，政治、文化和意识形态这类“非经济因素”在决定一个社会的经济是否会被锁入陷阱时起了决定作用。非经济因素是如何影响经济发展的？其内在机制是什么？诺思提出可以用寻租方法和分利集团的方法来分析这些非经济因素如何影响一国经济发展。寻租理论

---

① 菲吕博顿、瑞切特编：《新制度经济学》，上海财经大学出版社，1998 年版，第 48~49 页。

② 菲吕博顿、瑞切特编：《新制度经济学》，上海财经大学出版社，1998 年版，第 422~428 页。

③ 柯兰德编：《新古典政治经济学——寻租和 DUP 行动分析》，长春出版社，2005 年版，第 21 页。

④ 柯兰德编：《新古典政治经济学——寻租和 DUP 行动分析》，长春出版社，2005 年版，第 26~27 页。

⑤ 柯兰德编：《新古典政治经济学——寻租和 DUP 行动分析》，长春出版社，2005 年，第 27 页。

和分利集团理论还可以用来解释停滞经济。

交易费用理论提出了一个不同于新古典研究模式的新范式。人的有限理性概念的提出，改变了新古典范式的假定。信息经济学的发展，使人们对问题的分析深入到最基本的层次。经济学中的一切问题都可以从信息不对称和信息不完全中找到本源。科斯用以解释企业存在的交易费用概念，将前人用以解释同样问题的各种因素，如风险因素、信息因素、垄断因素和政府管制等包括了进来，而且还有更宽的含义。此后新制度经济学家们将交易费用概念用于许多领域，这样交易费用概念被逐渐地一般化了。

在新古典经济学的框架内，经济人的理性选择总是可以找到最优组织和制度，因此不存在低效的制度问题。交易费用为我们提供了一种分析制度的基础理论。市场和价格竞争能有效解决资源配置问题是新古典经济学的基本看法，但是现实并不是这样理想的。干扰价格竞争效率最为常见的因素是正的交易费用、私有产权的残缺和非货币收入。在新古典经济学的完全竞争世界里，交易费用为零，私有产权是健全的，非货币收入可以忽略不计，因此，亚当·斯密的“看不见的手”能够使资源配置达到帕累托最优。在交易费用为零的世界里，制度、产权、法律、规范等可有可无。一旦交易费用为正，那么这些变量在经济运行中就至关重要了。交易成本从根本上影响着一个经济体系的运行。它们影响着市场上生产什么和什么样的交换会发生；它们影响着何种组织得以生存以及何种游戏规则能够持续。在经济学中，关于交易成本的各种特定假设构成了大多数模型（无论是古典、凯恩斯、新凯恩斯或者新古典）的基础。那些涉及垄断、垂直一体化、外部效应、战略行为、工资和价格黏性，以及不完美市场的各种模型都要求设定关于这些费用的特定假设。①

寻租模型致力于建立政治体系的利益集团模型。寻租分析在某种意义上讲是相对寻利而言的。正如布坎南所说，租金是指支付给要素所有者的报酬中，超过要素在任何可替代用途上所能得到的报酬的那一部分。寻租则是为了获得政府特许而垄断性地使用某种市场紧缺物资，或任何其他方面的政府庇护，所寻求的政府对现有干预政策的改变，用以保证寻求租金者能按自己的意愿进行生产，或防止他人对这类活动的侵犯。政府现有干预政策的改变通常可以给寻租者带来高于甚至远远高于改变之前所能得到的利润额。寻租行为所得到的利润并非生产的结果，这一特点称为寻租行为的非生产性。如果离开了政府的干预，没有政府干预所提供的特殊垄断地位，租金便无从寻求。寻求利润则不同，它是指作为经济人的生产者通过自身的市场竞争力而获得的高于生产成本的那部分收入，并不需要借助政府干预。探讨政治体系的利益集团模型有利于我们分析低效的制度是如何形成的。

奥尔森分析了利益集团的相互作用，其结论是制度降低了体系的效率和生产力。利益集团的相互作用如何降低体系的效率和生产力？制度的产生反映的是利益集团之间建立在实力原则基础上冲突与妥协的结果。这并不等同于制度的确立都会满足效率原则。因为制度设计本身，最初可能就不是以增进社会福利为目标，而是以集团利益为目标的。此外，制度与效率结果之间并非是一一对应的关系，而必须经过人的活动或选择。制度设计并非

① 科斯、诺思等：《制度、契约与组织：从新制度经济学角度的透视》，经济科学出版社，2003 年版，第 426~434 页。

必然地导致稀缺资源的有效配置。即使我们有完善的制度形成程序，但由于集体决策中形成一致规则（或制度）的成本太高，或者利益集团的影响，以至于我们不可能在制度上达到帕累托最优状态。

二、制度分析的三种方法与制度研究的关系

1. 交易费用理论作为分析制度的基本理论框架

交易成本方法试图提供一种关于契约成本的基本理论框架，据此建立一个政治经济制度的一般理论。它的重点是交易成本和国家一起决定产权结构并决定经济绩效。交易费用理论解释了为什么存在制度及制度如何影响经济绩效，但是无法回答在历史上人们为什么会选择无效的制度。

正是在新古典经济学的框架中加入了正的交易费用使新制度经济学与新古典经济学相区别并改变了经济学研究的方向：交易费用使所有权的分配成为首要的因素，提出了经济组织的问题，并使政治制度结构成为理解经济增长的关键。① 不同产权的界定、实现和保护的费用是不一样的，这种交易费用的大小决定了国家对产权结构的选择。问题是，仅有交易费用和国家并不能决定产权结构，还必须考虑到意识形态。就像诺思所说的，如果排除了意识形态，任何一种制度理论都是不完备的。如果社会成员有同样的意识形态，社会的正式规则不必有十分清楚的定义，实施机制和程序也可以减少到最低限度，甚至全然不存在。由于测量绩效是有成本的，意识形态的共识或歧异是影响制度形成的基本因素②。

从交易费用角度研究制度的价值是什么？制度的存在就是为了节省交易费用。张五常（2000）认为交易费用的存在至少有三个可预知的效应：（1）它们会减少交易量，因而会损害资产的经济专门化和资源的利用。过高的交易费用使许多潜在的交易难以转化为现实的交易，这会导致社会财富的净损失。（2）它们可能会影响资源使用的边际等式和使用的密集度。（3）它们会影响合约安排的选择。在不同的交易费用下，合约安排的选择是不一样的。

目前制度经济学从交易成本的角度对资本主义的各种经济制度进行了系统的分析。基本结论是资本主义的各种经济制度的主要目标和作用都在于节省交易成本。③ 为理解这一论断的合理性，我们只需考虑一个交易成本（包括获得和处理信息的成本）为零的世界。在这样一个“无摩擦”世界中，甚至基本的制度如货币、企业和公共管制等都已无关紧要。抽象的新古典模型可能有它的用途，但是，只要忽略了交易成本，它也就忽略了一个根本的现实特征。所以说，如果不重视交易成本，无论是经济行为还是制度安排都无法得到正确理解。④ 威廉姆森只是论证了资本主义的各种经济制度的主要目标和作用都在于节

---

① 埃格特森：《新制度经济学》，商务印书馆，1996 年版，第 16 页。

② 柯兰德编：《新古典政治经济学——寻租和 DUP 行动分析》，长春出版社，2005 年版，第 23～24 页。

③ 威廉姆森：《资本主义经济制度——论企业签约与市场签约》，商务印书馆，2002 年版，第 29 页。

④ 菲吕博顿、瑞切特编：《新制度经济学》，上海财经大学出版社，1998 年版，第 11～12 页。

省交易成本。我们现在还不能得出结论说，所有经济制度的主要目标和作用都在于节省交易成本。在人类社会经济发展过程中，目前是不是只有资本主义经济制度有利于节省交易成本？这是一个值得我们进一步研究的问题。

2. 无效率体系的制度分析之一：寻租理论

从人类历史与现实来看，我们面对的是大量的无效率的制度。这些无效率的制度是如何产生的？寻租理论提供了一种分析的思路。

诺思提出的有限准入秩序范畴为我们分析寻租问题提供了一个平台。诺思等人在《诠释人类历史的一个概念性框架》中提出人类社会经过三种不同的社会秩序，第一种是原始社会秩序，即狩猎采集社会的秩序。第二种是有限准入秩序。这种有限准入秩序通过对经济体系实行政治控制来解决如何约束暴力的问题，也就是通过限制进入来产生租金，以此来维护社会稳定和社会秩序。第三种是开放准入秩序，即通过政治和经济上的相互竞争而非创设租金来维持社会秩序。有限准入秩序的特征有：（1）通过精英阶层的特权来控制暴力。（2）限制贸易准入。（3）对精英阶层的产权提供相对有力的保护，对非精英阶层的产权保护相对较弱。（4）对经济、政治、宗教、教育和军事等组织的进入和退出加以限制①。有限准入秩序的实质是对有价值的权利和活动设立进入特权。有限准入秩序必然导致寻租。

为什么会产生有限准入秩序和寻租社会？寻租行为的产生完全出自于政府对市场的过度干预。事实上，只要政府行为主要限于保护个人权利、人身与财产安全以及确保自愿签订的私人合同的实施，市场机制这只“看不见的手”就能保证市场中所出现的任何租金都随着各类企业的竞争性加入而消失。这时企业家们对租金的预期能够促进经济的发展。但是，如果政府行为超出了最低限度或保护性的状态所规定的限度，那么，租金下降或消失的趋势将被抵消，以至于最后停止。在这种情形下，虽然租金仍然存在，而且对潜在的竞争者具有同样的吸引力，但是获得的方式与效果完全不同了。寻租活动与政府在经济系统中的活动范围和区域大小以及国营部门在整个系统中的相对规模成正比例关系。

寻租分析是分析人类利益矛盾的有效概念。在稀缺资源的假设下，追求利益最大化的假说主要揭示了人们利益的一致性，而寻租则主要揭示了人类利益之间的矛盾。寻租理论解决了新古典经济学关于人的单一的、“同质”的问题。为更好地理解经济的发展过程，寻租理论运用资源持有者的“古典”概念，即用他们所掌握的资源类型来表示的如资本家、地主、工人和农民的概念，而不是新古典的“同质的”资源所有者的概念，分析各类资源持有人如何影响政治过程以获取有利于自身利益的政治租金②。寻租模型致力于建立政治体系的利益集团模型，界定一种决策规则结构，然后分析这些决策规则的后果。

在寻租模型中，其决策规则结构的特点就是通过确立一种特有的产权规则来形成人为

① 诺思等：《诠释人类历史的一个概念性框架》，载吴敬琏主编：《比较》（第30辑），中信出版社，2007年版，第24页。

② 青木昌彦、金滢基、奥野-藤原正宽：《政府在东亚经济发展中的作用：比较制度分析》，中国经济出版社，1998年版，第29页。

垄断、限制竞争的格局。产权安排的变化影响分配和生产。具体来说，对资源用途的决策权力的重新界定会引致财富分配和政治权力的变化。可以想象，在权力配置过程中，各人对产权变迁所持的态度将由他们预期能从重整方案中获得的净收益决定。根据这一解释，我们很容易理解为什么会存在不同意见，为什么政治上的讨价还价会导致妥协和一个偏离完全有效的竞争体系所要求的权力结构的建立①。也就是讲，引入寻租理论和利益集团理论后我们才能搞清这种偏离是如何产生的，其根源是什么。在西方寻租理论看来，政府应该慎重地介入产权问题。本森（1984）把寻租看做个人或团体对既有产权的一种重新分配方式。政府的作用在于定义或维护产权。人们可以通过正常的市场来处理产权，也可以通过政府来重新定义或分配产权。这种作用可以增进社会福利，例如明确界定财产归属，保护市场秩序；也可以损害社会福利，例如产生人为垄断，限制竞争。

沿着寻租模型的思路，我们可以探讨历史上一些包含着租金的制度是如何形成的。公共选择理论家们强调指出，当我们发现政府及与政府相关的一些低效率现象时，不应该单纯从政治家是否正直上去找原因，而是应该去检讨一下选拔与制约政治家的程序和规则；当发现低效率现象很普遍时，我们就应该问问现行的体制是不是有问题了。寻租与制度的互动，将会导致制度租金，即把寻租的规则制度化，并形成路径依赖。

3. 无效率体系的制度分析之二：利益集团理论

奥尔森分析了利益集团的相互作用，其结论是制度降低了体系的效率和生产力。奥尔森模型主要包括以下内容：（1）利益集团理论的假设及利益集团的相互作用。（2）利益集团下的再分配模式。（3）利益、政策与制度的关系。

奥尔森的利益集团理论是建立在"组织费用"这个假设之上的，组织费用随着组织规模的增加而不断地发生着变化。这一理论为"特殊利益"的不对称权力提供了一个现代制度经济学的解释。② 按照奥尔森的分析，集体行动的形成取决于两个重要条件：组成集团的人数足够少，并且存在着某种迫使或诱使个人努力谋取集体利益的激励机制（他称之为"选择性刺激"）。规模较小、组织较好的特殊利益集团在利益分配中一般处于有利地位。③

利益集团的相互作用主要体现在再分配上。再分配在一定程度上讲就是各个利益集团博弈的结果。一个利益集团从再分配中受益多少受多种因素影响。从现有分析来看主要有三种再分配模式：

一是根据奥尔森的分析，小利益集团在再分配中往往处于有利地位，斯蒂格勒也持这种看法。历史与现实中都可以找到这方面的例子。为什么小利益集团在再分配中往往处于有利地位？这主要有两个方面的原因：（1）小利益集团的人数相对较少，他们达成一致意见的成本较低，从而有利于形成集体行动，进而影响政府的决策。（2）小利益集团能够较好地解决搭便车的问题。

---

① 菲吕博顿、瑞切特编：《新制度经济学》，上海财经大学出版社，1998 年版，第 18 页。

② 弗鲁博顿、芮切特：《新制度经济学：一个交易费用分析范式》，上海人民出版社，2006 年版，第 87 页。

③ 埃格特森：《新制度经济学》，商务印书馆，1996 年版，第 60 页。

利益集团对分配制度的影响大于政治制度。如有学者指出，政治制度在促进经济增长方面只不过是一个伴生的因素，而糟糕的社会政策，例如教育普及的落后产生的影响更大。这些陈旧政策之所以能持续，是因为现有的政治利益集团，而不是坏的政治制度所给予的支持。许多贫困国家的现状不是因为政治制度造成的，而是由于这些利益集团的顽固①。

二是平均分配。以东亚为例，这些经济体的政治领导人和官僚不愿意在分配政治租金时偏向任何一个特定的经济阶层，因为如果这一阶层在将来变得足够强大，便可能有朝一日对现在领导者的权力构成威胁。这样，“增长共享”的现象似乎是太平洋战争结束不久，在这一地区广泛存在的独特历史条件下的深刻的路径依赖现象。它并不是什么东亚官僚传统内在的东西。根据奥尔森（1971）的说法，一般认为，再分配的趋势是从“广义利益到狭义利益，从非集中产业到集中产业，从无组织者到有组织者”，但到底“哪些群体能充分组织起来赢得再分配的利益”，可能因时因地而异②。由于其显而易见的独立性，人们有时就认为，东亚国家或地区永久性的官僚机构的基本特征是既“强大”又“软弱”，即一种软政权现象。优点和缺点都来自同一个源头——缺乏占主导地位的经济阶层，这使得权力在不同利益集团之间的分配相对平均。这些凭借对所有经济阶层平均分配增长利益才得以保持控制权的官僚可能由于惯性作用，不能采取任何可能过多损害任一经济利益集团的激烈措施③。这种平均分配模式看似平等，但往往是不稳定的。

三是中高收入阶层在再分配中处于有利地位。为什么中产阶层会处于有利的地位？这是因为处于中产阶层两端的群体（最富的与最穷的）的利益往往是对立的，那么中产阶层在这个过程中很容易与另外两个群体结盟，实现自身利益的最大化，在再分配中可以获取更多的好处。斯蒂格勒（1970）提出了“领导人法则”，认为中高收入集团是公共支出计划的主要受益者，而低收入者从中受益甚微。此后，人们进行了大量研究以验证这一假设的真实性。Grand（1982）针对“谁在使用公共服务”这一问题，研究了英国公共服务在各利益集团之间的分配。其结论是，职业型家庭、雇主和经理享受到的公共保健服务和公共教育服务多于他们在相关人群中所占的合理份额；中产阶级享受更多的国家养老金、国民保健服务和个人社会服务；穷人相对而言享受的公共服务较少。从理论上讲，斯蒂格勒的这个论断是有道理的。公共支出的决定机制和运行机制在不同国家是有差异的，所以在各国到底是公共支出的均等性原则占主导地位还是领导人法则占主导地位也是不一样的，并且这两个原则还有不同组合。

利益如何转变为政策和制度有两个方面的含义，一是政治家的利益如何转变的问题，二是利益集团的利益如何通过政治家转变为政策和制度的问题。其实这两者往往是交织在

---

① 拉詹、津加莱斯：《痼疾难消的贫困——政治制度、人力资本还是利益集团？》，载吴敬琏主编：《比较》（第25辑），中信出版社，2006年版，第62~63页。

② 卢瑟福：《经济学中的制度：老制度主义和新制度主义》，中国社会科学出版社，1999年版，第139~140页。

③ 青木昌彦、金滢基、奥野-藤原正宽：《政府在东亚经济发展中的作用：比较制度分析》，中国经济出版社，1998年版，第31页。

一起的。政治家也追求自身利益的最大化，问题是政治家在不同政治体制下追求自身利益最大化的手段和方式是有区别的。奥尔森（1965）和贝克尔（1983）指出民主政治会导致政治家追求非社会目标的一个原因是利益集团和游说会对政治选择产生影响。他们认为，游说活动之所以能影响政治决策，是因为政治家需要从他们的支持者手中获取选票和捐款。而利益集团便利用这一影响操纵再分配，从公众那里掠夺资源，有时还会以高昂的社会成本为代价。例如，在英国工党执政时期，工会的游说导致了对劳动市场的限制和大规模的社会再分配计划，成为撒切尔改革之前英国经济长期停滞的一个重要原因。缪勒、诺思等学者就专门研究了利益集团之间的博弈对经济制度变迁的影响，认为制度的演进方向是由社会中处于强势地位的利益集团决定的。

如果引入利益集团因素，那么制度的效率就会受到影响。诺思（1994）说："制度并不一定是，甚至经常不是按社会效率来设计的，相反，它们（至少正规规则）是为了服务于那些具有创造新规则谈判能力的利益集团而创造的。"① 经济政策的制定（包括制度设计）是一个动态博弈，其条件是不确定的和不断变化的，其规则在形成过程中至少有一部分由参与者制定。每个参与者都想竭力控制随后的博弈，以尽量获得有利于自己的结果。② 在这个博弈过程中，小利益集团在制度选择方面往往处于主导或有利地位。利益集团通过自己的优势（如话语权、院外活动等）如何形成有利于自己的制度的机制及机理，是今后制度经济学需要探讨的一个重要问题。

在利益集团之间博弈形成的制度也可以达到一种制度均衡。制度均衡是这样一种状态，即在行为者的谈判力量及构成经济交换总体的一系列合约谈判给定时，没有一个行为者会发现将资源用于再建立合约是有利可图的。要说明的是这一状态并不意味着，每个人对现有规则和合约都满意，只是由于改变合约的相对成本和收益使得这样做不值得。③

Acemoglu 等（2004）明确地指出，制度安排问题的核心就是政治领域固有的承诺问题，即拥有政治权力的人无法作出可信的承诺来约束其未来的行动，因而非效率的制度普遍存在。诺思等的研究表明，一定的制度设计和制度安排是可信承诺的前提和基础。可信承诺约束了国家机会主义和国家掠夺行为，从而创造了安全的投资环境。

三、制度分析三种方法的综合

前面我们对制度分析的三种方法及其与制度分析的关系进行简单的分析。如诺思所说，在交易成本模型中，提高与契约有关的成本、阻碍增长的是无效率的产权，这是国家作用的结果。在寻租模型中，政府的一些特点产生了体系无效率，这些特点一般来自代理关系。在奥尔森模型中，造成无效率的原因是分利集团不断增长的力量使体系具有刚

① 转引自迪克西特：《经济政策的制定：交易成本政治学的视角》，中国人民大学出版社，2004 年版，第 17 页。

② 迪克西特：《经济政策的制定：交易成本政治学的视角》，中国人民大学出版社，2004 年版，第 21 页。

③ 诺思：《制度、制度变迁与经济绩效》，上海三联书店，1994 年版，第 115 页。

性①，即经济体制缺乏创新能力。在新制度经济学看来，决定经济增长的关键因素是产权。制度分析三种方法综合的基础之一是它们从不同的角度对产权进行了分析。产权及其相关的契约实施在一国经济中起着极为重要的作用。

为什么人类社会大多数时期选择的产权是低效的？除了产权自身的特性（如产权界定的技术和费用等）外，更深层次的原因还是要到国家理论中去寻找。国家统治者的两个目标通常是不一致的，并导致无效率的产权，即第一个目标是使统治者的租金最大化，第二个目标是创立一组有效率的产权。实际上，使统治者租金最大化的产权结构与导致经济增长的产权结构是相互冲突的②。新古典经济学追求利益最大化的假设并没有错，但是它太抽象，太单一，因为除了对消费者追求效用最大化、厂商追求利润最大化进行界定外，对于影响经济运行重要的主体——政府的动机，新古典经济学并没有明确界定，也没有进行深入系统的分析。公共选择学派尽管提出政府官员也是经济人的假设，但并没有明确区分消费者、厂商与政府在动机上的差异。诺思提出的“国家统治者的两个目标通常是不一致的，并导致无效率的产权”可以作为我们分析的基础。这是制度分析三种方法综合的基础之二。以国家统治者的两个目标通常不一致为切入点，采用交易成本模型、寻租模型和奥尔森模型，通过对历史和现实中多个经济制度的分析和检验，我们就可以构建一个对多元性国家分析的全面框架。

以新古典经济学及交易成本理论对创立一组有效率的产权的分析与以寻租理论和分利集团理论对统治者租金最大化的分析，这两者的结合是制度分析三种方法综合的基础之三。现在分别对统治者两个目标的分析已经有了理论基础，如寻租理论是一种政治过程的利益集团模型，奥尔森模型分析了利益集团的相互作用，这些都有利于我们从统治者租金最大化的角度来分析制度的形成，以及这种制度如何影响经济绩效。如果追求租金最大化的力量占据了主导地位、利益集团能左右制度的设立，那么这种经济就容易长期停滞于“低收入陷阱”。寻租理论与分利集团理论有许多共同点，如都是对利益集团行为的一种分析，都是对追求租金的最大化行为的研究，都可以用来对低效制度的分析，都可以用来解释停滞经济等。这三种方法相互补充，形成了一种分析制度的方法体系，它们可以从多角度研究历史和现实中制度形成的机理及制度绩效。

诺思提出制度分析三种方法的目的就是要解释历史和现实中一国经济长期停滞于“低收入陷阱”这种现象。用这三种制度分析方法研究制度问题已取得了相应的成果，现在的问题是，这三种方法都有其局限性。我们认为，构建这个全面框架的基本思路是：(1) 以交易成本理论作为一般理论基础，并综合寻租模型和奥尔森模型。(2) 以国家统治者的两个目标通常不一致为切入点，使以新古典经济学及交易成本理论对创立一组有效率的产权的分析与以寻租理论和分利集团理论对统治者租金最大化的分析相结合，在构建这个框架的过程中，建立强化市场型政府和解决可信承诺问题。(3) 以产权理论和意识

---

① 柯兰德编：《新古典政治经济学——寻租和 DUP 行动分析》，长春出版社，2005 年版，第 27 页。

② 柯兰德编：《新古典政治经济学——寻租和 DUP 行动分析》，长春出版社，2005 年版，第 24 页。

形态理论为研究的重点，分析为什么一些国家兴旺、一些国家落后的深层次原因。总之，要从多层次来研究制度的起源及制度对经济绩效的影响。

第三节 人类行为与制度的关系

“经济学是一门研究财富的学问，同时也是一门研究人的学问”。① “经济学家所研究的根本主题就是社会制度中的人类行为，而不是抽象的人类行为”（布坎南）②。米塞斯（1949）甚至提出一个更加武断的观点：经济学是关于人类行为的科学，而不是关于“引致行为的事件”的科学。诺思的制度理论是将关于人类行为的理论与关于交易费用的理论相结合建立起来的，通过这两者的结合，我们就可以理解制度为什么会存在，以及它们在社会中起怎样的作用③。经济学对人类行为的分析首先涉及对人的假设问题。

一、人类行为分析的假定

社会科学的所有理论都直接或间接地包含着对人们行为的假定。在社会科学中，经济学对人的假定是最深刻的，因为经济学关于个人追求自身利益最大化的假定是人最本质的一面。新制度经济学运用新古典经济学理论分析制度问题，但不仅仅是研究范围的拓宽。新制度经济学作为一个新的流派，不仅包括概念革命（如交易费用等概念的提出），而且还对经济学分析的一个重要前提——人的行为特征作了重新界定。

科斯指出，当代制度经济学应该从人的实际出发来研究人，这表明新制度经济学对人的行为的假定更接近现实。自亚当·斯密以来，经济学家们就把人类行为界定为追求财富最大化，即人们通常所说的经济人。在一定情况下，这种假定有利于经济学家对经济问题作深入的分析，即假定或前提越简单，就越有利于绕过复杂的情况对经济问题分析的干扰。但在许多情况下，人类行为远比传统经济理论中的财富最大化的行为假定更为复杂，非财富最大化动机也常常约束着人们的行为。诺思把诸如利他主义、意识形态和自愿负担约束等其他非财富最大化行为引入个人预期效用函数，从而建立了更加复杂的、更接近于现实的人类行为模型。非财富最大化动机往往具有集体行为偏好，人们往往要在财富与非财富价值之间进行权衡。这种权衡过程实质上就是在这两者之间寻找均衡点的过程。纳尔逊和西尔伯格进一步证明了个人为表达他们自己价值和偏好所付出的代价越低，这种非财富价值在他们所做的决策中就显得越重要；反之，非财富价值只能解释人类很少的一部分行为。这表明，实现非财富价值不能总是以牺牲个人财富为代价。制度作为一个重要变量能够改变人们为其偏好所付出的代价，改变财富与非财富价值之间的权衡，进而使理想、意识形态等非财富价值在个人选择中占有重要地位。新制度经济学家揭示了人类行为与制

---

① 马歇尔：《经济学原理》（上卷），商务印书馆，1997年版，第23页。

② 转引自秦海：《法与经济学的起源和方法论》，载吴敬琏主编：《比较》（第5辑），中信出版社，2005年版。

③ 威廉姆森：《资本主义经济制度——论企业签约与市场签约》，商务印书馆，2002年版，第68页。

度的内在联系，即如果制度产生于人类行为中非财富价值所具有的集体行为倾向，那么这种倾向就会通过制度改变人们为追求非财富价值所付出的代价表现出来。

人类行为动机是双重的，一方面人们追求财富最大化，另一方面人们又追求非财富最大化。人类历史上制度创新的过程，实际上就是人类这种双重动机均衡的结果，但制度在塑造人类这种双重动机方面又起着至关重要的作用。理性的个人追求自身利益的强大动力，既是经济衰退的主要原因，也是经济增长和繁荣的主要源泉。无论这种结果是好还是坏，均依赖于人为的社会制度结构，这种制度结构指限制人类行为并将他们的努力导入特定渠道的正式和非正式的规则（包括法律和各种社会规范）及其实施效果。在新制度经济学的核心里，到处可以看到制度、交易成本和经济成果之间的相互作用①。为什么有的国家建立互惠制度，而有的国家建立了掠夺型制度？为什么有的国家保持着科技创新、寻利的发展势头，而有的国家陷入了再分配和寻租的低水平陷阱？这都是人类行为的结果，而人类行为的选择主要取决于制度。

新制度经济学关于人的行为第二个假定涉及人与环境的关系，即有限理性。人的有限理性概念的提出，改变了新古典范式的假定。人的有限理性（bounded rationality）是由阿罗引入的一个原理，用他的话说有限理性就是人的行为“是有意识地理性的，但这种理性又是有限的”。人是想把事情做得最好，但人的智力是一种有限的稀缺性资源。由此我们可以推论，所有复杂的协议、契约或合同都不可避免地是不完全的（威廉姆森）。在诺思看来，人的有限理性包括两个方面的含义：一是环境是复杂的，在非个人交换形式中，由于参加者很多，同一项交易很少重复进行，所以人们面临的是一个复杂的、不确定的世界，而且交易越多，不确定性就越大，信息也就越不完全。二是人对环境的计算能力和认识能力是有限的，人不可能无所不知。由此我们可以得出这样一个结论，制度通过设定一系列规则能减少环境的不确定性，提高人们认识环境的能力。除此之外，新制度经济学家还认为，环境的不确定性，信息的不完全性，以及人的认识能力的有限性，使得每个人对环境反应所建立的主观模型也就大不一样，从而导致人们选择上的差别和制度规则上的差别。这就说明了有限理性假定在制度设立中的作用。外部环境的不确定性与人的智力也是一种有限的稀缺性资源，这是制度设立的一个重要原因。威廉姆森认为，只要不确定性或者复杂性的存在达到了必要的程度，有限理性就会产生②。

威廉姆森把理性分为三个层次：一是强理性，即预期收益最大化；二是弱理性，即有组织的理性；三是中等理性，介于以上二者之间③。新古典经济学强调的是收益最大化，即第一层次的理性。新制度经济学强调的是中等理性，即有限理性。威廉姆森认为，有限理性就是关于领悟能力的一个假定，有了这一条，交易成本经济学（或新制度经济学）才能成立。在有限理性中，各种经济角色的心态就被视为“理性有限却刻意为之”。交易成本经济学承认理性是有限的，并认为应该重视“有限和刻意”这两种含义。在新制度

① 埃格特森：《新制度经济学》，商务印书馆，1996年版，第1~2页。

② 迪屈奇：《交易成本经济学》，经济科学出版社，1999年版，第5页。

③ 威廉姆森：《资本主义经济制度——论企业签约与市场签约》，商务印书馆，2002年版，第68页。

经济学看来，如果承认人的领悟能力有限，就会促使人们转而研究制度问题。只有承认理性是有限的，才会更深入地研究市场和非市场这两种组织形式。在威廉姆森看来，理性有限是一个无法回避的现实，因此就需要正视为此所付出的各种成本，包括计划成本、适应成本，以及对交易实施监督所付出的成本①。

如果我们把不确定性和信息不完全这些因素考虑进来，那么可以说理论家们对人类行为的系统性认识还很不全面。阿尔钦提出，从这个意义上讲理性行为也许需要通过研究行为方式的办法来分析，而不能仅依据传统经济学中寻求最优化的边际调整方法。不完善的预见能力阻碍了个人行为，即使我们可以界定什么是最优，一个人或许仍不能解决包括了一系列变量的复杂问题。理性的人面对不确定性的反应可能有两种方式，一是严格地遵循那些在过去与成功有关的习惯做法和常规做法；二是采用试错的方法。在不确定性和信息不完全的情况下，契约的选择及制度安排对于个人实现效用最大化就至关重要了。

在此，我们还有必要讨论一下"有限理性"与"不完全信息"的关系问题。有一种观点认为，所谓的"有限理性"可以归结为"不完全信息"这类问题，即只要愿意付出足够高的信息成本，理性就可以是无限的。西蒙只部分同意这种结论，有两点保留：(1) 谈论什么"如果我们信息灵通的话，我们就会怎么做"是没有实际意义的，因为根本上就不会有这种情形。(2) 由于人脑有限，我们只使用浩瀚的信息海洋中的一小部分去帮助我们思考。太多的信息与太少的信息同样是不理想的。问题不在于是否有信息，而在于我们能够"加工"多少信息，我们的知识能使我们分析什么样的信息并从中抽取有意义部分。因此，人类要求获取信息之原动力乃是人类灵魂深处渴望更好地与世界打交道的企求。这里存在一个信息悖论（information paradox）。信息搜寻不可能达到最佳状态，因为在获得信息之前无法确定信息的价值，通常要等信息积累到一定程度后，经验才会告诉人们，已可以进行决策。信息成本一旦发生，就是沉淀成本。信息的价值不可能在获得它之前得到评估。这一事实构成了一个确凿的陷阱，它使信息搜寻成为一项有风险的活动，从而大大限制了人们对信息的搜寻。

在现实世界中，信息不仅具有不完全的特征，而且还具有不对称的特征。所谓不对称是指交易双方对交易品所拥有的信息数量不对等，例如在汽车交易中，卖方可能要比买方对汽车有价值的特征知道得更多。实际上，不仅存在信息不对称，而且人们可以通过欺骗、偷窃、说谎等隐瞒信息手段获利。但是信息不对称的假定同时表明，人们可以通过向对方披露信息而获利，即通过合作减少信息的不对称而获利。信息不对称分事先的信息不对称和事后的信息不对称。事先的信息不对称发生在这样的情况下，即交易一方关于一项潜在的交易所具有的信息，少于另一方，但在交易完成后，此种信息不利因素即不复存在。阿克尔洛夫把这种情况称为逆向选择的一种。事后的信息不对称则发生在这样的情况下，即便在交易完成后，交易一方所具有的信息少于另一方的情况依然存在。这一事实是阿罗（1962）在研究保险问题时首先认识到的：保险公司没有可靠的方法得知，保险单持有人已经提供了与一项索赔有关的全部信息。在这种情况下，事后的信息不对称问题被

① 威廉姆森：《资本主义经济制度——论企业签约与市场签约》，商务印书馆，2002 年版，第 70 页。

称为“道德风险”。

新制度经济学关于人的行为第三个假定是人的机会主义倾向（opportunism）。这是人们对自我利益的考虑和追求，意思是，人具有随机应变、投机取巧、为自己谋取更大利益的行为倾向。用经济学术语来定义，所谓人的机会主义倾向是指在非均衡市场上，人们追求收益内在、成本外化的逃避经济责任的行为。威廉姆森认为机会主义是“造成信息不对称的实际条件或人为条件的原因，这种情况使得经济组织的问题大为复杂化了”。①

经济学家们通常采用这种自利假设。在威廉姆森看来，追求私利有程度深浅之分，程度最强烈的，也是交易成本经济学所注重的。在经济交易中，行为不确定的根源就在于投机。如新制度经济学家认为，人在追求自身利益的过程中会采用非常微妙隐蔽的手段，会要弄狡黠的伎俩。由这个假设我们可以作出一个基本推论：如果协约双方仅仅建立在承诺的基础上，那么未来的风险是很大的（威廉姆森）。或者说，协约双方虽然都作了承诺，签署了协议，但此后的实践却不可预知。人的机会主义行为倾向也是人类社会各种制度产生的一个重要来源。制度可以在一定程度上约束人的机会主义行为倾向，人的机会主义行为倾向具有二重性：一方面，机会主义动机或行为往往与冒风险、寻找机遇、创新等现象有一定的联系，机会主义的对立面就是保持现状。另一方面，机会主义又会对他人造成一定的危害，如机会主义者有时把自己的成本或费用转嫁给他人，从而对他人造成侵害。从这个方面看，机会主义行为也就是一种损人利己的行为。损人利己的行为可分为两类：一类是在追求私利的时候“附带地”损害了他人的利益，如化工厂排出的废气污染了环境。这就是外部性问题。制度的一个基本功能就是将外部性内在化。另一类损人利己的行为则纯粹是“人为的”、“故意的”，纯粹是以损人利己为手段来为自己谋利，其典型的例子就是“偷窃”和“欺骗”。在实际经济生活中，人并没有界限分明地划为两类：一类是毫不利己（即利他主义）者，另一类是损人利己（即机会主义或自私）者。大多数人实际上这两种动机或行为兼而有之。世界上没有完美无缺的人。如前所述，当代制度经济学应该从人的实际出发来研究人。

威廉姆森假设，人们在经济活动中总是尽最大能力保护和增加自己的利益，自私且不惜损人，只要有机会，就会损人利己，这就是机会主义。而亚当·斯密不同，他只看到人的利己心，市场机制可以巧妙地利用人们的利己心，把人们增加自己利益的行动引导到增加社会福利的方向上来。亚当·斯密没有看到人们利己中损人的方面。在损人利己的情况下，市场机制原本会有的作用就会受到限制。由此威廉姆森认为，人的机会主义本性增加了市场交易的复杂性，影响了市场的效率。机会主义的存在是交易费用产生的根源。

新制度经济学所讲的追求私利的人与新古典经济学所讲的追求私利的人的区别主要有，后者是分析交易双方在一种确定的环境下、在完全信息的情况下追求自身利益最大化，所以亚当·斯密所描述的“看不见的手”确实能增进社会福利。这样一来，经济组织的问题就变成了各种技术特点（例如规模经济）的问题，人们在演好自己的角色时也就不会产生偏离原则的问题（威廉姆森）。而新制度经济学所分析的是交易双方在一种不确定的环境下、在不完全信息的情况下追求自身利益最大化，其行为和结果

① 转引自迪屈奇：《交易成本经济学》，经济科学出版社，1999年版，第34页。

要复杂得多。所以，新制度经济学就特别强调制度、法律、产权及治理在经济运行中的作用。

以上我们从三个方面分析了新制度经济学关于人的行为假定。这种关于人的行为假定的分析更接近于现实。

二、人类行为与制度关系的三大视角

关于人类行为与制度关系的研究有三大视角，即理性假设、有限理性及认知科学三个方面。这三个视角从不同的层面揭示了人类行为与制度的关系。

1. 人类行为与制度关系研究的视角之一：规则遵循者与理性最大化者之间的关系

在主流经济学的视阈里，经济人（理性人）具有关于他所处环境的完备信息，能对其稳定偏好进行排序，具有无懈可击的逻辑推理和计算能力。但是如果我们仔细地观察现实中的人就会发现，人们在不少的情况下并没有在所谓既定的约束条件下追求最大化，而是做了规则的遵循者。凡伯格和科尔曼指出，有各种各样的方式可以使得个人因遵循规则或规范，而不是尝试根据每一具体情况作出调整来获利①。

哈耶克就一直主张人是追求目的的动物，也是遵循规则的动物。规则遵循者建立习惯和常规，更重要的是采纳社会规范和惯例；理性最大化者则根据其环境和机会的变化调整其行为，以使他的净收益最大化。如何理解规则遵循者与理性最大化者之间的关系？

首先，遵循规则也是一种理性行为。在竞争世界中，人们需要知道大量的价格，以便做出最优决策。所有这些超出了人脑信息处理能力。个人用推测填补其知识空洞。正式制度与非正式制度提供了使协调成为可能的习惯和共同预期。预测可以起作用，即使该预测是以错误前提为基础的。事实上，人们不可能像理性人那样行动，即使能像理性人那样行动也是不划算的。弗兰克认为，理性选择模型的朴素描述中所隐含的收集信息、进行计算的工作大概要花费超过任何一个人一生的时间和精力。我们大多数人靠习惯和拇指规则来作日常决策。按照这个观点、习惯代表对逐案最大化的偏离。决策的质量下降了，但质量下降的损失可能被信息和决策成本的节约抵消还有多的②。

根据哈耶克的观点，标准的理性假定高估了人所具有的“理智力”，低估了他们活动于其中的社会领域的高度复杂性。个人面临普遍的不确定性和无知，而规则是可被利用的手段，人们利用规则是“因为我们的理性不足以把握复杂现实的全部细节”（哈耶克，1960）。像哈耶克一样，西蒙也想脱离最大化计算概念和最优概念。③ 由于所要求的信息及计算能力大大超出了人们的能力，要对经济行为的所有方面进行完全有意识的理性思考是不可能的。了解到这一点，当事者就获得某种机制，使实际要进行的行为从连续的理性

---

① 卢瑟福：《经济学中的制度：老制度经济学和新制度经济学》，中国社会科学出版社，1999年版，第67页。

② 卢瑟福：《经济学中的制度：老制度经济学和新制度经济学》，中国社会科学出版社，1999年版，第82页。

③ 卢瑟福：《经济学中的制度：老制度经济学和新制度经济学》，中国社会科学出版社，1999年版，第83页。

估计中摆脱出来，这就是人所共知的习惯。按照凡勃伦的看法，制度本身就是由“为大多数人普遍接受的固定的思维习惯”所组成的①。习惯的存在可以大大节省交易成本和决策成本。

新制度主义通常认为之所以出现规则遵循行为，是因为存在信息和决策成本、认知及信息处理约束、尝试逐案调整而出错的风险及个人由于其行为被规则决定而得到的某种利益等②。

其次，规则遵循与理性最大化是相互补充的。人类行为可以看做既包含理性过程又包括非理性过程。现在的问题是理性最大化与规则遵循如何相关，各自发挥什么作用以及它们如何结合。如艾尔斯特指出的，“行为典型地受理性和规范的双重影响”，结果有时是妥协，有时是理性制约社会规范，有时理性又受规范制约③。当然，也不是所有遵循规则行为都可以最大化的。一旦遵循规则，“就不会每换一个环境就重新选择是否继续服从原有规则”，从而特定的规则遵循行为有可能是非最大化的。这方面的例子包括：个人或企业遵循某项运作良好但有时达不到最优结果的决策规则；个人保持一种特殊的消费模式，尽管相对价格有所变化；个人以高昂的私人成本追求社会正义目标等④。

规则遵循与理性最大化并不是矛盾的，新古典经济学忽略了人们除了在既定约束条件下追求最大化外，这个过程还包括通过规则遵循而获得最大化。完全理性的假设没有分析制度与人的相互适应性的问题。在完全理性的假设下，人类行为与制度关系的分析还是两张皮，只是在对理性行为分析的基础上增加了一个选择而已，即在什么情况下遵循规则，在什么情况下追求最大化。实际上人类行为与制度并不是一种简单的对应关系，而是一种相互适应、相互促进和相互补充的关系。

有些主要在认知科学、行为心理学和新近的实验经济学领域工作的社会学家，已经论证了很多人类决策的形成不同于理性选择理论所规定的方式。试验已经表明理性选择模型没有抓住人类决策行为的许多特点。举例说，人们过分重视短期结果，并通常更关心防止损失而不是追求获益⑤。

2. 人类行为与制度关系研究的视角之二：制度与人的有限理性的关系

关于个人与制度之间的因果关系问题的争论持续不断，究竟是个人创造制度还是制度塑造个人？借助于认知科学的相关成果，新制度经济学认为，“在社会过程的舞台上，制度与人类行为、互补与对比永远相互塑造”。⑥ 人类的行为在本质上，可以用两种方式来规范：一是直接凭借外部权威，它靠指示与指令来计划和建立秩序以实现一个共同目标

---

① 霍奇逊：《现代制度主义经济学宣言》，北京大学出版社，1993年版，第49页。

② 霍奇逊：《现代制度主义经济学宣言》，北京大学出版社，1993年版，第66页。

③ 卢瑟福：《经济学中的制度：老制度经济学和新制度经济学》，中国社会科学出版社，1999年版，第63页。

④ 卢瑟福：《经济学中的制度：老制度经济学和新制度经济学》，中国社会科学出版社，1999年版，第66页。

⑤ 科斯、诺思等：《制度、契约与组织：从新制度经济学角度的透视》，经济科学出版社，2003年版，第329页。

⑥ 阿兰·斯密德：《制度与行为经济学》，中国人民大学出版社，2004年版，第372页。

（组织秩序或计划秩序）；二是间接地以自发自愿的方式进行，因各种主体都服从共同承认的制度（自发秩序或非计划秩序）①。

（1）制度塑造个人，能扩展有限理性。从本质上讲，人与人之间的差异不大，但为什么有的成为“好人”，而有的沦为“坏人”？新制度经济学认为，如果人们在一个地方显得宽宏大量，在另一个地方显得自私，并不是他们的本质不同而只是社会组织不同。在制度分析中，意义重大的不是罗列这种或那种动机，而是在其中起作用的制度结构，通过明确的制度法令，这种结构促进了一些人类倾向，压抑了另一些人类倾向。②

人类行为的社会方面无疑深深地植根于人类的遗传之中。人类通过社会交往训练其各种分化出来的认知能力，人在与他人的协调中获得了演化上的优势并生存得更好。惯例与正式制度通过建立或多或少固定化的人类行为的范式，或者设定人类行为的界限，或者订立人类行为的规则，或者约束人类行为，实际上都为其他当事者提供信息。这种约束告诉每个人其他当事者可能的行为，因而他就可以相应采取行动③。制度不仅塑造个人，而且还具有传递性。它减少了每一代人都要重新学习的成本。例如，家庭中的个人消费方式是通过一套以前形成的惯例而保持下来的，它会受社会文化以及有关人员的性格的影响。所有已经建立起来的社会制度中都有可能发现惯例化行为的广泛影响，包括教育系统、科学联合会、公共服务、贸易联盟以及地方及中央政府的各个部门。惯例以一种类似的方式在所有制度中充当“基因”④。

受客观上的不确定性与主观上的智力资源稀缺的双重约束，人类深受有限理性之苦。如果仅有不确定性，人类的认知能力是无限的，那么人类能通过理性计算实现最大化；或者人类的认知能力虽然受到限制，但人与人的交往都是确定的、无任何风险的，那么人类也能依靠有限的智力资源实现理性选择。因此，在此二者的共同作用下，制度不可或缺。

人类具有自利、机会主义等行为特征。自利的个人经常会满口应承却在后来忘得一干二净或者自食其言，有时还妄图不劳而获地“搭便车”甚至“损人利已”。制度则有助于为了长期的有效协作而抑制人们的固有本能，能增加逃避义务的风险，增强互利合作的习惯，达到抑制这种本能性机会主义的目的。同时，制度使他人的行为变得更可预见，为社会交往提供一种确定的结构。在行为经济学家眼中，制度是对不确定性的反应，它们节省了稀缺的认知资源。

制度促进可预见性，并防止混乱和任意的行为。制度协调人们的各种行动，建立起信任，并能减少人们在知识搜寻上的消耗。即使受规则约束的行为并非百分之百地确定，人

---

① 柯武刚、史漫飞：《制度经济学——社会秩序与公共政策》，商务印书馆，2000年版，第171页。

② 艾克纳主编：《经济学为什么还不是一门科学？》，北京大学出版社，1990年版，第171页。

③ 霍奇逊：《现代制度主义经济学宣言》，北京大学出版社，1993年版，第158页。

④ 霍奇逊：《现代制度主义经济学宣言》，北京大学出版社，1993年版，第170页。

们仍会觉得它比混乱更恰当、更合理①。稳定的及惯例化的行为建立并再造了一套法则与规范，后者由“习惯、习俗固定下来，默契地或合法地支持社会共识或一致性”。它不一定是神圣不可侵犯的，但重要的是它能帮助当事者估计其他人可能的行为②。

制度还可以缓解知识的不足。我们对制度经济学的分析并不以“完备知识”假设为基础。知识的不足可以靠恰当的制度安排来缓解。恰当的制度能在一个复杂的、不确定的世界中引导个人决策者，并能帮助其减少对信息的需要③。对于经济学这一研究如何克服稀缺性的科学来讲，人类的无知及其应付无知的办法成了绝对的中心问题④。

总而言之，制度有助于约束人类某些有碍于合作的本性，有助于增进可预见性，有利于缓解人类知识的不足，从而扩展人的有限理性。

（2）个人塑造制度，人性的演变影响着制度变迁的方向。唯理主义建构论者认为立法者的理性意志是法律等制度的起源，个人可以塑造制度，但我们认为，个人塑造制度应该体现在人类行为会影响制度的构建方面，而不是人类对制度的设计。人类行为模式本身对制度的形成就有决定意义。

人类本身是不断演变的，这决定了建立在人性基础上的制度必然随人性的演变而变迁。最初的原始人类是蒙昧的、单纯的，不存在理性计算的能力，人与人之间的交往是稀缺的，因而约束人类行为的制度不会产生。随着剩余产品的出现，人们有了交换的需要，“结绳计物”、以物易物等制度开始产生。物物交换的范围与数量的扩大又进一步促进了实物货币的诞生，而贝壳甚至黏土块等充当的实物货币的流通则建立在人们相互信任的基础上。随着商品经济的日益发展，环境的复杂程度增加了，人性中贪婪自私、损人利己的一面开始凸显。除了包括习惯、禁忌以及信任等非正式制度外，由国家强制执行的法律条例等正式制度开始扮演重要角色。

诺思认为：“随着人类变得越来越相互依赖，环境的复杂性增加，为了从交易中获得潜在收益，就需要更加复杂的制度结构。”⑤ 在有限理性的条件下研究制度是一个重大进步，但有局限性。他们的分析离现实的人还有差距，不能解释互惠制度的起源，没有吸收其他学科关于人的研究等。

3. 人类行为与制度关系研究的视角之三：基于认知科学的制度研究

认知科学或行为经济学是一门试图将心理学的研究成果融入经济学理论的科学，它使人们对理性的认识从有限理性发展到非理性层面。经典理论假定人的行为是理性的、不动感情的、自私的、追求自身效用最大化的，个人是同质的计算机器。到了行为经济学那

---

① 柯武刚、史漫飞：《制度经济学——社会秩序与公共政策》，商务印书馆，2000年版，第112~113页。

② 霍奇逊：《现代制度主义经济学宣言》，北京大学出版社，1993年版，第158页。

③ 柯武刚、史漫飞：《制度经济学——社会秩序与公共政策》，商务印书馆，2000年版，第62页。

④ 柯武刚、史漫飞：《制度经济学——社会秩序与公共政策》，商务印书馆，2000年版，第51页。

⑤ 诺思：《新制度经济学及其发展》，载孙宽平主编：《转轨、规制与制度选择》，社会科学文献出版社，2004年版，第7~8页。

里，个人是充满人性的异质的人，人的行为所追求的远不止经济人追求的范围，他们还关注公平、互惠和社会地位等许多其他方面。20世纪80年代，萨勒等人从进化心理学获得灵感，认为大多数人既非完全理性，也不是凡事皆从自私自利的角度出发，以此为基础，专门研究人类非理性行为的行为经济学应运而生。

阿兰·斯密德认为，制度经济学是建立在行为科学的基础上的，各种描述大脑工作方式的变量与步骤的有效模型为制度影响和变迁分析奠定了良好的基础。对于经济学来说，下面重点阐述的人脑的四个方面非常重要：（1）有限理性，即大脑及其各模块的有限的信息处理能力；（2）大脑富于感情和感觉，是一个可估价的程序；（3）行为规律将影响制度的绩效；（4）大脑是一个开放系统，人类在不断地学习。上述四个方面都发生在人们进行交易的社会系统中①。有学者认为，制度经济学可以被理解为一套连锁理论或模式模型，制度是它的建筑材料，而行为主义则是它的心理学基础②。

最新的认知模型把大脑描述成一个非常特殊的设备，即一个不断完善的松散组合，这个设备不断调整以适时解决现实问题。认知科学对人的认知的分析有这样几个特点：（1）人们"追求满意"而不是最优化③。（2）认识和思维过程最好被看做一种复杂的多层次系统，而行为本身则是根据不同思想水平发生的。（3）人们的心智处理复杂数据的分层方式与活动本身的分层组织是相对应的。④（4）人类的认知构造是长期进化过程的产物，我们面临的主要问题就是人类的基因结构与文化环境之间的互动。人类的基因结构是在适应不断变化的环境中演变而来的，而人类的文化环境则是人类为梳理自己的环境而创建的制度架构的结果。

人们的心智模式是如何形成的呢？心智模式被理解为心灵在对环境反馈之前对环境所做的预测或期望。心智模式可以被修正、改进或被彻底否定，这要取决于所做出的预期是否得到了环境反馈的检验。学习就是人类依据从环境中得到的反馈对心智模式进行修正的复杂过程。每个人都用自己的心智模式去阐释周围的世界。这些心智模式一部分源于文化，而不同民族的文化又是有差异的；另一部分则是通过经验获得的，这种经验对特殊环境而言有"本地性"，因而不同环境下获得的经验也存在着相当大的差别，由此导致人们心智模式的巨大差异，形成对世界的不同理解以及"处理"问题的方式。正是基于与预期不一致的结果，人们进行着不断的学习，并改变其心智模型⑤。

认知科学对制度研究的意义是什么？

（1）认知科学为我们研究制度问题提供了一个更完整的视角。我们必须区别两种情

---

① 阿兰·斯密德：《制度与行为经济学》，中国人民大学出版社，2004年版，第32~33页。

② 豪斯曼编：《经济学的哲学》，上海人民出版社，2007年版，第300页。

③ 科斯、诺思等：《制度、契约与组织：从新制度经济学角度的透视》，经济科学出版社，2003年版，第328页。

④ 霍奇逊：《现代制度主义经济学宣言》，北京大学出版社，1993年版，第138页。

⑤ 诺思：《新制度经济学及其发展》，载孙宽平主编：《转轨、规制与制度选择》，社会科学文献出版社，2004年版，第4页。

况：强外在约束下的选择和较弱约束下的个人认知。新古典经济学在强外在约束情形下最管用，而在用于个人弱约束下的认知时却不那么恰当或干脆失败了。因而，完全成功的经济理论应涵盖这两类情形，而且能在某种高度严谨的框架中这样做。

在人类的制度体系中，在大多数情况下，这些强外在约束是人类集体思考和行动的结果。这样，在制度与组织强外在约束的形成和演进过程中，人类心理起根本作用。对认知科学的最新研究可能有助于更好地理解这些外部结构的作用和渐进发展，并且我们看到了相关线索，即个人认知与不同类型的社会结构如何相互作用产生了不同结果①。个人认知的差异如何影响制度及制度结构，是新制度经济学需要研究的一个新课题。

新制度经济学认为，人们往往是在不确定性状况中做出选择的，那些选择受到制度环境的影响。在把认知科学应用到经济学方面，诺思认为最有前景的方法是假定合理性原理及其演绎推理暗示的相比，人有一个相当不同的智能，在他看来，伴有导向认知科学的文化影响路径的制度分析似乎是最有前景的方法。诺思认为，联结说的框架最适意，这个框架揭示大部分的学习来自吸收、适应微妙的事件，这些事件对我们的生活造成影响，并且逐步修正我们的行为②。诺思和奈特还相信"认知过程本身是由同外部世界的互动形成的"。这使他们断言：如果外部因素对理性和认知有优先权，那么对制度在影响认知方面的作用的分析就比对制度在影响经济绩效方面的分析更重要。它对从本质上对理解认知和理性很重要③。

（2）用认知科学可以更好地解释制度的起源。从认知科学的角度看，作为一种解决社会问题的共有方式，制度深嵌于人们的意识之中。对于人类认知图景而言，共有心智模式或共有知识的主要作用就是对行为层面上的个体活动进行协调。在漫长的演进的社会化过程中，社会成员建立起了相同的认知结构，并形成了各自的行为规律。

认知科学对人脑描述的词汇很多，如有限理性、无意识强化、多重自我、情感、社会地位追求、关心他人、想像力与创造力、直觉、感知约束、学习、不断演化的综合适应系统。这些不同认知层次可以解释相应制度的产生。有限理性意味着世界处于脆弱的均衡状态或非均衡状态、市场必定不完善以及竞争不可能产生预期结果。有序选择、智力账户、经验法则等与大脑的有限信息处理能力是一致的。可选择制度与制度变迁的影响分析必须建立在行为科学的严格基础之上④。

（3）用认知结构可以更好地解释制度的多层次性。根据认知科学的研究，人类行为受大脑认知结构的影响，可以分为有意识/意识行为、直觉行为、前意识行为和无意识行为，见表2-1。新古典的理性假设属于第一层次，即有意识的推理行为。

---

① 德勒巴克等编：《新制度经济学前沿》，经济科学出版社，2003年版，第342页。

② 诺思：《经济学和认知科学》，《北京大学学报》，2004年第6期，第18~23页。

③ 科斯、诺思等：《制度、契约与组织：从新制度经济学角度的透视》，经济科学出版社，2003年版，第330页。

④ 阿兰·斯密德：《制度与行为经济学》，中国人民大学出版社，2004年版，第83页。

表 2-1　　　　　　　　　　心智结构与行为①

<table>
<tr><th colspan="3">行为类型
心智类型</th><th colspan="2">行为结构</th></tr>
<tr><td rowspan="6">心智结构</td><td colspan="2" rowspan="2">无意识</td><td rowspan="2">无意识行为</td><td>包含意识，称为有意识的无意识，如弗洛伊德所说的动机性遗忘、口误、笔误等</td></tr>
<tr><td>不包含意识，如习惯性动作、肌肉反应、抽搐等</td></tr>
<tr><td colspan="2">前意识</td><td>前意识行为</td><td>潜意识的习惯，如熟能生巧的动作等</td></tr>
<tr><td rowspan="2">直觉</td><td>灵感</td><td colspan="2" rowspan="2">直觉行为</td></tr>
<tr><td>顿悟</td></tr>
<tr><td>意识/有意识</td><td>从知识形态看，分为观念层、价值层和理念层；从思维活动看，分为感性层（感觉、知觉和想象）和理性层（概念、判断和推理）</td><td colspan="2">有意识/意识行为</td></tr>
</table>

由表 2-1 可见，人类行为除了新古典的理性行为外，还有许多属于半理性甚至非理性的行为。不同的认知层次导致不同的行为模式，而不同的行为模式又与不同的制度结构相对应。其基本模式是：不同的认知层次—不同的行为模式—不同的制度结构。人类心智的局限性使得在各个决策层次上进行完全有意识的考虑是不可能的。假定所有的行为在所有层次上具有同等的理性很难让人相信。借助完全理性和最大化行为假设，新古典经济学家没有在这方面区分不同的行为。然而，无论怎么讲，把心智看成多层次的和结构性的，是建立在科学客观分析基础上的。从认知科学的角度看，人类可以既是理性的，又是次理性的。

认知科学关于理性与非理性的分析可以大大深化我们对制度及制度结构的认识。完全理性的行为模式适用于市场制度，政府只要界定好私有产权，并对国家和私有产权提供保护，个人在"无形的手"的指引下，出于自利的计算可以实现个人和社会福利的一致最大化。在非完全理性的情况下，个人行为不可能实现最大化，人们倾向于沿用惯例或采取模仿方式以节约心智资源，此时，文化传统、宗教信仰等非正式制度将在引导人们的行为方面发挥重要作用②。

在前面我们从三个层面分析了人类行为与制度的关系，这三个层面并不是互相排斥的，而是相互补充的。可以讲，这三个层面对人类行为的研究越来越深入，越来越全面，更接近于现实的人，这在很大程度上验证了科斯的断言，新制度经济学的研究应该从现实的人出发，只有从现实的人出发，我们才能揭示制度的起源及其演变规律。

① 卿志琼：《有限理性、心智成本与经济秩序》，经济科学出版社，2006 年版，第 170 页。
② 柯武刚、史漫飞：《制度经济学——社会秩序与公共政策》，商务印书馆，2000 年版，第 69 页。

如何进一步探讨人类行为与制度的关系？在一些制度经济学家看来，仅仅凭借经济学研究制度的起源是不够的，我们必须在多学科的合作中研究制度。诺思指出，经济学是一门关于人们在稀缺的社会如何进行选择的理论，在一个不确定极为普遍的世界，人们需要通过认知科学、经济学、政治学、法学、社会学以及相关的分析来解决不确定问题。将认知科学引入制度分析后，我们实际上发现了原来的社会科学有两个致命的缺陷：一个是没有预见性，另一个则是我们不敢回忆。一方面，大家所理解的历史可能是错的。另一方面，通过认知科学和心理学的研究，我们发现经济学家也有特定的学习曲线，在很大程度上，经济学家是通过推测和回忆来理解制度过程的。这样就不免在复制历史的过程中，产生了很多有意识的遗漏。诺思认为，我们必须从认知科学领域，从心理学领域再挖掘对制度的理解。这是一个浩大的工程，如果边际效用学派的兴起使经济学向精确化、模型化及数量化方向发展的话，那么认知科学的发展及其运用于经济学，将使经济学对人类行为的研究及制度的研究更上一个台阶。经过对经济史长期的研究，诺思发现，长期来看，影响社会繁荣与否的，表面上是这个社会的制度矩阵（institutional matrix）；但是，更根本的因素其实是社会大众的“思维架构”（mental construct）。然而，如何影响社会大众的思维架构，诺思却没有进一步阐明。对“思维架构”的研究则正是认知科学的主题。可以预见，制度矩阵和思维架构之间的关系将成为新制度经济学的前沿课题。

◎思考题

1. 解释下列名词。

方法论上的个人主义　　反事实方法　　比较分析

2. 在方法论上，新制度经济学与主流经济学的差别有哪些？
3. 如何理解科斯革命？
4. 新制度经济学关于人的行为的三个假定是什么？
5. 试述制度分析的三种方法与制度研究的关系。
6. 试述人类行为与制度关系的三大视角。

第三章 交易费用范式

交易费用和产权分析是新制度经济学研究制度构成和运行的基本原理。诺思认为，交易成本和产权的经济学方法，是研究各个层次社会的通用工具①。本章我们首先分析交易费用的含义及其存在的原因，接着探讨交易费用的测量问题，最后研究作为分析范式的交易费用理论及其应用。

第一节 交易费用的含义及其存在的原因

一、交易费用的含义

“交易”这个概念在正统经济学中早已存在，但是一个应用范围相当窄的概念。到了近代制度经济学的代表人物之一康芒斯那里，“交易”概念一般化了。康芒斯将“交易”概念和正统经济学中已一般化的“生产”概念相对应。按照他的划分，“生产”活动是人对自然的活动，“交易”活动是人与人之间的活动。“生产”活动和“交易”活动共同构成了人类的全部经济活动。这种“交易”活动被康芒斯视为“制度”的基本单位，也就是说，“制度”的实际运转是由无数次“交易”构成的，“交易”就成为康芒斯的制度经济学的基本分析单位。在其《制度经济学》中，康芒斯将“交易”分为三种基本类型：买卖的交易，即平等人之间的交换关系；管理的交易，即上下级之间的交换关系；限额的交易，主要指政府与个人的关系。这三种交易类型覆盖了所有人与人之间的经济活动。康芒斯的伟大贡献在于，将过去人们认为不相干的一些事情，如买卖活动、经理对工人的管理，以及国家对居民征税等，通过“交易”这个一般化的概念联系和归纳在一起。不同的经济制度不过是这三种交易类型的不同比例的组合。如在市场经济体制中，以买卖的交易为主；而在计划经济体制中，以管理的交易为主。把制度运作与交易联系在一起是康芒斯对经济学发展的一个重大贡献。但是康芒斯在对以交易为基本单位的制度进行分析时所采用的方法，并不是经济学的方法，而主要是哲学、法学、社会学和心理学的方法。康芒斯没有将经济学的方法用于分析制度及其运行。如前所述，近代制度经济学是反正统经济学理论的，他们不可能将经济学的方法用于分析制度问题。把经济学的研究范围拓展到制度领域并实现这一目标的，是以科斯为首的新制度经济学运动。

交易费用的思想最早来自科斯，他在其经典论文《企业的性质》（1937）中指出“使用价格机制是有代价的”。后来，在《社会成本问题》中，科斯把这一思想具体化了——

---

① 埃格特森：《新制度经济学》，商务印书馆，1996年版，第6~7页。

"为了执行一项市场交易，有必要发现要和谁交易、告诉人们自己愿意交易以及交易条件是什么，要进行谈判、讨价还价、拟订契约、实施监督以保证契约的条款得以履行，等等"。也就是在成功地进行一项交易之前，要花代价做这些"事前的工作"，交易费用越低，交易就容易进行；反之，"交易费用过高会使交易无从发生"。科斯的核心思想是：(1) 提出零交易成本的局限性；(2) 研究存在交易成本的社会；(3) 由于经济组织的理论假设与现实是相关的，以及所有可行的组织形式都是有缺陷的，他主张通过比较制度分析考察可行的组织形式之间的相互替代；(4) 上述行为决定于对契约、契约过程和组织详细的微观分析研究①。

西方学者对交易费用的定义并无质的差别，只是其侧重点或范围不同而已。交易费用往往被视为市场经济中的噪音。引进交易费用使漂亮的经济学模型复杂化。只有消除噪音才能显示出经济中真正自变量与因变量之间的关系（威廉姆森）。阿罗（1969）是第一个使用"交易成本"这个术语的人，他声称，"最好能考虑一个更广泛的范畴——交易成本的范畴，交易成本通常妨碍，在特殊情况下则阻止了市场的形成"，这种成本就是"利用经济制度的成本"。科斯认为，交易费用是获得准确的市场信息所需要付出的费用，以及谈判和经常性契约的费用。威廉姆森认为，交易费用分为两部分：一是事先的交易费用，即为签订契约、规定交易双方的权利、责任等所花费的费用；二是签订契约后，为解决契约本身所存在的问题、从改变条款到退出契约所花费的费用。事后的交易费用包括：(1) 当交易偏离了所要求的准则而引起的不适应成本；(2) 为了纠正事后的偏离而作出双边的努力，由此引起的成本；(3) 建立和运作管理机构而付出的成本，管理机构也负责解决交易纠纷；(4) 保证契约生效的抵押成本。最后，交易费用概念扩展到包括度量、界定和保证产权（即提供交易条件）的费用，发现交易对象和交易价格的费用，讨价还价的费用，订立交易合约的费用，执行交易的费用，监督违约行为并对之制裁的费用，维护交易秩序的费用，等等。迪屈奇把交易费用定义为三个因素：调查和信息成本、谈判和决策成本以及制定和实施政策的成本②。阿罗使交易费用概念更具有一般性："交易费用是经济制度的运行费用"，它包括：(1) 信息费用和排他性费用；(2) 设计公共政策并执行的费用。

根据张五常的分析，交易成本是明确交易单位特征和实施契约的成本。人们从事经济交换活动时，最关心的是商品和服务是否能够交易以及确定要交换的是什么。只有明确界定交易对象的成本状况，我们才能明确协议和契约的性质并有效地进行交换。如果交换的商品和服务只具有某种单一的特征，那么上述问题将很容易解决。但是，几乎每一项商品或服务的特征都是多样性的，而且在某种意义上它们都是有价值的，换言之，我们交换的不仅是商品和服务，而且是某种具有不同特征和价值的东西。如果我们对这些价值的衡量是低成本的，那么所进行的交易也是低成本的。明确这些特征的方式和一般财产权利的界定是相同的。如果财产权利的界定是模糊的，我们不可能明确我们要交换的是什么。事实

① 科斯、诺思等：《制度、契约与组织：从新制度经济学角度的透视》，经济科学出版社，2003年版，第62~63页。

② 迪屈奇：《交易成本经济学》，经济科学出版社，1999年版，第44页。

上，现实中需要明确界定的不仅是商品和服务的特征，而且包括企业、贸易联盟和政府内部以科层交换为特征的委托—代理关系。根据界定的范围和程度，我们可以找到衡量双方的行为是否与契约相符的方法①。

张五常将交易费用的概念扩展为“制度费用”——交易费用“是一系列制度费用，其中包括信息费用、谈判费用、起草和实施合约的费用、界定和实施产权的费用、监督管理的费用和改变制度安排的费用”，也就是说，“交易费用包括一切不直接发生在物质生产过程中的费用”。

二、交易费用存在的原因

为什么会存在交易费用？威廉姆森认为，交易费用的存在取决于三个因素：受到限制的理性思考、机会主义以及资产专用性。机会主义描述了“狡诈地追求利润的利己主义”。资产专用性是指耐用人力资产或实物资产在何种程度上被锁定而投入特定的贸易关系，资产专用性高意味着垄断的存在。受到限制的理性思考也就是人的有限理性，人的智力资源是稀缺的，人的认识是有局限性的。按照威廉姆森的观点，倘若受到限制的理性思考、机会主义和资产专用性这三个因素不是同时出现的话，交易费用就不会存在②。

从深层次看，交易费用的存在与人的本性密切相关。上述受到限制的理性思考和机会主义都与人性有关。威廉姆森（1985）认为，人的本性直接影响了市场的效率。市场上交易的双方不但要保护自己的利益，还要随时提防对方机会主义的行为。每一方都不知道对方是否诚实，都不敢轻率地在对方提供信息的基础上作决定。机会主义的存在使交易费用增加，人的机会主义本性增加了市场交易的复杂性，影响了市场的效率。

交易费用的存在还与人的行为是不确定的有关。库普曼斯把不确定性区分为原发的和继发的两类，并认为，社会经济组织中的核心问题，其实就是如何面对、如何解决不确定性的问题。原发的不确定性就是那些随机发生的问题，而继发的不确定性则产生于缺乏信息沟通，也就是说，一个人在作出决策时，无从了解其他人同时也在作的那些决策和计划③。奈特说，市场经济的实质不是风险，而是不确定性。如果是在一个确定的环境里，交易费用也就不存在了。

为什么交易费用迟迟未能引入经济理论？其原因在于大部分经济理论和模型假设完全信息，而交易费用在一定程度上与索取有关交易信息的费用相联系。信息费用与交易费用这两个概念不太容易区分。一个生活在荒岛上的人在进行他的“家庭生产”的时候，会遇到信息费用问题，但他并不进行交易因而不会有交易费用。当信息有成本的时候，与个体间产权交易有关的各种行为导致了交易费用的产生，这些行为包括：（1）寻找有关价

① 科斯、诺思等：《制度、契约与组织：从新制度经济学角度的透视》，经济科学出版社，2003年版，第59~60页。

② 转引自迪屈奇：《交易成本经济学》，经济科学出版社，1999年版，第29页。

③ 威廉姆森：《资本主义经济制度——论企业签约与市场签约》，商务印书馆，2002年版，第85页。

格的确切信息。(2) 在价格是内生的时候，为弄清买者和卖者的实际地位而必不可少的谈判。(3) 订立合约。(4) 对于合约对方的监督以确定对方是否违约。(5) 当对方违约之后强制执行合同和寻求赔偿。(6) 保护产权以防第三者侵权①。

交易成本很重要，其数量也很大，但为什么它长期被忽视了呢？对此，张五常(2000) 认为有两个方面的原因：(1) 在20世纪60年代以前，除了科斯以外，经济学家们往往认为交易成本类似于运输成本或类似于关税或佣金。按照传统的理解，运输成本、关税或佣金都只是与资源配置和收入分配有关的现象。因此，为了分析的方便，删掉这种价格成分不过是简化假设。(2) 交易成本经济学是现实世界经济学，现实世界经常是学院经济学家害怕涉足的地方。运用交易成本经济学分析现实问题需要许多经验性观察。

第二节　交易费用的测量

一、沃利斯和诺思的交易费用测算方法

交易费用是西方新制度经济学的核心范畴。交易费用能否测量以及如何测量是一个颇有争议的问题。交易费用测量的争议来自以下几个方面：(1) 交易费用定义的差异是引起测量争议的一个原因。阿罗 (1969) 把交易成本定义为“经济系统的运行费用”。巴泽尔 (1997) 将交易成本定义为“与转移、获取和保护权利相关的费用”。不同交易费用的内涵不同，其测量范围和方法也是不一样的。(2) 测量的目标不一样。在经济学上，一些概念测量或精确到什么程度是不一样的。交易费用的测量也面临着同样的问题。有些交易费用是容易测量的，有些测量比较困难。(3) 由于生产成本和交易成本是被联合决定的，对交易成本的估计就成为问题，对交易成本的单独估计变得相当困难。经济理论暗示交易成本的差异对生产边界具有某种一阶影响力。(4) 如果交易成本非常高，许多种交易可能根本就不会发生。即使某种特定的交易会发生，它也不可能出现在采用货币价格的开放市场中。结果，在所有潜在的交易中，仅仅只有一个很小的子集将真正发生，并且只有这个子集中的一个子集出现在市场上。为了搞清楚为什么某种特殊交易会被某个人采用，这就要求获得关于其他选择的机会成本的知识。为了理解这些选择的形成，我们有必要对那些并没有真实发生的交易的费用进行估算。(5) 一价定律 (the law of one price) 在此并不适用。在一个给定的社会中，个体和团体可能面对非常不同的交易成本，因此许多估算可能是需要的。在其他条件都相同的情况下，某个人的政治关系、种族以及其他特点也将影响特殊交换的机会成本。这些差异对于外部人来说很少是透明的②。

由于交易费用的内涵广泛及现有统计数据的局限，如何度量交易费用是件很困难的事情。尽管有学者对交易费用的测量提出了质疑，但是一些学者认为通过间接的办法对交易费用进行测量是完全可能的。威廉姆森 (1984) 等人指出交易费用的绝对数无法测量，

---

① 埃格特森：《新制度经济学》，商务印书馆，1996年版，第17页。

② 科斯、诺思等：《制度、契约与组织：从新制度经济学角度的透视》，经济科学出版社，2003年版，第426~434页。

但交易费用的比较在“序数”的基础上是有意义的。张五常（2000）也认为，尽管难以对交易费用做出十分准确的计量，但通过一些间接的办法还是可以对交易费用进行计量的，“交易成本至少在边际上可以度量”。沃利斯和诺思（1986）首次对美国经济中交易成本占资源耗费总额的比重进行了测量，他们将整体经济活动划分为交易活动（transaction activity）和生产转换活动（transformation activity），再加总两类活动中相关的资源耗费即获得了交易费用的大致估计；他们发现交易费用所用掉的经济资源的数量在1870年只占美国国民生产总值的25%左右，而在1970年增长到50%左右。沃利斯和诺思（1988）在宏观的层面上考察了交易费用的度量方式（“完成交易功能所使用的要素的经济价值”）。此后，这一工作被其他学者仿效。另外，这些发现与跨国经验一致，即经济发展和收入水平越高，在交易服务方面的开支就越高。Dolley和Leong（1998）运用这一方法估计了1911—1991年澳大利亚的交易部门比重。Ghertman（1998）将它扩展到20世纪60—90年代的法国、德国和日本。Farina（1999）将它扩展到阿根廷。有学者估计1990年德国的交易费用占GNP的比重为64.2%~69.5%，如果不把政府为交易服务的交易费用算在内，1990年德国的交易费用占GNP的比重也达到50%~55%。

中国的制度转型及其经济增长为检验新制度经济学提供了很好的样本。制度之所以存在，就是为了节省交易费用，但制度本身也在耗费着资源，制度转型过程也是交易费用变化的过程。因此，中国交易费用的变化就可以体现在制度转型的过程中。同时，交易费用和经济增长也存在一定的关系。诺思（1987）认为交易费用下降是经济增长的源泉，经济制度的变迁是为了节约交易费用。威廉姆森（1985）也认为经济组织体制的主要目的及效果在于节约交易费用。对此张五常（2000）也持类似观点。因此，检验中国的制度转型、经济增长和交易费用之间的关系具有较强的理论和实践意义。

沃利斯和诺思将经济部门分为与交换相关和与交换不相关两部分，并分别对两个部门的交易费用进行测算，把经济活动中的费用分为交易费用和转换费用。交易费用就是处理人与人利益关系的费用，是执行交易行为而投入的劳动、土地、资本和企业家才能的耗费；所谓转换费用就是和人与自然的物质变换相联系的费用，是执行生产转换行为而投入的劳动、土地和资本的耗费。买卖关系及其中介是理解交易费用的关键。从买方来看，交易费用就是消费者支付了但卖方（厂商）并未收到的那些成本，比如法律部门运行的成本、销售人员的耗费；从卖方来看，交易费用就是那些如果卖方将产品卖给自己就不会产生的成本，比如市场营销人员、律师、秘书的耗费等。从买卖之间的中介来看，金融、保险、房地产、批发零售等部门运行的成本应包含在交易成本中，但私人运输部门的成本不应计入，原因是在卖方直接将货物运至目的地的情形下，如果厂商将这些货物卖给自己也会产生这些成本。另外，政府服务如国防、警察、法院等保护产权部门的开支以及教育、公共交通等部门的开支也应计入交易成本，因为它们便利了人们的劳动分工和专业化，提高了经济体的运行效率。

借鉴沃利斯和诺思（1986）的基本思路，我们将国民经济部门分为非交易服务部门和交易服务部门，然后估算非交易服务部门和交易服务部门中的交易费用，并进行加总就可以得到整个国民经济的交易费用。因此，我们需要首先确定交易服务部门和非交易服务部门。目前我国的国民经济核算实践将国民经济分为如下行业：第一产业（农、林、牧、渔业)、第二产业（工业采掘业，制造业，电力、煤气和水的生产供应业，建筑业)、第三产业（农、林、牧、渔业服务业，地质勘探业和水利管理业，交通运输仓储和邮电通信业，批发零售贸易业和餐饮业，金融及保险业，房地产业，社会服务业，卫生体育和社会福利业，教育、文化艺术和广播电视业，科学技术和综合技术服务业，国家机关、政党机关和社会团体，其他)。其中，第一产业和第二产业中的五个行业、第三产业中的地质勘探业和水利管理业、卫生体育和社会福利业、科学技术和综合技术服务业都属于非交易服务部门；农、林、牧、渔业服务业，金融及保险业，房地产业，社会服务业，教育、文化艺术和广播电视业，国家机关、政党机关和社会团体则属于交易服务部门；而交通运输仓储和邮电通信业中的交通运输仓储应该属于非交易服务部门，邮电通信业属于交易服务部门；批发零售贸易业和餐饮业中的批发零售贸易业属于交易服务部门，而餐饮业属于非交易服务部门。我们假定其他行业一半属于交易部门一半属于非交易部门。国民经济各部门的性质分类见表3-1。

表3-1　**国民经济各部门的性质分类**

行业	行业性质	行业	行业性质
农、林、牧、渔业	非交易部门	农、林、牧、渔业服务业	交易部门
第二产业	非交易部门	金融及保险业	交易部门
地质勘探业和水利管理业	非交易部门	房地产业	交易部门
卫生体育和社会福利业	非交易部门	社会服务业	交易部门
科学技术和综合技术服务业	非交易部门	教育、文化艺术和广播电视业	交易部门
交通运输仓储	非交易部门	国家机关、政党机关和社会团体	交易部门
餐饮业	非交易部门	邮电通信业	交易部门
其他	—	批发零售贸易业	交易部门

由于数据统计的局限性，我们不能采用沃利斯和诺思的以劳动分工为基础的核算方法来计算交易费用，即以从事交易服务的人数比例作为交易费用的相对值。我们直接以交易活动的增加值占整个经济活动增加值的比重作为交易费用的相对值。我们假定第一产业（农、林、牧、渔业）中的交易费用全部表现在农、林、牧、渔业服务业增加值中，即其交易费用为农、林、牧、渔业服务业增加值；由于第二产业缺乏相关的服务业数据统计，我们假设第二产业和第一产业具有相同的交易费用与总增加值之比，将农、林、牧、渔业服务业增加值与农、林、牧、渔业增加值之比再乘以第二产业增加值就得到第二产业的交易费用；第三产业的交易费用就是其中的全部交易部门的增加值之和，即：

第三产业的交易费用=金融及保险业增加值+房地产业增加值+社会服务业增加值+教育、文化艺术和广播电视业增加值+国家机关、政党机关和社会团体增加值+批发零售贸易业和餐饮业增加值×0.5+交通运

输仓储和邮电通信业增加值×0. 5+其他行业增加值×0. 5

所有三次产业的交易费用之和即为国民经济交易费用的绝对值，交易费用的绝对值与同年 GDP 之比为相对交易费用。

国民经济各行业的分类及其增加值数据来源于《中国统计年鉴》。由于年鉴在 1997 年后才有各省各行业的分类数据，并且在 2004 年没有对应的各省各行业的统计数据，我们的样本为 31 个省市 1997—2003 年的数据。

表 3-2 报告了各省市 1997—2003 年的平均相对交易费用情况。我们发现，除 1999 年和 2002 年以外，相对交易费用都是逐年稳步上升的，从 1997 年的 33. 07%上升到 2003 年的 37. 29%。整个期间的平均相对交易费用为 35. 85%。同时，各省市各年的最小相对交易费用逐年增加，从 1997 年的 24. 29%上升到 30. 22%；而各省市各年的最大相对交易费用也稳步上升，从 1997 年的 49. 65%上升到 55. 01%；每年最大相对交易费用值和最小相对交易费用值之比保持在 1. 8 以上，表明各省市相对交易费用的差距还是比较大。

表 3-2　　各年份平均的相对交易费用（%）

年份	均值	中位值	标准差	最小值	最大值	最大最小之比
1997	33. 07	32. 38	5. 57	24. 29	49. 65	2. 04
1998	37. 14	34. 95	7. 32	27. 36	60. 22	2. 20
1999	35. 66	35. 03	5. 44	28. 20	51. 57	1. 83
2000	36. 42	34. 93	5. 42	28. 31	52. 81	1. 87
2001	37. 51	36. 61	5. 29	28. 95	53. 98	1. 86
2002	33. 83	31. 52	5. 57	26. 00	52. 48	2. 02
2003	37. 29	35. 76	5. 26	30. 22	55. 01	1. 82
平均	35. 85	34. 87	5. 89	24. 29	60. 22	2. 48

表 3-3 报告了各省市的平均相对交易费用和增速，我们按照其值与所有省市的相对交易费用平均值的大小，将 31 个省市分为 12 个高交易费用地区和 19 个低交易费用地区，高交易费用地区的平均相对交易费用大于所有省市的相对交易费用平均值 35. 85%，它们分别为北京、上海、天津、西藏、海南、青海、福建、辽宁、广东、重庆、山西、江西；而低交易费用地区的平均相对交易费用小于所有省市的相对交易费用平均值，它们是余下的各省市。值得注意的是高交易费用省市的平均增速却低于低交易费用省市，平均来说，高交易费用省市的增速只有低交易费用省市的 2/3，这说明低交易费用省市有向高交易费用省市追赶的趋势，也表明落后的省份有制度上的“后发优势”。

表 3-3　　各省市的平均相对交易费用及其增速

省市	相对交易费用	增速（%）	省市	相对交易费用	增速（%）
北　京	53.67	2.27	宁　夏	35.40	0.16
上　海	49.18	0.77	浙　江	34.70	3.35
天　津	43.24	1.79	湖　南	34.59	5.11
西　藏	41.58	5.86	新　疆	34.35	1.45
海　南	40.68	-0.66	广　西	34.13	4.24
青　海	39.26	1.49	山　东	33.44	0.74
福　建	37.93	0.81	四　川	32.93	3.99
辽　宁	37.91	3.14	湖　北	32.47	3.68
广　东	37.28	0.88	甘　肃	32.11	2.00
重　庆	37.12	2.61	云　南	32.10	3.04
山　西	36.35	1.70	河　北	31.53	1.82
江　西	36.09	2.01	吉　林	31.43	0.69
高交易费用	40.86	1.89	内蒙古	31.32	3.06
低交易费用	32.68	2.88	贵　州	30.79	4.07
平均	35.85	2.49	安　徽	30.32	6.89
高低比	1.25	0.66	黑龙江	29.89	2.12
江　苏	35.82	1.86	河　南	28.13	3.72
陕　西	35.46	2.63	—	—	—

二、交易费用测量的两个层次及其变化趋势

交易费用的测量包括两个层次：一是制度或体制的差异引起的交易费用，不同的制度下交易费用是存在差异的；二是测量商品或劳务的标准及技术变化引起的交易费用，如货币、国家度量衡的统一、政府制定的产品标准等，这当中测量的问题及所需要的时间和费用总是存在的，如信息成本等。第二个层次的交易费用实际上是在制度（或体制）已定的情况下的交易费用，在既定的体制下我们可以考察每笔交易的交易费用，这也可称为交换费用。第一个层次的测量是在总量上对交易费用的测量，在一个国家，总量交易费用占GDP比例越高，那么这个国家经济越发达，总量交易费用的上升意味着为交换发展的部门越来越多，并职业化、专业化、规模化，从而使越来越多的潜在交易成为可能。这种总量交易费用的上升同时也意味着每笔交易的交易费用会下降。另外一个重要的交易费用测量的方法是同一笔交易在不同制度下的成本差异，从而可以间接测量制度运行的费用。低交易成本意味着更多的交易，更高的专业化。

1. 制度费用和制度既定条件下的交易费用

从交易费用到制度费用的拓展增加了交易费用测量的难度，但使交易费用的解释力有所增加，制度费用实际上是总量交易费用，总量交易费用占 GDP 的比例增加看似低效，即维持制度运行的费用上升，但使分工和交易更加深化，使社会总的交易量增加，商品或劳务总量的增加速度高于交易费用增加的速度，社会净财富增加。

（1）制度费用或总量交易费用。经济中总量交易费用有多大？诺思测量了总量交易费用，他指出，为了实现规模递增的收益，需要在交易方面进行巨额的投资。在美国，1900—1970 年，美国的劳动力从 2900 万人增加到 8000 万人。同期，产业工人从 1000 万人上升到 2000 万人，白领工人从 500 万人增加到 3800 万人。在美国，1970 年交易部门构成国民生产总值的 45%。如果说亚当·斯密时期的经济学家们在构造他们的模型时忽略了专业化和劳动分工所产生的费用（即交易费用），那么现代的经济学家们再也不能忽略数额巨大的交易费用了。张五常估计交易费用占香港地区国民生产总值的 80%，这似乎包括了全部第三产业以及第一、二产业的度量和监管费用。如诺思所说，这些交易费用是决定一种政治或经济体制结构的基础。

（2）既定制度下每笔交易的交易费用或交换成本。对于既定制度下每笔交易费用的测量已经有较多的学者作了尝试。在制度既定或制度不变的条件下，我们可以测量完成交易所需要的成本，它包括对所交易的商品或劳务性质的考察、收集相关信息、订立、履行契约的成本等。

我们现在考察交易中所有成本的一个子集，这个子集就是我们所说的“交换成本”（the cost of exchange）。交换成本被定义为：在某种制度环境中，当事人采用给定的交换方式获取某一商品而消耗的总资源（货币、时间和商品等）的机会成本。因此，交换成本就是当事人所面临的生产费用和特定交易成本的总和。我们不能将这些费用直接分解为生产和交换两个部分，在比较分析中这种方法将集中关注区别交易成本所产生的总结果。该分析框架关注当事人在特定的制度环境中寻求采取某种具体交换方式（如通过正式合同或非正式安排，货币或实物报酬）所面临的机会成本。这不包括建立市场制度的费用、建立适当政治框架的费用，或者建立个人人际关系、树立个人声誉或培养交易技巧的费用（这些就是我们前面所讲的制度费用或经济运行的费用）。

考虑交换成本需要搞清具体交易中的交换形式、获得的商品、当事人的特征和环境状况。这种方法就是选择并详细描述某些交易以便研究者可以测量在交易发生时所出现的时间或货币费用。然后，那些具有指定特征的当事人能够被采访，而采访内容是了解他们在交易过程中所实际发生的时间和货币费用。对于许多重要交换，常规的市场价格是没有的，或者即使有，也很难完全反映机会成本。在某些情况下，相关的信息可以通过调查那些直接卷入这些交易的买者、卖者、经纪人、服务商而获得。在其他一些情况下，研究者只有亲自模拟这些交换过程才能获得这些信息。在交换因为交换成本过高而几乎不发生时，这种模拟就显得特别重要①。

德姆塞茨（1968）通过分析卖出价和买入价间的差额及经纪人的收费对使用有组织

① 科斯、诺思等：《制度、契约与组织：从新制度经济学角度的透视》，经济科学出版社，2003 年版，第 426~434 页。

的金融市场的成本进行了直接测算和估计。威廉姆森（1979，1985）则采用了一种间接测算方法。他把专用性投资间的某些关系（如所采用的合同类型）作为对交易成本的测度。其中心观点是制度结构（和产权）的特征严重影响交易成本的大小。Joskow（1985）在一篇根据发电厂历史写的论文中采用了类似的方法，分析了制度安排对交易成本的重要性。

资产所有权的有效转让对于现代市场经济非常重要。举例来说，与转让一套公寓所有权相关的费用在不同地方差别很大。在开罗，个人购买一套公寓并对所有权的转让进行注册需向第三方额外支付的费用相当于购房价的12%，其中6%用于纳税，6%用于支付法律规定的注册转让所必需的律师费用。房地产经纪人的服务是可以自由选择的，其费用大约是销售价的1.5%。在美国密苏里州的圣路易斯，依法转让所有权的费用大约是销售价的1.5%；如果有房地产经纪人参与其中，他们的费用将占销售价的6%。这些费用之间的差别是惊人的。在国家控制的部门，开罗的费用是圣路易斯的8倍；而在竞争性部门，开罗的费用仅是圣路易斯的1/4（Benham，1997）。

2. 总量交易费用与每笔交易的交易费用的变化趋势

社会总量交易费用的上升与每一笔交易的交易费用下降在一定范围内并存。总量交易费用与每笔交易的交易费用的关系是交易费用测量中的一个重要问题。如果不搞清这两者的关系，我们会得出一些自相矛盾的结论。有时我们笼统地说降低交易费用是不准确的，因为在一个发达国家，交易费用占 GDP 的比重呈上升态势，分工越来越细、科技的进步都需要我们把一部分资源用于交换领域。亚当·斯密只看到了分工、专业化的好处，而忽视了由此引起的交易费用。在某种意义上讲，总量交易费用是庞大的社会分工体系不得不付出的成本。总量交易费用占国民经济的比例用 K 来表示，用 G 表示经济总量，用 C 表示总量交易费用，则：

$$C=KG$$

K 在大于0小于1的范围内变动。一个社会的交易费用不可能为零，但也不能把全部的资源用于交换领域。根据诺思等人的计算，美国等发达国家现在的 K 值在50%左右，有的高于50%。对于总量交易费用上升的态势必须考虑这样几个问题：它会不会无休止地上升？会不会达到一定程度后就呈稳定的态势？对于发达国家或地区总量交易费用的上升必须考虑经济全球化及国际分工等这些因素，如有的地区，由于制度环境较好，尽管总量交易费用高，但每笔交易的费用不高，所以总量交易费用提高的地方的分工越来越细，并形成一个“市场极”（即交易量最大的地方）。反过来，为交易服务部门的增加（整个社会用于交易的资源增加，即总量交易费用的增加）不仅降低了每笔交易的费用，而且为社会分工的深化、市场范围的扩大创造了条件。

交易费用占国民生产总值的比重与每一笔交易的费用是两个不同的概念。这两个概念在使用中容易混淆。两者有内在的联系，总量交易费用上升，即为交易服务的部门不断增加，交易也有一个规模收益递增的问题。这就需要分工和专业化达到一定的程度，当交易部门实现了规模经济以后，整个社会的交易费用（即为维持交易部门的运转所需要的费用）也会达到一定的规模，但是社会成员用于每一笔交易的交易费用会下降，社会总量交易费用的上升与每一笔交易的交易费用下降这两者并不矛盾。在此我们可以作出一个推论：当一国的总量交易费用占 GDP 的比例为 0~50%时，该国交易处于规模收益递增阶段；当总量交易费用占 GDP 的比例为 50%左右时，该国交易处于规模收益不变阶段；当总量交易费用占 GDP 的比例超过 50%以后，该国交易处于规模收益递减阶段。还有学者计量市场型交易费用、管理型交易费用及政治型交易费用。据估计，每单位的市场型交易费用是最终消费者价格的 40%，管理型交易费用和市场型交易费用之和可能是最终消费者价格的 50%~70%。

发展中国家的贫穷在相当程度上是因为交换成本和交易成本，或者经济运行的成本十分高昂。用阿罗的概念，如果经济运行成本是高昂的，那么整个经济体系就不可能获得良好的经济绩效。这里的成本高昂是指发展中国家的制度缺失导致的每笔交易的成本高昂。著名经济学家阿克洛夫（1970）把制度安排的缺乏看做经济发展的主要约束。在任何经济中，交易成本在总体上不可能降低。事实上，在过去的上百年里，我们用于交换活动的资源越来越多，这样做是为了获得现代技术及生产力水平的提高。我们必须进行越来越多的交换活动，而每一交换过程都需要花费资源来界定交换的内容和条件。因而，在社会发展过程中出现的一个重要现象是越来越多的资源用于交易活动并构成交易成本。事实上，当我们考察 1870—1970 年的美国经济时，我们发现交易成本的总和占国民生产总值的比例由开始时的大约 25%增加到 100 年后的 45%。从研究的结果来看，美国经济和世界上其他高收入国家的贸易部门的收入超过了国民生产总值的 50%。这意味着一半以上的社会资源并没有直接用于生产任何东西，而是用于整合和协调不断增加的、越来越复杂的政治、经济和社会体系。这同样意味着哪里的经济发展得更好一些，哪里的交易成本通常占国民生产总值的比重就高一些。

我们希望通过交易成本总量的增加实现亚当·斯密所展示的生产的专业化和劳动分工带来的好处。同时，我们希望能够以较低的成本实现每一笔交易。这就是为什么我们从一开始就讨论交易成本的度量，尤其是讨论要素和产品市场交易成本度量的原因，由此我们可以区分高收入国家和低收入国家：每一笔交易需要较少成本的国家是高收入国家，而每一笔交易需要非常高成本的国家是低收入国家①。

现在以关系经济与契约经济为例，来说明交易成本的变化趋势。

从市场交易的性质来看，我国的市场交易主要是建立在关系经济基础上的，这与发达国家建立在契约经济基础上的市场经济相比还有相当的差距。

关系经济的一大特点是信息的隐蔽性。交易双方所依赖的关系是他们专用的。为了保护这种专用性，交易双方都会尽量地把他们的关系信息隐蔽起来，不被竞争者所利用，否则他们的关系就不可能稳定和长久。一般而言，以关系为本的制度结构只需要很低廉的固定成本，但这种制度却包含了高昂的边际成本。相反，在一个以法治为本的社会里，法律及各项制度的建立可能需要很高的固定成本，然而，在支付这些公共的固定成本以后，法治社会所实施的单个合约的边际成本却很低。因为在一个契约经济里做生意，你没有必要为每笔生意耗费时间、精力和金钱去找关系，只要讲信用、守合同就行了。为此，我们必

① 科斯、诺思等：《制度、契约与组织：从新制度经济学角度的透视》，经济科学出版社，2003 年版，第 50~52 页。

须先搞清契约经济和关系经济中的固定成本与边际成本问题。这里的固定成本是指为了维持社会经济关系所需要的各种“基础”投资，如法官、律师、会计、审计及各种中介机构等；边际成本是指增加一笔生意的额外成本。关系经济在市场化初期可能有其优势，但是随着市场化改革的深入，关系经济运行的成本会越来越高，以至于建立在信用经济基础之上的交易很难进行。随着交易范围的扩大，私了的交易成本越来越高，而在建立在法律基础上的契约经济还未建立起来的情况下，市场效率将会大大下降。契约经济与关系经济的交易成本比较见表3-4。关系经济除了一般意义上的交易成本外，还存在一种租耗的问题。经济主体所创造价值的一部分不得不用于关系的投资上，这种投资在一个讲信用、讲规则的社会里是不需要的，这种额外的损失就是租耗。

表3-4　契约经济与关系经济的交易成本比较

交易成本 / 交易性质	固定成本	边际成本
契约经济	高	低
关系经济	低	高

当前我国市场交易范围的扩大与信用或契约短缺的矛盾越来越明显。这表现为：（1）随着市场半径的扩大和交易成本的上升，许多交易无法进行，从而不利于社会总交易量的增加。（2）关系经济不利于社会分工的发展和社会结构的优化，更不利于制度创新。在一个讲关系的经济里，有没有制度并不重要，重要的是有没有关系。（3）信用或契约的短缺使社会分工难以深化，市场只能在低水平上平面扩张。信用短缺或信用危机已经成为制约我国经济发展的“瓶颈”。

三、不同制度交易费用的比较

分析既定制度下的交易成本可以分析制度的绩效，但如果分析仅仅停留在此意义不是很大，因为在一个制度下这种交易发生了，那么就表明这种制度是有效的。在此基础上，更有意义的是同一交易在不同制度下的交易成本的比较。正如威廉姆森所说，只有通过制度的比较，也就是把一种合同与另一种合同进行比较，才能估计出它们各自的交易成本。因此，说到交易成本的计算问题，其困难也不像初看上去那么大，因为只要比较出哪个大、哪个小即可，不一定非要算出具体数值来。即使要分析实际例子中的交易成本，也几乎没有人想要直接算出其大小来。相反，研究实际例子的目的，只不过是想搞清楚，这些组织内部的关系（签订合同的实践及治理结构）与交易成本理论所预言的交易中各种属性的要求是否一致而已①。

如前所述，张五常认为，交易费用常常很难度量，但是如果能够指出这些成本在不同

① 威廉姆森：《资本主义经济制度——论企业签约与市场签约》，商务印书馆，2002年版，第36~38页。

的可观察的条件下是怎样变化的，我们就可以避开度量问题，而且从边际变化的观点来看，也可以区分它们的不同类型。在其他条件相同的情况下，某种特定类型的交易费用在状况 A 下高于在状况 B 下，并不论什么时候观察这两种状况，不同的个人都能始终如一地确定同一种排列，那么就可以说，交易费用至少在边际上可以度量。不同制度下交易费用比较的意义在于，它可以在一定程度上测量一种制度的绩效，并为制度的创新或改革提供一种客观的依据。

如何进行不同制度下的交易费用的比较？有学者提出在不同国家建立一个协同分析的框架，这个框架能够提供通用的可操作的定义和一个通用的研究草案。然后，不同国家的研究群体可以专注于估算本国的各个部门的交易费用。这些估算（结果）可以用于不同群体、不同国家和不同时期之间的比较研究。如果我们发现在 A 国为生产某种最终产品所需的某种中间产品的价格是 B 国的 10 倍，那么我们不应该为 A 国不生产这种最终产品而奇怪。当积累了这种信息之后，我们能够描绘并且比较不同环境中具有不同交易费用的市场范围。一个给定特征的个人能够在多大的空间、时间和交易伙伴范围内开展交易？在合同执行费用非常高的地方，交易将集中发生在那些相互认识并信任的人们之间。在这些费用较低的地方，交易的边界可以从高度人格化扩展到非人格化，从而将家族成员、社会群体、国家群体甚至外国人都包括进来。与之相似，什么地方的信息、测度和执行费用更低，交易就能够发生在更远的距离和更长的时期中。这些差异暗示着一个经济体系的专业化水平和最终绩效水平①。

斯通等（1996）比较了巴西与智利两国的商业交易成本。与智利相比，巴西的法律和管制结构更为复杂并且透明度更少，因此巴西正式体系的交易成本就显得更高。然而，在某些竞争性部门，他们惊奇地发现巴西的多种私人制度已经发展起来以便减少这些费用。私人服务商为开展某个新业务而提供某种一站式服务（a one-stop entry point），一种创造性的信用信息系统被用来减少通过法院收债的需要。这些研究结果突出展示了考察现实活动的重要性。

诺思试验。诺思曾参加一个由世界银行举办的关于经济发展的会议，并做了交易成本对经济发展所具有的重要意义的演讲。会议的主持人事后对诺思说，他不相信交易成本会如此之高，为此他们打一个赌，同意做一个非常简单的试验，看看世界不同地方的经济是如何运行的。他们采取如下办法：实际完成一个对纺织品下订单的全过程，根据各国（地区）按照他们的要求完成订单的质量和时间等打分。他们拥有一整套标准来间接反映交易成本的状况，拿到结果后，对不同收入的国家进行对比，结果和预想的一致：像美国和中国香港这样的地方按照效率来分类排在名单的前列，而诸如莫桑比克这样的地方则排在了名单的最下方。因此他们相信世界银行的某些职能从降低交易成本的角度看是有价值的②。

莱索托试验。1983 年，莱索托把他的学生分为两组，分别到两个国家去办服装厂。

---

① 科斯、诺思等：《制度、契约与组织：从新制度经济学角度的透视》，经济科学出版社，2003 年版，第 426~434 页。

② 科斯、诺思等：《制度、契约与组织：从新制度经济学角度的透视》，经济科学出版社，2003 年版，第 50~52 页。

行前，莱索托对其学生“约法三章”：按程序办，不到万不得已，不得行贿。一个研究小组在秘鲁利马亲历了依法开办一个新的小型成衣工厂所需的程序。他们试图在不行贿（仅有两次不得不行贿）或不利用政治关系的情况下进行所有的程序。结果显示，一个采用适度手段的人不得不花费289天才能完成依法建立这个工厂的程序。那些没有政治关系的人通常都留在非正式部门，而没有依法注册。另一组在美国佛罗里达州的坦帕重复这种模拟时，仅仅花了两个小时就获得开办一个小型企业的许可。因此在秘鲁的时间费用是佛罗里达州的1000多倍。

为了看一看国与国之间的差异，我们考察一下与进口大型掘土机所需的曲轴相关的交易费用。与美国相比，1989年的秘鲁正式获得这种曲轴所花的货币价格是前者的4倍，在等候上花费的时间是前者的280多倍（即41周对1天）。在阿根廷，货币价格是美国的2倍，等候时间是30天。相反，在马来西亚，货币价格和等候时间与美国大致相同。一个相关的指标是在港口办理清关手续的平均等候时间。在新加坡，这一指标是15分钟，然而在坦桑尼亚却是7~14天。14天的等候时间是在新加坡平均等候时间的1300多倍①。其实我们可以把这一案例推广到所有商品的交易费用的分析上，从这些分析我们可以发现国与国之间的差异。

以上案例从不同侧面表明，在不同制度下交易费用的差异是巨大的。制度成本就是一种制度运行的费用。在某种制度下，单个交易的成本越低，那么这种制度就越有效。发展中国家与发达国家差距形成的一个重要原因是发展中国家的制度成本高。怎样衡量制度成本的高低呢？一个主要判断方法就是人们从事活动的交易成本有多高，如经理与官员打交道的时间有多长。印度工业总会和世界银行最近发起了一项联合调查，研究发现平均来看，印度经理要花16%的时间与各种政府官员打交道，而在中国大约要花11.4%，许多发达国家只有5.8%。

一个好的制度就是最简洁的制度。换言之，办事容易的制度就是好制度。现在对制度这个概念有点滥用了，什么都讲制度创新，好像制度越多越好。政府管得太多的原因是一个利益问题。按照奥尔森的理论，过多的审批和管制与分利集团的存在有关。有人收集了85个国家的与企业正式开业相关的制度，发现在大多数国家，市场准入制度无论从时间还是所需手续来看都非常繁琐。此外，市场准入的难度并没有伴随着很高的产品质量，而是更多的腐败和非官方经济。最后很重要的一点是，困难的市场准入制度是不民主和无限政府的结果。所有这些结果都支持了公共选择的观点：准入制度使官僚和政客受益，而不是消费者。

所谓“印度病”就是政府无所不在，事事都要经过政府官员左审右批。在印度，成功的企业家并不是进行技术和组织创新的企业家，而是获得大量许可证的企业家。因此，印度的企业家都在取得政府的许可证上展开竞争。典型的例子是印度的汽车工业。许多人都把注意力放在获得进口汽车的许可证上，谁获得较高价值的许可证，谁就可以谋取更多的利润。这是印度汽车工业长期落后的根本原因。

---

① 科斯、诺思等：《制度、契约与组织：从新制度经济学角度的透视》，经济科学出版社，2003年版，第426~434页。

四、技术进步后交易费用的变化趋势

技术进步到底是提高了交易费用还是降低了交易费用？一方面，技术进步可以产生新的有效的度量方法使交易费用降低；另一方面，技术进步意味着出现更复杂的商品从而提高交易费用。技术进步为设计新的降低合约费用的经济组织提供了机会，但已出现的少量系统经验资料表明，在发达的工业国家技术进步的净效应是提高了交易费用①。

有哪些因素引起交易费用的变化呢？首先应注意到高额的交易费用可能减少或消除本来可能有利可图的交易，比如当贸易受到第三方（如一群海盗）威胁的时候。政府在无法律的领域确立法律规则，这将降低交易费用并促进贸易的发展。如果政府限制商品的贸易（如海洛因），就会提高这些受限商品的交易成本，也许会使贸易量大大缩减甚至完全消失。从历史上看，政府通过确立度量标准和确保币值稳定降低了交易成本，因为高速的通货膨胀，特别是不断变化、不可预期的通货膨胀，会提高交易费用。

美国加州大学洛杉矶分校的 Deepal Lal 在北京大学中国经济研究中心的演讲《信息革命、交易费用、文明和经济运行》中把交易费用分为与交换效率有关的交易费用和与监督机会主义行为有关的交易费用。Lal 认为，由于信息革命的作用，尽管用于交换的交易费用会下降，但因为文明的差异，用于监督的交易费用未来的变动会在国与国之间出现很大的不同。Lal 和 Patel 的研究表明不同的发展中国家有不同的从事商业的成本，也对应着它们不同的经济表现。一个有趣的问题是，从总体上看，信息革命到底是降低了交易费用还是增加了交易费用呢？在 Lal 看来，信息革命虽然可以降低用于交换的交易费用，但增加了用于监督的交易费用。这是因为：（1）由于计算机和网络的使用，专家咨询等业务能够避开税务当局的管制，人力资本可以像金融资本一样越来越具有流动性。这使税基萎缩到只有非流动要素——非技术劳动力、土地和销售额。销售税收入也会由于设在免税区的电子超市的发展而减少，因为人们可以通过网络来此购物。（2）由于信息革命大大拓展了市场的范围，一次性的“匿名”交易迅速增加，所以如果传统的道德被极度的个人主义替代，用于监督的交易费用将会大大上升。技术进步和信息革命不可能消除交易费用这个“噪声”，因为交易费用来自于人的有限理性及机会主义行为倾向。

综上所述，人类的技术进步可以大大降低与交换效率有关的交易费用，但是用于监督人的机会主义行为的交易费用有可能上升，并且后者增加的幅度可能比前者还要大，所以人类社会总的交易费用是上升的。

第三节　交易费用范式

一、作为一种分析范式的交易费用理论

交易费用理论提出了一个不同于新古典研究模式的新范式。人的有限理性概念的提

① 埃格特森：《新制度经济学》，商务印书馆，1996 年版，第 16~19 页。

出，改变了新古典范式的假定。信息经济学的发展，使人们对问题的分析深入到最基本的层次。经济学中的一切问题都可以从信息不对称和信息不完全中找到本源。

范式是指一套公认的信念、标准、思想方法、统率知觉的条理化规则等。库恩认为，历史上那些具有重要意义的科学著作，“都在一定时期里为以后几代的工作者暗暗地规定了在某一领域中应当研究些什么问题，采用什么方法”。① 据此，库恩把范式看做一种科学成就，这种成就具有两个特点：（1）它“把一批持久的拥护者从与之竞争的科学活动方式中吸引过来”；第二，它“为一批重新组合起来的科学工作者留下各种有待解决的问题”。② 交易费用理论完全具有这两个特点。交易费用理论作为范式为人们研究制度安排的变化引起的效果提供了一个基础，并且还为人们在这一领域的研究指出了方向，说明在这一领域中什么是最为重要的，什么是迫切需要解决的问题，这样就为科学研究规定了研究方向。

科斯（1988）指出，如果没有理论使人们明白不同的制度安排能获得什么，就不可能对不同的制度进行明智的选择。因此，我们需要一个理论体系来分析制度安排的变化引起的效果。这样做并不是要抛弃标准经济理论，而是将交易成本引入分析中，因为经济生活中发生的很多事情要么是为减少成本而创造出来的，要么是使以前受高交易成本阻碍而不可能实现的东西变成可能，但如果我们现在不进一步了解经济活动实际上怎样进行，就难以提高分析水平。

无论能否准确测度，交易成本都有很大的启发意义。交易成本经济学有了一个主导模型（master mould）。按哈耶克的观点，“无论什么时候，在某一个领域中若要获得对所建立的抽象准则的普遍认可，就必须在出现这些抽象属性的相关因素时有一个公认的主导模型可供使用”。初期交易成本经济学主要不采用数学意义上的分析模型，使用比较制度的研究方式被事实证明更为节约和有效。这种比较制度的研究方式来自于科斯。

科斯在其1937年的著名论文《企业的性质》中提出了两个很有价值的思想：（1）企业如何确定自己的边界？即企业应该把哪些经济活动划入自己的内部活动范围，又把哪些经济活动划归外部？科斯认为，企业的边界是可变的，可以收缩也可以扩展。经济学的一个重要任务就是找出并明确划分企业边界的决定性因素。（2）与此相关，应该研究限制企业扩张范围的因素，即如果说用企业体制来组织经济活动比用市场体制更好，那么为什么不把所有的经济活动都组织到一个企业中去？可见与市场比较而言，企业体制也有局限性。为了解释这些问题，科斯提出了“交易费用”的概念。

交易费用理论的提出大大拓展了新古典经济学的研究领域。正是在新古典经济学的框架中加入了正的交易费用使新制度经济学与新古典经济学相区别并改变了经济学研究的方向：交易费用使所有权的分配成为首要的因素，提出了经济组织的问题，并使政治制度结构成为理解经济增长的关键③。

经济学实际上就是研究具有稀缺性的资源如何达到最佳配置的问题。没有稀缺性问

① 库恩：《科学革命的结构》，上海科学技术出版社，1980年版，第8页。

② 转引自张俊山编著：《经济学方法论》，南开大学出版社，2003年版，第65页。

③ 埃格特森：《新制度经济学》，商务印书馆，1996年版，第16页。

题，也就没有经济学。交易及制度诸问题能否作为经济学的研究对象，首先就要看其是否具有稀缺性。新制度经济学的产生实际上就是从这些问题开始的。在正统经济学或新古典经济学中，企业被视为生产函数，市场关系由供求曲线来表示。在新古典经济学的世界里，交易活动是不稀缺的，交易费用为零。科斯在其《企业的性质》一文中对这些假设作了典范性的突破。在这篇经典论文中，科斯回答了人们没有注意到的一个问题：企业的起源或纵向一体化的原因（也就是我们前面提到的企业如何确定自己的边界等问题）。科斯的分析表明，交易活动是稀缺的、可计量的，也是可比较的，因而可以纳入经济学分析的范围。企业的存在是为了节约市场交易费用，即用费用较低的企业内交易替代费用较高的市场交易；企业的规模决定于企业内交易的边际费用等于市场交易的边际费用的那一点上。是选择市场还是选择企业，取决于两种形式的交易费用孰高孰低①。

任何经济学流派的产生都与概念革命有关。新制度经济学的产生就始于科斯进行的概念革命。这里的概念革命不仅是指提出某些新概念，而更主要的是这类概念是否具有一般化的意义。科斯用以解释企业存在的交易费用概念，将前人用以解释同样问题的各种因素，如风险因素、信息因素、垄断因素和政府管制等因素包括了进来，而且还有更宽的含义。以后新制度经济学家们将交易费用概念用于许多领域，这样交易费用概念被逐渐一般化了。在某种程度上讲，这个一般化过程就是新制度经济学体系形成的过程。

二、从交易费用到制度的运行费用

交易费用概念被一般化后，其内涵扩展为经济制度的运行费用，为经济制度的分析奠定了基础。自亚当·斯密以来，经济学一直将专业化程度的提高与效率的提高、资源的节约相联系，然而在经济发展中出现了与专业化相反的趋势——纵向一体化。这就使传统经济学陷入难堪的境地：原有的经济学难以解释与专业化相悖现象的存在。如果纵向一体化不能带来利益，企业的存在及企业的扩张应该从交易费用中去寻找答案；威廉姆森则从构成经济活动最基本单位的“人”的特性入手，分析了影响市场效率的根本原因，使交易费用论得到最彻底的解释，从而使交易费用理论趋于成熟。威廉姆森认为影响交易种类和交易费用大小的有三个维度，即交易发生频率、不确定性和资产专用性。一般来说，多次发生的交易，较之一次发生的交易，更需要经济组织来保障；不确定性的存在，使得应变的连续性决策具有重要的意义；而当资产专用程度加深时，出于追求契约保障的需要，纵向一体化才会出现，它更能体现出企业在资源配置方面的优势。根据上述三种交易维度，我们可以将交易划分为不同的契约关系。与之相匹配的规制结构也会有所差异。规制结构有市场规制、古典缔约活动、三方规制（新古典缔约活动）、双边规制及统一规制（关系性缔约活动）等。

交易费用这一概念的革命意义还表现在，新制度经济学家们将交易费用的概念应用于

---

① 当然也有人指出了科斯理论的缺点。最早是阿尔钦和德姆塞茨（1972）声称，科斯的分析在某种意义上乃一赘述，利用市场的相对成本而导出公司存在必然是一个空洞的思想；将这一观点颠倒过来，即因为管理的相对成本而导致市场存在，同样能够成立。参见迪屈奇：《交易成本经济学》，经济科学出版社，1999 年版，第 22 页。

广泛的领域，如代理关系、寻租活动、企业内部考核、外部性问题、纯粹市场与科层组织之间的各种类型的经济组织形态、经济史甚至政治制度等（盛洪，1990）。交易费用理论有广泛的应用，其中较有成效的有以下三个领域：纵向一体化理论、技术转让理论和跨国公司理论。

尽管新制度经济学沿袭了新古典经济学的方法，但两者之间存在重大区别。有人把这一区别比为物理学的牛顿时代和爱因斯坦时代的区别。从绝对时空走向相对时空，是物理学走向现实世界的一步；从零交易费用走向正交易费用，使经济学获得了对现实问题新的解释力。科斯在其《社会成本问题》（1960）一文中提出了著名的“科斯定理”：若交易费用为零，无论权利如何界定，都可以通过市场交易达到资源的最佳配置。显然，现实经济生活中交易费用不可能为零，由此人们推出“科斯反定理”或“科斯第二定理”，即在交易费用为正的情况下，不同的权利界定会带来不同效率的资源配置。科斯在《社会成本问题》一文中将权利安排即制度形式与资源配置效率直接对应了起来，由此，新制度经济学革命揭开了序幕。

按照科斯的分析，无论采取什么样的组织形式，组织交易是有成本的。现实存在的各种调节交易活动的安排都是有成本的，它们之间的区别仅仅在于存在相对成本的差异。交易费用思想将经济描述为建立在一系列组织和调节经济模式的选择的基础上，科斯把这种模式称为“生产的制度结构”。在这一制度结构中，为了在减少成本的同时增加潜在的交易量，将会进行不断的替代活动，这种替代活动的基础是经济计算。同时，这种替代也需要对无法进行计算的要素进行分析，这既包括组织内部科层安排等组织要素，也包括诸如法律体系等制度要素①。我们所能见到的各种经济组织形式、市场习惯做法、交易方式，其相对经济优势起源于交易费用，新制度经济学的核心就是运用交易费用来分析它们的多样性。

值得指出的是，交易费用经济学常以零交易费用假设为工具对问题进行系统分析，以便更好地揭示核心问题。交易费用经济学的问题是：不同组织模式间的交易费用在何时会出现差异？为何会出现差异？零交易费用假设因此仅被视为一个入门的楔子，在每一种情况下，紧随其后的研究则总是如何坚持对正交易费用的世界进行解释（Coase，1984，1992）。正交易费用假设降低了研究中的超理性成分，并将注意力集中在可行的备选组织模式上②。

在新制度经济学家看来，交易费用是解释经济绩效的关键。为什么发展中国家的绩效差？这是因为这些国家的产品市场和要素市场都存在高昂的交易费用。诺思指出，事实上，这些国家的社会交往及经济活动中所面临的高昂成本是产生低水平绩效和贫困等问题的根源。交易费用的存在表明，制度框架为生产效率提供了激励机制③。

---

① 科斯、诺思等：《制度、契约与组织：从新制度经济学角度的透视》，经济科学出版社，2003年版，第69页。

② 克劳奈维根编：《交易成本经济学及其超越》，上海财经大学出版社，2002年版，第21页。

③ 科斯、诺思等：《制度、契约与组织：从新制度经济学角度的透视》，经济科学出版社，2003年版，第49页。

政治经济体制决定产权界定的效率，产权界定的效率决定交易成本，交易成本决定经济绩效。正如埃格特森所言，“基本的新古典模型，扩展到包括交易成本和产权的概念，是一种研究制度与财富之间联系的有效工具”。

三、交易费用理论的基本构成

交易费用范式把注意力集中在约束条件的变化上。这个范式虽说简单，但也有困难之处。困难在于需要进行详尽的经验调查，从这种经验调查中，我们有望洞悉现实世界中交易费用的性质和种类（张五常）。张五常认为，交易费用范式中有三个基本的经济命题。第一个是约束条件下极大化的假定。第二个是向下倾斜的需求曲线，由于不必区分消费和投资活动，这也包括边际生产率递减。第三个是机会成本，即成本是所放弃的价值最高的选择。

交易费用经济学的目的在于探讨企业与市场之间的关系，企业产生和变化的根本原因，企业和市场作为一种管理机制的局限性和互补性等被新古典经济学所忽略的重大命题。它提出并论证了市场交易费用是组织结构和组织行为产生与变化的决定性因素。

交易费用理论的基本论点有：（1）市场和企业为相互替代的交易机制，因而企业可以取代市场实现交易，市场也可取代企业实现交易。（2）企业取代市场实现交易有可能减少交易的费用。（3）市场交易费用的存在决定了企业的存在。（4）企业在“内化”（internalization）市场交易的同时产生额外的管理费用。当管理费用的增加与交易费用的节省的数量相等时，企业的边界趋于稳定（不再扩大）。（5）交易费用的存在及企业节省交易费用的努力是资本主义企业结构演变的唯一动力。

与研究经济组织的其他方法相比，交易成本经济学有以下特点：（1）更注重微观分析，在作出行为假定时更为慎重，对人的假设更接近现实的人，如提出了契约人假设，契约人具有有限理性和机会主义行为的特征；（2）提出资产专用性对经济的重要意义并用以解释实际问题；（3）更加注重对制度的比较分析；（4）把工商企业看作一种治理结构，而不是一个生产函数；（5）特别强调私下解决（而不是法庭裁决）的作用，重点研究合同签订以后的制度问题。经济组织问题的比较研究强调根据不同的治理结构（即治理能力及有关成本的不同）来选择不同的交易方式，以节省交易成本①。交易费用经济学研究的一般思路是：在指出交易的特性之后，从交易费用最小化的能力方面探讨可能采用的治理结构。在简化形成的假设基础上，建立交易与治理结构的匹配，并通过实证研究予以确认②。

交易费用理论的总体思路是：（1）交易是分析的基本单元；（2）造成交易成本差异的关键是交易的频率、不确定性及资产专用性（量度资产能否被再配置）；（3）各种一般治理模式（市场、混合型组织、私有机构、公有机构）都是由一系列属性所界定的，每一模式都表现为成本、竞争力上的离散的结构性差异；（4）每种一般治理模式都适用不

---

① 威廉姆森：《资本主义经济制度——论企业签约与市场签约》，商务印书馆，2002 年版，第30~31 页。

② 克劳奈维根编：《交易成本经济学及其超越》，上海财经大学出版社，2002 年版，第 1~2 页。

同的契约法；（5）预测内容（predictive content）表明，交易（其属性各不相同）与治理结构（其成本与竞争力各不相同）的对应方式各不相同，但都主要是以交易成本最小化为目标的；（6）将制度环境（包括政治制度、法律法规、习俗、规范，参见 North（1991））视为位移轨迹的参数，其变化将导致治理成本（特别是比较成本）的变化。①用交易费用分析问题的方法已经得到了广泛的应用，甚至有人调侃：猴子不上树，是因为存在交易成本。

◎思考题

1. 解释下列名词。

交易费用　　范式

2. 交易费用存在的原因是什么？
3. 如何测量交易费用？
4. 技术进步后交易费用变化的趋势是什么？
5. 试述交易费用测量的两个层次及其相互关系。
6. 试述作为一种分析范式的交易费用理论。

① 克劳奈维根编：《交易成本经济学及其超越》，上海财经大学出版社，2002年版，第22~23页。

第四章 产权分析

产权分析与第三章所介绍的交易成本范式构成了新制度经济学的两大分析工具。研究产权的重要性来自交易成本大于零这一事实（巴泽尔）。产权制度是制度集合中最基本、最重要的制度，产权理论的发展有助于人们解释人类历史上交易费用的降低和各种经济组织形式的替换，并且与国家理论、意识形态理论成为制度变迁理论的三块基石（诺思）。本章先界定产权的内涵、功能与特征，然后分析作为一种分析方法的产权，最后是德姆塞茨的所有制经济学与巴泽尔的产权分析。

第一节 产权：内涵、功能与特征

一、产权的概念

产权的定义很多，一个被广泛认可的产权定义为：产权不是指人与物之间的关系，而是指由物的存在及关于它们的使用所引起的人们之间相互认可的行为关系。产权安排确定了每个人相应于物时的行为规范，每个人都必须遵守他与其他人之间的相互关系，或承担不遵守这种关系的成本。

产权与经济选择之间存在着内在的联系。如果将一个社会所强制实施的选择一种经济品的使用权利分配给一个特定的人，就是私有产权，它可以同附着在其他物品上的类似权利相交换。私有制意味着所有者有权排除其他人行使所有者的私有权。简而言之，没有经过你的许可或没有给你补偿，任何人都不能合法地使用或影响那些产权归你所有的物品的物质性状。在假设的私有产权完备的条件下，我利用我的资源采取任何行动，都不可能影响任何其他人的私有财产的实际归属。这里需要强调的是：一个物品不受他人行动影响是指其物质性状和实际用途，而不是它的交换价值。

从产权的形式来看，主要有两种：一是共有制。共有制是将这种选择的权利分配给共同体的所有成员。原始社会土地上耕作和狩猎的权利常常是共同拥有的，现代社会在人行道上行走的权利也是共有的。共有制意味着共同体否定了国家或单个市民干扰共同体内的任何人行使共有权利的权利。国有制则意味着只要国家是按照政治程序来决定谁不能使用国有资产，它就能排除任何人行使这一权利。二是私有制。私有制是给予人们对物品那些必然发生矛盾的各种用途进行选择的权利。这种权利并不是对物品的可能用途施以人为的或强加的限制，而是对这些用途进行选择的排他性权利分配。如果限制我在我的土地上种植玉米，那将是一种强加的或人为的限制，它否定了一些并没有转让给其他人的权利。人为的或不必要的限制不是私有产权赖以存在的基础。之所以如此，还由于这些限制一般只是针对某些人而实行的，在对其他人没有必要限制的活动中，如果不对这些人加以限制，他们就会取得一种“合法的垄断”。

在私有产权下，任何双方同意的契约条款都是允许的，它们并不都必须得到政府的强制力的支持。一般来说，法律权利会增强经济权利，但是，对于后者的存在来说，前者既非必要的条件，也非充分条件。人们对资产的权利不是永久不变的，产权不是绝对的，而是能够通过个人的行动改变的；明确这一点，在分析资源配置时很有用处。当契约条款是法律所禁止的，则私有产权就要遭到否定。例如，每天工作10小时以上的契约，不管支付的工资有多高，都会被认为是非法的。或者，当商品售价超过了出于政治方面考虑而规定的某种界限时，也可能是非法的。这些限制减少了私有财产、市场交换和契约作为调节生产与消费以及解决利益冲突的手段的力量。经济学家过去没有利用产权概念来分析行为，也许是因为他们倾向于认为产权是绝对的缘故。

二、产权的功能

在鲁宾逊的世界里，产权是不起作用的。产权是一种社会工具，其重要性就在于事实上它们能帮助一个人形成他与其他人进行交易时的合理预期。这些预期通过社会的法律、习俗和道德得到表达。很显然，产权界定人们如何受益及如何受损，因而谁必须向谁提供补偿以修正人们所采取的行动。由此可看出产权和外部性之间的密切关系。

外部性是一个意义不明确的概念，是指一个经济主体对另一个经济主体的影响不能通过市场来解决。这种影响分为正外部性和负外部性。自马歇尔以后，越来越多的经济学家从不同的角度对外部性问题进行了探讨。庇古从“公共产品”入手，奥尔森从“集体行动”入手，科斯从“外部侵害”入手，诺思从“搭便车”入手，博弈论专家们则从“囚犯困境”入手。尽管这些经济学家探讨外部性问题的角度不同，但在实质上是相同的，都强调了所有权、激励与经济行为的内在联系。没有一种受益或受损效应是在世界以外的。将一种受益效应或受损效应转化成一种外部性，是指这一效应对相互作用的人们的决策所带来的成本太高以至于不值得。将这些效应“内在化”是指这样一个过程，它常常要发生产权的变迁从而使得这些效应（在更大程度上）对所有相互作用的人产生影响。

产权的一个主要功能是引导人们将外部性较大地内在化。与社会相互依赖性相联系的每一成本和收益，就是一种潜在的外部性，使成本和收益外部化的一个必要条件是，双方进行权利交易（内在化）的成本超过内在化的所得。一般由于交易中的“自然”困难，交易的成本要相对大于所得，或由于法律的原因它们也可能较大。在一个法治的社会，对自愿谈判的禁止会使交易的成本无穷大。当存在外部性时，资源的使用者对有些成本和收益没有加以考虑。有效的产权安排能使外部性内在化，这是产权存在的重要价值。

产权能够解决激励问题。张五常和巴泽尔先后论证过，经济学意义上的“产权”只是当界定权利的费用与权利带来的好处在边际上相等时（也就是均衡时）才有定义。或者说，只有当产权界定的收益大于产权界定的成本时，人们才有动力（或激励机制）去制定规则和界定产权。制定规则的目的是强制人们遵守某些公共准则，节约交易费用，从而改善资源配置和福利分配，促进经济增长。与增加工资、发奖金、分红、地位提升等方式相比，产权激励具有预期性、持久性、稳定性的特点。产权界定不清是产生“外部性”

和"搭便车"的主要根源。中国古代思想家孟子说过，有恒产才有恒心。现在发达国家对企业高级经理实行股权、期权等制度都是强调产权的激励作用。

三、产权的特征

1. 产权的完备性与残缺性

完备的产权应该包括资源利用的所有权利。这些所有权利就构成"权利束"(a bundle of rights)。权利束常常附着在一种有形的物品或服务上，在其他情况不变时，任何物品的交换价值都取决于交易中所包含的产权束。权利束是产权经济学家经常提到的一个概念，但谁也没给它下一个明确的定义。权利束既是一个"总量"概念，即产权是由许多权利（或权能）构成的，如产权的排他性、收益性、可让渡性、可分割性等；也是一个"结构"概念，即不同权利束的排列与组合决定产权的性质及结构。如果权利所有者对他所拥有的权利有排他的使用权、收入的独享权和自由的转让权，就称他所拥有的产权是完备的。如果这些方面的权能受到限制或禁止，就称为产权的残缺。

完备性的产权只是一种理想状态，实际生活中任何产权不可能是完备的，这种不完备性或所有制残缺大体可分为两种情形：一种是产权的主体因界定、保护和实现权利的费用太高而自动放弃一部分权利束；另一种情形是外来的干预（或侵犯），如国家的一些管制造成的所有制残缺。但是值得指出的是，对任何产权主体来讲，尽管不能达到产权的完备性，但是关键权利束（如收益权、转让权等）是有效产权的基本条件。

"所有制残缺"这个概念是阿尔钦与卡塞尔在 1962 年首先提出来的。他们分析了权利的残缺与行为之间可能遵循的相互关系。所有权残缺可以理解为对那些用来确定"完整的"所有制的权利束中的一些私有权的删除。不过，完全私有制的含义是很含糊的。在一定意义上它必须常常如此，因为有些行动的潜在权利具有无限性，它可能由私人、共同体或国家拥有。要描述潜在所有者的权利的完整含义是不可能的，要讨论它们是由私人所有还是由国家所有也是不可能的。

权利之所以常常会变得残缺，是因为一些代理者（如国家）获得了允许其他人改变所有制安排的权利。国家干预和管制是造成所有制残缺的根源。所有权缺失的重要后果是政治权力与财富的结合，而所有权存在的重要后果则是政治权力与财富的分离。在西方产权理论看来，所有权的立宪保证把经济财富与政治权力分开来。在封建社会，政治权力体系中的沉浮直接影响到经济财富。然而，资本主义社会中的所有权割断了这种权力与财富之间的联系，失去政治权力的人并不失去其经济财富。

2. 产权的排他性与非排他性

在新制度经济学家看来，西方国家产权制度的演变主要经历了三个阶段，即非排他性公有产权—排他性公有产权—排他性私有产权。从中不难发现建立排他性的产权制度是人类经济发展史上的一次伟大革命。排他性（excludability）是所有者自主权的前提条件，也是使私人产权得以发挥激励作用的前提条件。只有当其他人不能分离产权所界定的收益和成本时，这些收益和成本才可能被"内部化"，即才能对财产所有者的预期和决策产生完全的直接的影响。只有那样，才能将他人对该财产使用的估价传递给所有者，所有者也才有动力将其财产用于他人欢迎的用途。排他性是私人产权的决定性特征。

所谓产权的排他性，是指决定谁在一个特定的方式下使用一种稀缺资源的权利，即除了“所有者”外没有其他任何人能拥有使用资源的权利。产权的非排他性则意味着两个或两个以上的人同时拥有控制同一资源的权利。产权的非排他性是产生“外部性”和“搭便车”的主要根源。一般而言，私有产权的排他性较强，而社团产权的排他性较弱。产权的排他性意味着所有者有权选择用财产做什么，如何使用它，给谁使用它的权利。产权的排他性一方面把选择如何使用财产和承担这一选择后果紧密地联系在一起，另一方面使所有者有很强的动力去寻求带来最高价值的资源的使用方法。如人们对拥有的房子比租来的房子维护得更周到。

一个社会不可能使所有的产权都具有排他性。排他性弱的地方也就是外部性严重的地方。如一些公共土地、社团产权、集体产权以及国有产权在当代都不同程度地存在着。任何国家都未建立起纯粹的排他性私有产权制度。这有以下三个方面的原因：一是在一些领域建立排他性产权制度的费用太高；二是由于技术方面的原因在一些领域建立排他性产权制度很困难；三是在一些领域建立排他性产权制度不利于资源的有效使用。越来越多的事实表明，非排他性的公有产权似乎对人人都有利，结果谁也得不到更多的好处。非排他性的产权还会造成过多人使用资源的“拥挤”现象。例如，水塘里的鱼是自然生成的，谁也不拥有该水塘的产权，那么人们就会出现竭泽而渔的行为。

3. 产权的明晰性与模糊性

产权明晰与产权模糊皆指“权利束”边界确定而言的，它与产权的完备性与残缺性、排他性与非排他性是等价的命题，完备性和排他性的产权通常是明晰的，而残缺性和非排他性的产权往往是模糊的。什么是产权的明晰性？西方产权经济学家尽管没有直接论述这个问题，但是他们的许多论述都与此有关。德姆塞茨在其《关于产权的理论》的经典论文中指出：“产权包括一个人或其他人受益或受损的权利。”任何产权，如果其所有者是确定的且是唯一的，那么这个产权就是明晰的。但是有些产权，如社团产权，所有者尽管是确定的（可能是10个人，也可能是13个人），但是并不是唯一的，这也容易产生产权的模糊性。产权模糊有两种情况：一是产权权属关系不清，即财产属于谁未明确界定或者未通过法律程序予以肯定；二是财产在使用过程中权利归属不清，当产权出现分割、分离与转让等情况时，财产的各种权利主体变得不明确。

产权的明晰性就是为了建立所有权、激励与经济行为的内在联系。产权会影响激励和行为。这是产权的一个基本功能。为什么需要产权？仅仅用占有财富的欲望是无法解释清楚这个问题的。对社会来讲，市场交换是分配资源的最有效手段，但是要使市场运转起来，交易者必须对所要交换的物品有明确的、专一的和可以自由转让的所有权。否则，为配置资源进行谈判的费用将非常高。产权的明晰性有利于降低交易费用。在西方产权经济学中，产权与交易费用这两个概念是等价的。在市场交换中，若交易费用为零，那么产权对资源配置的效率就没有影响；反之，若交易费用大于零，那么产权的界定、转让及安排都将影响产出与资源配置的效率。值得指出的是，产权的明晰又是有条件的，一是产权的明晰需要费用，有些产权由于界定和实施所有权的费用太高而不得不采用模糊产权的形式，如社团产权；二是产权的明晰需要一定的社会制度条件。从长远的角度看，除了少数由国家控制的产权以外，其他产权应该是明晰的。产权明晰是市场经济的基本要求，也是市场机制有效运作的基本前提。

4. 产权的实物性与价值性

在产权经济学家看来，商品交换实际上是产权的交换。当一种交易在市场上议定时，就发生了两束权利的交换。如前所述，权利束常常附着在一种物品或服务上，但正是权利的价值决定了所交换的物品或服务的价值。从这个意义上看，产权也是使用价值与价值的统一体。

传统社会主义时期关于产权的一个误区是强调产权的实物性，即强调生产资料归谁所有，而忽视了产权的价值性，即产权的可转让性和可交换性；强调产权的实物管理，而忽视了产权的价值管理；强调产权的社会公平功能，而忽视了产权的资源配置功能。从产权经济学的角度看，传统社会主义经济体制的一个严重问题是，经济活动只是在产品分配和计划上做文章，企图取消产权交易。否认产权的价值性、可交换性和可转让性，实际上也就是否认了所有制结构自我优化的功能。

5. 产权的可分割性、可分离性与可转让性

如前所述，各种商品都可以看做多种属性的总和，不同商品又包含着不同数目的属性。各种属性统统地归同一人所有并不一定最有效率，因此，有时人们会把某一商品的各种属性的所有权分配给不同的个人，这就产生了产权的可分割性。产权的可分割性是指两个或两个以上的个人可以拥有同一商品的不同属性，意味着产权能被“拆开”，一项资产的纯所有权能与其他各种具体用途上的权利相分离。例如，对一个湖泊的所有权能与在湖上钓鱼的权利和在湖中游泳的权利相分离。产权的可分割性是人类历史上产权制度的一次重大变革。这主要表现为：(1) 产权的分割使产权更容易流动和交换，从而大大增强了产权的资源配置功能。(2) 产权的可分割性有利于企业制度的完善和发展。如传统的合伙制企业就因为产权的不可分割性使某一个人为的因素就能导致企业夭折。(3) 产权的可分割性是资本市场建立的一个必要条件。(4) 产权的可分割性大大降低了集体产权运作的成本。

产权的可转让性意味着所有者有权按照双方共同决定的条件将其财产转让给他人。这就是说，他能够出售或者赠送他的财产。在制度禁止处置产权的地方，如禁止出售产权的地方，产权被束缚于一个既有的所有者，而其他人尽管因具备更好的知识和技能可能对该财产定价更高，却不能对该财产进行更好的利用。产权的可转让性为资源流向具有最高生产力的所有者提供激励，即产权的可转让性促使资源从低生产力所有者向高生产力所有者转移。

私有产权的可分割、可分离、可转让的属性，一方面能使合作组织参与现代股份公司的生产活动。股份公司的股份代表了典型的可分割的、可转让的集体产权。可转让的集体产权是保证公司效率的重要制度安排。由于股票价格的行情反映了公司经营的现状，经营差的公司股票价格将下跌，从而股东将抛出公司的股票。这样一来，该公司就有破产和被吞并的危险。可以说，股票充分体现了产权整体性和可分割性相统一的原则。对此西方产权经济学家们作了大量的研究。另一方面，产权要素所具有的自愿的可分割性和可转让性，可以实现两种有益的专业化（有时称作“分离”）：(1) 行使有关资源使用的决策权；(2) 承担市场交换的结果。前者往往被称为“控制权”，后者则被称为“所有权”。

产权要素的可分离性可以使人们得益于以下专业化：有的人专门选择与监督资源的使用，有的人专门评价资源使用的成果，有的人则专门承担随之而来的资源未来的用途和价值方面的风险。由于资源的使用不同，其结果的预期概率分布也不相同，所以，这种产权要素的可分离性和可转让性，可以使人们在拥有和行使这些可分割权利方面实现专业化，进而获得种种收益（阿尔钦）。

6. 产权的延续性和稳定性

产权的延续性和稳定性是有效产权制度的基本特征之一。其作用表现为：一是产权的激励性功能在一定程度上源于产权的延续性和稳定性。从长远来看，人们积累财产的一个动机就取决于对未来的预期。如果未来财产风险很大，那么人们就失去了积累财产的积极性。二是产权的延续性和稳定性还有利于市场经济的建立和完善。三是产权的延续性和稳定性有利于社会经济的可持续发展。一些西方经济学家认为，发展中国家落后的一个重要根源就在于产权制度的不稳定性和不延续性。政权的不规则更替和产权制度变化的大起大落严重地制约了一些国家的经济和社会的发展。

产权的延续性和稳定性是如何形成的？为什么有些国家的产权具有延续性和稳定性，而另外一些国家没有呢？正像阿罗—德布鲁一般均衡模型，或者有关社会成本的科斯模型所显示的那样，私有产权的初始分配一旦外生给定，互惠互利和自愿的产权交易将从中自动演化出来。任何产权制度都隐含解决个人（家庭）因使用资源而产生的利益纠纷的一种稳定方式。这种稳定的产权安排如何从那些自利但又理性和信息有限的个体参与人中间产生呢？即使法律明确规定了私有产权，并且国家被认为是产权实施的最终源泉，政府（法庭）也不直接监督每笔产权交易的过程，判断它是否合法，而且也不可能这样做。在一个稳定的社会，产权得到人们的广泛尊重，纠纷通常在没有第三方直接监督的情况下得到解决。而在另一些国家，政府制定的产权规则却经常遭到人们的漠视和违背，甚至政府官员自己也不认真执行。这表明，尽管存在利益纠纷，但稳定的产权安排中一定包含某种自我实施的因素，即它的有效运行无需依靠外生的第三方界定和实施。那么，这种自我实施的机制是如何形成的？产权的延续性和稳定性的机制是建立在两个基本条件上的：一是法治国家的产权保护；二是自由交易基础上的自愿或契约式产权变更制度。有效的产权制度包括两个方面的含义：一是从短期来看，有效率的产权能最大限度地调动人们的积极性，并能使外部性内在化。二是从长期来看，有效率的产权是具有延续性和稳定性的产权，它能使社会经济保持可持续发展。

在历史上，一旦不注重产权的保护以及产权的延续性和稳定性的建立，社会经济发展就会遭受重大的损失。例如，西班牙皇室为了维持庞大的军力，除了没收私人财产外，还大量向民间举债。政府的利息负担愈来愈重，结果，先是单方面地宣布延长债期和降低利息，然后是一了百了地宣布破产，赖账了事。私人的财产权不受保障，久而久之，工作和生产的诱因完全消失。当时最好的出路是当学生、僧侣、乞丐或官吏。

从各国的实践来看，有效率的组织及有效率的产权保护是一国社会经济可持续发展的制度保障。财产积累是一个国家从落后国家向发达国家转变的物质基础。财产要积累起来就必须有财产保护制度。如果一个社会不能有效地保护财产，那么财产的积累就会相当缓慢，或者财产的价值大大下降。西方人把带刺的铁丝的发明称为世界的第七大发明。为什么西方人那么看重带刺的铁丝呢？因为有了带刺的铁丝以后，小偷的盗窃成本大大上升，许多财产就能得到有效保护了。

第二节　作为一种分析方法的产权理论

一、产权的起源

产权的起源是产权理论的核心问题之一。为什么会产生产权，就像为什么产生制度一样，是新制度经济学家们最为关注的问题。麦克罗斯基（1985）指出，20 世纪初期美国的制度主义学派和德国的历史学派指责现代经济学缺乏有关财产起源的理论，从而不能真正地理解长期的经济发展，在当时这种指责是正确的。从 20 世纪 60 年代后期开始，一批学者开始使用新古典主义的研究方法研究财产的起源问题，以弥补这一不足。人们把这些早期的理论称为原始产权理论，因为他们在研究排他性产权的发展时，并没有建立有关社会制度和政治制度的模型。

原始产权理论中的经典之作是德姆塞茨 1967 年发表的《关于产权的理论》一文。他的主要论点是："当内在化的收益大于成本时，产权就会产生，将外部性内在化。内在化的动力主要源于经济价值的变化、技术革新、新市场的开辟和对旧的不协调的产权的调整……在社会偏好既定的条件下……（对于私人所有还是社会所有的偏好），新的私有或国有产权的出现总是根源于技术变革和相对价格的变化"。①

德姆塞茨运用这一理论解释了加拿大北部印第安部落土地私有权的产生。在 18 世纪早期，这些印第安部落之间通过划分狩猎区的方式逐步确立了获取海狸毛皮的排他性权利。在此之前，印第安人猎取海狸只为了自己消费，排他性权利并没有出现，因而土地使用的机会成本为零。随着毛皮贸易的发展，需求的增加大大刺激了狩猎活动，这就要求增加对保护资源的投资（如对野生动物的驯养）以实现财富现值最大化。正因为排他性权利的确立可以提高社会的净财富量，所以印第安人才有了确立这一权利的经济激励。德姆塞茨（1967）进一步指出，在美国西南部的印第安部落之所以没有发展起相似的产权，是因为建立私有狩猎区对他们来说成本太高而收益较小，在那里没有具有重要商业价值的海狸。

为了更好地理解产权起源中的一些问题，我们有必要概述一下利科克那篇题为《关于山区的狩猎区域与皮革贸易》的经典论文的内容。利科克证实了土地私有权的发展与商业性皮革贸易之间无论在历史上还是在地理上都存在着密切的关系。在这篇论文中他揭示了产权对动物的过度狩猎所起的作用。

由于缺乏对其他人狩猎的控制，没有人会对增加或维持动物存量投资感兴趣，从而会发生过于密集的狩猎。在进行皮革贸易之前，狩猎的主要目的是吃肉及狩猎者家庭所需要的少量皮毛，外部性是显然存在的。狩猎能自由地进行，谁也不怕影响谁。猎人的有限需

① 科斯等：《财产权利与制度变迁：产权学派与新制度学派译文集》，上海三联书店，1991 年版，第 100 页。

求并不会导致过度狩猎的问题。

当皮革贸易出现以后，外部效应和产权就显得很重要了。皮革贸易的出现有两个直接的结果。第一，印第安人的皮毛价值大大增加；第二，狩猎活动的范围明显扩大。这两个结果都大大提高了与自由狩猎相联系的外部性的重要性。产权体制也开始变化。18 世纪初，在魁北克附近出现了单个家庭的区域性狩猎的安排，具体做法是将这一区域分成条带状，以便更有效地狩猎。皮革贸易促进了更为经济地畜养皮毛动物。畜养要求有能力阻止偷猎，这反过来又促进了狩猎土地财产的社会变迁和产权的界定。

有趣的是，当时地理位置的差异对产权的界定产生了重要影响。森林地带（山区）比平原地带更有利于产权的界定和保护。这是因为：（1）森林皮毛动物比平原动物更具有商业价值。（2）平原动物主要是食草动物，它们的习性是在一片广阔的土地上奔跑。确立私有狩猎边界所获得的价值，由于要阻止动物跑到相邻土地的成本相对较高而降低了。而森林动物可以将它们限制在一个相对较小的区域范围，因而将畜养这些动物的成本大大降低了。这一降低了的成本，加上森林皮毛动物具有较高的商业价值，从而使得确立狩猎土地的私有权更具有生产性。

上述分析表明：当内部化的收益变得大于内部化的成本时，产权的发展是为了使外部性内在化。内部化的增加主要是由于经济价值的变化，而经济价值的变化又是由于新技术的发展、新市场的开辟以及原来界定不清的产权的变化。在一个社会里，拥有一定财产的公民总是期望产权得到保护，而没有财产的成员则更倾向于产权不清。经济学分析表明，产权不清会导致一个国家陷入“贫困陷阱”，而在贫困陷阱中的国家永远不可能达到高收入的稳定状态。当产权保护有问题时，即使边际生产率提高，投资仍然不会很旺盛。相反，投资能够获得产权保护的社会，经济增长便会符合新古典经济学模型。

在产权理论看来，产权的一个重要作用就在于当存在外部性时，产权可以使外部性内在化。内在化的动力是多方面的，德姆塞茨在这里列举了经济价值的变化、技术革新、新市场的开辟和对旧的不协调的产权的调整等。这些因素的变化会导致产权安排的成本—收益的变化，而成本—收益变化正是新的产权形成或一种产权形式向另一种产权形式转换的基本原因。这是产权原始模型的基本特征之一。

在产权经济学家看来，新的产权的形成是相互作用的人们对新的收益—成本的可能预期进行调整的回应。产权形成的内在机制在于：当内在化的所得大于内在化的成本时，产权的形成是为了使外部性内在化。张五常和巴塞尔先后论证过，经济学意义上的“产权”只有当界定权利的费用与权利带来的好处在边际上达到相等时（也就是均衡时）才会产生。这里之所以强调经济学意义上的“产权”，是因为在人类历史上有些产权及其制度的形成并不是经过成本—收益计算后的结果，而是国家暴力及其政治的产物。布坎南（1989）认为，产权从能够有效地执行对盗窃的惩罚的警察部门的强有力（因而可信）和合法的暴力中产生。

在人类社会发展历史上，对产权的界定（实质上是建立产权的排他性）经历了由“易”到“难”、由“简单”到“复杂”、由“外”到“内”的过程。从历史来看，产权的演变首先是不准外来者享用资源，然后是制定规章制度限制内部人员开发资源的程度。可以说，建立排他性的产权制度是人类经济发展史上的一次伟大革命。排他性弱的地方也就是外部性严重的地方。一些“公共品”和“公共产权”存在的重要原因之一就是建立排他性产权的成本太高。外在性内在化的首要问题就是内在化成本高低的问题。

人类社会发展过程中产权及其制度的产生、演变、发展大体经历了三个阶段：一是建立排他性的产权制度，人类社会早期的历史在某种程度上讲就是一个建立排他性的产权制度的历史；二是建立可转让的产权制度，产权的交易、转让是与社会分工、市场经济制度的发展联系在一起的；三是与各种组织形式创新联系在一起的产权制度，如股份公司制度的建立使产权的分割、转让、交易等更加容易，从而使产权制度效率不断提高。

产权的形成受许多因素的影响，归纳起来主要有以下几点：

（1）技术。马克思认为，社会制度结构基本上以技术为条件。私有产权的确立特别需要的条件是：产权所有者得自产权的收益要大于他排除其他人使用这一产权的费用。当费用过高时，财产将成为共同所有。一些技术发明降低了行使所有权的费用。例如，牧场由于围栏费用方面的原因可能属于共同所有。然而，用带铁蒺藜的铁丝构成的低费用围栏的创新，却导致美国西部公共牧场中出现私人所有和牧场出租。在人类社会，技术因素是制约产权制度演变的一个重要因素。诺思在分析历史上为什么所有权并没能让个人收益和社会收益相等时，发现了两个普遍的原因：①可能缺乏技术阻止“搭便车”或强迫第三方承担其交易成本的份额。为了使个人收益接近社会收益，保密、报酬、奖金、版权和专利法在不同时代被发明出来，但使局外人不能受益的技术直到今天仍是代价很高和不完善的。在当今世界各国，对知识产权的保护程度远不及对财产产权保护的程度，这并不是人们不重视对知识产权的保护，而是因为对知识产权保护的技术要求更高。②对任何团体和个人来说，创设和实施所有权的费用可能超过收益①，而这又或多或少与技术有关。

（2）人口压力和资源的稀缺程度。历史上存在着两个重要的人口与资源比例的转折点。诺思称之为第一次和第二次经济革命。在影响制度和产权的成本与收益的多种参数中，“那种最重要的参数的变化就是人口的增长，它可以导致制度的创新从而给西方世界的起源提供一种说明”。② 人口变化与产权形成之间的关系确实有许多课题值得我们研究。在人类社会早期，公共土地就像空气和水这类免费资源一样大量存在。那时候也就没有必要建立排他性产权。随着人口的增长，一些资源也逐步变得稀缺起来。人口与资源的矛盾必然促使人们建立排他性的产权。人口变化还通过影响土地和劳动的相对价格，在改变经济组织和产权中起着同样的决定作用。资源的稀缺程度是人口变化的函数。某一资源稀缺程度的增加也必然伴随其价值的上升，从而对其产权的界定是划算的（即产权界定的收益大于产权界定的成本）。稀缺性是正统经济学分析经济问题的前提。在正统经济学看来，成本核算、价格调节、市场分配能把稀缺资源配置到社会最需要、利润最高的地方，从而使稀缺资源得到最有效的利用。但是正统经济学家忽视了，离开了有效的产权制度，任何稀缺资源并不能得到有效利用。如阿尔钦所说，在本质上，经济学是对稀缺资源产权的研究。人类社会早期所建立的排他性产权就是从最稀缺的资源开始的。因为只有在稀缺性增大的过渡时期内，才能承受建立和行使产权所必需的费用。产权能够限制开发资源的

① 诺思等：《西方世界的兴起》，学苑出版社，1988年版，第6~7页。
② 诺思等：《西方世界的兴起》，学苑出版社，1988年版，第11页。

速度。

(3) 要素和产品相对价格的长期变动。要素和产品相对价格的长期变动是历史上多次产权制度安排变迁的主要原因之一。新制度经济学家在把新古典经济学那套工具用于分析制度和产权的演变方面是比较成功的。某种要素价格的上升,会使这种要素的所有者相比其他要素而言能获得相对更多的利益。某种产品价格的上升,也会导致用来生产这种产品的要素的独占性使用更具有吸引力。如土地价值的上升导致人们为形成排他性的所有权和可转让的产权而努力。土地价值的上升激发人们去变更产权,使得日益稀缺的资源能得到更有效的利用。此外,相对价格的变动还会影响产权变迁的方向、速度及其规模。如发生在中世纪欧洲的从对人的产权到对土地的产权的转变,按诺思和托马斯的观点是土地稀缺性增加导致土地相对价格提高的结果。正统经济学家们忽略了,在人类历史上,相对价格变动在提高资源配置的效率方面往往伴随着产权及其制度的变迁。换言之,一些价格变动如果不伴随产权及其制度变迁,不仅不能提高资源配置的效率,反而可能导致资源的更低效使用。如英国食品价格上涨不伴随圈地运动,那么可能会导致公共土地资源的过度使用。这是因为现存产权结构引导着人类的经济行为,一种产权制度下的行为不同于另一种产权制度下的行为。目前世界上最大的"公共财产"要算公海了。现在只有少数发达国家有技术、有能力到公海去捕鱼,一些国际组织与这些国家往往就捕捞的数量、时间等达成协议。但是一旦能到公海去捕鱼的国家数量增加,那么,达成协议的交易费用将大大增加,过高的交易费用可能使任何协议都达不成。这可能是国际社会未来面临的难题之一。

西方产权理论中,在阿尔钦、德姆塞茨的产权理论以及菲吕博顿等对产权的综述文献中,产权基本上都是自我强制性的。在阿姆拜克的加州黄金冲击案例研究中,他提出了强力创造产权(might makes rights)的理论。后来,有一本关于演化论的《钢铁、枪炮和细菌》的书,因袭的也是强力创造产权的思想,换句话说就是外生产权的思路。而安迪森—赫尔的产权理论认为,当存在着分享收益的安排时,产权是内置于社会的,内置于共同体内部的,其可以引导收入分配结构的变化①。

原始产权模型的特点可以概括为以下几个方面:(1) 原始模型是最符合产权效率的标准模型。在原始模型里,资源配置可以达到帕累托最优。这类似于新古典经济学所描述的完全竞争市场。(2) 参与者还没有形成相对固定的集团,参与者相互之间进行博弈,根据不断变化的外部力量来选择产权形式。所以原始模型主要是分析人类社会的初始产权界定或产权的形式。(3) 原始产权模型重点分析了排他性产权的建立过程。在建立排他性产权的过程中,由于测量或其他方面的原因,一些产权界定的费用太高就会成为公共产权。(4) 在原始模型里不存在国家,因而政治、法律对产权形成的影响可以不考虑。在原始产权理论中政府的作用是不甚明了的,模型假设政府会创造一个一般的产权框架,使个人能够通过劳动分工和市场交易使社会净财富最大化。在存在较高的交易费用的情况下,政府或者将产权直接分配给个人,或者重新用其他方式界定产权使财富最大化。

---

① 秦海:《制度的历史分析》,载吴敬琏主编:《比较》(第4辑),中信出版社,2002年版,第179页。

二、产权分析

现代微观经济学呈现出多元化发展趋势，有许多发展方向，可有多种分类。如两个相反的发展方向是以科斯、张五常等人为代表的发展产权经济学的努力和以法雷尔、赫维兹等人为代表的发展激励机制设计理论的努力。前一种努力以著名的"科斯定理"为代表，强调明确界定的私人产权和自由议定契约的权利足以解决一切复杂的经济效率问题。这一研究方向支持和论证"看不见的手"的猜想。后一种努力试图证明在信息不完全的条件下，市场中的讨价还价行为都不可能是有效率的，因此需要政府来设计激励机制以图改进。这一方面的努力可以扩大为更广泛的一个研究领域，即"市场失败"理论。

一般的财产关系制度的变迁必然会影响人们的行为方式，并通过对行为的影响，进而影响资源的配置、产出的构成和收入的分配等。阿尔钦指出，在本质上，经济学就是对稀缺资源产权的研究。一个社会中的稀缺资源的配置就是对使用资源权利的安排。经济学的问题，或价格如何决定的问题，实质上是产权应如何界定与交换以及应采取怎样的形式的问题①。产权经济学强调财产权的买卖和分配应该是经济学研究的主要对象，而不是商品买卖。财产权的买卖与商品买卖相比，更有利于揭示经济运行的规律与资源配置。产权制度决定商品市场的结构和效率。商品买卖与市场形成的低级组织形态有关，而复杂的财产权的买卖（版权、商标、专利、特许权等）决定高级组织的形态。

新产权方法的中心任务是要表明产权的内容如何以特定的和可以预期的方式来影响资源的配置和使用。在科斯的权利完全发展了的零交易费用的世界，所有者的特性不会影响资源配置的后果。而在一个权利处于变化和演进中的世界，信息和交易费用不可能为零，所有者的特性、所有制权利束的内容以及所有制结构都会影响资源配置。正因为如此，巴泽尔把交易费用定义为转让、获取和保护产权有关的成本。从这个意义上讲，交易费用分析与产权分析有着内在的联系。在交易费用为零的世界里，我们可以不考虑产权。

现代产权理论强调了所有权、激励与经济行为的内在联系。现代产权理论对传统的生产和交换理论进行了拓展。其拓展思路可以概括为：（1）给出了关于一个生产组织内的单个决策者所起的作用的全新解释。假定个人在现有的组织结构所确立的约束条件下追求他们自己的利益，并且使效用最大化。（2）认为事实上存在多种形式的产权，而且不能保证利润最大化。通过考察各种可能的制度安排对收益—报酬的影响，从而详细地分析制度安排与经济行为之间的相互关系。（3）认识到交易费用大于零在所有情形中具有的实际重要性②。新古典主义的效用函数在完全竞争的市场上总是可以实现最大化的，它忽视了产权等因素对最大化的影响。

产权方法试图通过将效用函数与单个决策者联系起来，以系统地阐述富有经验意义的最优化问题，然后将特定的内容引入到函数中去。产权方法的另一关键思想是，不同的产

---

① 科斯等：《财产权利与制度变迁：产权学派与新制度学派译文集》，上海三联书店，1991 年版，第 205 页。

② 科斯等：《财产权利与制度变迁：产权学派与新制度学派译文集》，上海三联书店，1991 年版，第 202 页。

权安排会导致不同的收益—报酬结构①。交易费用与产权有着内在的联系，如果交易费用为零，那么采用什么产权都无所谓了。换言之，在交易费用为零的情况下，所有产权的效率都是一样的。真实世界的情况是交易费用为正，在这种情况下，产权极其重要，并且不同的产权安排下人的行为、绩效、收入分配结构等都是不一样的。通过对不同产权安排的选择来实现财富的最大化是产权分析方法的价值所在。莱索托在其《资本的秘密》一书中指出，西方国家的正规所有权制度产生了六种效应，使它们的公民能够创造出资本。这六种所有权效应是：确定资产的经济潜能；把分散的信息综合融入一个制度；建立责任制度；使资本能够互换；建立人际关系网络；保护交易。

社会经济运行中的许多问题是可以采用产权方法来分析的。产权制度是一个经济运行的基础，有什么样的产权制度就会有什么样的组织，什么样的技术，什么样的效率。我们先分析一下产权与组织的关系。产权是一个组织建立的制度基础。产权安排决定组织形式的选择及内在治理结构。我们再分析一下产权与技术的关系。这里的技术是广义的技术范畴，不仅包括与自然科学相关的技术，还包括与社会组织形式相关的技术，如专利权、版权等。这里以第一次经济革命为例。人类从狩猎和采集向定居农业的这一演变被称为第一次经济革命。第一次经济革命发生在 1 万年以前，为什么把这一演变称为革命？诺思和托马斯（1977）指出：单就将人类的主要经济活动从狩猎和采集转变为定居农业这一结果而言，第一次经济革命并不能被称为一场革命。它之所以能被称作一场革命，根本原因在于它极大地改变了对人的激励，这种对人的激励的改变来自于产权制度的变革。在资源共有的条件下，没有任何对于技术和学习的激励，相反，排他性的产权却能够给所有者提供提高效率与生产能力的直接激励，或用基本的术语说，它要求更多的知识和更新的技术。正是这种激励的变迁，使人类在经历了漫长的发展缓慢的原始狩猎和采集经济之后，在最后的1000 年，实现了经济的迅速增长。最后，产权与效率的关系已经被许多事实所证明。不同产权安排下的绩效是产权经济学研究的一个重要问题。

重视对产权和制度问题的研究无疑使西方经济学拓展了其研究范围，并且大大提高了产权及其制度在经济学中的地位。传统的微观经济学把消费和生产理论当作分析的中心，把经济活动中人的利益矛盾之类的问题都抽象掉了，“经济人”的问题就是在一组约束条件下如何进行选择的问题。而产权经济学则认为，经济学要研究的是资源稀缺对人的利益的影响和由此带来的人与人之间的利益冲突。产权经济学要处理和解决的就是人对环境的反应规则和经济组织的行为规则。

人类选择产权形式不仅要受产权变化的成本—收益的制约，还要受利益集团及国家的制约。对所有群体（集团）有利的产权形式或制度并不存在，这也是多元产权形式存在的原因（马克思把这解释为生产力水平的差异）之一。从长远来看，私有产权是运作成本较低的产权选择（原始模型），但是人类社会从局部性排他产权向私有产权的转变却是极其艰难的过程，原因是什么？不同的利益集团对产权的需求是有差异的，社会改变产权结构对不同利益集团的影响也是不一样的，最后，国家的偏好及取向对产权的形成及产权

---

① 科斯等：《财产权利与制度变迁：产权学派与新制度学派译文集》，上海三联书店，1991 年版，第 203 页。

结构会有重要影响。

三、科斯定理

科斯定理是新制度经济学的核心或者分析问题的参照系。尽管关于科斯定理还有比较大的争议，但它构成了制度分析的基础。

第一个层次，如果交易费用为零，不管初始权利如何配置，自由交易都会达到资源的最优利用状态。这也被称为“科斯中性定理”①（斯蒂格勒）。

第二个层次，在正交易费用的情况下，法律及制度在决定资源如何利用方面起着极为重要的作用，这被称为“科斯定理”。

第三个层次，在不同的经济、法律环境下，外在性问题存在不同的最佳解决办法。因此，需要我们在几种制度安排中进行选择，即科斯的“制度选择思想”。在科斯看来，选择的依据是两个层次上的比较：一个层次是不同的、可供选择的制度类型的交易费用比较；另一个层次是制度变迁、操作的成本与其带来的收益的比较。

科斯中性定理表明，在交易费用为零时，任何一种制度安排只对财富或收入的分配有影响，而对产出的构成，亦即对资源配置没有影响，有效率的结果总可以通过无代价的市场谈判，即科斯式谈判得到。科斯中性定理是一种抽象，是一种假设，在现实生活中根本不存在交易费用为零的情况。这只是分析问题方便的需要。这类似于微观经济学中的完全竞争市场。它只是分析不完全竞争市场的一个参照系。

科斯定理则表明，在交易费用大于零时，制度安排不仅对分配有影响，而且对资源配置及产出的构成有影响。某些制度安排会产生较高的交易费用，从而使有效率的结果不能出现。由科斯定理我们可以解释制度的起源、国家的起源，甚至意识形态的起源。

科斯定理是建立在对庇古的损害法分析的基础上的。科斯不同意这样的结论：通过损害法或征税，政府的行动一般对实现效率是必需的。他认为损害所代表的外在性有时或常常可能会自我纠正。在政府必须采取行动纠正某种损害的情况下，科斯否定了庇古的如下看法：习惯法因果关系概念对确定责任是有用的指南。科斯认为，按习惯法原则判定某人造成了某种损害，这一事实并不意味着能有效地使其受罚或指责他。在科斯看来，效率问题是由成本与收益相抵的差额来决定的，在这方面，因果关系的作用并非是决定性的。科斯认为，因果关系与无数法庭判决自相矛盾的法律责任无关，并且，它对法律的现实或理论没有什么影响，习惯法中存在着种种缺口。这就需要补充方法，诸如对污染者征收与污染的社会成本相等的税款。

微观经济学的一个中心思想是，自由交换往往使资源得到最充分的利用。关于资源交换的一些论点适用于法定权利交换的种种论点。根据这些看法，科斯定理主要认为，法定权利的最初分配从效率角度看是无关紧要的，只要这些权利能自由交换。换句话说就是，法定权利分配不当，会在市场上经过自由交换得到校正。经济学家们认为，除了交换自由以外，还必须具备一些其他条件，才能使市场有效地配置资源。条件之一是交易成本为零。由于强调了交易成本，科斯定理也可以被认为说的是法定权利的最初分配从效率角度

① 科斯中性定理也可以定义为：在完全竞争的市场上，私人成本等于社会成本。

是无关紧要的，只要交换与交易成本为零。除了交易成本外，条件之二是不存在私人交易的障碍。但现实中存在着对私人交易的一些障碍，如垄断是市场机制失灵的一种形式。

根据科斯定理，可以引申相应的政策结论。根据“自由交换论”，法律效力是由明确法定权利并强制履行私人法定权利交换合同而得以保障的。根据“交易成本论”，要利用法律最大限度地降低交易成本，而不是清除这些成本。按照这种思路，立法者不是追求有效地分配法定权利，而是更倾向于通过促进这种交易来取得效率。根据“完全竞争论”，保证法律的效率，就是保证有一个法定权利交换的完全竞争市场。

科斯定理在理论界历来存在着争议。首先，阿罗（1969）研究了与科斯讨论过的那些外在性相似的外在性，他表明，效率条件可以被看做是外在性权利交换的一个竞争市场中的均衡条件。但是，正如阿罗以及斯特雷特（1972）所指出的那样，这种正规声明毫无实际价值，因为就本质来说，种种外在性具有阻碍竞争市场形成的特点。其次，从科斯定理中的完全竞争市场论转到交易成本论，我们观察到，当受影响的只有少数几方时，私下解决可能会是有效率的。如果只涉及少数几方，那么法定权利价格将由他们的谈判决定，而不是他们成为价格的接受者。这样的话就违反了完全竞争的假设。最后，交易成本论并不十分符合实际。在实际中，少数人之间的谈判有时以失败而告终，如工会罢工、劫机者杀死人质、房地产经纪人由于在价格上不能达成一致意见而蚀本和诉之法庭等。

科斯在获得了诺贝尔经济学奖之后，迪克西特和奥尔森发表了一篇《自愿加入是否动摇了科斯定理》的论文。他们用博弈论证明，在一次性博弈中，即使是动态博弈，科斯定理的有效性并不成立；在重复博弈中，双方自愿谈判也不必然会达到帕累托效率。推翻的原因很简单，无论交易费用有多大，产权边界在哪里，只要存在着奥尔森所说的“搭便车”，那么这一理论就不成立①。

不管科斯定理功过如何，它的重要价值在于为人们提出了探讨的新领域。在他的论文问世之前，很少有人注意到外在性通过私人协议加以解决的可能性。因此，科斯的主张触及了经济学的一个重大争论的核心。此外，科斯定理被看做“法律和经济学”这个课题的一次突破，并大大促进了法经济学的发展。

四、GHM 模型

自从哈特（Hart）及其合作者的两篇开创性论文（Grossman and Hart，1986；Hart and Moore，1990；简称 GHM 模型）发表以来，产权理论便在契约理论、企业理论、制度经济学和法经济学等多个领域掀起一阵飓风，形成了“不完全契约理论”（incomplete contract theory）这一新的学派（杨瑞龙、聂辉华，2006）。

GHM 模型的基本思想是：当事人的有限理性，以及预见、缔约和执行契约的交易费用，导致当事人只能缔结一个无法包括所有可能情况的不完全契约。如果当事人在签约后进行了人力资本或者物质资本的专用性投资，那么他将面临被对方敲竹杠的风险，这会扭曲投资激励和降低总产出。在不完全契约中，专用性投资激励由事后谈判力（外部选择

① 转引自秦海：《制度的历史分析》，载吴敬琏主编：《比较》（第 4 辑），中信出版社，2002 年版，第 179~180 页。

权）决定，而谈判力又取决于对物质资产的剩余控制权，这种权利由资产的所有者拥有。因此，为了最大限度地减少敲竹杠风险，应该将物质资产的所有权配置给对投资重要的一方。换言之，GHM 模型认为关键是通过产权的配置来激励当事人的事前专用性投资，因此称为“新产权理论”。为了更直观地对比产权理论在 1999 年前后的演变，我们给出 GHM 模型的博弈时序（见图 4-1）。

图 4-1

图 4-1 表明，在日期 0，双方当事人签订某种产品的交易契约。由于双方无法预见自然状态，或者即使预见到也难以写入契约并且被第三方（如法庭）证实，初始契约是不完全的。在日期 0 和日期 1 之间，当事人中的一方或双方进行关系专用性投资，这种投资通常包括人力资本。在日期 1，双方投资的成本和收益实现了，并且成为可证实的公开信息，因此双方当事人无成本地根据科斯定理对初始契约进行再谈判，即根据最大化总产出的原则来配置产权。以上就是 GHM 模型的基本内容①。

哈特的新产权理论与旧产权理论的差别表现在，旧产权理论强调资产的剩余收入的索取权，而哈特强调的是对剩余控制的权利。他认为后者比前者更为基本、更重要。此外，对剩余收入的索取权通常由众多人共享，而剩余控制权就少有共享。哈特的产权理论是对科斯定理的重大发展。他把注意力集中到契约不完全上。当契约不完全时，谁负责任？出现了纠纷怎么办？这时产权就很重要了。当不完全的契约不能把所有条件下所有的责任、权利规定清楚时，没有详细规定的那部分权利（剩余权利）就必须归属于资产的所有者。

第三节 德姆塞茨的所有制经济学与巴泽尔的产权分析

一、德姆塞茨的所有制经济学

德姆塞茨认为，所有制作为一个论题在社会科学和哲学中已有很长的历史，不过这一讨论在其经济方面仍没有整合。科斯的论题是外部性，而不是所有制。因此，很有必要形成一个关于所有制经济学的框架：（1）所有制作为一个外在现象：所有制的特性（或权利的安排）；所有制的残缺；所有制的规范和伦理方面；（2）所有制作为一种内在现象：通过个人行动的配置；通过合作行动的配置，包括商业企业（公司）的管理以及财富的分配与有效控制。德姆塞茨所讲的所有制（或所有权）等同于产权，其所有制经济学研

① 聂辉华、杨其静：《产权理论遭遇的挑战及其演变——基于 2000 年以来的最新文献》，《南开经济研究》，2007 年第 4 期。

究的重要课题是不同的产权类型对人们的行为和效率的影响。

按照这个框架，德姆塞茨首先把所有制作为一种外在现象，也就是接受所有权作为一个给定的事实，然后考虑决定所有制的法律框架的某些特征的假定改变所产生的结果。具体来讲，主要是考虑权利所有者主体特性的改变和权利束内容的改变所造成的结果。

所有者的特性问题是从科斯关于社会成本的论文中引出的，科斯探求了市场谈判的运作如何能消除或减少私人成本与社会成本的差别，并提出了两个模型。一个是零交易成本模型。在这个模型的条件下，外部性可以通过市场谈判消除。另一个是正交易费用模型。按照这个模型，解决外部效应有一种以上可供选择的政策，且模型本身还不能明确哪一种选择更好。德姆塞茨认为，科斯在附带讨论外部性问题时，已引入和部分分析了一个不同的观点，即对所有者特性的关注。我们可以从科斯的理论中推断，如果受影响的双方对物品的整个需求模式没有显著的作用，则所有者的特性在一个不存在交易费用的竞争性市场中不会影响资源的配置。在交易费用为正时，所有者的特性会影响产出的有效组合，但是它不会改变当根据与所有制的具体说明相联的财富分配所引致的需求来评价时，每一产出组合的结果是有效的结论。德姆塞茨认为，科斯撇开收入效应是明智之举，因为所有权也是财富，改变所有权的特性会使财富分配发生变化。此外，认识到科斯并没有考虑权利安排的变迁是很重要的，因为当所有者的特性随时间而变化时，很难相信资源的作用会不受影响。

所有制残缺涉及管制经济学的一部分内容。这里的问题是：价格上下限的设定、掩盖利润率或阻止某些形式的竞争等会对所有者行为和资源配置产生什么影响？研究表明，对定价权利的限制会导致短缺和排队，对租金的限制使住房竞争更依赖于肤色、信仰、家庭大小。一般的结论是，对人们实施专门的所有权的能力的限制，会导致他们在更大程度上依赖于企图使效用最大化的边际替代调整。其结果是物品的不同分配和财富的不同分配。

其次，把所有制作为一种内生现象看待，就是要研究决定所有制的权利束发生变化的原因。就这一点来看，所有制本身可以被看做对相应的成本与收益的回应。一个关于所有制的实证理论要求对这些决定所有权结构的因素有一个系统的论述。与科斯世界不同，在权利处于变化和演进的世界里，信息和交易费用不可能为零，所有者的特性、所有制权利束的内容以及所有制结构都是会产生影响的。这就是为什么有些权利束在一些条件下比在另一些条件下更为适当的原因。

有两种内生地论述所有制的逻辑：一种是所谓的用个人行动配置的论述方法，它假定所有者的决策不需要别人合作就能完全得到执行，资源由决策来配置，代理问题虽然不能完全消除，却得以大大减轻。这里所提出的问题是那些确定所有制的权利束内容的变化，以及这一变化与相应环境的变化预期有怎样的相关关系。德姆塞茨认为，不同性质的所有制（如公有制、私有制）权利束的内容，尤其是它们的排他性和可让渡性，是十分不同的，由于资源的稀缺程度不同，所有制在有些情形下可能比在另一些情形下更具生产性。对那些并不稀缺的资源实施私有制所获得的收益很小，且这样做可能是有成本的。与资源配置的实际问题更为相关的是，当稀缺资源可选择的使用增加时，所有制的生产率就会增加。总之，成本和收益的条件发生变化，会影响所有制的可能变化方向。

另一种被称作由合作行动配置的论述方法。它考虑了一队人在实施所期望的资源配置时的所有制如何。为了执行所有者的决策，就需要合作行动，代理问题（偷懒、机会主义）成了要集中关注的方面。德姆塞茨认为，一个社会的规模越大，它就越会制定一些私有制的安排。在一个较大的社会通过科层化的激励是不会获得对资源有效的控制的，自利必然会约束人们行事。

二、巴泽尔的产权分析

巴泽尔作为一名经济学家的职业生涯开始于其博士论文对电力行业生产函数的研究，受芝加哥学派和科斯“交易费用”范式的影响，巴泽尔的经济研究延续了芝加哥大学精于应用价格理论这一分析工具的传统①。巴泽尔始终坚持经验主义的方法论，在承认“制度非常重要”这一新制度经济学的共识的基础上，从“可观察的现象”和“可检验的结论”入手，始终如一地坚持利用“产权”这一看似简单的分析工具，去涉猎包含奴隶制、人力资本、排队论、企业、国家、投票制度等一系列广泛的经济学领域。

巴泽尔最具特色的产权分析范式便是建立在对资产和商品属性分析的基础上的。巴泽尔（2002，2006）将商品理解为一系列不同属性的集合，交易的实质是商品属性在交易者之间的转让。这里的商品属性是非常广义的概念，既包括商品本身具有的用途，也包括用途被发现和利用的时间性。商品属性的多样性和复杂性导致商品世界并不存在完全同质的商品，因而不同商品应该具有不同的价格（价格歧视）。

即使实现了完全价格歧视，价格机制也不能反映商品的所有属性，因为要对商品的所有属性进行定价几乎是不可能的。不同的属性具有不同的测度成本，从提高交易效率的角度考虑，交易双方只会对容易测度的属性做出规定。如此一来，商品交易中商品的某些属性必然未被明确规定（unspecified attributes），成为“剩余属性”（residual attributes）。这些未被明确规定的属性处于交易的“公共领域”，成为交易双方争相攫取的对象。巴泽尔基于资产属性本身的多样性和测度属性的困难，推论所有资产均是复杂资产。

巴泽尔所有的研究都无一例外采用了产权分析方法。由于坚持“不以产权为中心的模型的吸引力，要比产权模型的吸引力小得多”的理念，巴泽尔尝试运用产权理论解释人类社会所有的经济现象，因而产权理论成为巴泽尔整个理论“大厦”的基石。

“所有资产均是复杂资产”是巴泽尔理论研究的逻辑前提，由于资产是多重属性的集合体，巴泽尔认为抽象谈论“资产”的权利并无任何意义，权利的客体应该是资产的“属性”。经济学意义上的产权更加适合于“属性”而不是“资产”本身。

但是，几乎所有法律对产权的规定都只是基于“资产”而不是资产的“属性”，巴泽尔认为这一现象出现的原因在于高昂的测度成本（measurement cost）阻碍了对资产所有属性的明确界定。从这个意义上讲，人类社会从来没有出现过完全明晰的绝对产权。对资产属性的不完全测度导致资产的部分属性暴露在“公共领域”（public domain），从而出现资产法律上的所有权和经济上的所有权的不一致性。法律上的所有权是形式上（formal）的所有权，而经济上的所有权才是实际的（real）所有权。因为经济上的所有权反映“所有者”实际控制资产属性的能力，它最终决定“所有者”通过资产能够获取的净价值的

① 这一点从巴泽尔的排队论、用税收模型对交易费用的分析及《国家理论》的序言中得以证实。

大小。由此可见，资产权利的有效性不仅取决于法律保护（国家或独立第三方为保护权利所作的努力），而且取决于"所有者"个人保护权利的努力和他人企图攫取权利所付出的努力。

在巴泽尔的产权分析中，"可变性"是远比"公共领域"更为基础和更为重要的概念。巴泽尔将可变性定义为资产属性的不确定性（与可变性对立的是可靠性），并认为可变性是内生于资产本身及交易过程的。可变性的存在一方面源于人们对资产属性的认识并不完全，人们不可能把握现有资产未来的所有潜在属性；另一方面，即使在已知资产属性的情况下，不同的交易结构也会产生不同的可变性。例如在"一经售出，概不退换"的交易规则下，商品质量的可变性便完全转移给购买方；而在销售方提供产品质量担保的情况下，产品质量的可变性便由买卖双方共同承担。

资产属性的可变性导致采用不同的交易协议（agreement）对同一资产进行交易时，滞留在"公共领域"的资产属性并不相同，即在资产总属性相同的情况下，不同的交易协议实际上意味着明确规定的资产属性和未明确规定的资产属性的不同组合。交易过程中资产属性的不同组合带来资产属性的经济权利在交易双方之间的不同分配，这实际上就是产权的配置。由于测度成本的存在，资产的部分有价值的属性必然进入"公共领域"，产权虽然是"残缺"的，但"残缺"仍然是交易双方对交易的收益和成本进行比较后的理性选择。因而，"攫取"现象的存在或对资产"所有者"某些权利的约束并不必然是无效率的。基于此，巴泽尔并不认为对私人产权的限制会降低效率，而且在某些资产交易中"非市场手段"可能比市场手段更有效率，比如"无偿献血"就比卖血更有效率（巴泽尔，1997）。

在《产权的经济分析》中，巴泽尔全面展现了产权模型在分析各种经济现象时的威力。晚年，巴泽尔从价格理论转向国家理论，并仍然坚持利用产权模型解读国家的起源、规模及国家治理的特征。

三、国有产权、共有产权与私有产权对效率的影响

所谓的私有产权、共有产权和国有产权，实质上是将一种经济物品的权利（即排他性的使用权、收入的独享权、自由的转让权）界定给不同的行动团体。私有产权就是将资源的使用与转让权以及收入的享用权界定给一个特定的人，他可以将这些权利同其他附着了类似权利的物品相交换，也可以通过自由合约将这些权利转让给其他人，他对这些权利的使用不应受到限制。共有产权则意味着在共同体内的每一成员都有权分享这些权利，它排除了国家和共同体外的成员对共同体的任何成员行使这些权利的干扰。而国有产权在理论上是指这些权利由国家拥有，它再按可接受的政治程序来决定谁可以使用或不能使用这些权利。

在新制度经济学看来，一种产权结构是否有效率，主要看它是否能为在它支配下的人们提供将外部性较大地内在化的激励。德姆塞茨认为，当内在化的所得大于内在化的成本时，产权的发展是为了使外部性内在化。内在化的增加一般会导致经济价值的变化，这些变化会引起新技术的发展和新市场的开辟，由此使得原有产权的协调功能很差。

在共有产权下，由于共同体内的每一成员都有权平均分享共同体所拥有的权利，如果对他使用共有权利的监察和谈判成本不为零，他在最大化地追求个人价值时，由此所产生的成本就有可能部分让共同体内其他成员来承担，且一个共有权利的所有者也无法排除其他人来分享他努力的果实，所有成员要达成一个最优行动的谈判成本也可能非常之高，因而，共有产权导致了很大的外部性。在国有产权下，由于权利是由国家所选择的代理人来行使，作为权利的使用者，他对资源的使用与转让以及最后成果的分配都不具有充分的权能，就使他对经济绩效和其他成员的监督的激励减弱，而国家要对这些代理者进行充分监察的费用又极其高昂，再加上行使国家权力的实体往往为了追求其政治利益而偏离利润最大化动机，因而它在选择其代理人时也具有从政治利益而非经济利益考虑的倾向，所以国有产权下的外部性也是极大的。相比之下，在私有产权下，所有者在作出一项行动决策时，他就会考虑未来的收益和成本倾向，并选择他认为能使他的私有权利的现期价值最大化的方式，作出使用资源的安排，而且他为获取收益所产生的成本也只能由他个人来承担，因此，在共有产权和国有产权下的许多外部性就在私有产权下被内在化了，从而产生了更有效地利用资源的激励。

当然，从理论上或在一个社会被证明比较有效的产权结构，在另一个社会未必就有效，或一定会被采纳。因此，一个社会产权结构的选择，以及从一种结构向另一种结构的变迁，除了上面讨论的产权的经济功能外，还要受到以下几方面的影响：（1）一个政府对所有制的偏好，而这一偏好又主要以它能给政治家带来的收益而定；（2）一个社会群体对一种产权结构或一项具体产权安排的接受程度；（3）能促进人们将外部性内在化的技术创新；（4）在面对新的获利动机时，原有产权结构下的受益者和受损者可能作出的反应。

产权对绩效的影响是通过对人的行为的影响而实现的。在不同的产权下，人们的选择和行为就有较大的差异。美国有学者曾对资源在公有和私有两种体制下的利用效率进行调查，具体比较实行不同资源所有制的州的牡蛎产业。通过分析马里兰州、弗吉尼亚州、路易斯安那州、密西西比州的数据资料，他们发现：（1）对比 1945—1970 年在收获季节前期和后期的产量比例，资源公有的州（马里兰州）是 1.35，而邻近的资源私有的州（弗吉尼亚州）则为 1.01。（2）1950—1969 年，弗吉尼亚州渔夫的平均年收入为 2453 美元，而在马里兰州则是 1606 美元。由此可见，在资源私有的情况下，所有者以较少的资源消耗量获得了较高的回报，其资源的利用效率明显高于资源公有①。当然，对产权的评价仅仅从效率角度分析是不够的，还要考虑产权的正义性及意识形态等。

◎思考题

1. 解释下列名词。

产权　　外部性　　　所有制残缺　　科斯定理

2. 产权的功能是什么？

---

① 惕藤伯格：《环境经济学与政策》，上海财经大学出版社，2003 年版，第 208 页。

3. 简述产权的特征。
4. 什么是 GHM 模型?
5. 简述巴泽尔的产权分析。
6. 试述产权的起源。
7. 试述作为一种分析方法的产权理论。

第五章 企业理论

企业是市场经济的基本经济主体，西方新制度经济学家一般都把对企业制度的分析作为产权方法的一个重要应用领域。该研究主要是围绕着企业的性质和企业的类型这两个主题展开的。本章第一节是企业边界理论；第二节是企业产权理论；第三节是公司治理。

第一节 企业边界理论

科斯对企业本质的天才论断源于其对美国汽车产业纵向和横向一体化问题的考察。由于遭遇"引用的多，使用的少"的尴尬局面，科斯有关"企业存在"和"企业边界"的论题直到20世纪70年代才引起理论界的广泛关注。然而，理论界至今没有形成统一、具有可操作性的企业定义，对"企业本质"问题的不同解答，导致在研究企业边界时存在不同的理论路径。概括而言，我们可以将现有企业边界理论的分歧归结为对企业"生产"属性和"交易"属性的不同认识。交易成本经济学（TCE）（Williamson，1971，1985，1991，2004；Barzel，1982，2001，2002，2006；Joskow，1985，1990，2003；Klein，1988，2000，2004）秉承科斯"企业的本质是作为价格机制替代物的资源配置方式"的思想，以"交易"作为基本分析单位，主要从企业的"交易"属性考察企业边界的决定机制。与TCE同一时期出现的企业能力理论、企业竞争力理论及演化经济理论等（Penrose，1937；Richardson，1972；Teece，1993；Langlois，1999；Barney，1991；Loasby，1999；Nelson & Winter，1982）则将企业定义为具有异质性生产能力的"生产"单位，从知识、能力和竞争力角度考察企业边界决定及动态演化。企业本质固有的双重属性导致研究企业边界的上述两种理论路径既有竞争性，也有互补性。本节以下部分将沿着这两条理论路径，对企业边界现有的研究进行分析，以期找寻超越交易费用经济学企业边界理论分析范式的路径。

一、企业"交易属性"与企业边界

延续新古典经济学关注"资源配置"的传统，科斯在探讨专业化经济中企业出现的根本原因时，主要从资源配置角度分析企业存在和企业边界。受制于"边际替代"分析方法的局限，在对企业和市场的比较分析中，科斯将对企业的关注聚焦在与市场相同的"交易属性"上。虽然在沉睡了近40年以后，冠以"交易费用经济学"名称的科斯主义出现了持续繁荣，但是在科斯主义内部也形成了交易费用经济学不同的分支。鉴于威廉姆森在将交易费用理论推向"可操作"层面过程的突出贡献，交易费用经济学几乎成为威廉姆森理论的代名词。但除此以外，以阿尔钦（1972）、巴泽尔（1982，2001，2002，

2006）为代表的测度成本理论与以詹森和麦克林（1976）、张五常（1983）为代表的企业契约理论从“交易”角度对企业问题的分析，同样推动了我们对企业边界的认识。与交易费用经济学主要采用经验研究不同的是，以格罗斯曼、哈特、莫尔为代表的产权理论建立了正式（formal）模型（GHM 模型）分析企业的边界决策。交易费用经济学和产权理论成为从“交易”角度解释企业边界的两个主流分析范式（Holmsreom & Roberts, 1998）。

1. 科斯的企业边界理论

在阐述了专业化交换经济中企业出现的根本原因以后，科斯尝试利用其界定的企业概念分析企业边界（规模）问题。科斯（1937）将企业抽象为以企业家行政命令为特征的资源配置方式，并认为单纯从资源配置角度考察，企业应该是价格机制的替代物①。基于对企业本质的上述界定，科斯对奈特（1933）“企业规模问题不可能从科学角度分析，只是一种个性和历史偶然事件”的观点发起挑战。

企业的存在是因为利用价格机制配置资源并不是免费的，市场的存在同样说明所有资源由企业配置并不是最优的。在资源数量既定的前提下，是采用价格机制配置资源还是采用企业配置资源取决于二者相对成本的高低。根据“等边际成本”原则，资源最优配置的条件要满足利用市场价格机制配置的最后一单位资源的边际成本（交易费用）等于利用企业配置的最后一单位资源的边际成本（组织成本）。由此可见，市场交易费用和企业组织成本的相对大小决定了企业可以配置的资源数量的多少，从而决定企业规模的大小（企业的边界）。当追加的交易由企业家组织时，企业就变大；当企业家放弃对这些交易的组织时，企业就会变小。

科斯基于企业和市场作为替代性资源配置方式的假设，对企业边界问题进行了原则性分析。但对于企业边界这样一个由来已久的令人困惑的问题，科斯的解释并非完美。由于只是从资源配置角度阐述企业的本质及边界，企业的“生产属性”难以进入科斯的视野；即使仅仅将企业作为“以行政命令”配置资源的资源配置方式的代名词，科斯对影响企业资源配置成本的分析也还存在大量需要拓展的空间。

2. 威廉姆森的企业边界理论

威廉姆森采用“离散结构选择分析方法”（discrete structural choice analysis）分析了“市场—混合组织（hybrid）—科层组织（hierarchy）”三种主要的治理机制。企业作为一种科层的治理结构而存在，威廉姆森（1985）在对纵向一体化进行分析的过程中，综合考察了资产专用性和生产成本对企业边界的影响，从激励强度、管理控制、契约法（contract laws）② 等维度进一步考察企业的边界。

在假定产出水平不变的前提下，威廉姆森建立了一个“启发式模型”（heuristic model）分析交易费用（用资产专用性表示）和生产成本与企业边界的关系。用 $H(k)$ 代

① 企业和市场的相互替代，仅限于两者的资源配置功能，无视科斯的强调，导致后人对企业和市场关系的误读。

② 这里的契约法不是“合同法”的意思，威廉姆森用 law 的复数形式表示不同契约对应不同的规则和法律。

表科层组织成本，$M(k)$ 代表相应的市场治理成本，其中 k 是资产专用性指数。由于假设市场能够提供高能激励（high-powered incentive），当资产专用性很低时，市场能够更有效地减少治理成本，从而 $H(0)>M(0)$。令 $\Delta G=H(k)-M(k)$，用以反映市场和企业两种治理机制的治理成本差异。再考虑生产成本，令 ΔC 为企业自己生产所需产品的生产成本和从市场购买同样产品的生产成本的差额，且是 k 的减函数。由于存在规模经济和范围经济，显然 $\Delta C>0$。威廉姆森认为最优的治理结构应该能够实现交易费用和生产成本之和的最小化，因此 $\Delta G+\Delta C=0$ 应该成为企业和市场边界的临界点。

通过上述分析，威廉姆森只是解释了交易采用企业治理或市场治理的原因，但是并没有解释为什么随着资产专用性程度的提高，企业并未出现规模无限扩张的趋势。威廉姆森曾经尝试用“控制损失”（control loss）解释企业不能无限扩张的原因。所谓控制损失是随着企业规模扩大，企业内部管理层次增加，从而导致企业内部因为信息传递偏差而产生的损失①。后来威廉姆森认为如果允许企业采用选择性干预（selective intervention）②，则可化解控制损失问题。当然，即使采用了选择性干预也不可能使企业规模无限扩大，原因在于不可能在企业内部引入高能激励。因为在企业内部实行高能激励会导致两类问题：一是会导致代理人过度使用委托人的资产，因为代理人无需为资产损害负责；二是委托人会利用自己的权威，通过内部定价盘剥代理人的利润。基于此，威廉姆森认为企业只适宜采用虽然有较高的科层成本但适应性较强的低能激励（low-powered incentive）机制。由此可见，威廉姆森是通过比较不同治理结构进行交易治理的收益和成本来界定治理结构的边界的。企业的边界取决于企业这种治理结构的收益和成本的权衡。

基于经济学应该从“选择科学”向“契约科学”转变的理念，威廉姆森进一步将企业抽象为一种治理机制（governance structure）。虽然在上述启发式模型中，威廉姆森提及了生产成本对企业边界决策的影响，但由于主要强调企业的交易费用节约功能（transaction cost economizer），威廉姆森并没有一以贯之地坚持上述分析。威廉姆森用资产专用性作为纵向一体化的主要解释变量，导致其主要关注企业防范“敲竹杠”（hold-up）风险的激励功能，在深化企业“交易属性”分析的同时，也使企业越来越远离其“生产属性”。同时，受制于“离散结构选择分析方法”的局限，威廉姆森也难以对企业边界变迁的动态过程进行分析。

3. 测度成本和企业边界理论

在交易费用经济学的两个分支——测度（measurement）和治理（governance）中，威廉姆森的交易费用经济学属于后者。在“测度”这一分支中，最突出的代表是巴泽尔。巴泽尔应用规模经济、测度成本和公共物品三个变量解释企业的规模和边界。所谓规模经济是担保资本的规模经济。巴泽尔认为由于测度不完全，资产的部分属性暴露在“公共领域”，容易成为“攫取”的对象。为降低“攫取损失”，交易者需要为交易资产提供担

① 产生原因在于人是有限理性的，其直接管理下属的人数是有限的，企业规模扩大必然导致企业的管理层级增加，从而导致控制损失。

② 选择性干预是指委托人给予代理人独立自主的地位，但是代理人必须无条件满足委托人的特殊需要。

保。但是有些交易者由于财富不足，难以为他们的行为提供担保，或者从市场获取担保的成本较高，他们便与具有足够担保能力的资本所有者合作形成企业。与保险公司的担保行为一样，企业的担保资本也受制于规模经济原理，担保资本的规模经济效应决定企业规模。

巴泽尔运用测度成本的分析框架重新解读了纵向一体化，阐释了企业纵向边界的决定机制。纵向一体化的本质是将企业之间的交易转化为企业内部交易，巴泽尔认为导致这种转化的原因在于测度成本的差异。企业内部交易代替企业之间交易的实质是用对雇员绩效的测度代替对中间产品的测度。中间产品越复杂，属性测度成本越高，企业越有可能实施纵向一体化；如果对雇员绩效考核的成本降低，企业也愿意将更多的生产活动纳入企业内部进行，企业纵向一体化程度将随着雇员监管成本的降低而提高。巴泽尔（2001）认为企业的纵向一体化水平依赖于企业利用自身权力实施交易的程度。任何一项交易的实施都是混合实施，即使企业内部的交易也并不是完全依靠企业权力实施的，比如受劳动法管辖的雇用合同条款就是国家实施的。因而，企业规模扩大，企业交易活动增加，并不意味着企业纵向一体化水平提高。

巴泽尔（2006）认为企业所提供的公共物品的生产水平决定企业的横向边界。企业需要的与生产和交换相关的公共物品主要包括有关市场条件和技术创新的公共信息、产品生产标准、新的会计方法等。在无法通过市场或其他组织获取这些公共物品时，企业只能自己组织生产。企业自己生产公共物品导致企业的横向扩张，与生产其他产品相同，公共物品生产也受制于规模经济原理。“U”形长期平均成本曲线的最低点确定公共物品的最优产量，进而确定企业的“宽度”（width of the firm），即企业的横向边界。

正如威廉姆森（1985）所言，“治理”和“测度”两个问题并不是互不相干的。虽然测度成本理论并不如巴泽尔所言，能够完全取代现有的交易费用分析范式和产权分析范式，但是测度成本理论并不像“治理”理论那样只关注私下秩序（private ordering），而忽视法律在解决交易冲突中的作用，没有像威廉姆森设定“机会主义”那样强的理论假设。这些使得测度成本理论在解释企业边界问题时更具包容性和开放性，整合“治理”和“测度”两个交易费用经济学的分支，无疑是超越现有交易费用经济学分析框架可行的选择路径。

4. 契约经济学与企业边界模糊论

契约经济学（Alchian & Demsetz，1972；Jensen & Meckling，1976；Cheung，1983）的共同特征是将企业视为契约的“联结物”（nexus of contracts），与科斯的企业“契约观”不同的是，上述学者并不认同“企业以权威配置资源”的命题。詹森和麦克林将企业视为法律的虚构物，认为企业只是作为个人间契约关系的联结而发挥作用；张五常进一步认为企业的本质是“要素市场”替代“产品市场”，是一种契约对另一种契约的替代。由于将企业和市场都还原为契约的组合，企业的边界便无从划定。

契约经济学的“企业边界模糊论”导致该学说无法对现实世界企业边界的多样性分布提供有效的解释①。或许我们可以将“企业边界模糊论”的逻辑起点归结为企业“经

① 科斯本人也并不认同这一观点。

济边界”和“法律边界”的差异。但是，我们认为形成上述论点的根本原因在于契约经济学片面强调企业的“交易属性”，完全忽视了企业的“生产属性”。如果说，科斯的企业理论只是强调企业作为一种资源配置方式与市场的相互替代，契约经济学则将这种观点发挥到了极致，完全抛弃了对企业其他功能的分析。在威廉姆森的交易费用经济学中，企业因为拥有资产还有一定的实质性内容，在契约经济学中企业完全成了被契约网包围的法律上的“虚构物”（fiction）。由此可见，“企业边界模糊论”无助于我们理解“真实世界”的企业行为，其理论观点也难以进行实证检验和经验研究。

5. 产权与企业边界

产权理论认为企业边界取决于纵向一体化收益和成本的权衡（trade off）。假设存在甲、乙两家独立的企业，各自拥有对企业物质资产的所有权。若两家企业实行一体化，伴随企业规模的扩大，企业边界无疑也扩展了。因而，企业边界与一体化问题息息相关。在GHM模型中，产权理论得出的基本结论是，虽然任何一种纵向一体化模式在事后总是有效率的，但无一例外都会对事前的投资产生不同程度的扭曲。这种扭曲表现为谁在纵向一体化后的企业中拥有控制权，谁就会出现投资过剩（overinvestment），而处于被控制的一方则会投资不足（underinvestment）。因而，纵向一体化的必要性取决于所有权的配置能否最大限度地减少投资扭曲（distortion），只有当拥有控制权的一方提高的生产率超过被控制方损失的生产率，从而能增加总剩余时，纵向一体化才有意义。

如果两家独立企业的资产具有高度互补性，则应该实施纵向一体化，将其合而为一，并将“新企业”的所有权或剩余控制权给予投资不可或缺的一方。如果高度互补的资产属于不同的所有者，则任何所有者都不具有真正的权力，因为离开对方谁也无法获得最大化的产出。如果双方的资产同等重要，则应该实行联合所有权。如果双方资产没有任何互补性，纵向一体化后在“新企业”中拥有控制权的一方没有获得更多的投资激励，而处于被控制的一方由于失去资产支配权而丧失投资激励，其结果必然是降低联合总剩余，因此，如果企业拥有的资产是互不依赖的，则最好维持企业的独立性。由此可见，产权理论认为纵向一体化决策决定企业边界。当一体化的收益高于成本时，企业实施一体化扩张其边界；相反，当一体化的收益低于成本时，企业则维持不变的规模和边界。

产权理论将企业视为“物质资产的集合体”，无疑增添了企业的“物质”内涵，从资产所有权（剩余控制权）角度对企业边界的分析也更贴近企业的“法律”定义。企业边界确定本质是企业之间不同生产活动的安排（distribution of activities），是确定企业从事什么生产活动，而不仅仅是研究企业拥有什么资产（Holmstrom，1996）。由于生产活动的配置涉及的是整个资产束（bundles of assets）的组合，产权理论仅仅从单一资产配置角度分析企业边界，而且仅仅关注所有权的激励功能，也导致该理论对企业“生产属性”的忽视。虽然如此，产权理论首创的企业边界理论的实证分析思路，仍然值得大量依赖经验研究的交易费用经济学借鉴，成为超越交易费用经济学可供选择的路径之一。

二、企业“生产属性”与企业边界

无论是从分工和专业化角度研究企业的古典政治经济学，还是在价格理论框架下研究企业（厂商）的新古典经济学，都几乎只是考察作为一个生产单位的企业的“生产属性”。交易费用经济学的出现，使经济学家一度偏向于企业的“交易属性”。也正是在交易费用范式逐渐成为企业理论主流的同时，关注企业“生产属性”的企业理论再一次异军突起。20世纪70年代，相继出现的企业能力理论、基于资源（resources-based）和基于知识（knowledge-based）的企业理论、演化经济理论（Richadson，1972；Penrose，1959，1991；Wernerfelt，1984；Barney，1991；Nelsonand & Winter，1982；Teece，1994，1997）及较早出现的企业家理论（Knight，1921；Schumpeter，1934；Kirzner，1973，1997），都再一次关闭了TCE打开的企业“黑匣子”，以企业为分析单位，侧重从“生产功能”角度对企业本质和边界进行阐释。由于不约而同地采用集体主义方法论①，上述理论将研究基础建立在企业层面（firm-level），关注企业的整体，而不是构成企业的交易、契约或资产。方法论和研究重点的转变使该理论能够对企业异质性提供更有力的解释。

1. 演化经济学的企业边界理论

在演化经济学②的视阈内，企业作为一种组织形式是为了知识交换，而不是缓解机会主义（opportunism），“一体化是正面效应的创造者（creator of a positive），而不是负面效应的回避者（avoider of a negative）”（Conner，1991）。基于演化思维的企业边界理论摒弃了将企业作为市场替代物的交易费用经济学分析范式，从企业能力、知识和竞争力角度研究企业边界决定及动态演化过程。

理查德森（1972）开创了用“能力”概念分析企业边界问题的先河。理查德森将对企业的分析融入产业分析和市场分析，他认为产业是由研发、制造、销售和服务等不同经济活动组成的，这些经济活动的完成需要企业具备相应的能力（恰当的知识、经验和技能）。对相同生产活动（需要相同或相似能力的活动）和不同生产活动的抉择决定企业的边界。因为受规模经济和范围经济的影响，企业只应将相同生产活动纳入边界以内，而将不同生产活动推向市场（其他企业）。继理查德森以后，部分经济学家（Foss，1993；Langlois，1988；Langlois and Robertson，1993；Silver，1984）主要从知识角度关注能力对边界的影响。企业在拥有和控制的生产性知识上的差异性及生产性知识本身具有的意会性（tacitness）和路径依赖性，导致不仅企业之间难以相互理解对方的知识和能力，就连企业自身知道的知识也远远多于契约规定的内容。意会知识（tacit knowledge）的可系统化③（codifiability）和可教性两个维度（Winter，1987），共同决定企业能力的意会性和沟通的难易程度（Zander & Kogut，1995）。福斯认为，企业决定制造而不是购买，“其原因必定是，在实际操作上，一体化企业不可能准确地向供应商（至少是以合理的成本）传达有关购买的信息。市场（其他企业）中缺乏‘有能力的接收者’”。由于缺少具有适当规范、价值观和目标的共同企业文化，经济主体的实践和认知结构之间存在不可调和的差异，所以交易中就会缺乏沟通能力（Foss，1993）。由此可见，与潜在合作伙伴或供应商之间进行沟通的成本也会影响企业的有效边界。

---

① 交易费用经济学沿用了新古典主义的个体主义方法论。

② 本章将竞争力理论、知识理论、企业能力理论统一在演化经济学的框架下进行分析。

③ 知识的可系统化是与知识的独立性相对立的概念，可系统化意味着知识作为系统的要素而存在，从而缺乏独立性。

“理解企业边界变迁要求我们通晓企业的专有能力”，“这些能力是决定什么通过企业完成，什么通过市场完成的非常重要的因素”（钱德勒，1992）。钱德勒对企业发展史的考察，雄辩地说明在企业边界分析中引入“能力”维度的重要性。当然，演化理论虽然指出了交易费用分析范式的诸多不足，但由于对诸如能力、知识等关键概念的模糊定义①，以及“制度”在决定生产活动组织中不可或缺的地位，演化理论还难以代替交易费用经济学成为企业边界理论的主流分析范式。但是，在交易费用框架内引入与生产制度结构相关的知识、能力等因素，无疑更有利于我们全面透视“真实世界”的企业行为。

2. 企业资源与企业边界

企业资源论（Resources-Based View，RBV）最早出现在企业战略的研究文献中，主要研究企业资源和企业可持续竞争力的关系。20世纪80年代以来，企业资源论逐渐发展（Wernerfelt，1984；Rumelt，1984；Barney，1991；Peteraf，1994），并开始与产权、交易费用理论融合，研究企业边界和内部结构（Foss，2003，2005；Zingales，1998）。企业资源论遵循资源—战略—绩效的分析范式，将企业边界决策融合在企业战略分析中。该理论分析的逻辑起点是不同企业在可控性生产资源占有上的异质性，企业资源占有是服从企业战略需要的。按照SWOT的企业战略分析方法，企业拥有的资源应该满足如下特征：有利于拓展企业的生产机会、当前和潜在的竞争者缺乏且难以模仿、不存在战略意义上的替代品（Mahnke，2002）。为增进企业绩效，企业只应该拥有满足上述特征的资源，而企业边界也内生于企业拥有的资源数量。

企业资源论从企业战略角度对企业边界的研究，对于交易费用分析范式可资借鉴之处，首先表现在对企业边界内生性的考察。在RBV中，企业边界不再取决于资产专用性等外生设定的交易属性，而是内生于企业战略。借鉴RBV将企业界定为要素或资源的集合的观点，从产权角度研究企业关键资源和专有性资源的权力配置，将深化我们对交易费用企业边界理论的认识。

3. 企业家与企业边界

由于企业家理论和企业理论长期处于隔离状态，在现有企业家理论中鲜有对企业边界问题的专门论述。但是，无论是从交易费用经济学角度还是从演化和资源角度对企业边界的分析，都理所当然地为在企业边界理论中融入企业家因素留下了空间。现有企业家理论分别将企业家定义为协调者（Say，1803）、套利者（Kirzner，1973）、创新者（Schumpeter，1934）及不确定性承担者（Knight，1921），我们发现无论上述哪一个定义都能顺其自然地引入现有企业边界理论分析中。将企业家定义为协调者，可以深化我们对科斯企业边界理论的认识。因为在科斯的企业理论中执行协调、指挥职能，发布行政命令配置资源的主体就是企业家。显然，企业家要素会影响在企业内组织一项交易的成本，进而影响企业边界。赋予企业家“套利者”、“创新者”的角色和“发现市场机会”的能力，有利于改进交易费用经济学的比较静态分析思路，从“进程”（process）角度对企业边界变迁进行动态分析。在演化经济理论中注入企业家因素，方便我们将企业边界变迁过程理解为企业家调整企业活动范围的“试错”（try and error）过程，引入企业家个人目标函数可更好

① 纳尔逊和温特（1982）用“惯例”（routines）刻画能力应该是一种进步。

地解释企业边界多样性分布（Langlios & Foss，1996；Foss，1997；Foss & Klein，2006；Jacobides & Winter，2005）。

顺应企业家的企业理论和企业的企业家理论彼此逐渐融合的趋势，企业理论在研究组织设计、企业流程再造、一体化和外包等有关企业边界变迁问题中，大量融入了企业家这一分析要素。前述分析表明，对企业家与企业边界关系的分析能够更多地体现企业边界决定中的“主观因素”，也能从认知、知识角度深化对有限理性、治理结构设计、企业间接定价功能等现有企业边界理论的分析，极大地增进我们对企业边界的认识。

三、企业边界理论：一个拓展的交易费用分析范式

1. 拓展交易费用经济学分析范式的必要性

新古典经济学在全球范围的主流地位，预示着延续其方法论的交易费用经济学在一段时间内仍然会位居企业边界理论分析的主流。20 世纪 70 年代以来，围绕企业边界问题所作的经验研究也在不同程度上验证了交易费用经济学的理论推理，因而交易费用经济学在经验研究上也“演绎了成功的故事”（Williamson，2004）。但是，由于交易费用经济学片面注重企业的“交易属性”和追求理论的形式化，该理论只能更多地满足经济学家理论研究的需要，而对实际决定企业边界的管理者缺乏指导意义。这种只重理论驱动（theoretically driven）而忽视经验驱动（empirically driven）的研究思路，也有悖于科斯倡导的面向“真实世界”的经济学的研究理念。基于交易费用经济学企业边界理论在理论研究中的“比较优势”，现阶段，我们还难以建立一个替代其分析范式的新的企业边界理论。但是，交易费用经济学理论缺陷本身预示着我们可以，也必须在不破坏理论“硬核”的基础上，拓展交易费用经济学的企业边界理论。

近年来，很多企业理论的权威学者都大力倡导拓展现有的交易费用分析范式：“基于激励的交易费用理论在组织理论解释中承担了太多的分量，应该出现一些基于抑制有限理性、更多关注技术变迁和演化维度的理论”（Milgrom and Roberts，1988）。“信息和知识是组织设计的核心，因为它们会引致与市场和企业相关的契约和激励问题，但是主流经济理论几乎没有重视组织知识的作用”（Holmström and Roberts，1998）。多西（1994）指出：“企业的边界不仅要按照交易成本来理解，还要按照学习、路径依赖、技术机会、选择和互补性资产来理解。”在动态的、非均衡的情况下，企业的边界可能是变动的和不固定的，路径依赖在决定垂直一体化和企业边界结构方面具有重要作用，必须通过企业演变的历史过程来理解其现在的边界。

2. 拓展交易费用经济学分析范式的理论路径

基于面向“真实世界”的经济学研究理念，为突破现有交易费用经济学分析范式的缺陷，理论界综合运用交易费用与测度成本、交易费用与治理、动态交易费用等综合理论工具，对企业边界问题进行了理论和经验研究，形成了一些超越交易费用分析范式的理论路径。本书基于企业具有“生产”和“交易”双重属性的本质，立足于“交易”属性对交易费用经济学进行内部整合，并引入“生产”属性对交易费用经济学进行外围突破，尝试建立一个拓展的交易费用经济学的企业边界理论分析框架，见图 5-1。

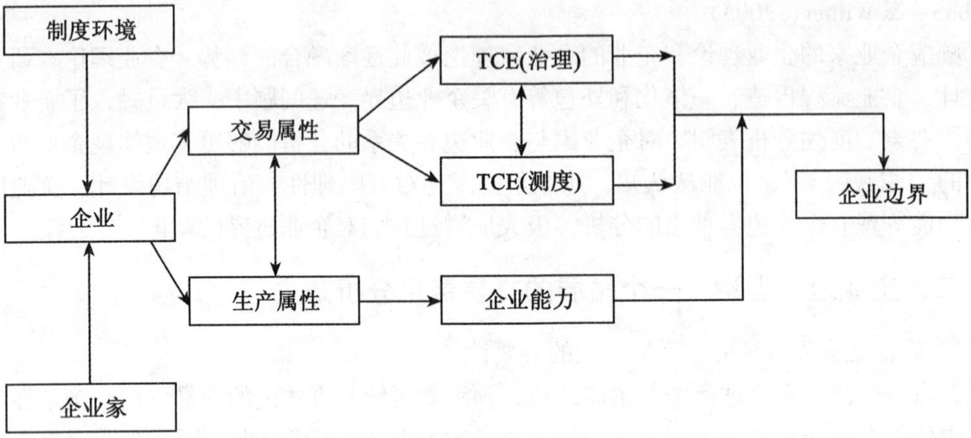

图 5-1　一个拓展的交易费用经济学企业边界理论模型

第二节　企业产权理论

在明确了企业的本质和边界以后，我们需要进一步分析业已存在的企业应该归谁所有的问题。企业产权问题的核心是企业的产权配置与企业绩效，是如何通过产权的优化配置提高企业的"合作剩余"的问题。我们将在介绍企业产权内涵和配置原则的基础上，探讨与不同企业制度相匹配的产权安排，并利用现有的产权理论分析国有企业的产权和产权改革。

一、企业产权

企业契约区别于市场契约的特殊性在于企业内部能够利用权威和行政命令配置资源。作为契约的联结，企业契约中各个缔约方的权利安排是不对等的，存在"雇主"和"雇员"的区别。套用委托—代理理论的术语，企业内部存在委托人（principal）与代理人（agent）的区分。企业产权安排主要解决在参与企业生产的众多要素所有者中，由谁充当委托人，谁充当代理人的问题，即谁雇用谁的问题。

1. 企业所有权、剩余索取权与剩余控制权

广义的所有权具有产权概念的全部内涵，它集中体现为对财产排他性的占有、使用、收益和处分的权力。剩余索取权是指对企业进行团队生产产生的合作剩余的要求权，或者是对企业总收入中扣除固定契约性报酬（固定工资、固定利息等）后剩余收入的要求权①。剩余控制权的概念则是由格罗斯曼和哈特（1986）提出的，他们将剩余控制权定义为没有在契约中明确规定的权力，并认为拥有剩余控制权的一方，有权决定资产除最终契约限定的特殊用途以外的所有用途。上述三种权力都内在地具有普遍性、排他性、可交易

① 阿尔钦和德姆塞茨（1972）最早定义了剩余索取权。

性、可分割性、行为性等产权的基本属性。

严格意义上而言，剩余索取权和剩余控制权概念的提出都是为了从经济学角度更好地解释企业所有权。但是在新制度经济学的视阈内，关于所有权、剩余控制权和剩余索取权的相互关系却至少存在三种不同的认识：传统产权经济学（阿尔钦和德姆塞茨）将所有权定义为剩余索取权（residual claim），以格罗斯曼和哈特为代表的产权学派则将所有权定义为剩余控制权（residual control rights or residual rights），米尔格罗姆和罗伯茨（1992）则主张用剩余索取权和剩余控制权的统一来定义企业所有权①。阿尔钦和德姆塞茨（1972）将剩余索取权的概念建立在所有权的法律意义上，认为企业的所有者就是企业的剩余索取者。但是哈特（1995）批判了这一观点，他主张将企业所有权定义为剩余控制权，因为只有企业的所有者才有权决定资产在最终契约所限定的特殊用途以外如何使用。只有所有者才拥有完全的控制权，可以按照不与先前的契约、惯例或法律相违背的方式决定资产的各种用途。表面上看，传统产权经济学和产权学派对企业所有权的认识存在较大分歧，但是阿尔钦和德姆塞茨认为剩余索取权应该赋予专门进行生产监督的“监督者”，我们可以将这里的监督者拥有的监督权理解为哈特意义上的剩余控制权。同时，哈特自身也认为拥有剩余控制权的目的在于获得企业剩余收入。剩余索取权和剩余控制权是具有高度互补性的权力，因此应该配置给同一缔约方，否则就会产生激励扭曲，出现敲竹杠问题。有控制权而无收益权，经济人就会缺乏实现最优产出的激励；相反，有收益权而无控制权，经济人就会只顾实现私利最大化而不关心资源的损耗。

2. 企业产权配置

根据科斯定理，在正交易费用的世界中，产权的配置是非常重要的。企业作为要素所有者之间的契约联结，其产权配置的核心是确定企业的所有权归属。因为企业契约中的缔约方，作为自利的经济人都有自己的私人利益，需要通过合理的产权配置尽量减少私人利益与企业集体利益的冲突。但令人遗憾的是，无论是企业理论研究还是企业运行实践，都没有为企业产权配置提供统一的认识。在企业究竟应该为谁所有的问题上，我们仍然存在太多的分歧。主流的经济理论和企业理论坚持“资本强权观”，认为企业的所有者天然属于资本家或非人力资产所有者。但是在现实世界中，劳动管理型企业却一直存在，其历史甚至比资本管理型企业还要久远。世界范围广泛出现的合作社组织似乎昭示了这种企业的生命力。20世纪80年代，日德企业展现出的在世界范围内的竞争力，以及社会对企业伦理、企业社会责任和环境问题的关注，使人们开始质疑“资本强权观”和“股东利益至上论”，提出企业不仅是“股东”的企业，而应该是利益相关者（stakeholder）的企业的新的企业产权配置观。

（1）资本雇佣劳动。无论是马克思的政治经济学还是西方主流的新古典经济学和现代企业理论，都不约而同先验性地给定资本主义企业是“资本家”的企业，“资本雇佣劳动”是资本主义企业的逻辑起点。但是，对于资本家（非人力资产所有者）为什么会成

① 这种观点反映在由弗鲁博顿和芮切特编著的西方经典的新制度经济学教材（《新制度经济学：一个交易费用分析范式》，上海人民出版社2006年版）中，他们认为企业的所有权主要包括剩余控制权、剩余索取权及将这两种权力按照自己的意愿进行交易的权力。

为企业的所有者，却存在不同的解释。

马克思以资本主义生产关系为基础，认为拥有劳动的工人和拥有资本的资本家地位不平等导致资本对劳动的雇佣。“正是非劳动者对这种生产资料的占有，使劳动者变成雇佣工人，使非劳动者变成资本家。”① 资本主义企业产生的充分条件是资本雇佣劳动，资本家之所以能够占有剩余劳动，原因就在于资本所具有的社会属性。虽然“在完全竞争的世界里，谁雇佣谁并不重要”（Samuelson，1957），但从新古典经济学的逻辑本身可以推理，其仍然暗含了“利润最大化”的利润应该属于资本家（投资者）的假设。对于这一不言自明的假设，新古典经济学并不同意马克思的解释，而是认为资本作为生产要素的稀缺程度超过劳动，从而使资本雇佣劳动成为必然。

奈特（1921）从风险和保险的角度出发解释“资本雇佣劳动”的合法性，认为企业存在“保险功能”。在《风险、不确定性和利润》中，奈特认为资本家（企业家）和工人存在不同的风险偏好，资本家或雇主是风险中性的（risk-neutral），而工人或雇员则是风险规避的（risk-averse）。企业在劳资之间建立起一种长期契约关系，规避风险的工人将市场不确定性带来的风险转嫁给风险中性的资本家，同时劳动市场的竞争性使得工人把全部“风险佣金”（risk-premium）付给资本家作为他承担风险的报酬，自己自愿领取一份低于期望收入固定的“确定性等价”工资。这样，资本家因承担了市场不确定性带来的风险而成为剩余索取者，同时也获得企业内部管理的权威以控制道德风险，减少风险损失。

哈特（1995）认为非人力资产（non-human asset）② 是企业的基本特征。企业的非人力资产代表将企业黏在一起的黏结物（glue），如果没有非人力资产，企业的人力资产只会是一盘散沙，企业就仅仅只是一个幻影。正是在这个意义上，哈特认为企业的所有权应该赋予物质资产所有者，并通过物质资产实现对人力资产的控制。如果人力资产必须结合某种非人力资产才能实现生产力，他就有激励按照资产所有者的意图行事。这必然导致非人力资产所有者对人力资产所有者的指挥和控制，形成事实上的“资本雇佣劳动”。张维迎（1995）从企业家能力甄别的角度论证了资本雇佣劳动的合法性。他认为只有具有足量个人资产的人才能被信赖为合格的企业家，因为资本可以传递有关经营能力的信息。在存在信息不对称时，只有资本家才能充当企业家，只有资本雇佣劳动才能保证合格的人才被选作企业家；相反，如果是劳动雇佣资本，则企业家或经营者市场将会被南郭先生所充斥。可见，资本雇佣劳动的合法性在于能够把劣等的人选从企业家或经营者队伍中排除出去，以增进企业绩效。

（2）劳动雇佣资本。与坚持“资本雇佣劳动”汗牛充栋的研究文献相比，“劳动雇佣资本”的相关文献少得可怜。由于在发达市场经济国家，资本管理型企业占据主导地位，加上前南斯拉夫工人自治企业的失败，对劳动管理型企业的研究被长期排斥在主流企业理论的范围以外。即使在新制度经济学主流企业理论的研究中涉及“劳动雇佣资本”的主

① 马克思：《资本论》（第三卷），人民出版社，1975年版，第49页。

② 非人力资产既包括“硬”的方面，如企业的存货、厂房、机器设备等；也包括“软”的方面，如客户名单、商标、声誉、专利、档案等。

题，更多也是证明这种产权配置的低效率。在对“劳动雇佣资本”持肯定态度的少数文献中，具有代表性的是汉斯曼从交易费用经济学角度提出的劳动管理型企业在特定条件下有效率的观点。

汉斯曼秉承组织存在是为了降低交易费用的交易费用经济学主旨，认为劳动管理型企业是一种交易费用很低的企业产权安排。他将交易费用分为市场交易费用和企业所有权成本两类，采用制度的比较分析方法，比较了劳动管理型企业相对于资本管理型企业在交易费用节约方面的优势和劣势。汉斯曼认为下述原因导致劳动管理型企业在节约市场交易费用上具有比较优势：劳动管理型企业中的雇员具有相互监督的激励，有助于减少企业的偷懒行为；劳动管理型企业中的雇员有进行专用性人力资本投资的激励；劳动管理型企业中的管理者和雇员之间存在较经济的信息沟通机制，能更有效地克服企业内部的机会主义行为。在论证了劳动管理型企业的上述优势以后，汉斯曼不得不面对劳动管理型企业相对于资本管理型企业较少的困境①。为此，汉斯曼进一步从代理成本、风险分担成本和集体决策成本三个方面分析了劳动管理型企业相对于资本管理型企业在所有权成本节约方面的弱势。特别是劳动管理型企业面临高昂的集体决策成本，因为雇员要对诸如工资、投资等问题进行集体决策，但不同雇员存在的偏好、期望等个体差异将提高决策成本，降低决策效率。通过上述两个方面的比较，汉斯曼得出的结论是出于节约集体决策成本的需要，劳动管理型企业即使存在，也只适合较小的规模。

（3）利益相关者。利益相关者理论质疑主流企业理论“股东至上论”的观点，认为“公司本质上是受多种市场力量影响的企业实体，而不应该是由股东主导的企业组织制度。考虑到债权人、管理者和员工等众多参与者为企业提供的特殊资源，股东并不是公司的唯一所有者”（Donaldson & Preston，1995）。利益相关者理论的重要代表人物布莱尔指出，公司的出资不仅来自股东，还来自员工、供应商、债权人和客户。这些主体都为企业进行了专用性投资，因此应该赋予他们剩余控制权和剩余索取权，由他们共同分享企业的所有权。为理解利益相关者理论的上述结论，我们首先要了解利益相关者的定义。

令人遗憾的是，现存利益相关者理论丰富的理论文献中并没有形成对利益相关者这一核心定义的统一认识。我们这里采用理论界广泛引用的美国经济学家弗里曼（1984）的定义：利益相关者是由那些能够影响企业目标实现，或者被企业目标实现过程所影响的任何群体和个人。根据这一定义，企业的利益相关者包含了股东、雇员、债权人、分销商、供应商、消费者、社区、政府等在内相当宽泛的组织和个人。

利益相关者理论并不否定主流企业理论将企业看成是“契约联结物”的观点，他们同样认为“企业是相关利益方之间的一系列多边契约”（Freeman & Evan，1990）。只是在企业签约主体和契约执行方式上，利益相关者理论与主流企业理论产生了分歧。通过前面的介绍我们知道，主流企业理论区分了企业契约和市场契约，认为企业与消费者、债权人、供应商的契约是市场契约，企业内部契约的特点是利用权威和命令配置资源。但利益相关者理论认为弗里曼意义上的利益相关者都是企业契约的主体，只不过他们所签订的契约存在显性契约和隐性契约的区分。企业的股东、管理者和雇员

① 交易费用经济学认为，只有有效率的组织形式才能存续下来。

一般都有明确的契约关系，而企业与社区、政府、消费者之间则存在隐性的契约关系。但隐性契约并不能简单地看成主流企业理论的市场契约，因为签约方同样存在专用性投资的利益和风险。在契约执行方式上，利益相关者理论认为契约的执行是签约方相互协调的结果，而不是依靠资本的强权进行命令和指挥。如果将企业所有权理解为状态依存（contingent）所有权，即在企业不同的经营状态下，对应着不同的剩余索取权和剩余控制权的安排，我们可以进一步佐证利益相关者分享企业所有权的合法性。若企业经营状态发生变化或某个财产权利主体的利益受到损害时，受损方就会启动某种机制，保护自己的利益。在企业正常的经营状态下，债权人取得契约确定的收入，工人获取固定的工资，因而债权人和工人一般没有企业的控制权。此时，股东拥有企业的剩余控制权和剩余索取权。而当企业经营不善，不能按期偿还债务时，企业已不存在剩余收入，此时债权人便拥有了企业的剩余控制权。由此可见，企业所有权并不天然属于股东，而是可能在不同签约方之间发生转移。

二、企业制度与企业产权

企业制度主要是以产权制度为核心的企业组织制度。从企业产生和发展的历史看，企业制度依次经历了业主制、合伙制和现代公司制三种组织形式。时至今日，三种企业制度仍然不同程度地存在于国民经济的不同行业中，形成了相互演进和共生的局面。

1. 业主制和合伙制企业的产权

业主制和合伙制企业是主流企业理论意义上的“古典式企业”，其基本特征是企业的产权结构单一，所有权、剩余控制权和剩余索取权高度统一。严格意义上讲，这两类企业中不存在谁雇佣谁的问题，因为委托人和代理人不是分离的。业主制企业是企业发展的历史起点和逻辑起点，又被称为个体企业，是指企业由业主个人投资兴办，直接经营和控制，获取全部剩余并对债务承担无限责任的自然人企业。从产权配置角度看，业主制企业天然属于业主所有。

继业主制企业之后出现的合伙制企业，是指由两个或两个以上的投资者共同出资、共同经营、共同所有和控制、共同分享企业剩余、各出资人对企业承担连带无限责任的企业。合伙制企业实际上是叠加的业主制企业，与业主制企业的唯一区别在于两个或多个合伙人按照契约规定分享企业剩余。由于将企业所有权赋予了多个主体，合伙制企业的“合伙人”就会存在“偷懒”的动机和搭便车的行为，缺乏相互监督的激励。因此，根据团队生产理论，合伙制企业只应存在于要素边际产出测度成本很高的行业，比如律师、会计师等。同时，合伙制也只适用于规模较小的企业，因为企业规模的扩大会进一步诱发合伙人的机会主义行为，降低企业的效率。

2. 现代公司制企业的产权

随着技术和资本市场的发展以及市场范围的扩大，20 世纪 30 年代，西方市场经济国家相继出现钱德勒所言的“大企业时代”。“经理革命”的发生使得支薪经理管理的大企业逐渐代替家族小企业成为国民经济的主导力量。企业规模的扩大使原本由价格机制协调的市场交易一体化为企业内部交易，企业内部的契约关系趋于复杂化。在股权高度分散的现代股份公司中，企业往往被仅有少数股权，甚至没有股权的内部经理所控制，形成事实上“所有权和控制权分离”（伯利和米恩斯，1932）的局面。规模庞大的现代公司制企业融入了多个要素所有者，为防范机会主义行为和降低交易费用，现代公司制企业实行了不同于业主制和合伙制企业的产权安排。

（1）有限责任制度。现代公司制企业，无论是有限责任公司还是股份有限公司，都无一例外地摒弃了古典企业的无限责任制，采取了有限责任制度。所谓的有限责任是指当公司破产时，股东仅以其投入公司的股本为限对公司债务和亏损承担责任。有限责任制度作为股东利益的保护机制，旨在降低股权分散情况下不同所有者因为机会主义行为可能导致的损失。股份公司内部，所有股东都成为公司剩余的索取者，剩余索取权的分享会加剧股东的机会主义行为。有限责任制度可以保护股东免受机会主义引起的更大的损失，这对于资本额超过股东个人财富的企业尤为重要。

（2）用手投票和用脚投票。在股权高度分散的情况下，如果公司的所有决策都要由股东共同制定，必然面临高昂的谈判成本（交易费用），出现类似于劳动管理型企业的集体决策成本。而且股权越分散，单个股东占有的企业剩余的份额越低，股东越容易出现决策上的偷懒行为（廉价投票权）。为此，所有股东会将决策权交由一个小团体执行（董事会），但是保留对诸如更换小团体成员、企业并购重组等重要问题的决策权。这种权利通过股东大会举手表决的形式得以实现，因而被形象地称为“用手投票”。如果单个股东认为公司行为不能满足个人利益，而通过“用手投票”方式改变公司行为又面临较高的交易费用，此时股东便可以“用脚投票”，通过在股票市场出售其被企业控制的那部分财产，股东实现了自我利益的保护。

（3）股东和经理层分享企业所有权。股东和经理层分享企业所有权是现代公司制企业“所有权和控制权分离”特征的主要体现。如前所述，为降低集体决策的成本，全体股东将部分剩余控制权委托给代表自己利益的董事会。董事会为进一步提高决策效率，又将企业的日常经营权委托给了经理层。但在企业运行实践中，由于经理层的信息优势，他们掌握了企业的部分剩余控制权，形成事实上股东和经理层分享企业所有权的产权配置格局。对这种产权格局的形成，我们可以从“主动分权”和“被迫让权”两个角度理解。独享企业所有权的股东主动让渡部分权利的原因在于权利让渡实现的收益大于所导致的损失。因为在企业生产经营活动日趋复杂的背景下，适度分权有利于利用专业化分工的优势，发挥经理层人力资本优势，提高企业效率。当然，权利让渡本身可能也是作为非人力资产所有者的股东在谈判力量削弱情况下不得已的选择。经理层进行的人力资本投资既具有专用性也具有专有性①，为保护人力资本专用性投资免受敲竹杠和套牢（lock-in）的风险，理应赋予投资者剩余控制权。另外，经理层人力资本的专有性在于他们或者拥有核心技术，或者拥有市场销售网络、特殊的经营才能，一旦他们退出企业，会对企业造成巨大损失。正是经理层这种人力资产的专有性，增强了他们与作为非人力资产所有者的股东进行谈判的谈判力，促使股东被迫让渡企业所有权。

（4）员工持股计划（Employee-Stock-Owned-Plan，ESOP）。ESOP 是使公司员工有条

---

① 专用性投资和专有性投资的具体区别见杨瑞龙、杨其静：《专用性、专有性与企业制度》，《经济研究》，2001 年第 3 期。

件地拥有公司股份的一种产权制度安排，它是指企业内部员工出资认购本公司部分股权，委托专门机构（一般为员工持股会）集中管理运作，并参与分红的一种新型企业内部股权形式。ESOP 的实施，是现代公司制企业所有权的又一次分离，反映了企业所有权在非人力资产所有者和人力资产所有者之间的重新配置。尽管 ESOP 在西方发达国家的实施具有复杂的政治和社会背景，但从经济学角度看，ESOP 作为一种产权配置主要源于两方面原因。一是通过 ESOP 进一步分散公司股权，增加敌意并购和接管的难度。在此意义上，ESOP 可以理解为股东和管理层为自身利益建立的保护机制。二是通过 ESOP 使普通员工成为公司的所有者，承担风险和享有剩余，这反映了普通员工作为人力资产所有者对企业所有权的分享。

三、国有企业产权与产权改革

所谓国有企业①是指由国家代表全体公民行使所有者职能的企业，从产权归属上看，国有企业（state-owned enterprise）“清清楚楚”属于国家所有，似乎不存在理论界常言的“所有者缺位”或“产权不明晰”问题。但是，正是由于国家概念的抽象性，“产权明晰”的国有企业找不到真正承担责任的所有者。始于 20 世纪 80 年代的国企改革进入第四阶段②以后，我们开始从改革理论和实践上审视国有企业产权问题，并尝试逐步通过产权改革改善国有企业绩效。

1. 国有企业产权

国有企业的特殊性在于国有企业的资本全部或部分由国家投入，其资本或股份全部或部分由国家所有。国家作为一个经济主体直接占有或经营企业，使国有企业表现出与一般私有企业不同的产权特征。

（1）国有企业“国家利益至上论”。国有企业既然是“国家”的企业，理应实现国家利益，这并不违背坚持“资本强权观”的主流企业理论的逻辑。从这个意义上讲，国有企业天然具有“政企不可分性”，必然成为政府机构的附属物。国有企业的这种产权属性，导致国有企业被赋予了除实现经济利益以外的大量其他国家利益的职能，背负了严重的政策性负担（林毅夫，1995）。受国家意志左右的国有企业，成为国家实现国家安全、社会稳定、充分就业等非经济目标的手段，不同于私有企业以“利润最大化”为目标的价值追求。

（2）国有企业产权“虚置”。作为国有企业所有者的国家，其所有者职能的行使只能通过各个具体的政府管理部门来实现。在我国，长期以来，中央大型企业工委、财政部、国有资产管理局及国家计委等政府部门，由于对国有企业的人事任免、资产管理及技改项目投资等企业活动拥有最终决定权，从而代替国家成为国有企业事实上的所有者代表，共同分享企业的剩余控制权。所有权的分散使“监督活动”本身成为一种“团队活动”。部门利益的差异，使得同时作为国有企业所有者的各个政府部门在行使所有者的“监督”

---

① 国有企业在世界范围内广泛存在，但无特别说明，本书的国有企业均指中国的国有企业。

② 国有企业改革始于 1984 年，在产权改革之前，依次经过放权让利、利改税、承包制三个阶段的改革。

职能时，存在“偷懒”的动机，从而导致国有企业缺乏真正承担责任的所有者，形成事实上的产权“虚置”。不仅如此，所有权的分散还使得国有企业的目标从受“国家意志”左右变为受“部门利益”左右，进一步加剧企业资源耗散。

（3）剩余控制权和剩余索取权错配。现代企业理论表明，剩余索取权和剩余控制权的不统一将导致廉价投票权（张维迎，1995）。如果某一权利主体行使某项控制权能够带来的剩余为 S，当他能够占有全部剩余 S 时，要使他放弃该项控制权，则至少应向他提供 S 单位的补偿，即与 S 单位剩余索取权相对应的剩余控制权的价格为 S。如果该权利主体只能占有剩余 S 的 $1/n$，则只要向其提供 S/n 单位的补偿，就可能使其放弃其控制权。由此可见，剩余控制权和剩余索取权的错配将导致剩余控制权的廉价。在国有企业中上述两种权利的错配问题相当严重，突出表现在：第一，国有企业控制权分散配置在中央大型企业工委、财政部、国有资产管理局及国家计委等政府部门，而这些部门并不是合法的国有企业剩余的最终索取者；第二，国有企业中的人力资本所有者（特别是经理层）由于处于信息优势占有剩余控制权，但没有任何合法的剩余索取权。原因在于“为了彻底消除生产资料被个人占有的任何可能性，公有制的法权体系规定全部生产资料归国家和集体所有，并宣布个人不得拥有任何生产性资源的合法权利”（周其仁，2000）。不仅如此，“个人也不准拥有其本人人力资源的法律所有权，只要这部分资源具有生产性”（周其仁，2000）。否定了人力资本所有者法律上①的所有权，也就从法律上根本否定了其对企业剩余的索取权。结果导致拥有剩余控制权的人力资本所有者不关心国有资产保值增值，形成事实上的“内部人控制”。

2. 国有企业产权改革

作为推进国有企业改革，提高国有企业绩效的一项重要举措，国有企业产权改革自始至终都是存在争议的论题②。关于国有企业产权改革是否国有企业改革的充分条件、必要条件还是充要条件，国有企业产权改革究竟应该怎样改这些问题在理论层面上仍然存在较大分歧。从新制度经济学的角度看，产权改革至关重要，因此，我们尝试介绍一些国有企业产权改革的设想和举措。

（1）从战略上收缩国有企业。“十五大”以后，我们对公有制和公有制的实现形式形成了新的认识，明确提出股份制和股份合作制是公有制的实现形式；并且认为以公有制为主体，主要体现在公有制经济的控制力，不再盲目追求公有制经济占国民经济的比重。在此背景下，国有企业产权改革开始进入从战略上收缩国有企业的阶段。突出的政策表现就是全国范围实施的以“国退民进”、“抓大放小”为特征的国有经济结构性调整和国有企业战略性重组。理论上已经证明，国有企业天然具有“政企不可分性”而且容易受到国家意志左右。从战略上收缩国有企业是通过减少国有企业数量来治愈国有企业的“顽疾”。改革的结果是国有企业主要存在于公共产品领域以及非竞争性、非营利性行业，成

---

① 由于人力资本天然属于私有，即使否定了法律上的所有权，也无法否定事实上的所有权。

② 突出表现在张维迎和林毅夫20世纪90年代的争论，及21世纪以郎咸平为代表的经济学家与“主流”经济学家的争论。

为国家为社会提供公共服务的主要载体。

（2）建立人力资本分享企业所有权的机制。所有权和控制权的分离是现代公司制企业的普遍特征，而且随着非人力资产在企业中地位的削弱，人力资产分享企业所有权是企业产权配置的必然趋势。由于国有企业名义上是国家代表全民所有的企业，全体人民均拥有国有企业法律上的所有权，是企业剩余法律上的索取者。“剩余索取权被授予一个以上的个体组成的共同体；每个个体享有相同份额的剩余索取权；没有人能够将其剩余索取权有偿转让给他人”（张维迎，1995）。国有企业的人力资本所有者分享所有权的关键是将法律上的索取权转化为事实上的索取权，以纠正控制权和索取权的错配。“到目前为止的国有企业改革，实际上是一个将剩余控制权和剩余索取权从政府分配给企业内部成员的渐进过程”（张维迎，1995）。为此，我们在借鉴和引进国际经验的基础上，进行了诸多的探索和实践。我们相继通过实施经营者年薪制、股票期权制度、管理层收购等制度安排建立了经理层分享企业所有权的机制，又通过职工持股、内部股等安排确认了国有企业普通员工对企业剩余的分享。

（3）建立合理的产权流转机制。无论是从战略上收缩国有企业还是建立人力资本所有者（甚至是利益相关者）分享企业所有权的机制，无不要求国有企业的物质资本所有者让渡企业的部分剩余控制权和剩余索取权，因而都面临国有企业产权合理流转的问题。从已有的国有企业产权改革实践看，能否建立合理的产权流转机制甚至直接关系前两项产权改革举措实施的合法性①和效率。一直以来，困扰产权流转机制的主要问题是国有资产的定价问题。由于国有资产的形成过程非常复杂，并且捆绑了诸多的利益群体，加上经过几十年的变动，要形成各方满意的完全公平合理的价格几乎没有可能性。在目前产权市场不发达的情况下，我们暂时只能依靠评估认定、职工代表大会通过、国有资产管理局批准等办法确定价格。但是资本资产定价原则要求我们确定资产的价格主要以其未来收入的现金流为基础，而不是其重置价值或是资产原值。坚持上述原则，我们就能在利益各方充分博弈的基础上确定各方都能接受的价格，实现国有产权的合理流转，推进国有企业产权改革。

第三节 公司治理②

明确了企业的产权安排就确定了企业的委托人和代理人，至此，我们可以在给定委托人和代理人的前提下，研究委托人对代理人进行激励和控制的最优契约安排，进入公司治理（corporate governance）层面。从广义的角度理解，公司治理是保护公司所有者利益实现的一系列制度安排③，是包括公司产权制度、激励约束机制、财务制度、企业文化等在

① 围绕国有资产是否流失、国有股减持的争论直接影响国有企业产权改革的合法性。

② 由于业主制和合伙制企业不存在治理“问题”，通常用公司治理代表企业治理。

③ 布莱尔（1995）认为公司治理是保护利益相关者的机制，施莱弗和维什尼（1997）将公司治理定义为一种使公司资金提供者确保自己获得投资回报的途径。

内的公司利益协调机制。从狭义角度理解，公司治理主要解决公司的委托—代理问题。由于第二节已详细讨论了企业产权问题，本节对公司治理的讨论显然仅限于狭义角度。我们将主要在委托—代理理论的分析框架下，探讨企业的委托—代理问题和相应的激励机制设计，并比较成熟市场经济国家不同的公司治理结构。

一、委托—代理理论

委托—代理理论（principal-agent theory）是现代企业理论的重要构成部分，主要研究"所有权和控制权分离"的现代公司中，经济主体之间在信息不对称分布（asymmetric information）情况下的激励和约束问题。

1. 委托—代理理论的基本概念

委托—代理关系最早用于法律领域，在法律上当 A 授权 B 代表 A 从事某种活动时，委托—代理关系就发生了，A 称为委托人，B 称为代理人。在委托—代理理论中，我们一般将"委托人"定义为不拥有私人信息，在信息占有上处于劣势的参与者；"代理人"定义为拥有私人信息，在信息占有上处于优势的参与者。根据信息不对称发生的时间和内容，我们可以对信息不对称进行具体分类：从时间上看，信息不对称既可以发生在当事人签约之前，也可以发生在签约以后，委托—代理分别用逆向选择（adverse selection）和道德风险（moral hazard）模型描述签约之前和签约之后的信息不对称问题；从内容上看，信息不对称可能是参与人的行动，也可能是参与人的知识。我们将研究不可观测行动的模型称为隐藏行动（hidden action）模型，将研究不可观测知识的模型称为隐藏知识（hidden knowledge）或隐藏信息（hidden information）模型。我们主要介绍与公司治理密切相关的两个委托—代理模型①：隐藏行动的道德风险模型及逆向选择模型。

2. 隐藏行动的道德风险模型

我们分两种情况讨论隐藏行动的道德风险模型。首先假设产出结果是确定的，只受代理人的努力程度的影响，求最优解；然后假设产出为受到外生冲击影响的不确定函数，分别分析两种情况下，委托人如何制定针对代理人的激励计划。

（1）产出结果确定。代理人控制着委托人拥有的公司，公司的利润唯一地取决于代理人的努力程度，并与代理人努力程度呈正方向变化，可以假设利润函数为：$Q=e$。委托人不能直接观测到代理人的努力水平，但是可以通过产出间接观测代理人主观努力的成本函数：$c=\frac{k}{2}e^2$（$k>0$）。委托人给代理人提供激励工资 w，代理人的效用表现为工资与努力成本的差额，代理人以效用最大化为目标，效用函数为：$A=w-\frac{k}{2}e^2$。假设委托人给代理人提供线性激励，激励报酬函数为：$w=r+\alpha Q$，$0\leqslant\alpha\leqslant1$，即报酬等于固定工资加提成（$\alpha$ 是分成比例）。这样代理人的决策问题可以采用下述模型表示：$\max\limits_{e} A=r+\alpha Q-\frac{k}{2}e^2$

① 对委托—代理理论其他模型感兴趣的读者，可进一步阅读张维迎的《博弈论与信息经济学》（上海三联书店 1996 年版）。本部分模型主要参考了弗鲁博顿、芮切特：《新制度经济学：一个交易费用分析范式》，上海人民出版社，2006 年版。

(s. t. $Q=e$)。根据最大化的一阶条件可得 $\alpha-ke=0$，即：

$$e=\frac{\alpha}{k} \tag{5-1}$$

此式为代理人对委托人提供的线性激励的反应函数。

现在假设委托人知道代理人的反应函数，从而可以通过提供α^*的利润分成诱使其达到e^*的努力水平，因而式（5-1）构成代理人的激励约束（Incentive Constrait，IC）①。我们可以进一步假设代理人可以自由决定是否接受委托人的激励计划，当且仅当代理人能够实现其保留效用（$\bar{A}$）时才会接受委托人的激励，此条件为代理人的参与约束（Participation Constrait，PC）②，因而参与约束可以表示为：$r+\alpha Q-\frac{k}{2}e^2\geqslant\bar{A}$。委托人的净利润为：$Q^n=Q-w$ 或 $Q^n=(1-\alpha)\ e-r$，因为委托人的目标函数为净利润最大化，委托人的决策问题变为：

$$\max_{r,e} Q^n=(1-\alpha)\ e-r$$

$$\text{s. t.}\quad e=\frac{\alpha}{k} \qquad (\text{IC})$$

$$r+\alpha Q-\frac{k}{2}e^2\geqslant\bar{A} \qquad (\text{PC})$$

由于追求利润最大化的委托人理所当然想尽量支付较少的报酬来换取代理人的努力，参与激励起作用，并进一步假定代理人的保留效用为零。利用拉格朗日函数求解上述最优化问题，我们可以得出此时均衡的分成比例、努力水平、总利润、固定工资、总工资、净利润分别为：$\alpha^*=1$，$e^*=\frac{1}{k}$，$Q^*=\frac{1}{k}$，$r^*=-(2k)^{-1}$，$w^*=r^*+\alpha^*Q^*=\frac{1}{2k}$，$Q^{n*}=-r^*+(1-\alpha^*)\ e^*=\frac{1}{2k}$。

这里，我们隐含假设委托人和代理人都是风险中性的。由模型可以发现，由于分成比例等于100%，代理人获得全部提成，成为公司完全的剩余索取者。

（2）产出结果不确定。假设产出不仅受代理人努力水平的影响，而且受到外生的随机冲击的影响，委托人和代理人都不能控制外生冲击发生的可能性。给定总利润函数为：$\tilde{Q}=e+\tilde{\theta}$，$\tilde{\theta}$ 是呈正态分布的随机变量，均值为零，方差为 σ^2。产出结果可以为委托人不费成本地观测到，相应的线性激励为：$w=r+\alpha\tilde{Q}$，$0\leqslant\alpha\leqslant1$。此时需要考虑委托人和代理人的风险偏好，如果两者都是风险中性的，则风险完全由代理人承担，结论与产出确定情况下的相同。由于委托人可以利用证券市场分散风险，而代理人一般只在一个企业工作，更为现实的假设是，代理人是风险规避的，而委托人是风险中性的。为简化起见，我

① 代理人总是选择使自己效用最大化的行为，委托人希望代理人采取的行动都只能通过代理人的效用最大化行为来实现。

② 即代理人从接受合同中得到的期望效用不能小于不接受合同时能得到的最大期望效用。

们利用绝对风险规避型的冯·诺伊曼—摩根斯坦期望效用函数①对委托人和代理人进行分析，并假定代理人的效用函数具有不变绝对风险规避特征。

代理人效用函数为：$u(\tilde{A}) = -\exp(-a\tilde{A})$，$a>0$，相应的确定性等价为：$C(\tilde{A}) = E(\tilde{A}) - R$。其中，$C(\tilde{A})$ 代表确定性的效用水平，$E(\tilde{A})$ 代表期望效用水平，R 代表风险贴水。利用代理人效用函数和正态分布的随机变量 $\tilde{\theta}$，可以得到风险函数为：

$$R=\frac{a}{2}\alpha^2\sigma^2$$

根据总利润函数 $\tilde{Q}=e+\tilde{\theta}$ 和线性激励 $w=r+\alpha\tilde{Q}$，代入 $A=w-\frac{k}{2}e^2$ 可得相应的保留效用函数为：$\tilde{A}=r+\alpha\tilde{Q}-\frac{k}{2}e^2=r+\alpha e+\alpha\tilde{\theta}-\frac{k}{2}e^2$。相应的，$E(\tilde{A})=E\left(r+\alpha\tilde{Q}-\frac{k}{2}e^2\right)=r+\alpha e-\frac{k}{2}e^2$，故确定的效用为：$C(\tilde{A})=r+\alpha e-\frac{k}{2}e^2-\frac{a}{2}\alpha^2\sigma^2$，委托人的决策问题简化为：

$$\max_{\alpha,r,e} E(\tilde{Q}^n) = (1-\alpha)e-r$$

$$\text{s.t. } C(\tilde{A}) = r+\alpha e-\frac{k}{2}e^2-\frac{a}{2}\alpha^2\sigma^2 \geqslant \bar{C} \qquad (\text{PC})$$

假定信息对称，委托人了解代理人的保留效用并且可直接观测到代理人的努力水平，参与激励起作用，并假定 $\bar{C}=0$，则：$r=-\alpha e+\frac{k}{2}e^2+\frac{a}{2}\alpha^2\sigma^2$。对委托人的目标函数求相应的一阶条件可得：$\alpha^*=0$，$e^*=\frac{1}{k}$。相应的固定工资和总工资为：$r^*=(2k)^{-1}$，$w^*=r^*+\alpha^*Q^*=\frac{1}{2k}$。由此可以发现，代理人获得固定工资，委托人承担全部风险。

在信息不对称的情况下，委托人不能直接观测到代理人的努力，但是可以通过结果间接观测，此时的均衡结果仅仅是次优的。现在重新考虑代理人的决策问题：$\max_{e} C(\tilde{A}) = r+\alpha e-\frac{k}{2}e^2-\frac{a}{2}\alpha^2\sigma^2$。代理人的激励约束 $e=\frac{\alpha}{k}$，相应的参与约束为 $r+\alpha e-\frac{k}{2}e^2-\frac{a}{2}\alpha^2\sigma^2\geqslant\bar{C}$ $(\bar{C}=0)$，从而委托人的决策问题简化为：

$$\max_{\alpha,r,e} E(\tilde{Q}^n) = (1-\alpha)e-r$$

$$\text{s.t. } r+\alpha e-\frac{k}{2}e^2-\frac{a}{2}\alpha^2\sigma^2\geqslant 0 \qquad (\text{PC})$$

$$e=\frac{\alpha}{k} \qquad (\text{IC})$$

---

① 有关冯·诺伊曼—摩根斯坦期望效用函数更为详细的介绍，可参阅微观经济学中级或高级教程。

同样假定参与约束起作用，并将两个约束条件代入目标函数可得：

$$\max_{\alpha,r,e} E(\tilde{Q}^n) = (1-\alpha)e-r=(1-\alpha)e+\alpha e-\frac{k}{2}e^2-\frac{a}{2}\alpha^2\sigma^2$$

即：

$$\max_{\alpha} E(\tilde{Q}^n) = \frac{\alpha}{k}-\frac{1}{2}\frac{\alpha^2}{k}-\frac{a}{2}\alpha^2\sigma^2$$

相应的一阶条件为：$\alpha^{**}=\frac{1}{1+k\partial\sigma^2}<1$，$e^{**}=\frac{1}{k(1+k\partial\sigma^2)}<\frac{1}{k}$。$\alpha^{**}<1$ 说明风险规避的代理人并没有承担全部风险，而是与委托人签订了“分成契约”。$e^{**}=\frac{1}{k(1+k\partial\sigma^2)}<\frac{1}{k}$说明代理人的努力水平相对于信息对称分布而言降低了。

3. 逆向选择模型

委托人只知道代理人类型分布的概率，而不知道代理人具体的类型，信息不对称发生在签约之前。假设代理人 j 努力的成本函数为 $c_j(e_j)$，存在 n 个代理人，而且每个代理人对产出的贡献是可分离的，代理人对产出的贡献与努力水平成正比，则总利润函数为：$Q=\sum_j Q_j$，$Q_j=e_j$，$j=1, 2, \cdots, n$。委托人提供的工资水平激励为工资函数 $w_j=w_j(e_j)$，代理人的效用函数为 $A_j=w_j(e_j)-c_j(e_j)$。假定代理人的保留效用为零，且努力的成本函数为 $c_j=\frac{k_j}{2}e_j{}^2$。存在两类不同的代理人，$j=1, 2$，而且代理人 1 具有较低的边际努力成本，即满足 $k_1<k_2$。

我们先考虑签约前后信息是对称的，委托人确切知道每个代理人的类型，在此条件下实现利润最大化：

$$\max_{w_1,w_2,e_1,e_2} Q^n=e_1+e_2-w_1-w_2$$

$$\text{s. t.} \quad w_1-\frac{k_1}{2}e_1{}^2=0 \qquad (PC_1)$$

$$w_2-\frac{k_2}{2}e_2{}^2=0 \qquad (PC_2)$$

PC_1 和 PC_2 分别为代理人 1 和代理人 2 的参与约束条件。将其代入目标函数，求得相应的一阶条件为：$e_1^*=\frac{1}{k_1}$，$e_2^*=\frac{1}{k_2}$；相应的均衡工资水平为：$w_1^*=\frac{1}{2k_1}$，$w_2^*=\frac{1}{2k_2}$；委托人获得的总利润水平为：$Q^{n*}=e_1+e_2-w_1-w_2=\frac{1}{2k_1}+\frac{1}{2k_2}$。

上述结果说明在信息对称情况下，委托人可以根据代理人的努力程度确定不同的工资水平，越努力的代理人将获得越高的报酬激励。

现在我们考察签约前信息不对称的情况：委托人不知道代理人的类型，从而要诱使代理人说真话，而诚实的前提是诚实的收益比不诚实的收益高，实际上形成代理人的激励约束：

$$w_1-c_1(e_1)\geqslant w_2-c_1(e_2) \qquad (IC_1)$$

$$w_2-c_2(e_2)\geqslant w_1-c_2(e_1) \qquad (IC_2)$$

将代理人的努力成本函数 $c_j=\frac{k_j}{2}e_j^{\ 2}$ 代入上述两式可得激励约束条件为：

$$w_1-\frac{k_1}{2}e_1^{\ 2}\geqslant w_2-\frac{k_1}{2}e_2^2 \qquad (IC_1)$$

$$w_2-\frac{k_2}{2}e_2^{\ 2}\geqslant w_1-\frac{k_2}{2}e_1^2 \qquad (IC_2)$$

假设某种类型代理人的概率用其占总代理人的比例来表示：$\pi_j=\frac{m_j}{m}$，$\sum_j m_j=m$。假设委托人是风险中性的，目标是实现期望利润最大化：

$$\max_{w_1,w_2,e_1,e_2}\ \hat{Q}^n=\pi_1\ (e_1-w_1)\ +\pi_2\ (e_2-w_2)$$

$$\text{s. t.}\quad \begin{cases} w_1\geqslant\frac{k_1}{2}e_1^{\ 2}+\ (w_2-\frac{k_1}{2}e_2^{\ 2}),\ w_1\geqslant\frac{k_1}{2}e_1^{\ 2} \\ w_2\geqslant\frac{k_2}{2}e_2^{\ 2}+\ (w_1-\frac{k_2}{2}e_1^{\ 2}),\ w_2\geqslant\frac{k_2}{2}e_2^{\ 2} \end{cases}$$

上述条件分别为 IC_1、PC_1、IC_2、PC_2，根据 k_1、k_2 的基本关系并同样假设参与约束起作用，则上述约束条件可简化为：$w_1-\frac{k_1}{2}e_1^{\ 2}=w_2-\frac{k_1}{2}e_2^{\ 2}$，$w_2=\frac{k_2}{2}e_2^{\ 2}$，$e_1^{\ 2}>e_2^{\ 2}$。

解此最优化问题可得相应的努力水平和工资值：

$$e_1^{**}=\frac{1}{k_1}=e_1^*$$

$$e_2^{**}=\frac{1}{k_2+\frac{\pi_1}{\pi_2}\ (k_2-k_1)}<\frac{1}{k_2}=e_2^*$$

$$w_1^{**}=\frac{1}{2k_1}+\frac{1}{2\left[k_2+\frac{\pi_1}{\pi_2}\ (k_2-k_1)\right]^2}>w_1^*=\frac{1}{2k_1}$$

$$w_2^{**}=\frac{k_2}{2}+\frac{1}{\left[k_2+\frac{\pi_1}{\pi_2}\ (k_2-k_1)\right]^2}<w_2^*=\frac{1}{2k_2}$$

由此可见，低成本代理人（高能力代理人）在付出与信息对称情况相同的努力水平下，信息不对称将会使其获得较高的薪酬激励，有的学者将此称为低成本代理人获得的“信息租金”①。由于低成本代理人获取了足够的剩余，所以不存在伪装成高成本代理人的动机。这也从反面说明，如果企业不给予低成本代理人足够的激励，则低成本代理人会隐藏自己的能力，即出现高能力代理人偷懒的现象。

二、企业的委托—代理问题

现代企业实行了所有权和经营权的“两权分离”，而且伴随资本市场的发展，股东分

---

① 弗鲁博顿、芮切特：《新制度经济学：一个交易费用分析范式》，上海人民出版社，2006 年版，第 270 页。

散化程度提高，企业所有者对经营者的控制力受到削弱。在关于企业经营状况、经营者努力程度等与企业相关的所有信息的占有上，企业的所有者和经营者之间存在信息的不对称分布，前者在信息占有上处于劣势，成为企业委托—代理关系中的委托人，后者由于占有信息优势而成为委托—代理关系中的代理人。在代理人与委托人存在目标冲突的情况下，代理人可能利用信息优势不为委托人利益服务，甚至损害委托人利益，从而导致现代企业的委托—代理问题。

1. 代理成本

由于代理人是一个具有独立利益和行为目标的经济人，其行为目标与委托人的目标不可能完全一致。委托人与代理人之间存在严重的信息不对称和契约的不完全性，使“对委托人和代理人来说，想不费分文就确保代理人将做出按委托人观点来看的最优决策，一般是不可能的”（Jesen & Meckling，1976）。委托人和代理人的目标冲突所导致的效率损失以及为协调这种冲突所付出的成本就是代理成本。詹森和麦克林将代理成本（agency cost）定义为委托人的监督费用、代理人的保证费用（bonding expenditure）以及因代理人决策与使委托人福利最大化的决策存在偏差而使委托人遭受的剩余损失的总和。具体而言，委托人付出的监督费用包括观察代理人行为和测度代理人产出的费用，以及与预算约束、补偿措施、操作规则等相关的交易费用；代理人的保证费用是指代理人保证契约履行的费用，如代理人支付给委托人的保证金或承诺违约后对委托人的补偿费等；剩余损失则是在交易费用存在的情况下，委托人实际实现的剩余与“新古典利润最大化”剩余的差额。简言之，代理成本是现代公司制企业“所有权和控制权分离”的费用，是一种特殊的交易费用。

2. 激励约束机制设计

为降低企业的代理成本，现代企业内部普遍建立了针对代理人的激励约束机制①。我们将根据委托—代理论总结激励约束机制设计的基本原则，并介绍具有代表性的针对企业经理层的激励约束机制。

（1）激励约束机制设计原则。根据前述的委托—代理模型可知，最优的激励约束机制设计需要考虑委托人和代理人双方利益，满足三个条件：参与约束，是指代理人从契约中得到的期望效用不能低于不接受契约时能得到的最大期望效用（即保留效用）；激励相容约束，即代理人总是选择使自己效用最大化的行为，委托人希望代理人采取的行动都只能通过代理人的效用最大化行为来实现；效用最大化，即委托人支付代理人报酬后所获得的纯效用，不低于采取任何其他契约的效用。在满足上述条件的情况下，激励约束机制设计的基本原则为：在任何满足代理人参与约束和激励约束，而且使委托人预期效用最大化的激励契约中，代理人都必须分担部分风险；如果代理人是风险中性者，则可以通过代理人承担全部风险的方法达到最优结果；激励契约的执行是存在交易费用的，因此激励约束机制的设计不能只强调契约的激励效果（收益），还要考虑机制设计成本。

（2）企业经理层激励约束机制设计。伴随企业规模的扩大，“经理革命”发生以后，为有效激励和约束企业经理层，现代企业相继实施了一系列具有代表性的经营者激励

① 除内部约束以外，还可利用证券市场、产品市场、要素市场、经理人市场实行外部约束。

制度。

①年薪制。经营者年薪制是以企业一个生产经营周期（一般以年度）为单位确定经营者的基本报酬（基薪）并视其经营成果浮动发放风险收入的工资制度。企业经营者的年薪收入包括“基薪”和“风险收入”两个部分，前者是固定收入（无风险收入），后者是委托人对经营者风险分担的回报。年薪制实质是一种线性激励制度，体现了委托人和代理人共担风险的原则。

②经营者股票期权制度。这种制度最初产生于美国，目前已发展成西方国家普遍采用的企业激励机制。基本做法是给予企业经营者一种权利，允许他在特定的时期内按照某一约定的价格购买企业普通股。这种权利不能转让，但所购股票能在市场上出售，持有这种权利的经营者可以在规定的时期内以股票期权的行权价格购买本公司股票（此购买过程称为行权），而在行权以前股票期权持有人没有任何现金收益，行权以后个人收益即为行权价格与行权日市场价格之间的差价。当行权价一定时，行权人的收益与股票价格成正比。由于股票价格是股票内在价值的外在体现，股票价值是公司未来收益的贴现，于是公司经营者的个人利益就与公司未来发展建立起一种正相关的关系。经营者股票期权实际上就是让经营者拥有一定的剩余索取权并承担相应的风险，使经营者更加关心投资者的利益、资产的保值增值和企业长远发展，经营者股票期权经常也被形象地称为经营者的“金手铐”。

③管理层收购（Management-Buyouts，MBO）。这是指目标公司的管理层利用自有资金或外部融资所获资金购买目标公司的股份，通过收购，企业的经营者变成了企业的所有者，实现了所有权与经营权的统一，使管理层同时具有所有者的表决权，进而达到重组本公司并获得预期收益的一种收购行为。詹森（1986）对 MBO 的激励原理进行了精彩的论述。他认为股权日趋分散，管理层对企业的控制权日趋上升，在那些成熟的企业和行业中产生了大量的自由现金流，使管理层有了进行多元化并购的自由选择空间，任意使用自由现金流成为管理层代理成本的主要体现。管理层热衷于多元化经营扩大企业规模，而不是最大化股东收益，结果出现了高现金流和低效投资并存的现象，企业资源被低效利用。因此，就产生了潜在的效率提升空间，只要提高企业负债率，就可以通过强制性的债务利息支出缩小管理层自由支配现金流的空间，降低由任意使用自由现金流而产生的代理成本，负债和破产压力也会迫使管理层提高经营效率，高负债因此成为降低管理层代理成本的控制手段。从经营者激励机制看，MBO 是非人力资本所有者通过企业所有权分享对管理层进行的激励和控制，其本质是通过“消灭”代理人降低代理费用。

三、公司治理结构比较

由于公司治理是公司所有者实现利益保护的机制，对“企业应该归谁所有”的不同认识必然产生不同的治理机构，即企业的产权安排决定相应的治理结构。但是作为一种制度安排，公司治理结构还受不同国家和地区的法制环境、企业文化、金融体制等诸多因素的影响。因而，在公司治理结构的组织体系大致相同的情况下，各国公司治理结构的具体模式呈现出多样性的特点。

1. 公司治理结构的组织体系

公司治理结构的组织体系一般由股东大会、董事会、监事会和经理层构成。

(1) 股东大会。股东大会由公司全体股东组成，是公司的权力机构，即公司的最高决策机构。股东大会的主要职权在于对涉及公司的重大事项作出决策。

(2) 董事会。董事会是股东大会的常设机构，由股东大会选举出的董事组成，是公司的管理机构。董事会须向股东大会报告并对股东大会负责，其制定的方案须经股东大会审议批准。股东大会与董事会之间是决策与执行的关系。

(3) 监事会。监事会是公司内部的专职监督机构。监事会对股东大会负责，以出资人代表的身份行使监督权力。

(4) 经理层。经理人员受雇于公司董事会，以契约形式明确与公司之间的委托—代理关系。经理对董事会负责，可以列席董事会会议行使相应的职权。

四者之间的基本权力配置见图 5-2。股东大会产生董事会和监事会，董事会雇用经理层，监事会负责对董事会和经理层的监督。

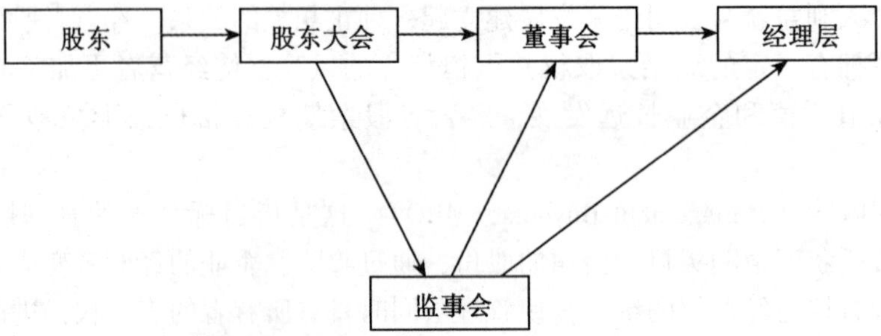

图 5-2 股东大会、董事会、监事会和经理层关系

2. 公司治理结构的比较

在公司治理结构的组织体系基本相同的情况下，世界范围内主要存在两种具有代表性的公司治理机构：以美国为代表的“基于市场”（market-based）的公司治理和以日本为代表的“关系导向”（relation-oriented）的公司治理。两者的比较见表 5-1。

表 5-1 美国和日本公司治理结构比较

	美国	日本
股权机构	相对分散，法人持股比例受到限制	相对集中，法人相互持股
董事会	外部董事相对较多	主要由内部董事构成
经理报酬	高	低
资本市场	流动性很强	流动性较弱
激励机制	高薪、股权激励	低薪、内部提升
监控方式	外部市场监控力度大	内部利益主体监控

（1）组织体系。在组织体系设置上，美国实行“单层制”模式，而日本实行“三角制”模式。美国的公司治理结构由股东大会和董事会组成，不设监事会。为加强董事会的监督和控制职能，美国法律规定公司必须有一定数量的外部董事，客观地监督和评价公司的运作。股东大会是非常设机构，在公司治理中常设机构是董事会，这就是所谓“单层制”的公司治理结构。日本公司采取三权分立的管理制度，其机构主要有董事会、监事会、成员大会（股东大会），它们之间相互制约。监事会是公司内部专职的监督机构。但事实上，由于日本法人持股现象突出，监事会难以发挥有效的监督职能。

（2）股权结构。美国公司尤其是上市公司股权的结构高度分散，虽然机构投资者（养老金、投资基金等）持有公司的部分股权，但是单个机构投资者持股比例都较低。而且美国制定了严格的《反托拉斯法》，对公司法人持股比例做了极为严格的规定。股权结构的高度分散提高了股东集体决策的成本，因而美国的公司治理结构中董事会的作用极为重要。为防止“内部人控制”及经理层和内部股东的合谋，美国公司董事会中设立了为数不少的外部董事（独立董事）行使监督职能。股权结构高度分散导致内部控制机制的相对弱化，经理层享有事实上的企业控制权，也必然利用高薪和股权分享企业剩余。相比美国而言，日本公司主要由法人持股，因而股权相对集中。握有股权的法人成为日本企业的“利益相关者”，使企业的内部监控变得更有“主动性”和“积极性”。

（3）激励约束机制。公司治理结构的核心是解决代理人的激励约束问题。美国公司治理遵循个人主义的文化理念，通过拉大经理层和普通雇员的收入差距对经理层进行激励。同时高度发达的证券市场使企业面临接管和购并的威胁，迫使经理层注重企业绩效。另外，经理人的职业化和市场化也使经理层面临外部市场竞争，形成经理层的自我约束机制。日本企业奉行集体主义文化，经理层和员工收入差距较小，因而对经理层的激励主要偏重内部职位提升。相比美国企业而言，日本企业更加注重经理层的“精神激励”，注重利用非经济手段满足经理人的个人效用，如经理人得到企业和社会的认同。

◎思考题

1. 解释下列名词。

企业家　剩余索取权　剩余控制权　利益相关者　公司治理　代理成本

2. 简述科斯的企业边界理论。
3. 为什么资本雇佣劳动？
4. 简述激励约束机制设计原则。
5. 试述企业的“交易属性”与企业边界。
6. 试述委托—代理理论。

第六章 寻租理论：产权理论的一个扩展

作为制度分析方法之一的寻租理论就是要揭示制度与寻租的关系。著名经济学家布坎南（1988）指出，“寻租活动的原因在于制度规则，而不在寻租者个人本身。当制度从有秩序的自由市场转向直接政治分配的混乱状态时，寻租就作为一种主要的社会现象出现”。制度与寻租是一种互动关系。制度规则决定一个社会是寻利还是寻租。反过来，一个寻租的社会也会强化现有的制度安排，当一个社会寻租比寻利更有利时，就会大大降低一个国家的科技发展和自主创新能力。寻租理论是产权理论的一个扩展。诺思指出，如果有明确的政治规则规制政治当事人的活动，政治交易成本很低，有效产权就会产生；反之，就会出现无效产权。如果人们把大量资源投到政治交易活动中，那么生产性活动就会受到抑制，财富分配领域的收益率就会大于生产领域的收益率，这个社会就会盛行寻租。

第一节 寻租概述

塔洛克把经济学的研究从资源在生产领域的配置问题扩展到资源在生产和非生产性领域之间的配置问题，把人们追求新增经济利益的行为（生产性的寻利活动）和追求既得经济利益的行为（非生产性的寻租活动）区别开来，增强了经济学对现实生活的解释能力和对政策制定的指导作用。

一、寻租的含义

寻租这个术语是克鲁格于 1974 年在《寻租社会的政治经济学》一文中最先使用的，而在此之前，塔洛克已于 1967 年在《关税、垄断和盗窃的福利代价》一文中阐述了有关理论。不同的学科对寻租活动的含义给出了不同的解释。政治学从政治制度和法律规范的角度出发，认为寻租是公务人员为私利而违反法律和制度的一种权力滥用行为；传统经济学立足经济租金，认为寻租是指“经济人”通过合法或非法手段谋求经济租金的政治经济活动；而公共选择学说则同时从政治学和经济学的角度论述了寻租行为，认为寻租是指有关利益集团通过游说、行贿等行为追求一种高额垄断利润（即租金）的行为。

布坎南强调寻租的制度含义，把寻租描述成追求私利的个人尽力使价值最大化的行为造成社会浪费而不是社会剩余；托利森侧重于寻租行为的零产出特征，他认为定义寻租的最好方法是把它定义为花费稀缺资源追求纯粹转移的行为；塔洛克则把寻租定义为利用资源通过政治过程获得特权从而构成对他人利益的损害大于租金获得者收益的行为。塔洛克的定义有两个侧重点：第一，寻租以损害其他人的福利为前提，并且对其他人的福利损害要大于寻租者的福利所得；第二，主要分析人们如何操纵民主政府，通过损坏别人而使自己获得租金的行为。

寻租可以说是为谋求财富转移而对稀缺资源的耗费。换句话说，是利益集团利用政治过程获得超过他们机会成本的经济报酬。在完全竞争市场，没有任何生产要素能获得超额报酬，即使存在超额报酬，也会被土地、劳动和资本等进入竞争所消除。因此，寻租就是在非市场领域，通过政治活动获得比通过市场活动更多的报酬。我们借用图 6-1 来说明寻租的概念。

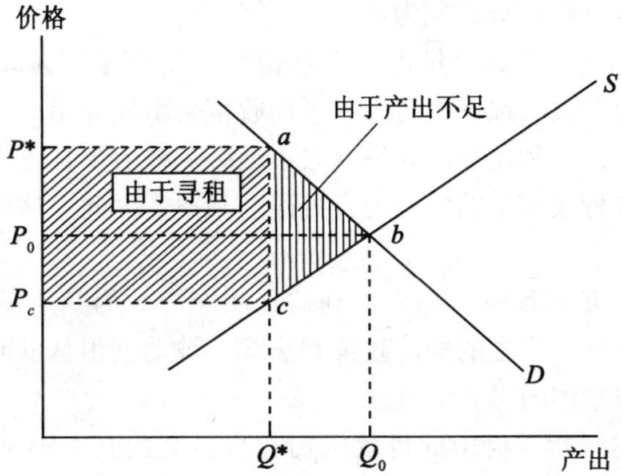

图 6-1　由限制产量产生效率损失的两个源泉

如果竞争性市场自由决定价格和产量，如图 6-1 所示，就会形成均衡产量 Q_0 和均衡价格 P_0。如果存在垄断（比如关税或者非价格贸易壁垒等），价格就会上涨到 P^*，从而产量被限制于 Q^*，这时国内的边际成本将降到 P_c。在边际上，单位产出的租金或报酬 $ac=P^*P_c$。

传统理论认为，这样的生产限制将是一种浪费。因为当产量从 Q^* 增加到 Q_0 时，社会的净经济价值可能增加三角形面积 abc。长方形面积 acP_cP^* 仅是收入的转移，它是国内生产者由于价格增加而境况得以改善的度量，从而也是国内消费者境况恶化的度量。但是塔洛克、克鲁格认为，三角形面积在很大程度上掩饰了效率损失的真实程度，并认为当一些（或仅仅一个）受政治青睐的企业获益于产出限制时，长方形面积表示寻租引起的额外社会浪费。所以，结果并非简单的收入转移，而是一个净浪费。每个企业都要花费很多资源以增加被挑选为少数企业之一的机会，然而多数企业将失败。

正如布坎南所说，租金是指支付给要素所有者的报酬中，超过要素在任何可替代用途上所能得到的报酬的那一部分。寻租则是为了获得政府特许而垄断性地使用某种市场紧缺物资，或任何其他方面的政府庇护，所寻求的政府对现有干预政策的改变，用以保证寻求租金者能按自己的意愿进行生产，或防止他人对这类活动的侵犯。政府现有干预政策的改变通常可以给寻租者带来高于甚至远远高于改变之前所能得到的利润额。寻租行为所得到的利润并非生产的结果，这一特点称为寻租行为的非生产性。如果离开了政府的干预，没有政府干预所提供的特殊垄断地位，租金便无从寻求。

二、政府的寻租行为

寻租是所有政府共同具有的特点。它是在两个层次上进行的，一是机构的寻租，二是机构中官僚的寻租。

政府的寻租行为一般可分为三类，即无意创租、被动创租和主动创租。之所以采用这种分类主要是与传统的政治经济学分析相区别，这种分类本身已经暗含着这样一个前提，政府只是社会经济大系统中的一个内生变量，它的行为同样遵循经济学的规律，这就使采用经济学的研究方法分析政府行为成为可能。

（1）无意创租。这主要有两种情况：一是指经济租金是作为政府干预经济的副产品而出现的，政府在此前并没有预料到自己的干预政策会引发寻租行为；二是从经济人或利益集团方面而言，经济人或利益集团并没有去主动影响政府干预政策的选择和制定，而是利用政府已经出台的各种政策中的漏洞为自身谋求利益。因此，这种寻租活动属于事后寻租。

（2）被动创租。这是指政府受私人或利益集团左右，为其所用，制定并实施一些能给私人或利益集团带来巨额租金的经济政策和法案。被动创租是事前寻租，政府代表的公共权力已成为某些利益集团的谋利工具。

（3）主动创租。这是指政府中的行政机构和官员利用其手中掌握的公共权力，主动为自己谋求经济利益的寻租行为。其寻租的实质是公共权力的商品化，政府机构和其中的官员作为拥有特权的、同质的小特殊利益集团，对自己能够影响的经济领域中的经济活动主体进行寻租，如政府主动干预经济活动，扩大自己管辖的范围。

政府的寻租方式较多，主要有：

（1）特许权。指政府对某类商品发放的特别生产许可权或特别销售许可权，如中国烟草专卖局对烟的零售发放的专卖许可。假若某一地区获得这种专卖许可十分困难，因而零售单位数目很少时，得到专卖许可的单位就能凭借其垄断地位获得租金。

（2）关税与进出口配额。某些产品在国内十分畅销，但是一些关键的部件或原材料需要进口，得到进口配额的厂家就有机会获得高额利润。政府的关税政策主要是为了保护民族工业的发展，但是当国内市场被少数几家企业垄断时，这些企业可能就没有很强的激励去改进技术，提高产品质量，增强市场竞争力，从而使关税政策成为对寻租行为的保护。

（3）政府订货。美国有不少私人企业生产政府订购的商品或承包政府工程。政府订货并不是每个厂商都能得到的，只有那些具有一定政治影响力的企业才能得到，工程与产品的质量是由政府工作人员负责验收的，当双方形成某种默契时，厂商就有机会通过虚报成本或降低质量等方式，来达到寻求租金的目的。经济学家们分析实际工程承包案例时发现，政治家们来自企业的竞选经费与企业获得的承包额之间是强相关的。

寻租者与设租者之间的联盟，在现实世界中可以找到许多例子，例如重商主义的君主都曾把与世界某一地区贸易的垄断权（印度和美洲的贸易权）授予联系密切的商人。作为交换，政府同商人们共享垄断收益。在近代，关税和配额为国内的农业和工业创造了租金，同时也为政府创造了获取回扣的机会。在这些设租①—寻租过程中，制度的重点从生产性转向收益再分配性。

各种现代议会制民主政体都由投票联盟支配，这类联盟往往受惠于利益集团。“投桃报李”（log rolling）成了许多议会里的一种生存方式——议会的多数向他们的客户集团提供歧视性特惠。这极大地助长了政治性在分配和寻租活动中的兴起，同时也引发了对民主制的普遍幻灭和对政治过程的玩世不恭。

三、寻租的根源

寻租行为的产生源于政府对市场的过度干预。事实上，只要政府行为主要限于保护个人权利、人身与财产安全以及确保自愿签订的私人合同的实施，市场机制这只看不见的手就能保证市场中所出现的任何租金都随着各类企业的竞争性加入而消失。这时企业家们对租金的预期能够促进经济的发展。但是，如果政府行为超出了最低限度或称保护性的状态所规定的限度，那么，租金下降或消失的趋势将被抵消，以至于最后停止。在这种情形下，虽然租金仍然存在，而且对潜在的竞争者具有同样的吸引力，但是获得的方式与效果完全不同了。

寻租活动与政府在经济系统中的活动范围和区域大小以及国营部门在整个系统中的相对规模成正比例关系。如果允许人为地随意调节，允许任意限制供给以制造短缺，从而使产品的市场价格上升到竞争环境下的市场均衡价格以上，那么，寻租活动就会变得十分活跃，有机会从事寻租活动的那些人的租金将会增加。

首先，为了获得政府的特殊保护，寻租者需要花费时间与精力去进行游说，用礼品或金钱去疏通层层关系。这种对寻租者极有效率的活动，对社会来说没有任何效率。政府部门工作人员为了应对寻租者的游说与贿赂，也需要付出时间与精力。作为经济人的受贿者也需要学习和寻找方法，让寻租人支付的贿赂达到使受贿者满意的水平。即使政府的廉政工作做得好，能够保证每个工作人员都不受贿，但是寻租者出于自身利益，仍然有游说与行贿的企图，为此，政府部门工作人员仍需耗费时间与精力进行反游说与反行贿。如果寻租行为得以实现，相关的生产者与消费者将由于政府的干预而付出代价，这种代价相比寻租者所得到的利润额要高，因而导致社会福利的净损失。

其次，如果人们试图通过政治过程获取理应通过市场活动获取的经济利益，对政府的利益的需求就会不断增加。为满足寻租需求所需的高税率会抑制生产性活动，并减少产生政府收入的税基。当公民试图保护自己，避免政府将其收入拿去用于使特殊利益集团获益时，逃漏税行为就会越来越普遍。

最后，当人们越来越认识到，游说和政治活动比从事市场活动更有利可图时，就会使资源脱离生产性用途，降低生产部门的效率。政府支出增加与税基缩小相结合，会造成巨

① 设租是指议员和官僚们配置“租金”的一种政治性活动。这里的“租金”指不是靠市场中的竞争努力而获得的收入。它们来源于提供给私人支持者或由政治精英支持者构成的有组织集团的政治特权。典型的情况是，政治干预将产权从无组织的多数人那里再分配给有组织的少数人，然后，这些少数人就能与实施干预的政府代理人分享他们的租金。

额的政府预算赤字。

综上所述，通过市场途径能有效率地实现资源配置，这只是就大多数情形而言。在有些情况下，市场的解决办法并不是最好的解决办法，因而需要政府的干预。然而，值得注意的是，政府的加入只是一种能将事情办得更好的可能，并不具有必然性。事实上，选民与政治家的经济人特点及政治市场运行的特殊性，决定了政府机构的工作效率往往比较低，而且政府的政策很容易发生偏差，也就是政策失误。再者，组成政府的政治个体的自利动机与有限理性决定了政府部门有一种内在的超编、超支倾向。政府的存在还会导致寻租行为的出现，而寻租行为的结果是社会资源的浪费。对于这类“政府失败”问题，公共选择理论家们强调指出，当我们发现政府及与政府相关的一些低效率现象时，不应该单纯从政治家是否正直上去找原因，而应该去检讨一下选拔与制约政治家的程序和规则；当发现低效率现象很普遍时，就应该反省现行的体制是不是有问题了。

第二节　寻租理论与产权理论的关系

一、建立在新古典经济学基础上的产权理论的局限性

从20世纪60年代后期开始，一批学者开始使用新古典主义的研究方法研究财产的起源问题，其代表人物有科斯、阿尔钦、德姆塞茨、张五常等。人们把这些早期的理论称为原始产权理论，因为他们在研究排他性产权的发展时，并没有建立有关社会制度和政治制度的模型。该理论通过比较排他性权利的成本和收益来解释排他性权利为什么被确立或没有被确立。在原始产权理论中政府的作用是不甚明了的，模型假设政府会创造一个一般的产权框架，使个人能够通过劳动分工和市场交易使社会净财富最大化。在存在较高的交易费用的情况下，政府或者将产权直接分配给个人，或者用其他方式界定产权，使财富最大化。

早期的产权理论的基本特点是：（1）用成本—收益分析产权的形成和发展。在他们看来，产权是关于资源和资产的，是作为一个关于确定与实施这类权利的简单的成本—收益计算而发展的。当承担界定这类权利的成本变得值得的时候，相对价格或任何形式的相对稀缺性的变化都会导致产权的创立①。（2）早期的产权著作分析的重点常常放在实现产权的效率安排这一问题上，而保持权利的有效率的跨时配置和保障合同义务得到满意履行这一更深层次的问题却一般被忽视。事实上，他们相信市场这只看不见的手能把资源安排到价值最高的用途上，并且，通过法律体系的运转，所有的合同都会完美地和无成本地得到实施。当然，后一假设是不现实的，因为正交易成本的存在使无成本的权利实施变得不可能②。（3）对产权经济学的大部分研究主要是探讨具体的合同和制度安排的性质。这些研究深深植根于实际观察中。关于不同所有权安排产生的结果的理论和关于产权演变的理论一般非常严密，其基本结论是不同产权安排的绩效是不一样的。但是，除了少数研

① 诺思：《制度、制度变迁与经济绩效》，上海三联书店，1994年版，第70页。

② 菲吕博顿、瑞切特编：《新制度经济学》，上海财经大学出版社，1998年版，第8页。

究外，这些理论一般是非数学化的、通过历史证据或一些非正式证据阐述的①。

早期产权理论的局限性主要体现在以下三个方面：

局限性之一：无法解释无效产权存在的原因。诺思早期曾在新古典经济学的框架内分析产权及其效率问题，但他在1981年发表的论文中作出了修正，把政治等因素引入产权分析中，解释了无效产权存在的原因。这些无效性之所以会存在，可能是由于统治者没有强有力的选民与之作对。这种力量如果存在，就会通过实施有效的规则来反对统治者的利益②，而早期产权理论是解释不了无效产权问题的。

局限性之二：抽象掉政治、国家分析，产权是不完善的，产权理论离不开国家理论。在经济活动中，并不仅仅是寻利行为的产权形成和转让。如公共选择分析突显了寻租行为，即靠政治行动而不是市场竞争来重新分配产权。研究显示，政府主体和企业家们经常通过再分配性的政治干预来谋求其特殊利益③。

局限性之三：新古典经济学关于产权主体的分析是单一的、"同质"的，这种"掩盖"利益矛盾的分析大大降低了新古典经济学对于现实的解释力。

为什么新古典经济学不分析客观存在的寻租现象？新古典经济学关心的是"同质的"资源所有者用其服务换取最终商品的市场过程。企业不过是把这些服务转变成商品的机械的中介，相对应的政府的新古典模型也不外是一个"黑箱"，其中资源所有者的利益被加总起来，市场失灵也可通过它得到相应的修正。

总之，早期的产权理论仅仅是微观层次的分析，而忽视了中观层次和宏观层次的分析；重视产权的经济效率分析，而忽视了产权的社会和政治方面的问题；重视产权规则（市场规则）的分析，而忽视了非市场规则（或非产权规则）的分析。有效的产权制度不仅仅是在经济市场上形成的，像保持权利的有效率的跨时配置和保障合同义务得到满意履行这类深层次的问题必须结合社会政治来分析。

二、引入寻租分析的新产权理论

1. 在产权分析中引入寻租分析与国家理论的原因

我们暂且把抽象掉利益集团与国家的产权理论称为早期的产权理论，而把引入寻租理论、利益集团理论与国家理论的产权理论称为新产权理论。如上所述，早期产权理论主要局限于个人或企业这个层次分析产权起源、运作及结构等。但是在这个层次我们无法解释被社会认可的产权规则（产权制度）以及社会产权结构是如何选择的。早期产权理论忽视了一个基本问题，即有利于个人或企业的产权选择不一定对社会是有利的，所有个人或企业的自主产权选择必然是最优的。寻利条件下的产权选择是早期产权理论的基本思路。问题是，考虑到利益集团及国家以后，个人或企业选择的制度环境已发生变化，寻租的产权选择可能更有利于自身利益的最大化，寻租的产权安排及结构可使某些个人或利益集团实现自身利益最大化，但不一定有利于全社会利益的最大化，可能是以损害其他利益集团

① 菲吕博顿、瑞切特编：《新制度经济学》，上海财经大学出版社，1998年版，第56页。

② 诺思：《制度、制度变迁与经济绩效》，上海三联书店，1994年版，第70页。

③ 柯武刚、史漫飞：《制度经济学——社会秩序与公共政策》，商务印书馆，2000年版，第46页。

的利益为条件的。

布坎南（1980）将寻租理论视为产权理论的一个扩展。本森（1984）证明了二者可以得出完全相同的结论，但他指出产权理论提供了更深入的见解。为什么寻租理论是产权理论的一个扩展？

寻租理论与产权理论的目标及分析范式具有一致性，都与权利联系在一起。寻租是对特权的一种寻找，这种特权是非生产性利润，而财产权是外在性的内在化。有效的产权安排会导致寻利的竞争市场和社会环境，而无效的产权安排或产权失灵会导致寻租的社会。特权是对稀缺资源的一种分配，是在政治市场上进行的；产权是对稀缺资源所有权的界定，是在经济市场上进行的。经济主体对产权的追求是对排他性权力的一种追求，可以解决公共资源使用中的搭便车、机会主义行为倾向等问题，因而具有激励与约束的功能。经济主体对租金（或特权）的追求也是对排他性权力的一种追求，但这种排他性权力的追求与产权排他性权力的追求是有性质上的差别的。张五常对这些规则进行了一般性的分类。他认为，约束人们行为的规则一般可以分为三类：以规制来限制财产的使用；以"人"本身为界定权利的单位或以等级来分配权利；以资源或物质本身作为界定权利的单位。物质或资源的衡量标准又是以市场价格机制为基础的。因为，在成千上万的规则中，只有以市场价格决定竞争的胜负才会使经济上浪费最少或租值消散最小。经济主体对租金的追求就是对第一、二类规则的使用，而对产权的追求则是在第三类规则下进行的，即以资源或物质本身作为界定权利的单位。在这三类规则中，第一类规则大大限制了财产或资源的使用效率，第二类规则是不公平的，更重要的是第一、二类规则是无法客观衡量的，并且必然导致市场配置资源的扭曲。用什么来分配权利，这是产权理论和寻租理论要共同探讨的问题，第一、二类规则是与寻租理论联系在一起的，而第三类规则是与产权理论联系在一起的。

具体来说，对资源用途的决策权力的重新界定会引致财富分配和政治权力的变化。可以想象，在权利配置过程中，个人对产权变迁所持的态度将由他们预期能从重整方案中获得的净收益决定。根据这一解释，我们很容易理解为什么会存在不同意见，为什么政治上的讨价还价会导致妥协和一个偏离了完全有效率的竞争体系所要求的模式的权利结构的建立①。也就是讲，引入寻租理论和利益集团理论后我们才能搞清这种偏离是如何产生的，其根源是什么。

由此可见，新产权理论的意义在于，它可以解释诺思提出的一个问题，即为什么历史上人类社会选择的产权大多数是低效的。人类选择产权形式不仅要受产权变化的成本—收益的制约，还要受利益集团及国家的制约。对所有群体（集团）有利的产权形式或制度并不存在，这也是多元产权形式存在的原因之一。对诺思而言（诺思也可以看做新产权理论的代表人物），"有效的产权体系"是"使社会产出最大化"或降低交易成本、"促进经济增长"的产权体系。经济增长的乏力被归咎于"无效的产权"，而无效的产权又来

① 菲吕博顿、瑞切特编：《新制度经济学》，上海财经大学出版社，1998 年版，第 18 页。

自控制国家机构的人的寻租企图及交易成本的存在①。

在人类社会发展历史上，有两种权力一直在相互“争权夺利”，即产权与行政权。产权一般根源于社会财富的生产与分配过程，它产生于经济市场；而行政权本是由于政府职能的存在而产生的一种权力，它产生于政治市场。当一个社会的资源配置是由产权决定的时候，就会形成一种寻利的社会；当一个社会的资源配置是由行政权决定的时候，就会形成一种寻租的社会。还有一种情况，即使在产权规则决定资源配置的社会里，如果政府在经济中的活动范围过大，行政权往往大于产权，那么这种社会也容易形成寻租的社会。当一个社会产权失灵的时候，人们就会去追求租金的最大化而不是利润的最大化。

2. 集体行动、寻租与产权

在有秩序的市场结构中，人们力图使根据自己的能力或机会得到的报酬极大化的行为，将有利于社会，这里我们可以把那种行为叫做“寻利”。但是，在另外一套机构和制度下，完全相同的行为可能不会产生对社会有益的后果。个人竭力使根据机会得到的报酬极大化所产生的结果可能是“坏的”，而不是“好的”。“寻租”一词主要描述这样一种制度背景中的行为，在那里，个人竭力使报酬极大化会造成社会浪费而不是社会剩余。

纯粹的私有产权加上市场经济的体制是新古典经济学的一种理论假设，在现实中从来没有产生过。事实上，在纯粹的私有产权加上市场经济的体制与国家之间还有一个中观层次，也就是奥尔森所说的集体行动，这种集体行动往往会形成利益集团。如果个人或企业追求利益最大化（即寻利）的动机，这就是新古典经济学所讲的完全竞争市场。事实上，个人或企业还有追求垄断、反对竞争、寻求特权的趋势。换句话说，个人或企业其实有双重动机，一方面有在市场上追求利润最大化（寻利）的动机，另一方面也有追求租金最大化（寻租）的动机。

国家的利益集团或寻租理论是一种广泛用于解释经济史中产权结构变化的方法。该方法集中考察产权变化的再分配效应。一个群体为使产权发生有利于其成员的特殊变化，可能会投资于游说，投资于政治捐款。尽管这种产权安排给国民收入总水平带来负面影响，情况仍然有可能发生。因此，要理解“观察到的产权模式”，必须分析“经济和制度变迁的成功者与失败者，以及他们在具体政治环境中的相互作用”。设租者与不按公民（委托人）利益行事的寻租者之间的联盟可以从许多时代和国家得到证明，并可以在集体行动的所有层面上见到。

根据奥尔森的“集体行动理论”，提高全社会的效率是要付出代价的，而努力这样做的个人或由他们组成的集团只能享受少部分成果，更多的人却可轻易地坐享其成或“沾光”，结果，分利联盟便只求获得更大份额而置社会总收益的下降或“公共损失”于不顾了。此时，分利联盟中的个人的行为是最优的；如果把分利联盟视为一个整体，其“行为”也是最优的。然而令世人甚感悲哀的是，社会（即游离于分利联盟之外的成员）受到了损害。换言之，寻利是提高全社会的效率之举，但是当存在分利联盟时，亚当·斯密所说的看不见的手就会受到限制，他所说的个人追求自身利益最大化的结果并不是社会利

① 卢瑟福：《经济学中的制度：老制度主义和新制度主义》，中国社会科学出版社，1999年版，第186页。

益最大化，而是集团利益的最大化。

3. 国家与产权的关系

国家与产权的关系是一个比较复杂的问题，我们主要从三个方面来分析：（1）为什么在历史和现实中，有些国家提供了有效的产权，而有些国家不能提供有效的产权？这其中的关键问题是国家与利益集团的关系。（2）国家与产权的相互关系，即一方面国家会影响产权的形成，包括产权的保护等；另一方面，产权又会反过来影响国家及其政治制度等。这其中的关键问题是存在国家情况下的社会产权关系。（3）怎样建立一个有利于有效产权制度建立的政府？

诺思首先建立探讨政府的理论，统治者是按照他们自己的利益要求设计产权的。这种理论再加上交易费用，就能解释"整个历史进程中……不曾带来经济增长的产权的广泛存在"。

在西方寻租理论看来，政府应该慎重地介入产权问题。本森（1984）把寻租看做个人或团体对既有产权的一种重新分配方式。政府的作用在于定义或维护产权。人们可以通过正常的市场来处理产权，也可以通过政府来重新定义或分配产权。政府的这种作用既可以增进社会福利，例如明确界定财产归属，保护市场秩序；也可以损害社会福利，例如产生人为垄断，限制竞争。本森主张政府在处理产权时采取保守慎重的态度。因为用行政手段改变产权，会诱使有关的个人和利益团体争相影响政府决策，从而造成社会资源的浪费；而且，某个利益团体追求一种产权的改变，会引发其他团体的形成和抗衡。由于社会对产权改变的要求越来越多，政府机构也相应地越来越膨胀，造成更多浪费。所以，只有当产权的改变仅仅涉及产权当事人的时候，产权的界定才较有效率，政府作为第三者的介入往往会耗费不必要的资源。问题是政府不可能不介入产权的界定及产权规则的制定。

在阿尔钦看来，产权是一种竞争约束规则，给定一组产权约束规则，决定竞争的胜利者和失败者的标准就会出现。当这些规则改变时，这些标准就随之改变。如果竞争的标准改变了，胜利者和失败者的资源配置也将变化。但是非市场决策（或非产权规则）往往会在一些领域替代市场决策（或产权规则），如政府的特许、配额、许可证、批准等，这些都意味着由政府造成的任意的或人为的稀缺。稀缺的资源既可以通过产权界定、市场来配置，也可以通过政府管制、发放许可证等方式来配置。前者会导致社会寻利活动，而后者则会导致寻租活动。

怎样建立一个有利于有效产权制度建立的政府呢？如前所述，只要政府活动主要限于（即使不是全部限于）保护个人权利、人身和财产并保障实施自愿议订的私人合同，那么，市场过程就支配经济行为，并且保证出现的任何经济租金将因竞争性的进入而消失。另外，对经济租金的预期增强了发展、增长的能动过程。但是，如果政府行为大大超出最低限度或保护性的状态所规定的限度，干预市场调节过程，那么，政府权力的扩大会挤占私人占有资源权力的空间。诺思指出，私有产权可以限制政府的权力，这两种权力之间存在替代关系。不同的产权安排也将对政府官员的行为产生重要的影响，而过大的公共领域必然增加国家对经济的干预。所以没有国家理论，产权理论是不完整的。建立一个约束政府的法治化社会是建立有效产权制度的基本条件。

从理论上讲，新产权理论并不仅限于新古典经济学，而且还引入了寻租理论、公共选择理论、利益集团理论及国家理论。寻租理论、公共选择理论及集体行动的逻辑理论可以在更高的层次上考察产权问题。产权改革思路仅限于传统产权理论是难以使产权改革深化的。

从层次上讲，早期的产权理论可以作为一个基本分析层次，新产权理论的突出特点在于引入寻租分析及国家理论。用引入寻租理论的新产权理论研究产权的起源、演化及产权绩效等问题可以大大提高产权理论的解释力。产权的演变在不同国家、不同时期有不同的特点。从历史与现实来看，早期的产权理论仅仅适应于人类社会早期关于产权形成的分析，一个国家产权的形成及其有效性关键取决于集体行动与国家这个层次。一个国家能否形成对社会寻租的有效制约制度对于形成有效的市场经济体制至关重要。

新产权理论不仅要分析微观层次的产权及其形成，还要分析产业、地方及宏观层次的产权及其形成。随着产权重要的观点被接受，经济学家们越来越多地用数理模型推导各种所有权安排的经济意义，越来越关注产业发展及宏观经济运行中的产权问题，用复杂的计量模型对许多现象上的所有权安排的意义进行检验。这些研究结果皆清楚地表明了这一研究方法的有用性，并鼓励经济学家们作更深入的研究①。在斯蒂格勒看来，国家是每个产业潜在的资源或潜在的威胁，它可以而且确实通过禁止或强制、取走或给予资金等方式有选择地帮助或损害了许多产业。国家具有强制权，可以通过税收获取收入，还可以决定物质资源的配置，影响家庭和厂商的经济决策。这些权力就为一个产业利用国家提高赢利提供了可能性。在有利益集团的情况下，国家的产权安排很难达到最优。

新产权理论不仅要考虑效率及绩效问题，还要考虑产权的公正性及其分配功能的问题。转型国家处于产权急剧变化的时期，政府协调好社会的产权关系对于改革取得成功至关重要。改革开放以来，我国理论界已经认识到产权改革的重要性，但提出的产权改革思路还是在早期产权理论的层次上。一些转型国家在产权改革上，以新古典主义的产权理论开“药方”，导致贫富分化、既得利益集团势力的无限扩大及寻租现象的泛化。我国在改革产权制度的同时，要从根本上防止利益集团的固化和寻租行为的泛化。

三、公用地的悲剧

1567 年英国科学家哈丁在美国著名的《科学》杂志上发表了《公用地的悲剧》（*The Tragedy of the Commons*）一文，此文描述了理性地追求最大化利益的个体行为如何导致公共利益受损的恶果。哈丁设想古老的英国村庄有一片牧民可以自由放牧的公共用地，每个牧民直接利益的大小取决于其放牧的牲畜数量，一旦牧民的放牧数超过草地的承受能力，过度放牧就会导致草地逐渐耗尽，牲畜因不能得到足够的食物而只能挤少量的奶，牧民无法从放牧中得到更高收益，这就是“公用地悲剧”。同时，尽管每个牧民决定增加饲养量会考虑对现有牧畜价值的负效应，但他考虑的只是对自己牧畜的影响，并非所有牧畜的影响。于是，最优点上的个人边际成本小于社会边际成本，纳什均衡总饲养量大于社会最优饲养量。

---

① 菲吕博顿、瑞切特编：《新制度经济学》，上海财经大学出版社，1998 年版，第 57 页。

其实经济学家们早已探讨了“公用地悲剧”产生的根源就在于“公用地”的产权是非排他性的或者缺乏一套有效使用公用地的规则。人人都想在公用地上追求自己利益的最大化，但是最终谁也得不到好处。个人理性不等于集体理性。历史上的“圈地运动”就是人们解决“公用地悲剧”问题的方法。16世纪，海外羊毛价格大幅度上涨，于是人们纷纷增加牧羊的数量，公用牧场被所有想从涨价中获得好处的人搞得拥挤不堪，地力衰竭，人们事实上无法获得市场变化应该带来的利益。这样就出现了要求对所有权做出新规定的压力，即历史上有名的“圈地运动”。当时“圈地运动”有三个特点：一是养羊最多的人圈地最积极，因为不分地他们的损失最大。二是圈地从人口稀少的地方开始，因为人越少，分地就越容易，利益矛盾也越少。三是国王反对圈地，因为公用地分到个人以后国王的权力就小多了，但圈地是一种群众性的、自发性的经济运动，国王最终也没能阻止圈地运动。我国西部一些草原的牛羊承载率是世界平均水平的3倍。为什么？难道是牧民积极性高？非也，是我们草原的产权模糊不清。当大家都可以不受限制地在草原上放牛放羊的时候，“公用地悲剧”就会产生。

公用地悲剧实质上是产权界定不清情况下每个人都想追求个人利益的最大化而出现的集体悲剧。

四、公共领域、产权与寻租

为什么会产生租金？一般认为租金产生于政府的干预和管制，产权理论认为产权关系的模糊性才是产生租的深层根源，而政府干预和管制不过是产权关系模糊的外在表现形式而已。公共领域是产权关系模糊的一种表现。

公共领域是研究产权与寻租关系的一个重要切入点。为什么会产生公共领域？从一般意义上讲，权利的界定受个人最优化的影响；这种界定要消耗人力和资源，完全界定的成本是非常高的。因此，产权永远不会是完全界定的；而且，交易的商品有许多属性，现代商品的属性越来越复杂，要明确地界定就更难了（巴泽尔）。从所有者角度来看，所有者会认为他们的部分权利行使成本太高，所以选择将它们置于公共领域。从技术的角度来看，当测量和监督资产或资产属性的成本超过评估的价值时，这种资产或属性就会被弃于公共领域，成为共同财产。

巴泽尔认为，若交易成本大于零，产权就不能被完整地界定。因为全面测量各种商品的成本很高，所以每一笔交换中都存在攫取财富的潜在机会，攫取财富的机会等价于在公共领域中寻找财产。在每笔交换中，有一些财富溢出，进入公共领域，个人就花费资源去攫取它。由于人们总是期望从交易中获得好处，所以他们也总是会为攫取财富花费资源。个人要使其预期的净得益达到最大，就必须考虑进行交换的成本。在巴泽尔的产权理论里，起着主要作用的是公共领域概念，而博弈论也许是描述公共领域里寻租者行为及其结果的最好工具。寻租者们的博弈均衡不仅决定了资源在人们之间的配置，同时也界定了寻租者们对资源的不同权利，所以产权安排与资源配置是同时被博弈决定的（贺卫和王浣尘，1999）。

公共领域的大小反映了产权的清晰程度，以及人们为保证自己的产权所要花费资源的多少。如果产权不清晰，公共区域太大，交易成本很高，人们会发现争取公共领域的利益比进行生产活动更有利可图，寻租问题便出现了。政府对经济活动的干预（或介入）很容易形成公共领域，从而导致产权的模糊乃至失灵。政府管制经济活动的情况在许多市场导向的经济中都可以频频见到，这些管制带来了租金，同时也促使人们去争夺租金。租金总是从产权模糊的地方流向产权清晰的地方，从而使外部性内部化了。寻租产生的根源就是官僚集团在追求自身利益最大化的过程中，有一种扩大公共领域的偏好。斯蒂格勒称之为“管制需求”，即决策者有一种对管制的内在需求。结果财富再分配领域的收益率就会大于生产领域的收益率，使生产活动受到抑制，人们把大量资源投到政治交易活动中去。这样，一种低效的制度便产生了，寻租现象就是这种制度背景下的产物。这里的低效制度并不是无效制度，而是指这类制度对某些特殊利益集团是有效的（即净收益为正)，但从整个社会来看却是无效的（即净收益为零，甚至为负)。

在产权明晰的情况下，任何个人想要获得别人所有的物品，就必须以等价交换的原则去购买。这就是市场经济的情况，因此，产权明晰是市场交易的前提。我们假设，现在社会有两种个人或组织，一种是产权不明晰的，即所有者不能享有或不能完全享有其对财产的处置和收益权，另一种是产权明晰的。在这种情况下，产权明晰者想获得产权不明晰的物品（即公共领域内的物品)，不必向其所有者支付相应的货币价值量，或者只需支付较少的货币价值量，因为对方没有主权人来维护其产权的收益充分性。在这种情况下发生的就不是等价交换。让产权明晰的经济人在等价交换和非等价交换之间去选择（或者在生产性活动与非生产性活动之间选择)，那么自然的结果就是，他会尽可能多地通过非等价交换（或非生产性活动）去实现其利益。因为不等价交换（非生产性活动）可以更多、更快地获得更多的收益。这时寻租活动就出现了。在现实生活中，不少国有企业或事业单位在与私营企业打交道、做生意时，往往是前者吃亏。这是因为私营企业的产权是明晰的，而国有企业或事业单位的产权是不明晰的。

公共领域里全部资源的价值就是租。任何权利界定都不可能是完全的，因此会留一部分资源在公共领域，那些留在公共领域内的资源如果仍然有经济价值，就会引起“寻租”行为，人们可以通过投入资源而获得这部分利益。由于参与活动的各个行为主体有各不相同的寻租成本（如地理上的便利、技术上的优势、心理上的约束等)，有的寻租成本高，有的寻租成本低，对同一个公共领域里的资源有不同的评价，那些对租的评价超过其寻租成本的行为主体将会付出努力去寻租。公共领域内的资源随着寻租活动的继续而减少，直到对所有行为主体而言的价值等于寻租成本时为止。这个结果叫做“租耗”，即资源所含经济价值的耗尽（贺卫和王浣尘，1999)。

不同的产权安排对社会经济结构的影响是不一样的，同时，不同的产权安排也将对政府官员的行为产生重要的影响。诺思曾经指出，私有产权能对政府行为形成一种制约，而过大的公共领域必然增加国家对经济的干预。产权不清晰更容易产生腐败现象。不同产权安排的运作成本不是一样的。共有产权节约了类似于私人产权的界定和执行成本，但是产生了更高的类似于“租耗”的其他形式的交易成本；私有产权较少带来租耗，但相应的界定和执行成本是比较高的。

张五常（1996）认为，广义而言，人类社会已知的产权结构存在三种形式：第一种是私有产权；第二种发生在前苏联及东欧国家中，权力是通过等级制度来定义的；第三种可称为“印度综合征”，其中，腐败权力已通过管制和许可证等制度化了。产权界定的演进过程有理论上的均衡状态：对每一个潜在的寻租者而言，寻租的边际成本等于该寻租者在其已经享有的权利下能够得到的租的边际增量（汪丁丁，1997）。德姆塞茨认为，当一种公共资源的经济价值上升时，公众倾向于把这种资源的产权界定得更加清楚。而张五常和巴泽尔分别指出，决定产权界定的不是资源的总价值（租），而是资源对特定个人（潜在寻租者）的价值减去攫取资源所需的成本（寻租成本），即资源的净价值（净租）。按照西方产权理论分析，租金一般都存在于公共领域，公共领域的产权私有化过程也是交易成本产生的过程。当某一公共领域的产权形成以后，寻租就失去了意义，因为公共产权私有化的过程也是一个租金内在化的过程。私有产权的产生和交易尽管带来了交易成本，但是它减少了公共领域由于缺乏产权约束而带来的租耗。我们可以把公共领域产权界定过程看做一个寻租过程。从长期和动态的过程来看，公共领域的私有产权形成后，主要是一个交易成本问题。但在非私有制度下，公共领域的租金分配过程主要是一个设租与寻租的博弈过程。这种租耗（或者称为制度运作费用）可能远远高于私有产权制度下的交易成本。

随着公共领域内商品权利的价值的增加，人们将花费资源来获取它们并将它们变为私有财产。这种从公共领域到私人所有的转变，有时由个人实施，有时由政府实施（巴泽尔）。但是，无论产权制度怎样完善，我们都不可能把所有的权利都界定清楚，因此寻租作为权利不能完全界定的副产品将会存在。

第三节　寻利、寻租与制度

一、制度与选择

寻租模型致力于建立政治体系的利益集团模型，界定一种决策规则结构，然后分析这些决策规则的后果。寻租理论实质上就是要探讨一个社会为什么花那么多资源用于非生产性活动。寻租现象的存在及其程度与制度密切相关。一个社会是把资源（包括人力资本）用于生产性活动（寻利）还是用于非生产性活动（寻租）主要取决于其制度。换言之，好的制度激励人们去做蛋糕，而坏的制度则诱使人们去分蛋糕。

鲍莫尔、利坦等人在《好的资本主义，坏的资本主义》一书中把资本主义分为四种类型：国家主导型资本主义、寡头型资本主义、大企业型资本主义和企业家型资本主义。现实生活中很难把哪一个国家的体制归于上述某种纯粹的形态。在他们看来，最能够实现经济长期增长的是一种企业家型经济体制和大企业型经济体制的混合体，因为这种经济体制最有利于技术进步，最有利于新技术的商业化。

布坎南等人把“寻租”定义为“人们凭借政府保护进行的寻求财富转移而造成的浪费资源的活动”。政府干预往往会产生寻租活动。

我们看一个制度是不是公正，是不是有效率，可以从以下四个方面去看：

（1）办一个企业是相对容易的，没有费钱费时的官僚审核制度。

（2）有效的产权制度和合同制度。换言之，人们创造的财富能得到有效的保护，同时，人们从事经济活动所签订的合同能得到有效的实施。

（3）政府的制度一定不能支持那些旨在瓜分而不是做大经济蛋糕的行为，即制度要能保证做大经济蛋糕比瓜分经济蛋糕更有利，这将是一个寻利的社会，反之，则是一个寻租的社会。

（4）政府的制度必须保证获胜的企业家和大型成熟企业有持续不断地创新和发展的动力，否则，经济就会陷入停滞。这需要竞争和贸易的开放性①。

布鲁克斯、黑吉德拉 1988 年设计了寻租竞争与科技竞争的动态比较模型，分析了寻租对社会进步的阻碍作用，从动态的角度揭示了在中国古代的制度背景下出现的寻租竞争取代科技竞争的恶果。他们认为，社会生产水平随着时间不断发展，当发展到某时刻，产生了一种竞争（可能是科技竞争，也可能是寻租竞争），该种竞争耗费了一定量的社会资源。如果发生的是科技竞争，那么虽然是从较低的生产水平出发，但是由于科学技术的进步，生产可能性曲线可以大大向外扩展；然而如果发生的是寻租竞争，由于寻租只是把社会资源白白消耗于非生产性领域，对生产力发展不能起到推动作用，整个社会的进步都将停滞。

二、寻租与经济发展

寻租与制度有关，寻租带来的社会经济影响主要有以下几个方面：

一是把企业家引导到非生产性活动中，从而大大降低了一国科技竞争力。

鲍莫尔提出三条定理：（1）各时代、各社会决定企业家资源各种用途酬劳的游戏规则不一样；（2）各个社会中企业家资源应用的方向因游戏规则的不同而改变；（3）企业家资源在生产性领域和非生产性领域的应用配置，对一个社会的技术创新及其应用有着深刻的影响。鲍莫尔三条定理中所说的游戏规则就是制度。在不同制度下，企业家的知识积累、信息收集及选择就不一样。换言之，一个社会可以形成寻利的游戏规则，也可以形成寻租的游戏规则。人类历史上并不是所有制度都促进生产力发展和技术进步。寻租的制度就是阻碍技术进步的游戏规则。

企业家是进行生产性配置还是进行非生产性配置，对创新能力和技术扩散有着重要的影响。当企业家的供应发生变化时，企业家活动对社会的生产性贡献也很不一样，因为他们在创新和非生产性活动方面配置不同。这种配置在很大程度上受到这些活动相对收益的影响。社会对企业家生产性活动的报酬是引导企业家沿着生产性方向努力的重要因素。否则，社会对企业家非生产性活动的报酬引导会导致企业家的非生产性努力。这意味着，企业家报酬政策比企业家供应更能影响企业家的配置。在古罗马、中世纪及文艺复兴时的欧洲，社会发展与企业家生产性努力正相关，与给予企业家的报酬（地位）正相关，可以证实这种假说。

鲍莫尔（1990）曾比较过中国的科举制度、欧洲中世纪的骑士制度和政教制度，以及现代各类发达国家与不发达国家，他认为所谓企业家资源，即具有开拓精神、富有创造力的精英人才及其才能，在社会发展的各个阶段及经济发展水平不同的各个国家中都是存在的，但这种资源又是有限的。问题是不同社会经济制度为企业家资源发挥作用提供的机

① 鲍莫尔、利坦等：《好的资本主义，坏的资本主义》，中信出版社，2008 年版，第 6~7 页。

会不同。如果社会制度为企业家资源的非生产性应用（如科举试第）甚至破坏性应用（如骑士争斗）提供了比生产性应用（如科研、工商经营等）更高的报酬，企业家资源就会被引离生产性用途，社会生产力将因此而停滞甚至倒退。所以，一个社会的生产力发展和科技进步是快是慢，主要不是取决于该社会企业家资源的多少优劣，而是取决于该社会的制度设计将稀缺的企业家资源引向何处。

孔多塞认为，比起那些在政治上争夺权力的政客，从事经济活动的企业家更值得赞扬，因为政治上的权力斗争往往是零和游戏，而企业家们的活动却能提高生产率①。

二是产生了寻租成本，导致社会资源无谓的损失。

在早期寻租理论文献中，计算寻租成本的方法是假定寻租成本等于租金收入（即租金被完全消耗掉）。波斯纳（1975）举了这样一个例子：有 10 家企业竞争一项可带来价值 100 万美元的政府垄断权。假设每家企业获得该垄断权的概率为 1/10，每家企业的固定成本也相等，同时它们是风险中立者。在这些假设条件下，每家企业愿意投入价值 10 万美元的资源以获得预期价值 100 万美元的特权收益。当然，10 家企业竞争的结果是只有一家企业获得垄断权，它的收益远远大于它的投资。但是，寻求垄断权的社会成本（把失败者与成功者的投资加在一起）与成功者获得的租金价值相等。完全租耗模型以寻租行为的完全竞争为前提，它不仅有利于我们理解寻租的性质，而且也使寻租成本的定量分析变得比较容易。只要拥有垄断企业的生产成本和需求价格弹性方面的基本信息，我们就可以近似地计算出垄断乃至全国的寻租成本。寻租活动所导致的社会资源浪费极其惊人。表 6-1 给出了部分研究者对一些国家的寻租成本所作的估计。

表 6-1 **寻租成本估计**

研究者	国别	时间	寻租成本
克鲁格	印度	1964 年	7%GNP
克鲁格	土耳其	1968 年	15%GNP（贸易部门）
波斯纳	美国	不同年份	3% GNP（管制）
科宁和穆勒	美国	1963 年 6 月	13% GCP（私人垄断）
罗斯	肯尼亚	1980 年	38% GDP（贸易部门）
默哈芒德和沃利	印度	1980 年 1 月	25%~40% GNP
兰邦德和索芙勒斯	美国	1985 年	50% GNP
基于回归研究	不同国家	不同年份	45% GNP

注：科宁和穆勒（1978）用公司生产总值（Gross Corporate Product，GCP）作为估计的基准。

资料来源：王先根、王后根：《护租的经济学分析》，《广州市财贸管理干部学院学报》，2000 年第 2 期。

① 菲尔普斯：《国家的经济繁荣：繁荣依赖于活力，活力取决于制度》，载吴敬琏主编：《比较》（第 41 辑），中信出版社，2009 年版。

布坎南从三个方面系统分析了寻租的社会成本：

（1）为获得和保持垄断权，寻租者所进行的努力和支出，即这些企业和个人向政府开展各种游说活动的支出费用，包括人力、物力和财力等。寻租者进行这些活动所花费的资源，对整个社会而言，是财富的净损失，是完全的资源浪费。

（2）“政治创租”所需的费用，即政府官员为获得潜在垄断者的支出或对这种支出所作反应的努力。寻租扭曲资源的正常配置，同时对政治生活也有着严重的负面影响。寻租活动对于政治权力而言，是对政治权力的一种异化和蜕变，从本质上讲，它是公共权力的非公共利用；对于政府来说，它也是政府存在和发展的一个毒瘤，如果任由寻租腐败发展，将会导致政府的灭亡。

（3）寻租造成的垄断和资源配置的扭曲，也是一种社会福利的净损失。寻租行为所导致的社会资源的再分配，可以说是一种“大鱼吃小鱼”的过程。在寻租活动中，受到损害的是分散的消费者、寻租行为的失败者以及没有进行寻租的企业。对消费者来说，寻租企业会把其寻租成本化入产品成本中，从而转嫁给消费者；而对于其他企业，它们为了也从政府政策中捞取好处，必然会展开寻租竞争，即会引发第三方资源配置的扭曲，这就是寻租的恶性循环趋势（李树奇，2003）。也就是讲，大多数人是寻租的成本承担者，而只有那些寻租者获利。

塔洛克在研究寻租理论时发现，从总体上看，受到保护组织的收益与经济中未受到保护部分的收益没有根本差异。这引发了他的思考，并最终上升为其“暂时性收益陷阱”理论，即当政府为某一集团设立特权时，它只带来暂时性收益。最初受益人的继承者通常不能获得超额利润。相反，他们还会因原有特权的取消而受损。比如政府公开发放出租车牌照以限制出租车总量。由于出租车数量被限制了，价格高于边际成本，一部分消费者剩余被转移给出租车经营者，有幸得到出租车牌照的车主获得大量收益。然而，多年以后，整个出租车行业已完全考虑垄断利润的资本价值。现在，新出租车公司只有在市场上购得必需的牌照数量，才能进入出租车行业。由于垄断利润被资本化，这些新出租车公司只能获得正常利润，而仍在从事出租车业务的原有车主的机会成本是他们拥有牌照的价值。考虑到这种成本，他们现在也只能获得正常收益（王先根和王后根，2000）。最后大家还是回到同一起跑线上。

三是把社会精英集中到非生产性活动中，大大降低了一国未来的竞争实力。

一个社会是偏向于寻利还是偏向于寻租，可以从两个方面作出初步判断：一是高中生高考填报专业的选择，若很多人选择工科、理科等专业，那么这个社会是偏向于寻利的；若很多人选择法学、经济等学科，那么这个社会是偏向于寻租的。施莱弗和维什尼以1960年的GDP作为基数，在对全体国家的回归中，发现工程师对增长有显著的正效应，而律师对增长有不太显著的负效应，即寻租降低经济增长，而企业家活动和创新则提高了增长。如果新入学的学生中选择工程专业的人多10%，将使工程专业的入学人数提高大约一倍，那么会导致每年的经济增长率提高0.5%。如果选择法律专业的人多10%，也将使法律专业的入学人数提高大约一倍，那么每年的经济增长率将会下降0.3%。二是大学毕业生的择业选择。若大学毕业生把当公务员作为首选，那么社会的寻租现象就比较严重。才能常常是相通的，并不具有某个特定的职业倾向，而人才的配置也并不仅取决于比较优势，同样还取决于不同职业对绝对优势的报酬①。

最有才能的人选择什么样的职业会对资源配置产生很大的影响。当有才能的人成为企业家时，他们会改进自己所从事的部门的技术，带来生产效率和收入的提高。相反，当有才能的人成为寻租者时，他们个人报酬大部分来源于对他人财富的再分配，而不是来源于财富的创造。结果，有才能的人便没有机会来改进技术，经济也陷入停滞。兰德斯(1969)认为，人才的不同配置是18世纪的工业革命为什么发生在英格兰，而不是法国的原因之一。在近现代，人才向寻租部门的配置也许正是大部分非洲和拉丁美洲国家发展停滞、欧洲经济增长缓慢的原因，而寻租较少的新兴工业化国家却可获得成功②。

人才向寻租部门配置是有害的，原因包括：(1)随着寻租部门的扩张，它们吸收了劳动力和其他资源，这样就减少了收入，一些欠发达国家庞大的政府官僚机构就说明了这种现象。(2)寻租部门给生产性部门所强加的税收减少了对生产活动的激励，从而也减少了收入。(3)若大多数有才能的人成为寻租者，企业家的能力就会较低，因此，技术进步率以及增长率就会更低。当寻租部门给最有能力的人提供的报酬比生产部门更高时，收入和增长就会比潜在的水平低很多③。

奥尔森认为由寻租造成的“累积性扭曲”(cumulative distortion)降低了增长。鲍莫尔认为，企业家才能可以是生产性的，也可能是非生产性的，人才在两种活动之间的配置取决于相对收益。表6-2概括了影响人才配置的各种因素。

表6-2 **有利于寻租活动和有利于企业家活动的因素**

	提高寻租活动吸引力的因素	提高企业家活动吸引力的因素
市场规模	大量资源被“官方”部门占有，比如政府、军队等 产权界定不力，使得财富容易受“非官方”寻租者的掠夺 大量财富被掠夺，特别是相对于较小的产品市场而言	产品市场大 良好的通信和交通有利于贸易的发展
企业规模	寻租者（政府官员、军队等）拥有相当的权威和机动权，可以不受法律和习惯的约束收取大量的租金	容易进入和扩张，规模报酬递减不明显 容易利用资本市场
合同	保留大部分已收取的租金的能力 在组织中，可以清晰观察到能产生适当报酬的产量	清晰的产权、专利保护 没有寻租者来掠夺租金 可以开办企业，以收取才能的准租

资料来源：施莱弗、维什尼：《掠夺之手——政府病及其治疗》，中信出版社，2004年版，第63页。

寻租的社会也会出现增长，但是这种增长是缓慢的。寻租理论作为制度分析的一种方法，它可以解释为什么历史和现实中一些不利于经济发展的制度得以产生，又如何阻碍一

① 施莱弗、维什尼：《掠夺之手——政府病及其治疗》，中信出版社，2004年版，第51页。
② 施莱弗、维什尼：《掠夺之手——政府病及其治疗》，中信出版社，2004年版，第51页。
③ 施莱弗、维什尼：《掠夺之手——政府病及其治疗》，中信出版社，2004年版，第52页。

国经济的发展。有利于寻租的制度会引导人们把精力和时间用在非生产性努力中，更糟糕的是，有利于寻租的制度会把社会的精英引导到非生产性活动中。

◎思考题

1. 解释下列名词。

寻租　　公用地悲剧

2. 政府的寻租行为有哪些？
3. 寻租的根源是什么？
4. 如何理解寻租理论是产权理论的扩展？
5. 寻租带来的社会经济影响主要有哪些？

第七章 集体行动、利益集团与制度

奥尔森理论的最大可取之处在于，各种利益集团的利益如何体现在政策和制度中的问题可以用它来解释。这些恰恰是新制度经济学国家理论所缺乏的。建立在新古典经济学基础上的制度经济学理论对人类行为与制度的关系进行了分析（如诺思等），也有经济学家对国家与制度的关系进行了分析（如诺思、巴泽尔等），但是缺乏对集体行为与制度关系的分析，而奥尔森的分析有利于这个问题的解决。其实，人类社会许多制度是不同利益集团博弈的结果。在利益集团理论的基础上研究制度的起源与演变更接近于真实的世界。

从利益集团理论的角度研究制度是本章要探讨的问题。为什么会产生集体行动？集体行动有什么特点（或规律）？集体行动（或利益集团）是如何影响制度及制度选择的？这是本章要解决的三大问题。第一节是集体行动与利益集团；第二节是集体行动与制度选择；第三节是利益博弈中的"数量悖论"。

第一节 集体行动与利益集团

一、为什么要研究集体行动

在历史上，对于经济学里社会制度的出现有两种不同的理解。一种解释是由康芒斯在其《制度经济学》里提出的，可以称之为"集体主义"（collectivist）的解释。另一种解释是门格尔的《经济学和社会学问题》提出的，可以称之为"有机的"（organic）理论。

康芒斯将社会制度视为理性的经济行为人有意识的集体行动的表达①。新古典经济学忽略了对集体行动的研究。集体行动和个人行动一样总是存在的，但是除了对工会的非难和对伦理道德或公共政策的讨论外，从亚当·斯密到20世纪这段时间，集体行动被排除或忽视了。其实，在社会经济生活中，除了新古典经济学所简单分析的企业以外，还有类似于工会的大量组织，这类组织也称为第三部门。康芒斯曾指出，制度是集体行动对个体行动的控制。由于资源的稀缺性，如何获得它们就得由集体行动加以管理，而集体行动的结果便是制度安排——规定产权和自由签订契约的权利及义务，以防止发生无政府状态。在康芒斯看来，在制度行为背后的一致原则是执行制度的集体的和有目的的行动。没有对集体行动的研究，我们就难以解释历史与现实中许多制度的形成及其演化。

门格尔对于制度产生的解释非常不同。他将制度看做无数个体经济行为人自利的相互作用的产物，其中每个人都追求他自己的私利。制度是以个体的方式，而不是按集体的设

① 肖特：《社会制度的经济理论》，上海财经大学出版社，2003年版，第5页。

计或意愿演化的。因此，门格尔相信康芒斯所称的“心理经济学”不需要为了建立一个社会制度理论而被抛弃。相反，这构成了该理论的上层建筑。就像亚当·斯密的“看不见的手”可以引导经济行为人达到帕累托最优竞争均衡那样，它也可以带领人们在竞争结果不是最优时创生出制度①。

现在的焦点问题是，制度与个体行为、集体行为的关系是什么样的？用个人行动能否解释一切制度现象？

什么样的制度是一个“好”制度？“好”的标准是什么？制度是超越个体的存在。个体能够根据自己的成本、收益进行选择和比较，但是，除了有生命力的个体之外，包括制度在内的实体是不能进行选择的。不同的个体偏好于不同的制度，那么，集体选择的结果是什么呢？阿罗悖论道出了加总的困难。集体的选择过程更多的是一个政治选择过程。如何保证政治选择一定能够提高经济效率？新制度经济学在新古典个人主义、自由主义的大背景下加入了制度的因素，而制度背后加入的是集体主义的因素。因此，在新制度经济学理论体系内部，如何从个体行为分析跳跃到制度层面的分析，至今仍未取得成功。② 可以说，缺乏分析集体行动的理论框架也是主流经济学忽视集体行动研究的重要原因之一，奥尔森的集体行动理论的框架较好地解决了这个问题。

制度与集体行动有着内在的联系。没有对集体行动的研究，我们对制度的性质、起源及制度变迁的分析不可能是完全的。像其他社会科学一样，经济学研究的目标应当是对社会群体而不是个人行为进行预测和解释。经济学作为一门学科所要描述的不是个人反应，而是个人作为一个大的社会体系中的一员的反应，也就是社会群体的经济行为。显然，目前流行的经济学理论强调“理性经济人”和无视社会组织的重要性，这很容易形成错误的结论，即经济学能够解释个人的行为。③ 当代主流经济学从个人主义方法论出发，在分析了微观经济主体（如家庭和厂商）的行为后，就直接上升到宏观层次的经济问题分析。个体之和是否等于整体？个人理性是否等于集体理性？这些问题经济学尚未真正解决。

进一步来说，在处理集体选择过程，尤其是处理牵涉政治派别、选票交易以及有组织的压力集团等内容的复杂过程时，不难发现，最后的结果来自众多不同个人和群体的意图与目标的相互作用。尽管整体过程的目标（在某种程度上）是产生某种审慎实施和强迫执行的制度规则，但最终出现的结果可能不符合有关各方的最初意图。最终的结果在一定意义上可能仍然是有意行为者相互作用的无意后果。在有关集体选择的研究中，重要的是去了解集体决策的结果如何出自该过程中各个相互影响的参与者的有目的行为。

二、利益集团与政治行动

1. 利益集团的内涵

什么是利益集团？贝利（1989）将其定义为“一个由拥有某些共同目标并试图影响公共政策的个体构成的组织实体”。利益集团最广义的定义既包括自愿成员，也包括非自

---

① 肖特：《社会制度的经济理论》，上海财经大学出版社，2003 年版，第 6 页。
② 曹利群：《什么样的制度是“好”制度?》，《经济学消息报》，2005 年 4 月 8 日。
③ 艾克纳主编：《经济学为什么还不是一门科学?》，北京大学出版社，1990 年版，第 6 页。

愿成员，还包括各类合法并机构化的形式，如公民利益集团、非营利机构、公共部门组织、企业利益集团等。利益集团之间在规模、资源、力量和政治导向上有显著区别，但它们的共同点是成员间存在某种程度的共享利益。利益集团代表消费者、生产者、行业、选民、工人、政府、地区、江河流域、无家可归者和几乎人们能想象到的所有其他分类。利益集团又称利益团体、压力集团、院外活动集团等。按照奥尔森的看法，为实现某种特定的群体利益而采取集体行动的组织就是利益集团。

奥尔森认为，利益集团的实质在于最大限度地追逐特殊利益。利益集团为其成员谋取利益的唯一途径，只能是尽量在社会的总利益中争取较大份额，即尽量切更大的蛋糕，而不顾社会的总利益是增加还是减少。正如奥尔森所说，“如果社会中的典型组织只代表其中一小部分人的利益，则该组织必然不肯为增加全社会的利益而作出自我牺牲”。它们在采取集体行动时，“不会关心社会总效益的下降或‘公共损失’”，因此，奥尔森将这些组织称为“分利集团”。

在奥尔森看来，分利集团的存在、扩张和增多对一国的经济增长、社会平等与效率、政治和谐与稳定都会造成极大的阻碍。分利集团的瓦解、缩小和减少往往意味着国家经济易于繁荣、社会易于平等、政治易于稳定。分利集团因而是影响国家兴衰的重要因素。

2. 利益集团对政治行动的需求

供应商或有组织的供应商利益集团（行会）为了减少其竞争压力和节省其竞争成本，总是试图获取政治干预，即愿意付出代价谋取政治偏袒（采取寻租行动）。而政治代理人因代理人机会主义倾向自愿地通过管制市场和限制市场进入机会来做出回应。也许有些干预是合理的，例如政府制定统一的货币制度，有利于降低市场的交易费用，但大多数场合，政府的管制排除或阻碍了潜在竞争者，增加了市场参与者的服从成本，限制了缔约自由。

在民主国家中，从事寻租的企业集团有能力求助于政治家，因为政治家本身要为连任、对政党的赞助或宣传而竞争。因此，追求利益最大化的厂商会对靠政治努力“强化”对其有利的市场环境形成一种很强的需求。当政府向生产者发放特许权或征收关税以设置市场进入障碍时，会促使供应商由经济竞争转变为“卡特尔”或垄断。“卡特尔”是指卖方所达成的只按统一销售条件进行供应的协议。这样的“卡特尔”协议干扰了买方的自由权，购买者自由选择销售者的权利会因卖方的联合行动而变得毫无意义。

议员、官僚和其他政治主体同样有很强的动力来提供偏袒，保护生产者利益集团。这些政治权势的掌控者们通过立法、管制或司法裁决降低一市场中供应商之间的竞争强度，政治企业家借助政治权势对产权进行再分配，并追求由此产生的回报。实施干预的政府官员和议员可以通过收取特许权费、政党经费赞助或为退休官僚和政治家提供有利的企业职位，或者直接的贿赂等方式，共享他们分配给受管制行业的利润。

对竞争过程的政府干预一般都以供应商利益集团为后盾，并有害于众多无组织的购买者。因为相对于同一市场中成千上万的购买者来说，供应商是更有组织性的“特殊利益集团”（小集团），他们更容易达成一致，采取集体行动来强化其对政府的谈判力。相反，有损竞争的政府干预（供应商集体选择的结果）由于对每个购买者的损害大多很小，不值得他自己为抵制这种干预而劳神费力地进行游说。因此，干预政策的公共物品性质及购买者潜在利益集团（大集团）的特征，决定了购买者不关注且不采取政治行动来反击供应商的院外集团是完全合乎情理的。最终，一项干预政策就可以在无人注意的情况下产生并被付诸实施。因此，我们可以得出结论：当政治权势的掌控者与少数有影响力的供应商串通一气时，必然将企业家引向通过寻求政治偏袒来实现他们的目标。

总之，利益集团的产生和激增，说明利益集团确实有向被选出的政治代理人转达企业或公民偏好的作用。鲍姆加特纳和沃克在有关政治参与的一个调查中发现，在美国有90%的公民卷入了利益集团。他们调查的这些人每人平均参加4个团体，而且，很多利益集团以保护和强化企业、专业人士、工人和地区经济地位的形式存在。企业寻求进口限制，国内工人寻求对非法移民的限制，城市和地方想获得优惠政策，专业人士则想通过政府授予能力合格证书从而限制人数。所有这些集团的努力，都在创造稀缺性，并为那些能影响公共政策的人创造租金。

3. 政治行动的成本

集体行动的代理人——政府，为了履行其各种职能，必须耗费资源。这被称为政府的代理成本。这部分成本必须弥补，通常是靠强制征税。而征税和管理公共资金又会进一步引出各种代理成本。不仅如此，集体行动还强加给公民服从成本。这些成本都是公民在遵循政府法律和政府管制时所必须承受的资源消耗。例如，公民在遵循税法时，纳税人必须准备各类复杂的文书，或者厂商必须监控并报告特定的活动。

政府行政和法律的设计对服从成本的水平具有很大的影响，为了对法律和管制措施进行微调和重构，往往会频繁地变更程序性的管理指令，而这些也会提高服从成本。应当指出，许多服从成本是固定成本，从而与大型公司相比，小企业所面临的成本障碍会相对更高，而大公司更有能力负担专业法律部门和政府关系部门的运作。因此，对于各种小型新兴企业来讲，服从成本是一种进入障碍。

此外，在政治组织和行政组织中，委托—代理问题存在于集体行动的每一个层面。因为代理人（官僚、政治家）作为内部人，比他们的委托人（公民）更了解情况。然而，与代理人（经理）要受竞争约束的企业不同，在政府里，对委托—代理问题缺乏自动监察，这就造成了更大的信息不对称，并最终为代理人的机会主义行为创造了更多的机会。它往往源于有组织的利益集团与政府机构之间的共谋。在多数政治系统中存在着政治市场，它服务于干预和针对政府普适制度的歧视性变通，即寻租活动。政治性干预市场的供给方，如政治家、官僚和法官，从事设租活动（rent-creation）。因此，政治市场中委托—代理问题的大量存在，产生了巨大的委托—代理成本。

4. 最优规则的选择

如何选择以及按什么标准选择投票规则呢？这正是最优规则所要研究的内容。现在让我们先来看看关于最优规则选择的成本分析模型。

布坎南与塔洛克在1962年出版的《一致性的计算》中，首先提出以成本分析为基础，考察最优公共选择规则的观点。某种特定规则一旦被选中，将适用于集体决策的所有参与者。这种集体决策的内在强制性，使得每一个参与者在集体决策规则的选择过程中，都面临着性质完全不同的两种成本：外在成本与决策成本。

所谓外在成本，是指在规则的选择中，由于其他人的行动而使单个参与者预期个人所需承担的成本。外在成本在个人的控制能力之外，是通过集体决策的内在强制性而施加给单个参与者的。当集体选择结果与参与者个体的实际偏好一致时，该个体承担的外在成本为零；而当两者不一致时，由于该个体必须接受与自身偏好不相符的集体选择结果，其所需承担的外在成本为大于零的正数，并且随着这种不一致程度的增加，外在成本额也随之增大。

如果用函数关系来描述则为，由于其他参与者的行动而使第三个参与者所承担的预期外在成本的现值，是最终的集体行动方案被采纳前所需赞同人数的减函数。这里的赞同人数是从 1 到整个参与者集体之间的任一种人数规模。当所需的赞同人数为 1，即当集体决策权被某一特定社会成员所独揽时，由于经济人的自利性，独裁者将按自己的意愿做出抉择。这种个体意愿在很大可能性上将与其他参与者的爱好不一致。因而，其余参与者将预期他们所面临的外在成本值最高。而当所需赞同人数等于总的参与人数，即当集体决策按全体一致同意规则制定时，由于每一个参与者的愿望都将在最终的集体选择结果中得以反映，任何参与个体都不需要承担由于他人行动而强加给自己的成本负担。在集体决策中，随着所需赞同人数从一个到全体参与者的逐渐增大，单个参与者的外在成本将按递减的比率逐渐下降。

决策成本则指单个参与者为了使集体决策得到所需的同意人数规模而耗费的时间与精力。这种时间与精力的耗费，我们统称为决策成本。当集体决策只需要一个人作出时，决策成本极其微小，可以忽略不计。当集体决策需要全体一致同意时，每一个参与者的偏好对最终的集体决策结果都起着决定性的作用，所以做出集体选择的耗费最大，决策成本值最高。当所需赞同人数处于一个到全部参与者人数之间时，集体决策的形成需要参与者之间不同程度的讨价还价，随着人数的不断增加，讨价还价行为发生的可能性也将成倍增加，从而使决策成本以递增的比率上升。这样，决策成本与作出集体决策所需赞同人数之间存在着一种增函数关系。

外在成本与决策成本之和构成社会相互依赖成本。作为理性的选择者，当个人面临决策规则的选择时，追求自身效用最大化的动机，将驱使他按最低的相互依赖成本进行规则的选择。用这时所对应的集体决策所需要的赞同人数，我们就能确定投票规则所对应的赞同比例。例如，若总参与人数为 101 人，根据上述方法所得到的最低社会相互依赖成本，要求一项集体决策的作出有 63 人赞同，那么，这时的最优规则就是一种以 63/101 为比例的多数规则。

上述成本分析很直观，但不论在理论分析还是实际应用中都存在着问题。通常，我们只能一般性地了解这两种成本与决策规模之间的关系，而几乎无法具体地测量这两种成本。再者，上述最优规则的选择只是就个体而言，不同的个体可能有不同的最优规则要求，如何综合以解决个体之间的差异，在现实中也不易做到，因为第一个问题就是信息不完备，特别是当人数众多时。

为了避开成本分析模型所面临的困境，雷依于 1969 年仅基于上述外在成本概念，建立了一个关于最优选举规则的概率确定模型。这种模型的要点并不是极小化社会相互依赖成本，而是极小化决策结果与个人偏好不一致的可能性。它的基点是：最好的选举规则应是那种能使这种偏离的可能性达到最小的规则。基于这种模型，他证明，多数规则是一类比较理想的投票规则。仅当公共组织的相互依存成本低于市场组织的相互依存成本时，将活动推移到公共部门才是理性的。虽然参与决策的只有少数人，但公共组织的外部性成本会非常高。随着决策规则涵盖人数的增加，外部性成本下降，但决策成本上升，并最终推动公共组织相互依存成本的上升。①

一个人是否参与集体行动，是理性分析和选择的结果。这一理性体现在为产生集体利益所做的投入（成本）和集体利益能够给个人带来的效益比较中。这种比较主要考虑：个人获益度、效益独占的可能性、组织成本和“选择性”激励，而这些都和团体的规模、异质性有关。

第二节　集体行动与制度选择

由于公共选择不涉及双向的付出和收益，只涉及非相互性的好处，它就很容易导致搭便车、道德风险、公用地悲剧和代理人的机会主义。因此，集体行动经常要依靠自上而下的命令和合法强制。在一个小集团中，一个成员可以获得总收益中很大的一部分，即使他个人承担全部的成本，比起没有这一集体物品时他仍能获得更多的好处，这时集体物品有可能被自愿提供。与此相反，在一个大集团中，没有某个人的贡献会对集团产生很大的影响或对集团中任何一个成员的负担或收益产生很大的影响，那么，“除非存在着强制或外界引导大集团的成员为实现他们的共同利益而奋斗，不然集体物品不会被提供”。② 所以，本节我们将着重分析利益集团对制度选择的影响。

一、集体行动

在奥尔森集体行动理论产生之前，除了马克思主义的阶级分析深刻地揭示了不同阶层的利益矛盾外，很少有学者系统地研究集体行动问题。集体行动有哪些特征？这些特征是否稳定？下面我们以奥尔森的分析为主线，分析集体行动的特征。

1. 个人理性不等于集体理性

在《集体行动的逻辑》中，奥尔森从个体的角度出发分析为何个人理性行为往往不等于集体理性行为这一问题。集体行动理论是利益集团理论的逻辑前提。奥尔森把集团内的个人行为逻辑推广到集团内组织与组织之间、集团与集团之间的行动分析。奥尔森指出，在总的利益格局中，每一集团都不会为增加总利益而自愿付出成本与代价，那样最终得到的利益极其微小，而会千方百计地去获取更大的利益份额；它们不是想办法“做大蛋糕”，而是采取一切办法从“既定的蛋糕”中分得更大的份额。它们都只想重新分配财富，而不是创造更大的社会财富。

个人理性与集体理性的冲突可以找到不少的佐证。《科学》杂志曾做过一个试验，要求读者给该杂志回寄一张索要 20 美元或 100 美元的明信片。读者被告知，如果有 20%以

---

① 卢瑟福：《经济学中的制度：老制度主义和新制度主义》，中国社会科学出版社，1999 年版，第 183 页。

② 奥尔森：《集体行动的逻辑》，上海三联书店，1995 年版，第 37 页。

上的读者索要100美元，所有的读者将一无所有！结果在33511个回寄明信片的读者中，有35%的人索要100美元。因此，该试验的发起人宣称试验无效，读者一无所获。原因在于太多的人利用了试验结果是非排他性公共物品这一事实，许多人都想搭便车，致使集体利益不能实现。

奥尔森认为，由于搭便车行为的存在，理性、自利的个人一般不会为争取集体利益作贡献。集体行动的实现其实非常不容易。当集体人数较少时，集体行动比较容易产生，但随着人数的不断增加，集体行动的产生就越来越困难。

2. 核心前提建立在“组织费用”这一假设之上

组织费用是一组不同的交易费用，其重要性随着组织规模的增加而不断地发生着变化。它为“特殊利益”的不对称权力提供了一个现代制度经济学的解释①。

集团的规模不同，不同规模集团的组织成本也存在较大差异：在小集团（特权集团）中，一个成员可以获得总收益中很大的一部分，即使他个人承担全部的成本，比起没有这一集体物品时他仍能获得更多的好处。这时，集体物品就有可能被提供，甚至不需要任何集团协议或组织。另一方面，比这类集团大的集团（中介集团和潜在集团）②，不借助于某些集团协议、合作或组织就不可能获得集体物品。在中等大小或寡头卖方垄断的集团中，由于两个或两个以上的成员必须同时行动才能获得集体物品，所以至少得有心照不宣的合作或组织。而且，集团越大就越需要协议和组织，且包含在集团协议或组织中的成员数目就越大。因此，要找到和组织集团的一个子集就越难，而且子集中的人会继续和集团中的其他人讨价还价，直到成本被广泛地分配，这样必然增加讨价还价的组织成本。由此可见，组织成本是集团中个人数量的一个单调递增函数。所以，大集团或潜在集团不会受到激励为获取集体物品而采取行动，因为不管集体物品对集团整体来说是多么珍贵，它不能给个体成员任何激励，使他们承担实现潜在集团利益所需的组织成本，或以任何其他方式承担必要的集体行动的成本。

奥尔森对“科斯定理”进行了批判和拓展。在他看来，科斯理论的核心在于交易成本和自愿交换，其基本结论是人们会为了实现他们的共同利益而采取集体行动。对此奥尔森评价说，“科斯定理”（亦即在交易成本为零时，个人理性可以通向集体理性）仅仅适用于集体规模很小的情况。一旦集团成员足够多，即使交易成本为零，其成员也不会受到激励去为集体产品的提供作出贡献，因为这时搭便车的潜在收益相对会更高。

3. 集团利益分为相容性的（inclusive）和排他性的（exclusive）两种

前者指的是利益主体在追求这种利益时是相互包容的，如处在同一行业中的公司在向政府寻求更低的税额以及其他优惠政策时利益就是相容的。用博弈论的术语来说，这时利益主体之间是一种正和博弈。后者指的是利益主体在追求这种利益时是相互排斥的，如处

① 弗鲁博顿、芮切特：《新制度经济学：一个交易费用分析范式》，上海人民出版社，2006年版，第87页。

② 中规模集团（中介集团），即未大到无法监督每个成员的行为后果，也未小到个人可以单独付费的集团。潜在集团的特点是，如果一个成员帮助或不帮助提供集体物品，其他成员不会受到明显影响，因此没有理由作出反应。

于同一行业中的公司在通过限制产出而追求更高的价格时就是排他的，即市场份额一定，你多生产了就意味着我要少生产。这时利益主体之间是一种零和博弈。与此相适应，奥尔森把集团分为相容性集团和排他性集团。在他看来，较之排他性集团，相容性集团有可能实现集体的共同利益。

奥尔森还区分了“狭隘利益”（narrow interest）与“共容利益”（encompassing interest）。“狭隘利益”集团的自身利益与社会的繁荣关系不大，因而存在强烈的激励企图通过损害社会利益来提高自身利益。“共容利益”集团的自身利益与社会的繁荣密切相关，因而在争取收入再分配时比较有节制，注意减少对社会利益的危害。

例如族内通婚制度，一般认为这是一种社会现象，应该用社会、文化等理论来解释，但是奥尔森认为，这有深刻的经济原因，并利用相容性和排外性集团理论对此进行了解释，奥尔森认为“最少人数的分利集团中的成员可以取得最大的收益。因此，如果将最大份额的收益分配于更多的家庭，则每一家庭分得的收益反而更少，而且如果每个家庭到第二代就将变为两个家庭，这样下去过不了几代，即使原来最大的那一份收入分到每个家庭的利益也将少得可怜。这种分利集团能够在几代的时间内维持自己存在的唯一方法就是规定成员之间的子女互相通婚，否则就要被迫剥夺大部分子女的继承权”①。用奥尔森的这种理论我们还可以解释历史上一些正式制度与非正式制度的起源。

4. 少数人的利益集团一般处于有利地位

按照奥尔森的分析，集体行动的形成取决于两个重要条件：组成集团的人数足够少，并且存在着某种迫使或诱使个人努力谋取集体利益的激励机制（他称之为“有选择性的激励”）。对于规模较小、组织较好的特殊利益集团，如果通过产权结构调整，集团的成员都会有较大的收益，而且集团较容易地就可获得、控制和加工信息，那么这一集团对于政治家们的影响能力往往很强。

在利益集团中失利的往往是那些从属于大集团的个人。例如，消费者作为一个整体，对他们来说一些产权结构的调整（如新的关税）往往对每个人影响很小，组织费用很高，搭便车也很容易，个人信息成本也过高。越是小的利益集团越是容易达成一致意见，从而可以影响统治者。一些文献分析了少数团体成员怎样滥用其投票权，使产权结构变得有利于他们，而使大多数选民付出了代价。为什么少数人能愚弄多数人呢？有人认为有两种相互联系的原因：产权结构的边际变化能导致人们的收益和成本的不公平分配，而在这些变化中，得益者和受损者之间的信息分布不对称②。从奥尔森的集体行动理论我们可以作出这样的判断，在利益博弈的过程中，社会最终会形成强势利益集团和弱势利益集团。

为什么少数人的利益集团一般处于有利地位呢？大集团由于成本难以分担、个人贡献难以监察而造成的普遍搭便车行为阻止了集体行动的实现，但是，大集团的这种困境并不适用于小集团。小集团容易实现集体行动，一是成员数量少，相互之间易于监督，而且个人的行动对实现集团收益影响明显，有利于克服搭便车行为；二是因为成员人数少，相互

---

① 奥尔森：《国家兴衰探源——经济增长、滞胀与社会僵化》，商务印书馆，1999 年版，第 185 页。

② 埃格特森：《新制度经济学》，商务印书馆，1996 年版，第 60 页。

联系紧密，社会激励与社会压力能有效控制搭便车行为；三是因为成员人数少，较之实现的集团总收益，集团的总成本更小，个人在集团收益中所占的份额可能大到足以弥补由他个人提供全部集体收益所付出的成本，从而激励他提供集体收益，走出集体行动的困境。因此，小集团比大集团更容易组织集体行动。

对于大集团而言，提供"选择性激励"（selective incentive）是走出集体行动困境的有效途径。选择性激励会驱使潜在集团中的理性个体采取有益于集团的行动。

这些选择性激励既可以是积极的，也可以是消极的，也就是说，既可以通过惩罚那些没有承担集团行动成本的人来进行强制，也可以通过奖励那些为集体利益而出力的人来进行诱导。这里的强制被定义为一种惩罚，这种惩罚使一个个人比起不受强制而承担集体物品的成本来处于一条较低的无差异曲线上。积极的诱导被定义为任何奖励，它使承担了集体物品的成本并得到奖励的人比起他不承担集体物品的成本而失去奖励时，处于一条较高的无差异曲线上。换句话说，选择性激励就是对个人偏好的价值要大于个人承担的集体物品成本的份额。价值较小的制裁或奖励不足以动员一个潜在集团。此外，道德规劝、强迫或强制手段是解决集体行动问题的又一办法，例如，美国工会强制工人入会并交纳会费，可以保证工人能联合起来与资方谈判并游说议会。这种解决办法往往需要构建有正规组织的社团，事实上，工会、商会等社团是作为对集体行动问题的契约式解决的制度化。

例如，工会这种潜在集团之所以能够维持至今，就是利用选择性激励机制，即强制入会的"封闭工厂制"和"工会工厂制"，以及为其会员提供保险、救济、互助等。国家作为一个最大的潜在集团，更不会靠成员的自愿来提供公共物品，只能靠强制。比如，采用自愿的方式就不会有人纳税，只有靠强制性税法约束才能保证公共物品的有效供应。

5. 用分利联盟解释国家或文明的兴衰成败

在奥尔森看来，影响国家命运的要素就是"分利联盟"。所谓"分利联盟"（distributional coalition）是指由一批希望采取集体行动来增加自身收入份额的个人所形成的组织。分利联盟的活动不可避免地损害经济增长，为什么呢？对于分利联盟来讲，既可以通过促进整个社会生产率的提高来改善本利益集团的福利，也可以通过尽可能地为其成员争得社会生产总额中的更大份额来改善本利益集团的福利，分利联盟一般选择后者。换言之，它们采取集体行动的目标几乎都是争取重新分配财富，而不是为了增加总的产出。

从宏观的角度来看，诺思（1981）认为在近代经济史中，利益集团的争斗使货币供给倍增而成为现代世界主要的不稳定力量。这也是通货膨胀的重要根源之一。奥尔森明确指出，像行会、工会以及议会院外游说集团等这样一些利益集团的分利活动必定会限制竞争、阻碍技术进步、扩大社会分歧、提高社会交易成本、损害社会效率、降低经济增长，不仅如此，它还是造成20世纪70年代以来出现的经济"滞胀"现象的主因。而从微观的角度来看，在奥尔森（1965）的基础上，斯蒂格勒（1971）的经典论文《经济规制论》认为，利益集团的相互竞争的结果通常是政府的规制偏向于使组织良好的利益集团获益，例如，生产者对立法过程的影响较之消费者有明显优势，这是因为企业数量更少，并且企业可能比消费者有更多的同质性，更容易花较少的成本组织起来，因而，最后的规制结果必然有利于生产者，损害作为弱势集团的消费者的利益。

奥尔森认为，大量的试图搭便车的分利集团导致了一些国家增长的停滞。奥尔森指出，集体中有搭便车的个人，国家中也有搭便车的群体。利益集团可以通过“寻租活动”(rent seeking) 影响经济政策的制定，改变收入再分配的方案，从而增加利益集团自己的收入。这些政策包括税收、补贴政策，禁止企业进入，禁止资金和人才的流动，关税和非关税壁垒的保护主义政策等。

当分利联盟的寻租活动发展到一定程度的时候，国家经济运行的决策效率下降。制定经济政策的时间延长，影响整体社会技术创新、制度创新以及资源重组的能力，使经济发展停滞不前。当多个分利联盟串通共谋、取得制定经济政策的支配性地位时，国家的政策便成为这些利益集团坐地分赃的工具，国民经济的健康发展就深受其害。分利联盟就像是闯进瓷器店里哄抢的几帮强盗，他们抢走的少，打烂的多。分利联盟通过损害国家、社会的利益来实现群体、个人的狭隘利益。为什么受害的人们会任由他们这么做呢？奥尔森指出，这还是因为搭便车行为的存在。当国家、社会蒙受损失时，群体、个人的利益也受损。不过，如果将由某一项政策带来的损失分摊到个人身上，其数目就微不足道。这时候，个人的搭便车行为是理性的选择。

二、分利集团与经济增长

奥尔森（1999）分利集团理论的主要内容集中于9个推论中：(1) 不存在这样的国家，其中所有具有共同利益的人群都可能组成平等的集团并通过全面协商而获得最优的结果；(2) 凡边界不变的稳定社会中，随着时间的推移，将出现愈来愈多的集团或组织；(3) 小型集团的成员具有较强的组织集体行动的能力，而这种优势随着社会稳定时间的延长而递减；(4) 总的来说，社会中的特殊利益组织或集团会降低社会效率和总收入，并使社会中的分歧加剧；(5) 广泛性组织一般都倾向于促使其所在的社会更加繁荣昌盛，并力图在为其成员增加收入份额的同时，尽可能地减轻其额外负担，从而只有当国民收入在分配中所产生的利益与由此引起的全社会损失相比较大时，才支持这种再分配行动；(6) 分利集团进行决策较其中的个人与企业决策迟缓，从而使议事及协商日程拥挤，其决策多半倾向于固定价格而不固定数量；(7) 分利集团使全社会采用新技术延缓以及在生产情况变化时阻碍重新分配资源，从而降低了经济增长率；(8) 当分利集团发展到足以取得成功的规模时，它必须采取排他性的政策，并力图使其成员限制在收入相近与贡献相近的范围之内；(9) 分利集团的扩大将增加法律的繁文缛节，强化政府的作用，造成协议的复杂性，并改变社会演化的方向。

分利集团理论的观点可概括为这样几个方面：(1) 在不同的制度环境下，分利集团的影响是不一样的。允许自由地建立各种组织而又长期没有动乱和入侵的国家，其经济增长受分利集团的阻碍或危害也就更严重；对于极权主义政府或外来入侵者削弱或废除了分利集团的那些国家，在建立了稳定或自由的法律秩序之后，其经济就会相当迅速地增长。(2) 分利集团通过再分配等使一国制度僵化。分利集团极端强调再分配目标会产生这样的后果，其活动倾向于在生产可能性边界上寻求有利于自己的分配点，而不是把这一边界向外移动。致力于分割馅饼的集团越多，馅饼却变得越小。(3) 假设其他情况均保持不变，一个国家的经济增长率与利益集团的活动水平呈反向变化。由于克服搭便车惯性、发现集体利益、运用选择性激励手段组织集体行动都需要时间和成本，在一个社会长期保持稳定的国家里，现有集团的利益将会得到巩固；同时，将会不断有新的利益集团产生，从而使整个社会的利益集团的数目不断增加，利益分配冲突加剧，导致经济增长缓慢。与此相反，在其他情况相同的条件下，由于突发事件摧毁了现存的利益集团或者强迫利益集团追求制度性目标的国家，其经济增长更快。

从实证研究来看，乔伊（1983）根据“可以用一个国家建国以来或者经历战争和革命之后所跨越的时间的长度来衡量利益集团的实力”的假说，构造了一个针对 18 个经济合作与发展组织国家的“制度僵化”指标，论证了收入增长和制度僵化指标之间的负相关关系。奥尔森分析美国本土 48 个州所得出的结果类似于乔伊分析的结果，即州年龄对收入增长率保持着强烈的负效应。默雷尔（1984）通过更为严密的对英国和德国经济的考察，为这一假说提供了另一种验证。他比较了英国和德国新兴工业与传统工业的增长率，证明了英国是传统工业中制度僵化最严重的国家，而德国则由于利益集团结构被摧毁而迅速地恢复经济活力。

但是也有实证研究说明，在用奥尔森的分利集团理论解释经济增长时也有局限性。影响经济增长的因素很多，分利集团及其引起的制度僵化只是其中的一个。其他因素可能会抵消分利集团及其引起的制度僵化所带来的影响。最具代表性的就是瑞士。虽然瑞士的体制硬化症指数很高（乔伊，1983），而且有复杂的利益集团组织结构（莱纳，1983），但是在 20 世纪 50—60 年代，瑞士的平均增长率却高于其他 17 个国家的平均水平。可能的解释就是，瑞士的政治结构具有强烈的联邦主义性质，而且州级以上公民投票是直接民主。这种政治民主制度降低了再分配斗争在瑞士政治生活中的影响。所以，瑞士的案例指出了奥尔森研究的一项空白，就是一个国家的政治和经济体制将会引导利益集团的斗争，而这同样会使得经济增长率产生差异。

奥尔森为我们研究国家提供了一个有用的框架，他关于利益集团特点的分析可以解释制度经济学的一些问题：（1）为什么历史上选择的制度不都是有效的，这可能与小利益集团在社会中的话语权更大有关，对这些小利益集团有利的制度选择，对全社会来讲可能是低效的。（2）利益集团的目标是双重的，一方面寻求利润的最大化，即寻利；另一方面，又寻求租金的最大化，即寻租。如果利益集团和国家仅仅只有利润最大化这个单一的目标，那么我们选择的制度就一定是最有效率的制度了。（3）奥尔森利益集团理论还可以解释为什么一些低效的制度长期存在，从而为我们分析制度变迁中的“路径依赖”问题提供解释。

三、搭便车与集体行动的困境

传统的利益集团理论认为，追求自身利益最大化的理性的集团成员会从自身利益出发采取一致的集体行动，但是许多利益集团的集体行动并没有发生。为什么没有发生？奥尔森指出，理性的、寻求自身利益最大化的个人不会采取行动来实现他们共同的或集团的利益，主要原因在于集团利益的公共性会导致集团成员普遍的搭便车（free rider）行为。这在大集团中尤其如此，奥尔森由此把大集团称为潜在集团（latent group），并称这种现象为“集体行动的困境”。因此，搭便车在奥尔森的理论中是一个重要的范畴。

集体行动的逻辑的最大问题在于两个方面：一是信息不对称；二是“搭便车”的机

会主义行为倾向。而“搭便车”之所以发生还在于信息不对称，所以集体行动难以达成的根本原因在于信息不对称。经济学的许多问题都可以归结到信息不对称。这里的关键是对集团成员的“搭便车”是难以监督的，也就是说无法通过获得准确的信息来发现哪一个个体没有为集体物品付出代价却享有了它。正是这些方面的信息不对称，才导致了集体行动难以达成。总之，信息不对称阻止了集体行动的达成。如果按照新制度经济学对“交易费用”概念的解释，集体行动难以达成的根本原因在于交易费用的存在。过高的交易费用使许多集体行动难以产生。

奥尔森认为，从个人理性和自利的前提推演不出人们会作为增进集体利益的行为。他的论证逻辑是，集体利益是一种“公共物品”，集团中任何一个成员对此类物品的消费都不会影响其他成员的消费。因此，如果我们有个人都是自利且追求效用最大化的假设，那么，集团中的成员就会在集体利益这一公共物品的生产和消费上，采取以下行为：在公共物品的生产上尽量少投入，将自己应付的成本转嫁到他人身上，尽量多地消费公共物品。这种搭便车的倾向使得公共物品的生产和消费都存在着较大的“外部性”，最终结果是，如果以自愿为行为的基准，则无人愿意为公共物品的生产付费，却愿意免费消费公共物品。

搭便车是参与人通过计算自己参与行动与否的成本收益后做出的选择，当计算成为一种习惯时，集体行动的困境似乎无可避免。青木昌彦（2001）通过对公共资源如灌溉系统或公路修建博弈的分析指出，由于排除搭便车者的技术困难，合作性规范不可能自我产生。无法运用排他性原则，就会给个人的不合作行为提供一种激励，产生机会主义行为倾向。排除搭便车者的困难在于集体收益的高排他成本。一般的解释是，在非排他性公共物品的情况下，搭便车会阻止合作。无论是马克思主义方法，还是新古典方法，都没有解答“搭便车”问题，而这个问题是解释集体行为的关键①。拉坦考察了制度供给过程中的集体行为，指出，当制度在集体层次上予以供给时，会遇到严重的“搭便车”问题，即每个人都只想其他成员去付出组织的努力或承担维持组织的成本，而自己却坐享其成。因此，这种集体行动过程中的搭便车行为，会严重损害制度的供给能力。拉坦认为，解决这一问题只有两种方式：一是强迫成员参与；二是提供超常规的经济利益激励。

这里所描述的集体行动的逻辑与博弈论中的经典例子“囚徒的困境”异曲同工，都说明个人的理性导致了集体的非理性。与“集体行动的困境”相关联的另一术语是“社会陷阱”，指的是偏好相同的人的动机与他们所要得到的结果并不吻合，看不见的手成了看不见的拳头，迫使人们脱离他们原先的目标；此外还有“社会两难困境”，意指团队中的个人对自我利益的追求与群体效率之间存在某种张力，并可能导致合作失败的结果。总之，搭便车问题是形成集体行动困境的关键。

经济学家对个人利益的思考源于个人效用的思想，经济学家称“人们拥有效用函数”，只意味着人们在评价和界定他们自己的需要和偏好，并不代表他们必然是自私的或仁慈的。例如，一个把他的全部财产义无反顾地捐助给慈善机构的人，或许只是在最大化他的私利，他与一毛不拔的守财奴没有什么两样。只要他们的行动和他们的目标一致，经

① 诺思：《经济史中的结构与变迁》，上海三联书店，1991年版，第69页。

济学家就认为他们都是理性的。然而，确定集体利益将涉及不止一人的偏好加总，从而引发了关于个人偏好能否加总或是否应该加总的许多问题。私利和集体利益相互冲突的可能性，是奥尔森的经典之作《集体行动的逻辑》的核心主题。他对自愿组织或联盟的存在是为了推进其成员的共同利益这样一个社会学家的传统假定提出了挑战。

奥尔森认为，一个人是否参与集体行动，是理性分析和选择的结果。这一理性体现在为产生集体利益所做投入（成本）和集体利益能够给个人带来的收益的比较中。我们假设图 7-1 表示一种农产品的市场供求状况和个别农场主的成本与收益。由于所有生产该农产品的农场主都希望得到更高的价格，农产品的市场价格在这里成了集体利益的主要项目。大部分农产品缺乏需求弹性，意味着产出下降会导致价格更大比例的上升，因此降低产出通常会扩大所有农场主的总收益。

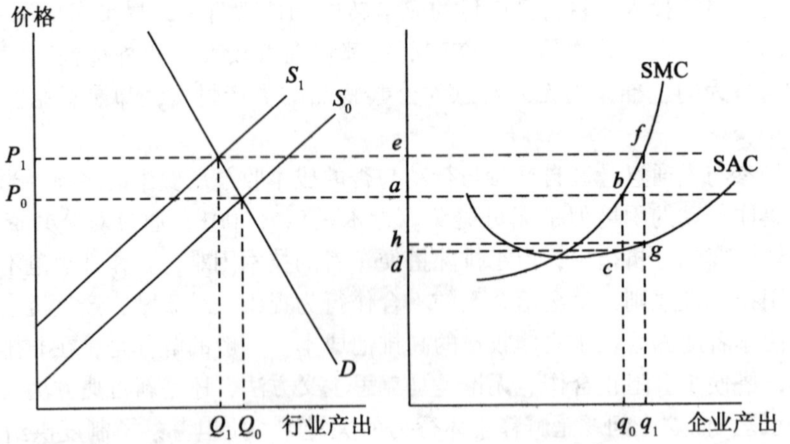

图 7-1　农业减产行动中的个人和集体利益

在奥尔森的框架中，因为农场主拥有与集体利益并不兼容的私人利益，所以减产行动很可能无效。对个别农场主而言，一项关键性的私人利益是他的净利润，或在利润最大化产出水平上超过成本的收益。如果通过减产行动使市场供给曲线从 S_0移动到 S_1，其产品价格从 P_0上升到 P_1，寻求最大化的农场主将发现，把产出从 q_0扩张到 q_1而非降至 q_0之下符合他的最优利益（SMC 是该农场主增加额外产出的短期边际成本，SAC 是生产的短期平均成本）。在 q_1，更高的边际成本恰好等于由新市场价格获得的更高边际收益。如果较高的价格是减产者和非减产者都可得到的公共物品，通过扩张产出而利用这一价格优势的个人就可以使其净利润增加到 *efgh* 的面积，它大于初始的净利润面积 *abcd*。因此，尽管一个集团（所有农场主）拥有共同利益（较高的价格），它的成员（个别农场主）也未必采取集体行动，必须解决搭便车问题。生产和消费公共物品的集体行动的逻辑是不同的：创造集体效用时，总希望承担成本的成员越多越好；消费时，则希望成员越少越好，最好是垄断。

奥尔森将搭便车原理作为利益集团形成的理论基础，揭示了个体理性与集体理性之间的矛盾，并从这一理论出发解释了许多重要的宏观经济现象。这些假说和理论的逻辑简明扼要，但其解释含义却极为广泛。

集体行动是一种困境，是由集团利益的公共性而导致的个体成员之间的“囚徒困境”及搭便车行为。当集团中每一成员都想搭便车的时候会导致集体行动的失败。因此，搭便车的普遍程度是集体行动是否成功的关键。

博弈论的研究成果表明：(1) 在囚徒困境中是某些人而不是每个人都搭便车，在不同情况下，搭便车的人数是不一样的；(2) 当博弈者缺乏其他博弈者个人贡献的信息时，如果是一次性博弈，发生搭便车的可能性较小，但如果是重复博弈，搭便车的程度就会大大提高；(3) 搭便车的程度还与参与博弈的人数有关，随着博弈者人数的扩大，搭便车现象会增加。这些结论都很好地佐证了奥尔森关于集体行动理论的正确性。

集体行动的困境表现为：

(1) 集体决策很难，并且集体内的任何一个人追求纯粹的效用最大化都是不可能的。在许多制度环境中，组织的决策由一个人做出的观点无法成立。具体来说，当一群决策者而不是一个决策者控制了一个组织的重要决策时，这种情况就可能出现。一旦决策由集体做出，各种问题就会出现，集体以和个人相同的方式决策吗？最大化集体效用是什么意思？组织并不具有偏好，它们并不像人一样做出选择。如一个委员会，通常没有哪个人有权选择结果，通过委员会程序得到的结果很少类似于个人的理性选择。当许多独立的决策者的目标分散并相互冲突时，集体效用最大化也是不可能的。① 由于集体决策牵涉较多的参与者，他们的机会成本不断变化，目的也各不相同，所以要达成明确的决策会比较困难，而制定决策的交易成本大多要比私人的双边选择高②。

在集体决策下，任何一个人获得的结果皆取决于其他人是如何做出选择的。如果对一个组织来说，一个稳定的目标函数并不存在，那么，任何一致的和明确的目标（如交易成本和生产成本最小化）都可能是无法实现的。③ 阿罗证明，个人偏好的混合不可能靠表决程序来加总，从而不可能确保个人所偏好的选择也被集体决策所选中。他证明会出现各种不一致，它们不会让个人偏好无矛盾、无冲突地实现加总。与分散而多样化的个人“货币选票”相比，“集体意志”不可能得到完美的表现④。

(2) 不同规模的集团在社会经济中的影响并不与该集团的人数成正比，社会经济的多数规则的实施更多是形式上的。在奥尔森看来，在社会经济体系中，那些人数较少的利益集团在社会利益的分配中往往处于有利的地位，而人数较多的大利益集团由于受“搭便车”问题的困扰往往处于不利的地位。奥尔森批评了有组织的压力集团之间的讨价还价可以使冲突利益达成合理、可行的妥协的观点。他认为关键问题在于，极容易形成的群体将是那些把合理集中起来的利益允诺给少数人的群体。在这种情况下，个人会有自愿加

---

① 菲吕博顿、瑞切特编：《新制度经济学》，上海财经大学出版社，1998 年版，第 27 页。

② 柯武刚、史漫飞：《制度经济学——社会秩序与公共政策》，商务印书馆，2000 年版，第 350 页。

③ 菲吕博顿、瑞切特编：《新制度经济学》，上海财经大学出版社，1998 年版，第 28 页。

④ 柯武刚、史漫飞：《制度经济学——社会秩序与公共政策》，商务印书馆，2000 年版，第 351 页。

入和支持该群体的激励。与此相对照，成员较多、个人获利较少的群体可能难以形成，尽管总的社会和经济利益较大也更重要。小规模特殊利益群体可能因此而保有“不相称的权力”。① 许多论据表明，压力集团可以影响政府机构的行为，而且有时是以有利于有关特殊集团、损害整个社会利益的方式来影响的。压力集团操纵政策的能力也被认为明显是大多数投票人缺乏理性而助长出来的②。所以，社会经济的多数规则的实施更多是形式上的。

大的利益集团由于高昂的协调成本、组织成本及“搭便车”等方面的原因，很难在产权的形成中发挥有效的作用。而人数少的利益集团很容易达成一致同意，从而在产权的形成中发挥着重要的作用，甚至左右着产权的演变。这往往导致社会的产权安排并不是最佳选择，这种产权安排对于既得利益集团来讲是收益最大化，但是对于全社会来讲就不是收益最大化。

（3）不同社会利益集团博弈的结果，并不总能达到均衡，而往往形成特殊利益集团。特殊利益集团的形成打破了新古典经济学关于集团或集体“匀质”的假设。组成特殊的利益集团能增进政治利益。例如，钢铁行业工会会主动要求政治保护，限制进口。在这种保护中，他们认识到了自己的利益，并且，他们会为这种利益而采取行动。保护带来的收益会相对集中到对该行业进行投资经营的少数几个人身上。他们的收入明显受此影响。保护会带来较大的成本，但通常能分散出去，由为数众多的纳税人和消费者来承担。成本的淡化使得成本的承受者在政治上变得无效率。

特殊利益集团的政治力量不仅源于能容易地实现将收益集中到他们自己身上的政治方案，而且还源于组织活动的成本较低。成本较低的原因在于，集团成员在工作时就能彼此保持联系。分散的个人，尽管他们有着同样的政治利益，但承担着较大的组织成本。

四、集体行动对制度的影响

奥尔森是第一个系统全面地研究利益集团与制度变迁关系的经济学家。利益集团之所以对制度变迁具有决定作用，一方面是因为它们是制度变迁的推动主体，制度变迁的方向和性质取决于各个利益集团的力量对比；另一方面是因为制度变迁具有利益诱导性，任何一项制度变迁都是经济主体为了获得因外部约束条件（如技术、资源禀赋、创新、制度供给等因素）的变化而产生的潜在利润。利益集团是这些潜在利润的分享者。每一种制度变迁的结果都可以看成是集团利益关系的“均衡”。

利益集团理论实际上坚持的是制度变迁的分析框架，把制度需求和制度供给统一起来，提出了一个综合具体的理论工具。奥尔森认为，由于小的利益集团具有较大的行动能力，能够形成对自己有利的局面，大部分有共同利益的人却无法采取集体行动，从而形成制度对大部分人不利，仅对小部分人有利的局面。这就是他关于“少数人剥削多数人的

① 卢瑟福：《经济学中的制度：老制度主义和新制度主义》，中国社会科学出版社，1999 年版，第 176 页。

② 卢瑟福：《经济学中的制度：老制度主义和新制度主义》，中国社会科学出版社，1999 年版，第 189 页。

倾向”的结论。这一观点表明，一种制度的好坏及其对经济绩效的影响并不是偶然随机的现象，而是具有规律性和必然性。一个长期稳定的社会使利益集团扩张，从而引起社会经济的停滞；而一个经历动荡的社会消除了利益集团的力量，从而使经济得到增长。这揭示了经济增长与制度变迁交替性和周期性的发展规律，而这一规律源于利益集团的“谋利”行为。

集体行动的困境对制度的影响是多方面的，本节主要分析集体行动的困境对制度的性质、制度变迁的速度及制度的效率的影响。

1. 制度的非中性

我们可以从制度的普适性把制度分为两类：一是中性制度，即对社会的每一个人而言有益或至少不受损的制度；二是非中性制度，即给社会的部分成员带来好处并以另一部分人遭受损失为代价的制度。货币制度以及交通规则等，均可以被算作以公共物品的形式被创造出来并存续下去的增进全社会福利的中性制度。而另一些制度，如井田制、王莽的币制改革等，则可归入非中性一类。换句话说，在中性制度下，没有人的利益受损，却至少使一人获益，从而使整个社会福利水平提高。相应地，在非中性制度下，却有人受损，有人获利。

制度的非中性主要体现在以下几个方面：

（1）制度可能只为部门利益服务，而且还可能损害其他群体或社会整体。新制度经济学对国家的考察，尤其是对寻租以及压力集团和分利联盟影响的研究，就常有这种含义。老制度主义有时候也把制度看做牺牲他人或长期社会利益而为某些集团利益服务的东西。这在凡勃伦对有闲阶级和金融精英的分析中就非常明显。①

（2）制度的非中性表现为产权变化的再分配效应。一个群体为使产权发生有利于其成员的特殊变化，可能会投资于游说，投资于政治捐款。尽管这种产权安排给国民收入总水平带来负面影响，但情况仍然有可能发生。因此，要理解“观察到的产权模式”，必须分析“经济和制度变迁的成功者与失败者，以及他们在具体政治环境中的相互作用”。

（3）许多制度都是由独裁者、强势利益集团和政治上的多数派创立的，他们建立这些制度的目的就是为了牺牲他人利益从而使自己获利。例如，公共选择理论就认为国家所有权就是在任的政治家用来向庇护人分配职位和取得政治支持的一种手段。② 在同一制度下不同的人或人群所获得的往往是各异的东西，而那些已经或将要从某种制度安排中获益的个人或集团，也定会竭尽全力地去为之奋斗。由于存在信息的非对称性，一些仅对特殊利益集团有利的产权制度的建立给整个社会的产出造成了重大损失。

2. 制度变迁的进程

新制度经济学把制度作为一个内生变量来处理，其中，缪勒、诺思等学者就专门研究了利益集团之间的博弈对经济制度变迁的影响，认为制度的演进方向是由社会中处于强势

---

① 卢瑟福：《经济学中的制度：老制度主义和新制度主义》，中国社会科学出版社，1999 年版，第 98 页。

② 詹科夫、波塔等：《新比较经济学的新视角》，载吴敬琏主编：《比较》（第 4 辑），中信出版社，2002 年版。

地位的利益集团决定的。博弈论的发展为利益集团的研究提供了一个强大的分析工具，它指出利益集团的成员在什么条件下会出现合作解。经济学家对利益集团的理解强调了其共同的利益和目标，认为利益集团是一个由拥有某些共同目标并试图影响公共政策的个体构成的组织实体，不管利益集团之间在规模、资源、力量和政治导向上有何显著区别，它们有一个共同因素就是成员间存在某种程度的共享利益，而且，尽管集团经常服务于纯粹的个人利益，但它们特有的和主要的功能是增进由个人组成的集团的共同利益。与政治学家相比，经济学家对利益集团的研究要细致很多，他们除了关注利益集团对公共决策的影响外，还注重它内部的经济利益问题和成员的集体行动问题。

制度演进的方向与一个社会中利益集团之间的博弈过程和结果相关。制度演进的方向是由社会中处于强势地位的利益集团决定的。强势利益集团决定制度演进的方向，主要是通过获得权力决策机构的大多数席位来控制国家政权以影响制度的制定。埃格特森认为，个人既可以在既定的制度框架内专心生产，也可以从立法者和政府机构那里争取法律或规则的有利变动，以实现个人财富最大化，具体途径取决于改变权力结构的相对成本。① 人们为了自身利益，在制度制定与实施的过程中，会通过各种活动尽量使制度向有利于自己利益的方向倾斜。

利益集团既可能有利于制度调整，也可能不利于制度调整，这取决于有影响力的寻租集团如何影响制度。一般而言，与从事寻租活动的院外集团结盟的议员和官僚往往能巩固歧视性的外在规则，阻碍对外开放，妨碍支持竞争的规则不断演化。事实上，在多数国家和多数时代，这是人类和统治方式的通常状况。② 政治机会主义会产生制度刚性和硬化症。即使变化了的环境在呼唤有利于整个国家的调整，既得利益集团仍会维护既有规则，反对调整。实际上，外在制度有可能变得极其僵化，以至于有损物质进步和人类的其他基本欲望。③ 政治方面的动机往往是设租，而不是在外在制度中导入阻止寻租的变革。当集体行动的发起者们坚持歧视性的外在规则时，发生经济停滞和衰退的可能性会变得更高④。

在不发达国家和发达国家，政治过程常常在固化经济结构方面有很大的影响力。在不发达国家，已形成的既得利益集团可能握有统治权；而在发达国家，院外集团和谋求私利的权势集团可能把持政治过程和行政过程，抵制适应新条件的结构调整。⑤

既得利益集团如何阻止有效的制度变迁？一是这些既得利益集团往往在舆论上打着国家利益的招牌，进行院外活动，影响政府制定对自己有利的产业政策或保护政策；二是对新的进入者设置障碍，即斯蒂格勒所说的一种管制需求，强调管制，以行政的手段分配资

---

① 埃格特森：《经济行为与制度》，商务印书馆，2004 年版，第 242 页。

② 柯武刚、史漫飞：《制度经济学——社会秩序与公共政策》，商务印书馆，2000 年版，第 489 页。

③ 柯武刚、史漫飞：《制度经济学——社会秩序与公共政策》，商务印书馆，2000 年版，第 481 页。

④ 柯武刚、史漫飞：《制度经济学——社会秩序与公共政策》，商务印书馆，2000 年版，第 484 页。

⑤ 柯武刚、史漫飞：《制度经济学——社会秩序与公共政策》，商务印书馆，2000 年版，第 19 页。

源等；三是在利益集团影响的行业或部门往往形成以行政垄断为支撑的产权结构，其他经济主体很难进入这些行业，产业缺乏竞争，从而导致低效。

奥尔森在其《国家的兴衰：经济增长、滞胀和社会僵化》中扩展了他的早期分析，用寻租理论分析经济制度。奥尔森认为，集体行动跟个人行动一样是自然的，一旦“公共品”被控制，特殊利益集团将发展起来。奥尔森用集体选择理论解释为什么不同社会的增长率不同。他的主要观点是：寻租过程（人们为自己的特殊利益进行疏通而组成集团）给社会带来了限制和约束，减慢这个社会的增长。他认为，如果一个国家不经历战争一类突发性的制度变化（有人把这种变化称为“奥尔森震荡”），那么就不能打破这些既得利益集团，经济增长将变得越来越缓慢，最终停滞。

3. 制度选择的效率

制度的产生反映的是利益集团之间建立在实力基础上冲突与妥协的结果，但这并不等于就是说制度的确立，都会满足效率原则。因为制度设计本身最初可能就不是以增进普遍或社会福利为目标，而是以集团利益为目标的。此外，制度与效率结果之间并非是一一对应的关系，而必须经过人的活动或选择。制度设计并非必然地导致稀缺资源的有效配置。尽管我们有完善的制度形成程序，但由于集体决策中形成一致规则（或制度）的成本太高，以至于我们不可能在制度上达到帕累托最优状态。

五、如何减少集体行动的困境对制度选择的影响

集体行动的困境说明了个人或企业之间存在共同的利益仅仅是形成集体行动的必要条件，而非充分条件。走出集体行动的困境，其实质就是要消除集团成员的搭便车行为，实现合作。

减少集体行动的困境对制度选择的影响的途径是多方面的，主要有：

（1）个人选择的自由。只要个人有选择自由，制度就会为满足人们的需要而演化和变革。在经济自由遭到剥夺的地方，既有的集团会运用其权势来巩固为其特殊利益服务的制度。事实上，权势集团为了巩固其特殊地位，都竭力否定法律面前的平等和自由。在相当多的时期里，他们往往获得成功。当一个受权势集团支配的系统向外部挑战开放时，制度系统会感受到改革的压力。那时，改革的成功就取决于是行动自由能得到保障，从而所有个人都能表达其偏好，还是权势集团能获得特惠，从而削减个人的经济自由。① 康芒斯强调，重要的是确保某个个人或集体的权力不被不合理地用于对他人行为的控制。而要做到这一点，只有通过创立新形式的集体行动及运行规则，以平分权力，规定利益代表，并使正处于强制、束缚或不公平竞争之下的人获得自由。②

（2）权力的分散。只要公共政策较少集中于中央集权制政府之手，就会有更好的机

---

① 柯武刚、史漫飞：《制度经济学——社会秩序与公共政策》，商务印书馆，2000年版，第495页。

② 卢瑟福：《经济学中的制度：老制度主义和新制度主义》，中国社会科学出版社，1999年版，第98页。

会抑制寻租活动、压力集团和代理人机会主义。① 这一点很重要，不同级别政府的权力的分工将大大影响社会利益格局。任何制度的变迁都很难使所有的人都得到正的纯收益，并且往往它还可能会使一些人的利益遭受损失（至少在短期内如此）。人人皆大欢喜的制度是不存在的。因此，一种制度能否得以实行，就要看一个社会决定政策的权力掌握在什么人的手中。如果一个社会决定政策的权力不是掌握在社会大多数人的手中，而是掌握在少数人的手中，那么，即使存在一种对社会大多数人来说有效率的制度，但只要它对少数决策者是不利的，会使他们的既得利益受到损失，这种有效率的制度也很难得到采纳和实行；并且，即使其他人试图对现存制度进行变革，他们也会竭力地予以压制，以维护既存的制度。当然，如果一个社会决定政策的权力掌握在社会大多数人的手中，便不会存在这种社会利益与统治者利益的矛盾。在这种情况下，社会对制度的选择，就仅仅受技术因素的制约，而不会受既得利益因素的制约，从而制度的选择就会具有更大的灵活性，制度变迁的路径依赖特征（path-dependent character）也就会较弱。

（3）系统的开放性。并非所有的外在制度创新都能符合普通公民的利益。例如，政治过程中的各个主体完全可能犯错，制定一些后来证明是有害于财富生产的规则。更可能的是，各种政治性动机会造成一些搅乱有效经济协调的规则变革。如果整个系统是开放的，各种政治主体对增长机会很敏感，就有可能使错误得到矫正，而经济增长的障碍将被主动地预先排除，即在外部挑战强迫进行规则变革前排除那样的障碍，但这并不常见。

（4）社会的平等程度。一个社会初始的不平等程度影响具有战略意义的经济制度的演化。在不平等程度相对较低的地区，制度更可能为普通大众提供发展的机会。在我们看来这既保持了财富、人力资本和政治影响的平等程度，又激发了更广泛的商业参与和其他促进增长的活动（例如人力资本积累），从而促进了增长。在不平等程度较高的地区，制度的演化趋向于偏袒精英阶层，限制普通大众获得机会，以此维持高度的不平等状况，但却因此减少了经济持续增长的希望。这种动态的制度变迁有助于解释为何初始不平等程度的差异可以长期得到维持，从而具有长久影响。②

第三节　利益博弈中的“数量悖论”

一、压力集团竞争理论

我们前面分析了利益集团的一般理论及其对制度选择和制度形成的影响。任何制度的形成都会有利益集团的烙印。现在我们引入贝克尔的两个利益集团之间的博弈模型。

贝克尔于1983年在《经济学季刊》上发表了《为政治影响的压力集团竞争理论》一文。这篇论文将经济学方法运用于政治行为的分析，但他的分析与公共选择学派的分析不

① 柯武刚、史漫飞：《制度经济学——社会秩序与公共政策》，商务印书馆，2000年版，第492页。

② 科斯、诺思等：《制度、契约与组织：从新制度经济学角度的透视》，经济科学出版社，2003年版，第146~147页。

一样，后者多是将经济学的分析方法应用于民主选举、政客、官僚等行为的分析，而贝克尔的这篇文章着重于分析压力集团为寻求经济利益而展开的竞争行为。他的理论假设是：(1) 社会上有且仅有两个同质的利益相反的压力集团，社会上所有成员，因其职业、收入、年龄、地域以及所在产业等因素分别从属于两个压力集团，其中一个是所有纳税人组成的赋税集团，其政治影响目的在于通过减少赋税以提高内部成员的利益；另一个是所有接受补贴（或补助）者组成的补贴集团，其政治影响目的在于通过增加补贴以提高内部成员的利益。(2) 在此分析不涉及选民、政客、政党以及政府的作用等。(3) 赋税集团所纳税收用于补偿征税活动的一切成本外，将全部用于补贴，这种再分配属于“零和博弈活动”。(4) 两个集团均能有效地控制内部成员机会主义或搭便车行为。(5) 两个集团竞争的政治均衡决定于每个集团的压力效果与规模、另一个集团的压力效果以及再分配政策的无谓损失等。从这些假设出发，并运用博弈分析方法，贝克尔得到如下基本结论：在生产政治压力上越有效的集团，越有可能降低该集团的赋税负担或提高该集团的补贴水平；压力集团的政治影响效果并不主要取决于该集团自己的绝对效果，而且还与其他压力集团的政治影响效果有关；竞争中无谓损失的增加，会减少均衡中补贴的水平；高效率的政治决策往往比低效率的政治决策更容易被采纳；压力集团的竞争会导致有效的征税办法；对于政治上成功的、接受补贴的压力集团，相对于纳税的压力集团其规模往往很小。这个结论与奥尔森的分析结论有相似之处，即小利益集团往往处于有利地位。

用利益集团的逻辑来分析，如果没有一个竞争性政治市场和对利益集团的制约机制，那么一些利益集团就会成为制度选择的决定者，并且会影响制度的性质。中国改革开放30多年，在经济上取得了巨大的成就，实现了经济的繁荣，但是随着中国经济发展与财富增长，国内民众利益越来越分化，不仅出现了一个又一个的既得利益集团，而且这些既得利益集团正在利用中国转轨经济制度的缺陷和政治体制改革的滞后，利用国内民众知识与信息的不足，利用大多数人话语权弱势与利益受损时的情绪化反应，利用其各种资源上的优势，正在逐渐地将其侵占或掠夺绝大多数人利益的行为制度化、合法化（易宪容，2006）。诺贝尔经济学奖得主斯蒂格利茨（2006）在北京也提醒国人：“中国要把利益集团对经济的影响限制在最小程度。”我国市场化改革中利益集团对制度的影响是多方面的，在本节我们对中国城乡利益博弈中为什么农民总是处于不利地位的原因进行分析，并验证奥尔森的“数量悖论”。

二、中国城乡利益博弈中的“数量悖论”

西方经济理论对发展过程中城市偏向政策形成的原因进行了大量分析，主要可以概括为两种范式：一是从国家实行工业化战略的目标和途径出发来解释。对于旨在迅速赶超发达国家经济的发展中国家领导人来说，不遗余力地在一个小农经济占主导地位的国家推进工业化，进而提高生活水平和实现经济发展是主要的社会目标。当时发展经济学的基本看法是，小农经济是落后的、非理性的，不对经济刺激做出反应。因此，这些发展中国家的领导人认为，工业部门是经济迅速增长的催化剂，而对农业征税可以为工业化提供绝对必要的财政支持。二是认为，农业之所以在发展过程中受到歧视，是因为城市阶层在政治上具有过大的影响力。农民虽然人数众多，但对于政策的影响却很小。这是因为农民居住分散而导致集体行动中过高的沟通成本，以及单个农民的产品只是农业产出的微小份额，因而造成搭便车现象，从而缺乏政治力量。由此便形成农民人数众多而政治影响力微弱这种所谓“数量悖论”①。这两种范式都适合用来分析中国的城乡差距。

制度就是决策规则。决策本身的好坏是影响个人和社会效用的直接原因，但决策的好坏取决于决策机制。不同的决策规则会产生不同的决策结果，因此，关键不是选择什么样的决策，而是选择什么样的决策规则②。各级人民代表大会中各阶层代表名额比例分配是最重要的决策规则之一。从经济学角度看，正如布坎南所说，一致同意是帕累托最优的政治对应物，而前提是平等的投票权。也就是说，在权利上不平等，在经济上就无效率。一个社会中最大的人群被压缩了权利，经济政策就会出现系统性的偏差。仅从几十年的农业政策史及其经济后果来看，缺少一个反映农民利益的、平衡的政治结构，是许多损害农民利益进而损害全社会利益的政策轻易出台的重要原因。对于制度和政策，如果农民能够直接发出与他们的人口比例相称的声音，我们就不需要等待一个检验政策的周期，承担政策错误的所有后果，而是直接将损害农民的政策排除在外。因此，给农民真正平等的权利，是避免我国农村政策失误的宪法层次的解决办法③。

在我国的国家权力构架下，农民的政治活动空间和组织行动能力被压抑在极为狭小的范围内，不能对国家政策形成有效的压力。相反在发达国家中，农民人数的比重很低，农业产值在国民生产总值中也只占很小的份额，但农民在国家政治生活和决定农业政策方面一直发挥巨大的作用，农民组织给政府决策带来了巨大的政治压力。农民是政治天平上有分量的砝码。如在日本，自20世纪初就开始实行农业保护政策，其主要农产品特别是大米的价格远远高过国际市场价格。其原因就在于日本农民具有较强的利益表达能力，在政治市场上处于优势地位。目前日本农业人口不足全国总人口的5%，但控制着全国25%的选票，并且有自己得力的团体——农协，从而迫使政府决策顾及农民的要求④。

转型以来，农业哺育工业的功能和能力日益下降，并且，随着农业改革的成功，农业为城市人口提供粮食和原料的压力也下降了，因而，城乡分离政策在转型以后实际上已经失去其最初功能。然而，这种有损效率和公平原则的政策仍然得到了有效维持。从效率改进的角度来看，城乡二元体制的取消并不是帕累托改进，而只是卡尔多改进。因为二元体制使得城市户口成为一种许可证，生出一笔不小的租金来，而城乡一体化会使之消散。偏向城市的政策作为一种制度安排，是人与人之间在长期博弈过程中所达到的一种稳定的均衡状态（青木昌彦，2003）。从这个角度理解，城乡体制的存续也应该是城乡两部门政策博弈的结果⑤。

从城市偏向政策向城乡关系平等和两个部门均衡发展的转变，关键点在于农民人数的

① 蔡昉：《城乡收入差距与制度变革的临界点》，《中国社会科学》，2003年第5期。

② 盛洪：《经济学透视下的民主——谈谈有关公共选择的经济理论》，载汤敏、茅于轼：《现代经济学前沿专题》（第二集），商务印书馆，2002年版，第99~100页。

③ 盛洪：《让农民自己代表自己》，《经济观察报》，2003年1月27日。

④ 李成贵：《国家、利益集团与“三农”困境》，《经济社会体制比较》，2004年第5期。

⑤ 傅勇：《城乡差距、数量悖论与政策偏向》，《经济社会体制比较》，2005年第4期。

大幅度减少，以及城市居民占人口比重的提高。一方面，这种相对人口比重的变化导致政治谈判地位的改变，即“数量悖论”从相反的方向上起作用。当农业中就业人数减少后，农民影响政策形成的信息成本、搭便车成本和其他交易费用都相应降低，从而其政策影响力提高，享有农民人数众多时城市居民具有的谈判强势地位。另一方面，这种相对人口比重的变化导致不同利益集团游说激励相对强度的改变，从而政策朝相反的方向进行调整。一项利用可计算一般均衡模型进行的模拟表明，在农业普遍被剥夺的贫穷国家，农民及其代理人寻求农业价格保护或反对工业保护这类贸易政策，所能够获得的潜在总收益只是农业普遍受到保护的富裕国家同一利益集团的1/9至1/6；而与此相对应，贫穷国家工业资本家及其代理人寻求对工业的保护和对农业的剥夺的激励强度，却是富裕国家同一利益集团的10倍以上。另一方面，在贫穷国家和富裕国家，靠剥夺农业来支持制造业的贸易政策给工业资本家带来的收益比给农民带来的损失，分别高9倍和4倍以上①。

在影响政策的努力上，随着人数的增加，个人的受益份额下降，成员搭便车的动机增强。因而，农业部门存在一种数量上的悖论：人数众多，但政治影响力微弱。简单来说，城市部门的影响力至少是农村部门的1.4倍（7.6亿：5.4亿）。从城乡政策的受益范围来看，城市部门的这种集体行动的优势还会进一步增强。因为，一个城市的开放政策对农村居民的收益会溢出给别的地区，而维持分离体制的收益由本城市居民独占，所以，对一个特定城市而言，当它决定是否要放开城乡二元政策时，城市居民的利益集中，活动能力强，而农村居民的利益分散，难以集体行动。另外，城市中通常存在着传统政策的“受益大户”，比如国有企业（因为城市的保护政策对员工福利影响巨大），他们可能充当智猪博弈中的大猪，城市集体的影响力因而得到增强。再者，城市集团作为长期以来的既得利益者，在目前的城乡差距情况下，城市部门有更多的资源去施加影响，在这一点上，农村部门也处于劣势。另外，考虑到在城市部门，由于居住集中，成员间的沟通成本要远远小于农村部门，其合作行动的可能性大大提高②。

在欧美国家，农业人口占总人口的比例低，但对政府的影响却较大。这可以用奥尔森的利益集团理论来解释，但西方国家的现实与奥尔森的理论是有出入的。为什么农业人口少反而在政府的政策中有较大的影响？这与农民的组织程度和西方国家的民主选举中农民的选票至关重要有关。在发达国家，农业人口只占总人口很小的一个比例（比如美国为2%），但我们都知道农业部门极具影响力。根据WTO的“黄箱”政策，我国对农民的收入补贴可以达到农业总产值的8.5%，而我国目前“黄箱”政策的补贴只占到农业总产值3.3%，有5.2%的合理空间农民没有享受（林毅夫，2003）。为什么我国农民没有西方国家的农民影响力大？一是我国没有有影响的农民组织。二是我国缺乏一种直接反映各利益集团要求的有效渠道。中国农民人口数量大，难以形成有效的集体行动。在我国现有政治体制下，即使农民能形成有效的集体行动，能否影响城市倾向政策也是不确定的。

为什么在城乡利益博弈中，人数众多的农民会处于不利地位？这可用多种因素来解释：(1) 农民人口占我国人口比例过大，难以形成有效的集体行动。同时，我国缺乏有

① 蔡昉：《城乡收入差距与制度变革的临界点》，《中国社会科学》，2003年第5期。

② 傅勇：《城乡差距、数量悖论与政策偏向》，《经济社会体制比较》，2005年第4期。

效的农民组织。(2) 我国缺乏一种有效的政治市场，这种政治市场是协调各利益集团的平台，同时也是达到制度均衡的条件。奥尔森的分析就是建立在有效政治市场基础上的。(3) 土地产权制度的改革滞后与限制农民流动的制度组合（如户籍制度、就业制度和社会保障制度等）使大量的农民被束缚在农村。这几个因素又相互联系、相互制约并形成循环。我们把这叫做制度循环陷阱。这可以解释为什么在城乡利益博弈中，人数众多的农民会处于不利的地位。

◎思考题

1. 解释下列名词。

利益集团　　分利集团　　外在成本　　决策成本　　搭便车

2. 为什么个人理性不等于集体理性？
3. 为什么少数人的利益集团一般处于有利地位？
4. 为什么会产生集体行动的困境？
5. 试述集体行动对制度的影响。
6. 如何正确理解我国城乡利益博弈中的“数量悖论”？

第八章　制度的构成与制度的起源

新制度经济学要解决两大基本问题：一是制度是如何起源的；二是制度如何影响经济绩效。本章首先分析制度的内涵与制度的构成，接着探讨制度的起源，最后略述制度的功能。

第一节　制度的内涵与制度的构成

经济中的制度因素无时无刻不在影响着经济中的当事人。制度规定着当事人的思维方式，制约着当事人的行为。制度构成了经济博弈基础的博弈规则以及博弈当事人最终达至均衡的交易范围。如果经济中制度缺失，社会成员的互动将不可能发生，人们将为了其自利性的效用最大化而陷入无休止的争斗之中。

一、制度的定义及其本质

1. 制度的定义

什么是制度？《韦伯斯特字典》给出的解释是“制度就是行为规范”，这有些类似“X 就是 Y”那样的解释。① 在《辞海》里，制度的第一含义是指要求成员共同遵守的、按统一程序办事的规程。它的含义可以归纳为：以法令为主要表现形式的规则和以财产权让渡为内容的规定。

旧制度经济学家中从最一般意义上给“制度”下过定义的主要是凡勃伦和康芒斯。

凡勃伦在 1899 年出版的《有闲阶级论》一书中比较早地给“制度”下了一个一般性的定义，他认为，“制度实质上就是个人或社会对有关的某些关系或某些作用的一般思想习惯”。② 凡勃伦把制度看做人们的“一般思想习惯”应该说是有积极意义的，它在一定程度上揭示了制度的一种形式，即非正式规则。制度有两种存在形式，一种是正式规则，另一种是非正式规则。非正式规则实际上就是以道德观念、风俗习惯和意识形态等“思想习惯”或“精神态度”的形式存在的。当然，凡勃伦的“制度”定义显然还是不科学的，因为它并未抓住制度最一般的本质。

康芒斯在其《制度经济学》一书专门讨论“制度”的一节中，有几处给“制度”下了定义：“我们可以把制度解释为集体行动控制个体行动。”③ “业务规则在一种制度的历

① 转引自汪丁丁：《制度分析基础》，社会科学文献出版社，2002 年版，第 87 页。
② 凡勃伦：《有闲阶级论》，商务印书馆，1964 年版，第 139 页。
③ 康芒斯：《制度经济学》（上册），商务印书馆，1962 年版，第 87 页。

史上是不断改变的，包括国家和一切私人组织在内，对不同的制度，业务规则不同。它们有时候叫做行为的规则。亚当·斯密把它们叫做课税的原则。最高法院把它们叫做合理的标准，或是合法的程序。可是不管它们有什么不同以及用什么不同的名义，却有这一点相同：它们指出个人能或不能做，必须这样或必须不这样做，可以做或不可以做的事，由集体行动使其实现。"①

第一段话是康芒斯对"制度"的最直接界定，在他看来，制度是"集体行动控制个体行动"，那么，集体行动控制个体行动的工具和手段是什么？康芒斯在第二段话中作了说明，即各种"规则"。所以，康芒斯的"制度"定义更全面地说，是集体行动控制个人行动的一系列行为准则或规则。通俗地说，制度就是社会一定范围内（也许是全社会范围内）每个个人必须遵守的行为准则或规范。康芒斯对"制度"的这个界定，应该说抓住了制度最一般的本质，即制度是一种"行为规则"，它的作用在于对行为进行规范。

新制度经济学家中从最一般意义上给制度下过定义的有诺思、舒尔茨和拉坦等。

诺思认为，"制度"就是一种"规范人的行为的规则"。这一点与康芒斯对"制度"含义的界定基本相同，它唯一规范的是"人"的行为。诺思的"制度"含义比康芒斯的"制度"含义进了一步的地方在于，规范人的行为的规则被细分为正式规则与非正式规则两种。在诺思看来，制度是社会的游戏规则，是为决定人们的相互关系而人为设定的一些制约，它构成了人们在政治、社会或经济方面进行交换的激励结构，以减少人们日常生活的不确定性。从实际效果看，制度"定义的是社会，特别是经济的激励结构"。

舒尔茨在其《制度与人的经济价值的不断提高》一文中将制度定义为管束人们行为的一系列规则。在舒尔茨看来，制度是为经济提供服务的。他对制度作了经典性的分类：(1) 用于降低交易费用的制度，如货币、期货市场等。(2) 用于影响生产要素的所有者之间配置风险的制度，如合约、分成制、合作社、公司、保险、社会安全计划等。(3) 用于提供职能组织与个人收入流之间的联系的制度，如财产法，包括遗产法，资历和劳动者的其他权利等。(4) 用于确立公共产品和服务的生产与分配的框架的制度，如高速公路、飞机场、学校和农业试验站等。② 舒尔茨关于制度的定义被以后研究制度的学者所接受。

拉坦在《诱致性制度变迁理论》一文中也将制度定义为一套行为规则，它们被用于支配特定的行为模式与相互关系。

我们在这里按照诺思的观点将制度定义为"游戏规则"，制度是经济单元的游戏规则，这里的经济单元既包括人，也包括诸如企业的经济组织等，并认为制度的内涵至少应当体现这样几点内容：

(1) 习惯性。制度都具有习惯性特点，都是历史的一种沉淀，先有重复性，而后被固定下来。最初某些人发现某种规则有利可图，而后将其坚持下来，接着被更多的人所接受，最后成为一种习惯，成为历史沉淀物被保留下来。

---

① 康芒斯：《制度经济学》（上册），商务印书馆，1962 年版，第 89 页。

② 舒尔茨：《制度与人的经济价值的不断提高》，载科斯等：《财产权利与制度变迁：产权学派与新制度学派译文集》，上海三联书店，1991 年版，第 253 页。

(2) 确定性。只要是制度，都告诉人们能干什么、不能干什么，都给人类行为划定了边界。也正是具有这样的特点，才使其具有确定性，从而为人类行为提供稳定的预期。一个有效的规则从两个方面看都是确定的：必须是可知的、透明的，必须能够对未来提供可靠的指导。确定性的最大化表示一般居民都能够清晰地把握制度的信号，知道违反制度带来的后果，对自己行为的影响是清楚的。

(3) 公理性。所有制度都有确定所指，都是针对确定行为讲的。只要是这样的行为，基本上都应当遵守这样的规则，同样的行为遵守同样的规则。从纵向看，只要是同一行为，昨天进行、今天进行和明天进行，一般都会按照相同的规则进行；从横向看，无论是你、是我还是他，只要是相同性质的事件，一般都遵从相同的规则。

(4) 普遍性。所谓普遍性，就是指在没有特别理由的情况下，对所有人都是同样适用的，没有区别对待的情况，没有歧视性，适用于所知和未知的环境与人员。任何制度都有它的适用范围，在这个范围内所有社会成员、所有社会组织都应当遵守。除特殊情况外，制度不应有“区别对待”的现象。普遍性还说明没有人能够凌驾于制度之上，每个人在制度面前都是平等的。所以，人们把普遍性看成是公平的一个部分，如果根据一个人的社会地位来决定其对制度的遵守程度，这肯定被认为是不公平的。制度的普遍性如果遭到破坏，意味着制度本身受到破坏。例如，如果不同收入阶层的人具有不同的道德水平标准，如果警察破坏了交通规则而不受惩罚，如果所有这些都成为习惯性准则，那么遵守制度规则的自觉性将受到打击，制度就不可能实现其应有的功能。

(5) 符号性和禁止性。简单的符号明确给定了人们的行为标准，省略了隐藏在符号背后的深刻哲理，大大节约了认识成本，这也是制度最基本的功能。简单的红灯信号告诉我们赶快停止，银行账单符号表示一定的价值。很显然，符号是一种物质性的东西，如印在纸上，但是它的功能却依赖于它所代表的制度。符号一般都代表一个复杂的制度安排。与符号性相似的是制度的禁止性特征。符号性和禁止性能够使复杂的问题简单化，使对规则的执行更加直截了当。当然，这种带有盲从的做法也有副作用，它容易限制人们对环境的适应性能力，使人们难以根据环境和条件的变化对制度进行及时调整。

2. 制度的本质

通过以上对制度定义的分析，可以看出，制度具有以下本质：

(1) 制度与人的动机、行为有着内在的联系。从深层次看，历史上的任何制度都是当时人的利益及其选择的结果。根据马克思主义的基本原理，社会的生产力发展水平及经济基础决定着上层建筑、意识形态及制度的形成。这与制度形成中的成本—收益计算以及利益均衡并不冲突。新制度经济学家反复强调，新制度经济学应该从现实的组织体制出发，同时也要从现实中的人出发。因为实际的人是在由现实制度所赋予的制约条件中活动的。人们的任何社会经济活动都离不开制度，什么事能做，什么事不能做，实际上就是一个制度（即规则）问题。正统经济学理论也讲人的动机及行为，但其假设人是理性地追求效用最大化的。在新制度经济学看来，人理性地追求效用最大化是在一定的制约条件下进行的。这些制约条件就是人们“发明”或“创造”的一系列规则、规范等。如果没有制度的约束，那么人人追求效用（或收入）最大化的结果，只能是社会经济生活的混乱或者低效率。

（2）制度是一种“公共品”。萨缪尔森把“公共品”定义为某个人消费这些产品或服务不会有损其他任何人的消费。制度作为一种行为规则，并不是针对某一个人的。或者说，在人类历史上还没有一种制度是专为某一个人制定的。制度是一种公共规则，这是就制度的最终状态来说的。但制度在其形成过程中，可能开始并不是作为“公共品”来生产的。如开始为少数人制定的规则后来适用于所有的人。制度作为一种“公共品”又与其他“公共品”（如广播或电视信号等）有一定的区别。这主要表现在：第一，一般公共品都是有形的，表现为具体的实物，如城市公共设施等；而作为“公共品”的制度则是无形的，它是人的观念的体现以及在既定利益格局下的公共选择，或者表现为法律制度，或者表现为规则及其规范，或者表现为一种习俗。第二，一般公共品不具有排他性，即在一定范围内人人都可享用公共品；但作为“公共品”的制度，有的可能具有排他性，如对大多数人有益的制度可能对少数人并不利，因为一些制度（或规则）是根据少数服从多数的原则形成的。

（3）制度和组织是不相同的。制度是社会游戏的规则，是人们创造的用以约束人们相互交流行为的框架。组织是社会中玩游戏的角色，是为了实现共同目标而结合到一起的群体，包括政党、议会等政治团体，企业、贸易组织、家庭农场、合作社等经济团体，教会、俱乐部、运动队等社会团体，大学、职业培训中心等教育团体等。组织和制度不是一个概念。从最广泛的意义上说，所有不是由市场这只“看不见的手”指导的生产和交换活动，都是有组织的活动。

通俗地讲，制度好像地心引力，它们无时无刻不在起作用，强烈地影响人们的行为，但它们又都是看不见摸不着的。人们已经习惯于它们的存在，以至于感觉不到它们对自己的影响。在牛顿发现地心引力之前，并没有谁说出地心引力的存在，现在经济学家需要发现经济学中的地心引力，即制度如何影响人们的经济行为。

二、制度的构成

制度通过提供一系列规则界定人们的选择空间，约束人们之间的相互关系，从而减少环境中的不确定性，减少交易费用，保护产权，促进生产性活动。

对制度的构成或制度结构的剖析，是制度分析的基本理论前提。制度种类繁多，概括地讲可分为两大类，即硬制度（正式制度）和软制度（非正式制度）。硬制度包括政治制度、经济制度等。这几种制度互相联系、互相影响。一方面，政治制度决定并保证经济制度的实施；另一方面，经济制度所决定的经济利益结构也将影响政治制度。从短期看，每个时期的各种利益集团都会插手政治舞台，使政治制度的调整有利于自己；从长期看，经济的发展也影响政治制度的嬗变。软制度主要是指社会习俗、习惯行为、道德规范、思想信仰和意识形态等。如果用一个较为准确的概念来界定软制度，则软制度是人们对其他人行为方式的稳定预期，这种预期不是基于硬制度，而是来源于社会共同知识，传统文化可以说是软制度的主要来源。进一步细分，软制度又可分为两类：一是作为外力的社会群体对个人施加的约束，二是个人自我实施的约束。

另外，奥斯特罗姆将制度分为四个层次，即宪法层次、集体行动层次、操作层次和选择层次；奥尔森具体说明了三类规则，即用以控制集团内部进行集体选择的规则，用以调节公用财产使用的操作规则，以及对外安排，包括统辖该集团同其他各集团和政府当局的关系的规则；柯武刚、史漫飞将制度分为从人类经验中演化出来的内在制度（internal institution）与自上而下地强加和执行的外在制度（external institution）两类①。

诺思则认为，制度提供的一系列规则由社会认可的非正式约束（制度）、国家规定的正式约束（制度）和实施机制所构成。这三个部分就是制度构成的基本要素，下面我们就诺思的分类分而述之。

1. 非正式制度

非正式制度是指人们在长期的社会生活中逐步形成的习惯习俗、伦理道德、文化传统、价值观念、意识形态等对人们行为产生非正式约束的规则，是那些对人的行为不成文的限制，是与法律等正式制度相对的概念，诺思常用非正式规则来表述，人们有时也称其为软制度。诺思认为，在人类行为的约束体系中，非正式制度具有十分重要的地位，即使在最发达的经济体系中，正式规则也只是决定行为选择的总体约束中的一小部分，人们行为选择的大部分是由非正式制度来约束的。② 诺思把非正式制度分成三类：（1）对正式制度的扩展、丰富和修改；（2）社会所认可的行为准则；（3）自我实施的行为标准。非正式制度来自社会所传达的信息，是我们称为文化的一部分。非正式制度的建立早于正式制度，后者是对前者的逐渐替代，但是，由于非正式制度的文化特征，它们具有对正式制度的强大排斥能力。非正式制度也是集体选择的结果，它们的产生带有集体的目的。

在非正式制度中，意识形态处于核心地位。因为它不仅蕴含价值观念、伦理规范、道德观念和风俗习惯，而且在形式上构成某种正式制度安排的“先验”模式。对于一个勇于创新的民族或国家来讲，意识形态有可能取得优势地位或以“指导思想”的形式构成正式制度安排（或正式约束）的“理论基础”和最高准则。从中国的文明史来看，我们在价值层面、思想层面不比西方文明差（在历史上还有超过的时候），但是我们在把价值层面的东西转化为法律、制度层面时却远不如西方国家。

意识形态可以被定义为关于世界的一套信念，它们倾向于从道德上判断劳动分工、收入分配和社会现行制度结构。长期以来，意识形态一直是马克思主义经济学家关心的主题。新制度经济学家具体地分析了意识形态的经济功能。在他们看来，意识形态是减少提供其他制度安排的费用最重要的制度安排。新制度经济学家关于意识形态的理论能有效地回答阿罗提出的一个命题，即“雇员听从命令和市民服从法律的程度，远大于以控制机制为基础所作的解释”。

意识形态的制度性作用可概括为：（1）它是个人与其环境达成“协议”的一种节约费用的工具，它以世界观的形式出现从而简化决策过程。换言之，“好”的意识形态能降低社会运行的费用。（2）意识形态内在的与公平、公正相关的道德和伦理评价明显有助于减少人们在相互对立的理性之间进行非此即彼的选择时所耗费的时间和成本。（3）当人们的经验与意识形态不一致时，他们便试图发展一套更“适合”于其经验的合理解释，

① 参见柯武刚、史漫飞：《制度经济学——社会秩序与公共政策》，商务印书馆，2002年版，第37页。

② 参见诺思：《制度、制度变迁与经济绩效》，上海三联书店，1994年版，第49页。

即新的意识形态来节约认识世界和处理相互关系的费用。①

意识形态之所以存在是因为世界是复杂的，而人的理性是有限的。当个人面对错综复杂的世界而无法迅速、准确和费用很低地作出理性判断，以及现实生活的复杂程度超出理性边界时，他们便会借助于与价值观念、伦理规范、道德准则、风俗习惯等相关的意识形态来走"捷径"或抄近路。其有效性则取决于人们对价值信念或意识形态的虔诚程度。

在新制度经济学家看来，意识形态是人力资本。较大的意识形态拥有量（ideological endowment）能减少消费虔诚的影子价格，因此个人"搭便车"或违反规则的可能性较小，而他对制度安排及制度结构是合乎道德的意识形态信念较强；对现行制度安排合乎义理（legitimacy）的意识形态信念，能弱化机会主义行为。所以，意识形态是能产生极大外部效果的人力资本。因此，任何政府都通过向意识形态教育投资来对个人意识形态资本积累进行补贴。

意识形态发挥作用的程度取决于人们对虔诚商品（piety commodity）需求的大小。根据贝克尔的分析，个人用市场产品及服务、自己的时间、人力资本以及其他投入品来生产一整套被定义为生活的基本方面的商品，其目的在于使他的偏好最大化。虔诚（边沁认为是 15 种简单快乐中的一种）也是进入个人偏好函数的商品之一。生产虔诚这种商品的能力，尤其依赖于个人的意识形态资本。个人的意识形态信念（ideological conviction）强，说明他的意识形态拥有量大，因而生产虔诚的影子价格低。他配置到虔诚上的时间边际效用高，为此，他会配置较多的时间来消费虔诚。诺思指出，大多数人投票是出于意识形态的考虑。进一步的分析表明，投票也是一种生产个人消费商品的活动，个人投票是因为投票能生产他所看重的某种虔诚商品。但是，只有在他的收益超过费用时，他才投票。虔诚商品也是商品，它也要遵循成本—收益的基本原则，这正是为什么下雨时投票人数大大减少的原因。

非正式制度中的一项主要内容是习惯。这里首先要把"习惯"与"习俗"区别开来。在英文中，前者是"habits"，后者是"customs"。这里所使用的习惯一词，可以定义为所有在正式规则无定义的场合起着规范人们行为的作用的惯例或作为"标准"的行为。"标准行为"在规则没有定义的场合，通常只能表现为前人或多数人或年长的人的榜样式行为。"习惯"于是可以被理解为由文化过程和个人在某时刻以前所积累的经验所决定的标准行为。熊彼特认为，若没有习惯的帮助，无人能应付每日必须干的工作，无人能生存，哪怕是一天。尼尔森和温特尔认为，一种行为若能成功地应付反复出现的某种环境，就可能被人类理性（工具理性）固定下来成为习惯。诺思称这种过程为"习惯性行为"（habitual behavior），他因此认为，"制度"的功用在于告诉人们关于行为约束的信息。

价值观念和伦理道德也是非正式制度中的一项重要内容。人们的价值观念规定着制度，制度是人们依据价值观念蓝图建构的，制度所依据的观念不一定是正确的，但一定是自觉的，人们同意接受的观念怎样，人们建构认可的制度也就怎样。在每一种给定的经济制度下，伦理精神和道德规范都可看成利益的一个自变量，不同的伦理精神和道德规范制

① 林毅夫：《关于制度变迁的经济学理论：诱致性变迁与强制性变迁》，载科斯等：《财产权利与制度变迁：产权学派与新制度学派译文集》，上海三联书店，1991 年版，第 379 页。

约了不同的利益追求机制与方式。如果这种方式与经济制度相符，它就推动经济制度；反之，它将成为与现行经济制度相悖的力量，导致混乱与无序。所以，市场经济只有在物质条件（技术因素的制度硬件）和人文因素（经济伦理和道德规范）都已具备时，才能获得发展。一般来说，结构硬件可以通过人为的、外生的安排来获得，但规范性软件则无法直接输入，它是一个内生的渐变过程。市场经济体制的确立是社会诸因素相互作用的复杂进程，这一过程不仅决定于技术条件，也决定于其内生的人文条件和历史背景。市场经济依靠价格机制和市场体系对资本、技术、人力进行最优配置时，支持它的是这些表象下的深层伦理精神和道德规范，如不损人的求利、公平的竞争、诚实的信用等，它们才是支持市场经济得以有序有效运行的基本信条和大众共同的道德认知。市场经济是理性经济，它同样需要一种道德理想，理想如果丧失，社会运作就会失去方向。一个社会失去精神支柱，就会导致理性的迷离、人性的泯灭。

在人们的日常生活中，行为约束更多地来自软制度。这是因为，面对庞大的信息量和有限的计算能力，人们不可能对经济行为的所有方面都进行深思熟虑，往往是按照习惯，在某种程度上不假思索地做出决策。习惯实际上沉淀了人们在过去实践中的成功经验。因此，遵从习惯处理问题，往往是最佳选择。同时，再详尽的硬制度，也不可能穷尽人们相互交往中的所有细节，因此，只靠执法部门强制实施契约是不够的。这些缺口，只能留给舆论和良心去完成。软制度的特点在于：（1）无论其如何演变，我们都能看到传统文化的巨大影响力。在任何一个特定的历史时期，软制度都是当时人们集体学习的结果，是人们充分交流后共同形成的一套规则。（2）软制度变化小于硬制度。这是因为，习惯一经确定，就具有稳定性，一般不受硬制度变化的影响。（3）软制度往往决定社会和文明的差异。经验和学习、习俗和习惯，往往是形成不同社会文明的重要原因。软制度的起始往往依赖于特定的初始条件，不同的人群面对的初始环境不同，所要解决的问题也不相同，而且解决问题的方案可能有多个，但方案的选择往往是非此即彼，一旦做出某种选择，其他选择在瞬间就会变得毫无意义。选择一经决定，随着时间的推移，就会形成社会和文明的差异。

2. 正式制度

正式制度是人们有意识建立起来的并以正式方式加以确定的各种制度安排，包括政治规则、经济规则和契约，以及由这一系列规则构成的一种等级结构，从宪法到成文法和不成文法，再到特殊的细则，最后到个别契约等，它们共同约束着人们的行为。人们常常将正式制度称为正式规则或硬制度。

正式制度具有强制性特征。虽然这类制度也是人们自己制定或集体选择的结果，但这类制度明确以奖赏和惩罚的形式规定其所作所为。因此，社会中就需要正式制度的维护者、实施者，而对社会成员来说，正式制度对其都是一种外在约束，不论你愿意与否；而且这种强制性还在于利益的差别性，在正式制度约束的地方，常常会是一部分人获益，另一部分人受损，因而实施是强制性的。

社会越复杂，越能提高正式制度的收益率。这是因为任何规则的制定及实施都是需要成本或费用的，规则适用范围越广，那么制度实施的边际成本越低。换言之，制度的实施也有一个“规模经济”的问题。

在正式制度中，诺思认为，政治规则通常是决定着经济规则的。例如宪法，它规范着一切经济规则。他指出，政治规则并不是按照效率原则发展的，它受到政治的、军事的、社会的、历史的和意识形态的约束。因此，一个民族完全有可能长期停留在低效率的经济制度中。

政治规则与有效产权形成的关系非常密切。只有在设计产权的预期收益大于其成本的情况下，才能导致产权的出现。在这种规则的等级结构中，政治规则的有效性是产权有效的关键。如果有明确的政治规则规制着政治当事人的活动，政治的交易成本很低，有效产权就会产生；反之，就会出现无效产权，例如，如果人们把大量资源投到政治交易活动中，那么生产性活动就会受到抑制，结果财富再分配领域的收益率就会大于生产领域的收益率。如果人们发现政治权力的收益率大于产权的收益率，那么人们就会投入精力与“资本”去追逐政治权力，从而在再分配领域实现个人收入的最大化。在这种情况下，只有有效的政治规则才能纠正这种扭曲的资源配置。或者说，只有制度创新或用制度的力量才能抑制（或最大限度地减少）权钱交易、寻租、腐败等诸如此类的问题。

3. 制度的实施机制

制度构成的第三个部分是实施机制。一个制度，不管它是正式的还是非正式的，在其形成之后都面临实施问题。在现实中，制度的实施几乎总是由第三方进行的。对于国家这个制度，第三方是政府；对于一个宗法制度，第三方是宗族的长辈。人们判断一个国家的制度是否有效，除了看这个国家的正式规则与非正式规则是否完善以外，更主要的是看这个国家制度的实施机制是否健全。离开了实施机制，任何制度尤其是正式规则就形同虚设。“有法不依”比“无法可依”更坏。历史上以“人治”为主的国家，并不是没有制定法律，而是没有建立起与法律制度配套的实施机制。

为什么要把实施机制也作为制度构成的重要内容呢？关键是正式规则和非正式规则只告诉我们应当干什么、不应当干什么，只给定了我们的行为标准。可是如果不执行这个标准怎么办？如果不执行，从现实的效果看等于没有制度。例如，一个国家可能有用来阻止企业垄断行为的反垄断（antitrust）法，可是如果政府不执行这个法律，企业肯定会我行我素地进行垄断经营，与不存在这样的法律没有两样。只有造法机器，没有执法行动，是荒谬和可笑的。所以，从制度功能实现角度看，光有规则，没有执行机制，制度是不完整的，而制度的执行机制主要表现在对违规行为的惩罚上，要使违规者的违规成本大于违规所得，从而使违规变得不划算。当然，制度执行机制的另一个主要方面是激励性，要让行为主体感觉到，执行制度虽然使自己付出了一定的成本，但是比较起来，收益还是大于成本，执行制度是划算的，从而产生执行制度的正效应。也有些制度是自我执行的。如即使警察不在场，大多数人也驾车右行，遇到红灯停车，因为不这样做，自己连生命都可能赔进去。

按照诺思的定义，制度是一种博弈规则，那么博弈规则何时是可实施的呢？是不是当实施者（enforcer）降临之时？可是，实施者又怎样才能被激励去实施他理应实施的博弈规则呢？简而言之，实施者怎样才能被驱使去恪尽职守？为了避免循环推理，一种办法是力图说明，博弈规则是内在产生的，它们通过包括实施者在内的博弈参与人之间的策略互动最后成为自我实施的（self-enforcing）。从此观点出发思考制度最合理的思路是将制度概括为一种博弈均衡。①

在经济活动的复杂交换中，交换品具有许多有价值的特征，衡量成本很高，实施不可能自动进行，欺骗、违约行为会阻碍交换的实现，因此必须建立制度为合作者提供足够的信息，监测对契约的偏离，通过强制性的措施保证契约的实施。

实施机制的建立根源于以下几个原因：一是交换的复杂度。交换越复杂，那么建立实施机制就越有必要。二是人的有限理性以及机会主义行为动机也促使制度实施机制的建立。三是合作者双方信息不对称，这就容易导致对契约的偏离。强制性的实施机制是任何契约能够实施的基本前提。

检验一个国家的制度实施机制是否有效（或是否具有强制性）主要看违约成本的高低。强有力的实施机制将使违约成本极高，从而使任何违约行为都变得不划算，即违约成本大于违约收益。如果违约成本远远超过违约的预期收益，社会的市场秩序必然和谐稳定，反之亦然。

在现实经济生活中，制度实施机制的主体一般都是国家。或者说，交换者总是委托国家来执行实施职能的。既然是交换者委托国家执行实施职能，那么交换者与国家之间就会形成委托—代理关系。国家能否有效行使代理职能（或实施职能）至少受两大因素的影响：(1) 实施者有自己的效用函数，他对问题的认识和处理要受到自己利益的影响。(2) 发现、衡量违约和惩罚违约者也要花费成本。强化实施机制有利于社会的正常运转与物质财富的增加，但若国家财政出现困难，就不得不降低维持实施机制的费用支出。市场秩序的好坏与国家为此付出的或能够付出的资金成本有关，世界上不可能存在“鱼与熊掌兼得”，要维护良好的市场秩序，国家必须付出实施成本。

4. 非正式制度与正式制度的关系

正式制度和非正式制度之间并无本质的不同。在人类社会早期，正式制度与非正式制度之间基本没有差异，因此对两者的区分也变得没有意义。在现代社会，正式制度总是与国家权力和组织联系在一起，在国家层面上，法律是正式制度的代表；在社会层面上，各种组织的章程也是正式制度的一种。我们要深入地研究和把握正式制度与非正式制度，就应该弄清楚非正式制度与正式制度的各自特点及其相互关系。

(1) 就表现形式而言，非正式制度是无形的，它一般没有正式地形成文字，制成条文，也不需要正式的组织机构来实施，它存在于社会的风俗习惯和人们的内心信念之中，以舆论、口谕的方式相互传递，世代承传。正是这种无形的表现方式，使得非正式制度可以渗透到社会生活的方方面面发挥作用，同时，也增大了认识和研究非正式制度的难度，特别是很难把它纳入一定的固定模式中进行分析。而正式制度都有其相应明确的具体存在和表现形式，它通过正式、规范、具体的文本来确定，并借助于正式的组织机构来实施或保障。这种具体有形的存在方式是正式制度的正规性、严格性的必要保障。

(2) 从实施机制来看，非正式制度不具有外在的强制约束机制，而是内在的心理约束；不是依靠外界的压力，而是依靠内心的自省和自觉，即使违反了也只受到良心的谴责和道德的评判，一般不会受到法律法规的制裁，只要自己的内心感到心安理得，一般也不

① 青木昌彦：《比较制度分析》，上海远东出版社，2001年版，第2页。

会因此而付出什么代价。与此相反，正式的制度具有外在的强制约束机制，只要生活在一定的组织机构内，其行为都受到某种正式制度规则的约束，不管你愿意与否，都必须遵守和执行这种行为规则，否则就可能招致组织纪律或国家法律的制裁，为自己的违规行为付出代价。

（3）从实施成本来看，由于非正式制度的实施依靠人们的自觉自愿，或社会的风尚和习惯，既不需要设立专门的组织机构，也不需要雇请特别的人员监督和执行，其实施不用花费多少社会成本。而正式制度的制定和执行是一个公共选择的过程，不仅需要建立一套专门的组织机构，而且需要通过一定的工作程序，其间不乏讨价还价和营私寻租等活动，这些都要耗费一定的社会资源，因而，其运行成本较高。

（4）从形成和演变的过程来看，非正式制度的建立和形成需要较长的时间，有的甚至是长期历史发展的产物，而一旦形成就具有较大的稳定性，其变化和演进也是一个相对较慢的、渐进的过程。正式制度可以在一夜之间发生变化，而非正式制度的改变却是一个相当长期的过程。例如一个国家进行革命和军事征服以后，即使整个正式制度都发生了变化，但这个国家的许多社会特征仍然保持着。正式制度的建立虽然需要通过一定的程序，但是建立所需时间较短，有的甚至一个决定、一道命令即可完成，其变迁也可以在较短的时间内以激进方式完成。

（5）从制度的可移植性来看，一些正式制度尤其是那些具有国际惯例性质的正式规则是可以从一个国家移植到另一个国家的。如我国在市场化改革的过程中就移植了一些西方国家有关市场的规则。这就大大降低了正式制度创新和变迁的成本。与正式制度不同，非正式制度由于内在的传统性和历史性，其可移植性就差得多。一种非正式制度尤其是意识形态能否被移植，不仅取决于所移植国家的技术变迁状况，而且取决于其文化遗产对移植对象的相容程度。

（6）从表达和传导方式看，非正式制度形成和运行所依据的是心照不宣的默认的知识，它一般不能被明确表达，也不能通过编码化的知识进行传递，只能通过传递双方的共同理解和信任。而正式制度的依据和表现是编码化的显性知识，它可以通过语言或以符号形式进行表述、传递和存储。

尽管非正式制度和正式制度有其不同的特点，但它们同属于社会规则体系，又是紧密联系、相互依存的。把握二者的这种紧密联系，对于我们正确认识它们的性质和功能是非常必要的。

首先，二者是相互生成的。就制度起源看，是先有非正式的习俗习惯、伦理道德等制度，然后才在非正式制度的基础上形成正式法律、政治制度，非正式制度是正式制度产生的前提和基础，一定的正式制度常常是依据一定的价值观念、意识形态建立起来的。反之，一定的正式制度确立以后，必将约束人们的行为选择，并逐步形成一种新的行为习惯和伦理观念，形成一种新的非正式制度。

其次，二者是相互依存、相互补充的。任何正式制度作用的有效发挥，都离不开一定的非正式制度的辅助作用，就像法律，如果没有相应的伦理观念为基础，人人都在观念上缺乏相应的自我约束意识，法律就不可能得到有效实施，甚至会形同虚设。同时，任何正式制度安排都是有限的，只有依靠各种不同形式的非正式制度的必要补充，才能形成有效的社会约束体系。同样，非正式制度作用的有效发挥，也依赖于正式制度的支撑。非正式制度的约束是非强制性的，只有借助于一定的强制性的正式制度的支持，才能有效地实现其约束力，特别是在涉及面广泛的各种复杂经济关系和社会问题上，离开了正式制度的强制作用，非正式制度是软弱无力的。

总之，正式制度与非正式制度作为社会制度体系的两个组成部分，是不可分割、相互依存、互为条件、相互补充的。在研究和运用制度创新来促进社会经济发展的过程中，必须同时关注二者的作用，不可偏废。

第二节 制度的起源

一、制度是一种稀缺性资源

在经济学中，土地、资本、信息、劳动等生产要素相对于人们的需求和欲望而言，都是稀缺的。没有稀缺，也就不需要进行成本—收益计算了。同样，如果“制度”不稀缺，也就没有当代流行于世界的新制度经济学了。为了分析制度的起源，我们需要首先揭示制度的稀缺性质。

所谓制度的稀缺性，是指相对于人类行为的差异性、多样性和发散性而言，作为规范人类行为的制度安排总是不足的，不可能对每种行为都制定相应的制度安排加以约束，总有一些行为没有制度安排予以规范。或者说，由于制度被认为是关于人们相互行为的知识载体，是用来传递行为信息的，制度的稀缺性也可理解为相对于人们对这类信息的需要而言，制度所能传递的信息总是不足的。

萨缪尔森认为，一般资源的稀缺与“匮乏性”有关；而新制度经济学家认为，制度稀缺性源于制度供给的约束性条件。尽管表面上看人们可以按照自己的需要和意愿来选择制度，现实生活中制度资源也相当丰富，但制度变迁的条件和成本限制了人们的选择空间，甚至扭曲了人们的“理性”行为，以致现存的制度安排难以达到最优水平。制度的稀缺性是制度的根本特征之一，如果没有制度的稀缺性，对制度的研究将没有必要。

某种类型的制度稀缺根源于制度安排的非专利特征。我们在前面分析过，制度是一种公共品，制度的采用是可以“搭便车”的。人们可以简单地模仿由别人创造的制度安排而无需付费，这样进行制度创新的人就缺少激励。如果创造股份有限公司的人能够像发明电话的人一样获得他的智力劳动所带来的利益，我们今天可能会有更有效的企业组织形式。制度的非专利特征使其他群体或个人可以模仿别人的制度创新成果而大大降低他们自己的组织和设计费用，尤其是风险成本，因而使创新者的个人收益少于作为整体的社会收益。制度创新的这种外部性和“搭便车”的结果是，制度创新的密度和频率将会少于作为整体的社会最佳需求量。这类稀缺可视为利益制约下的制度稀缺。

另一种类型的制度稀缺是指制度比技术具有更强的“资产专用性”，因而也会导致制度稀缺。一种新的技术使用是没有国界限制的，而一种新的制度的传播或移植，不仅受既定利益格局的制约，而且还受相互冲突的价值观念以及意识形态等因素的制约。在甲国被认为是很好的制度，在乙国不一定行得通。制度移植在发展中国家的制度体系中尽管占有相当的比例，但是其效果不尽如人意，这是值得新制度经济学家进一步探讨的问题。

制度稀缺的程度还与一国经济发展水平、制度创新的环境等因素有关。例如，在缺少经济自由的情况下，人们甚至没有选择合约方式的权利，所以不可能有大量的创新性制度安排出现。

尽管制度的稀缺性被认为是制度供求之间的矛盾以及制度本身具有的公共性和非专利性等引起的，但造成制度稀缺的根本原因，还是经济学中的最根本问题——资源的稀缺性。制度同样也是一种“产品”，它的建立、实施、维护和创新，并不是无成本活动，在这一系列过程中需要耗费大量资源。首先，制度是一种集体行动的产物，建立新制度需要组成目标一致的行动团体。在组织、协调行动团体的过程中，将消耗大量的资源，以使集体的行动有效率。其次，当制度建立起来后，对它的实施和维护，需通过相应的强制手段，任何违反制度的行为将受到惩罚。只有这样，才能体现制度对行为的约束性，而这一过程同样要消耗大量资源。最后，当进行制度创新时，需要知识的积累、技术的进步或利益集团之间相互斗争，以打破原有的均衡状态，这些活动都要消耗大量的资源。正是资源的稀缺性这一人类面临的基本矛盾，才使制度的完善和发展受到极大制约，它不可能脱离特定时期的特定社会资源条件的约束而自由发展。

值得指出的是，无论我们怎样强化制度创新的进程，相对于人类对制度的需求而言，制度供给总是相对不足的。不然的话，社会上就不会存在那么多不合作的现象，在世界上就不会有那么多难以解决的暴力冲突。人类社会之所以难以达到“帕累托最优”，关键在于制度稀缺。如果说正统经济学解决的是资金、劳动、信息等生产要素的稀缺及其配置问题，那么新制度经济学就是要解决制度稀缺及其创新等问题。

二、制度的起源

制度起源是新制度经济学所要探讨的一个重要问题。制度起源理论实质上就是要回答为什么存在制度，或者说制度产生的根源是什么。制度的形成是由地理、种族、国家的政治环境内生决定的，还是由一个国家制度选择的历史外生决定的？对于制度的起源问题，新制度经济学家们并没有形成一致的意见，他们分别从自己的知识视野和研究范围给出了不同的答案。

1. “囚犯困境”模型及制度的起源

“囚犯困境”是现代博弈论（game theory）的一个经典模型。1950年塔洛克定义了一个“囚犯难题”（prisoners dilemma）。后来萨缪尔森在其流行于世界的《经济学》教科书中对这个难题作了通俗明了的解说。从“囚犯困境”模型可以透视人类合作中的诸多问题。

有囚犯甲与乙，他们由于共同作案而被逮捕。检察官和每个囚犯单独进行谈话。检察官说：“我已有足够的证据判处你们两人1年监禁。如果你单独坦白交代应该判10年监禁的罪行，你可以只判3个月的监禁，而你的同伙要监禁10年。如果你们两人都坦白交代，那么你们两人都要被判处5年的监禁。”

甲该怎么办？坦白交代，从而希望得到很短的监禁吗？那比不坦白而坐牢1年要好。此外，坦白还有更多的好处。因为，假设甲不坦白，而乙又背着甲坦白了，甲就要坐牢

10 年。与此相比，还是坦白好，顶多判处 5 年。乙也同样处于这样的两难境况。囚犯的两难处境见图 8-1。结果是，当两个囚犯都出于自私的动机行事坦白交代时，他们两人都得到长期的监禁（方框 D）。只有当他们进行“合作”或按利他主义行事时，他们才能得到短期的监禁（方框 A）。

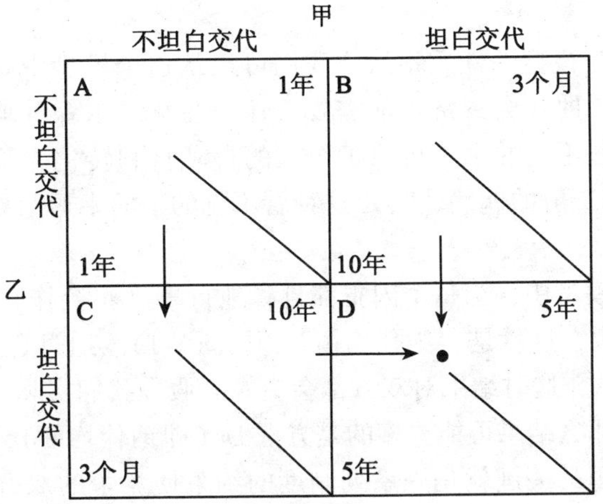

图 8-1

传统微观经济学在分析个人决策时，就是在给定一个价格参数和收入的条件下，如何使个人效用最大化；个人效用函数只依赖于他自己的选择，而不依赖于其他人的选择；换言之，个人的最优选择只是价格和收入的函数，而不是其他人选择的函数。在此，经济作为一个整体，人与人之间的选择是相互作用的，但是对单个人来讲，所有其他人的行为都被“抽象”在一个参数里，这个参数就是价格。这样，一个人在做出决策时，他面对的似乎是一个非人格化的东西，而不是面对着另外一个人（或另外一个决策主体）。总之，他既不考虑自己的选择对别人选择的影响，也不考虑别人的选择对自己选择的影响。然而在囚犯困境的博弈案例中，个人效用函数不仅依赖于他自己的选择，而且依赖于他人的选择，个人的最优选择是其他人选择的函数。从这个意义上讲，博弈论研究的是在存在相互作用经济条件下的个人选择问题。显然，传统微观经济学把别人的行为都总结在价格参数里的分析模式并不能解释上述问题。博弈论实质上就是研究人与人之间的关系问题，如合作、竞争等问题。在这方面，它与新制度经济学“殊途同归”。

博弈论进入主流经济学，反映了经济学越来越重视人与人关系的研究，特别是人与人之间行为的相互影响和作用、人们之间的利益冲突与一致、竞争与合作的研究。经济学开始注意到个人的理性行为可能导致集体非理性。这一点明显地不同于传统经济学。在传统经济学里，价格可以使个人理性和集体理性达到一致。现代经济学开始注意到个人理性和集体理性的矛盾与冲突，解决这个问题的办法并不是像传统经济学主张的那样，通过政府干预来避免市场失败所导致的无序状态，而是认为，如果一种制度安排不能满足个人理性的话，就不可能贯彻下去。所以解决个人理性与集体理性之间冲突的办法，不是否认个人理性，而是设计一种机制（或进行相应的制度安排），在满足个人理性的前提下达到集体理性。个人理性与集体理性的冲突是制度起源（或制度安排）的重要原因。

沿着博弈论的思路探讨下去，我们可以意外地发现制度起源的根源。传统经济学过分强调对竞争的研究，而忽视了对合作的研究。社会经济生活中，人与人之间的关系不仅只有竞争，而且还有合作。撇开其他条件，竞争与合作是一对矛盾。由于人的有限理性与信息不对称等方面的原因，人自身不可能处理好竞争与合作的关系，制度安排能有效地解决合作问题。

撇开“囚犯困境”模型的性质不谈，我们可以从这个模型中归纳、抽象出人类社会运行的一个基本原则，即社会经济生活需要合作。在萨缪尔森看来，在完全竞争的市场上，亚当·斯密的“看不见的手”可以把个人的自私自利转化为某种社会福利最大的情形，“几乎可以说是奇迹般的偶然性”，“这种看不见的手的幸运结果，不大可能在所有社会环境里出现”。

在“囚犯困境”模型中，当每个囚犯都自私地行事（不合作）时，方框 D 是均衡状态。用博弈论术语来说，这就是“纳什均衡”（见图 8-1）。通过合作或利他主义地行事，双方都能移动到方框 A，这时结果对双方都会更好。假设我们实际生活中只有“看不见的手”发挥作用的话，那么结果可能更多的是方框 D（即纳什均衡），但为什么实际结果更多的是方框 A 呢？这里的关键就是一系列制度的约束使竞争的双方不得不在方框 A（即合作）中从事活动。

“囚犯困境”实质上对亚当·斯密的“看不见的手”可以把个人的自私自利转化为某种社会最大福利的论断提出了质疑。在一定条件下，每个人“自私”不一定就“自利”，“恶性竞争”的结果可能是“两败俱伤”。若我们把“囚犯困境”模型“多次往复”，那么囚犯终究会发现：合作比“自私”更有利，同样，“经济人”在多次交换中发现，遵从某种合作规则要比通过欺诈自作聪明地获得少数几次不义之财更有利，这时制度便会自发地产生。在这里，所谓制度就是市场交换中的合作规则及习惯。经济人选择合作规则，就好像最初他们选择不合作（欺诈）一样，也是经过成本—收益计算的结果。生意场上的“利他主义”，并不是道德说教的胜利，它也是基于经济原则形成的。在新制度经济学看来，个人效用函数里，既有利己主义，也有利他主义。人们倾向于哪种“主义”，主要受制度因素的影响。

塔洛克指出，“囚犯困境”的状况并非像通常所说的那样，是一个特例或不现实的案例；相反，它适用于许多基本的社会经济交换过程。在他看来，几乎所有人类之间的相互作用，都能够在囚犯困境博弈中找到自己的影子，因为对每一个人来说，通过欺骗而获得一次性收益永远是可能的。但是，在人类历史上通过欺诈而致富的毕竟是少数。

“囚犯困境”告诉我们强调个人理性的非合作博弈往往可能是无效率的，相反，重视集体理性的合作博弈则一般可以带来“合作剩余”。合作博弈和非合作博弈的区别就在于在人们的行为相互作用时，当事人能否达成一个具有约束力的协议。这个协议的达成过程，其实就是制度起源的过程。

新制度经济学发展的最近趋势是试图在一个统一的博弈论框架下分析制度多样性的源泉和影响，而不只是简单停留在积累丰富的制度类型，然后对它们进行任意和随机的分类。但是，博弈论作为一种工具用于分析制度的起源也存在一定的局限性。有人认为，博弈论分析作为系统研究制度的理论工具本身尚不完备。这是因为从该框架出发考察制度的相互依存性可能得出制度安排的多重性、次优性和帕累托不可比性。也就是说，即使面对相同的技术知识和被相同的市场所联结，制度安排也会因国家而异。因此，为了理解特定的制度安排在某特定国家演化生成的原因，仅仅使用博弈论框架本身是不够的，我们必须依赖比较和历史的知识（Gerif，1999）。换言之，制度分析在本质上是比较性的，因而被称为比较制度分析（Comparative Institutional Analysis，CIA）。①

2. 科斯的制度起源理论：交易费用

交易费用是科斯制度起源理论的核心范畴。科斯的《企业的性质》、《社会成本问题》两篇经典论文都与解释制度起源有关。标准的经济理论总的来说是论述无交易费用（或零交易费用）世界的。科斯制度起源理论揭示了交易费用与制度形成的内在联系。交易费用的存在必然导致制度的产生，制度的运作又有利于降低交易费用。没有制度约束，亚当·斯密“看不见的手”带来的可能不是繁荣，而是社会经济生活的混乱。制度和现存技术水平决定了交易和转化成本，二者之和等于生产成本。科斯给出了制度、交易费用和新古典理论之间严格的联系。有效率市场的新古典理论仅能在无交易费用的情况下得出。只有在无交易费用的状况下，交易者才能忽视制度安排达到总收入的最大化。当交易有费用时，制度就会起作用。现实世界中，只有通过仲裁和有效率的信息反馈从而接近零交易费用情况下的充分竞争，才能产生有效率的市场，交易双方才能从新古典理论的交易中实现目标，但这样一种有效率的市场在信息方面和制度方面的要求是很严格的。

新制度经济学认为，竞争性市场的规范模型隐含了一个严格的要求，当存在明显的交易费用的时候，市场制度就被制定出来，以引导交易人获得使之具有正确模式的信息。这就意味着制度不仅被制定出来以获得有效率的产出，而且因其在经济实绩中不单独起作用而在经济分析中可能被忽略。交易费用和制度分析的引入，使整个西方微观经济学理论发生了深刻的变化。

科斯的《企业的性质》一文实质上是分析制度（企业制度）起源的经典之作。其对企业制度起源的探讨开创了新制度经济学对制度起源进行探讨的先河。探索经济系统中制度因素的重要性，一直是科斯孜孜以求的目标，尽管他没有给“制度”下过定义，但我们从他的著作中不难看出这是一种不懈的努力：不论是研究企业起源、产业组织和外部性问题，还是研究法律制度的效率和财产权的界定，其目的都是从实证的角度搞清“经济体系到底是如何运转的”，或者“约束条件和制度环境与生产经营活动的效率到底有什么关系”这样一些问题。科斯认为，“经济学家如果不具体说明进行交易的制度环境，讨论交换过程就没有多大意义，因为这种制度环境影响着生产的动力和交易的成本”。由此可见他对制度的重视。

科斯的贡献在于将制度因素纳入了经济分析。既然交易费用是一不为零的正数，且为数甚巨，那么它也是节约的对象，制度的一个主要功能是实现这一节约，这就是制度的效率性质，而不仅仅具有收入和财富分配的作用，由此得出了制度存在的理由、制度选择的

① 青木昌彦：《比较制度分析》，上海远东出版社，2001年版，第2页。

标准和制度演进以及创新的动因，从而使一个具有操作性和实证性的制度分析理论的建立成为可能。

尽管新制度经济学发端于科斯，但科斯并没有提供一个制度起源和演化的基本模型。在科斯的开创性论文中，证明企业的存在是通过对比市场来完成的，其逻辑是，因为利用市场交易可能支付额外的成本，所以需要一种替代市场的组织——企业；反过来，由于利用企业进行交易也需要支付额外的成本，所以需要替代企业的组织——市场。当企业的边际交易成本和市场的边际交易成本相等时，组织均衡出现，我们看到的组织多元化的社会就可以从交易成本的角度得到理解。显然，科斯并没有解释企业或市场的起源，这些制度都是给定的，当事人只要根据边际交易成本的计算结果进行选择就行了，正如新古典经济学不用解释产品的起源，消费者和生产者面对的是已经被生产出来的产品一样。

3. 诺思的制度起源理论

诺思认为迄今为止，人类经历了两类交换形式。一类是简单的交换形式。在这类交换形式中，专业化和分工处于原始状态，交易是不断重复进行的，卖和买几乎同时发生，每项交易的参加者很少，当事人之间拥有对方的完全信息，因而不需要通过建立一套制度来约束人们的交易行为，达到合作解。这种个人的交易受市场和区域范围的局限，专业化程度不高，生产费用高。实际上这就是新古典理论中的完全竞争状态。然而，随着专业化和分工的发展，交换的增加，市场规模的扩大，另一类即非个人交换形式出现了。在这类交换形式中，交易极其复杂，交易的参与者很多，信息不完全或不对称，欺诈、违约、偷窃等行为不可避免。这样个人收益与社会收益就会发生背离，如果个人收益与其投入不相对称，个人便失去了从事生产性活动的动力，社会效率也达不到最优。新古典理论没有把这两种交换状态区别开来。亚当·斯密所说的通过“看不见的手”，人们追求个人利益最大化的同时，能自动实现社会利益最大化的假定，说明不了非个人交换的状态，于是产生了“囚犯困境”和“搭便车”（free rider），因此，制度便应运而生。制度的作用在于规制人们之间的相互关系，减少信息成本和不确定性，把阻碍合作得以进行的因素减少到最低程度。

从简单的交换形式到非个人交换形式的一个重要转折是，分工及专业化程度的提高，使生产费用下降，但另一方面又会使市场的交易费用增加，交易费用的增加有时会抵消专业化程度提高带来的好处。新制度经济学的分析表明，历史上，分工及专业化的发展严重地受交易费用提高的制约。在图 8-2 中，生产费用曲线的弹性小于交易费用曲线的弹性，也就是说，每提高一个单位的专业化水平，所引起的生产费用的减少小于相应增加的交易费用。从图上直观地看，就是 pc 曲线比 tc 曲线更陡些。因此，新制度经济学的分析表明，制度的出现会使专业化程度的提高所节约的生产费用，正好大于或等于由此所引起的交易费用的增加，亦即在两条曲线的交点 A 的右侧。A 点就是制度出现的转折点。

在诺思的非个人交换形式中，如果没有“合作”状态的出现，那么专业化和分工给人们带来的好处可能被过大的交易费用所抵消。科菲尔德指出，合作的基本理论问题就是，个人用什么方法获得其他人的偏好和可能行为的知识。既然大家都需要了解各自的偏好及战略，合作的问题就变成了提供共同知识的问题。也就是说，在给定的环境下，一个

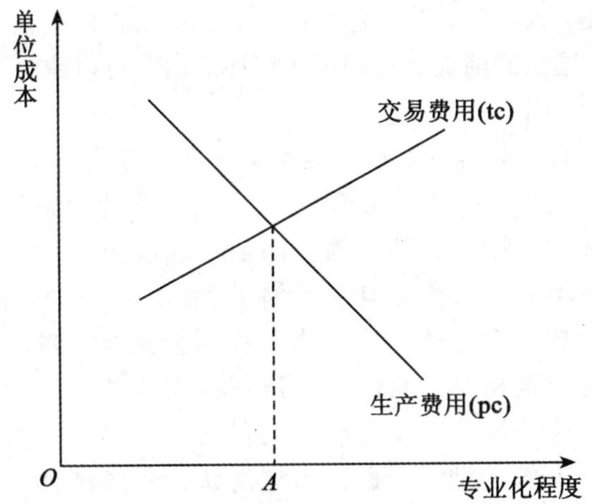

图 8-2

当事人必须了解有关当事人的信息和需求，以便能够形成一致的行为，并且这种知识可以传递给其他人。“共识”是合作得以进行的基本条件，而为合作提供“共识”就是制度的基本功能。它告诉人们在什么条件下能做什么，以及违约所要付出的代价这类共识，这就是人们设计的一系列规则。

像所有信奉个人主义的西方经济学者一样，诺思是从亘古不变的抽象人性出发来解释社会制度的起源的。这种人性即人的自利性和认知能力的有限性。在诺思等新制度主义者看来，由于人总是要追求自身效用的最大化，同时人的认知能力有限，又总是处在信息不完全和不对称的环境中，在交易中就会出现欺诈、偷懒、搭便车等机会主义行为，从而使人与人之间产生利益冲突和摩擦，增加交易费用和交易后果的不确定性，最终损害自己的福利，制度就是人们为防止机会主义而缔结的契约。这是制度起源的一种契约论解说。一贯倡导新古典主义的诺思希望通过这种解释，将一向作为新古典经济分析的外在前提的制度“内生化”到以自利个人的成本—收益为基本范式的新古典分析框架中来。

4. 奥尔森和布坎南的利益集团与制度起源理论

在奥尔森看来，制度的起源应该从利益集团的斗争中去寻找。假定利益集团的利益目标不一致，并且集团内部可以采取一致行动，集团和集团内成员的行为就是等价的，当不同利益集团之间所拥有的资源和所采取的战略不同时，处于优势地位的集团就可能强制地推行对自己有力的制度安排。不过，如果集团内部成员之间的行动不一致，可能出现搭便车现象，结果集团无法取得统一的意见，对集团成员均有利的制度安排就可能无法实行。奥尔森认为，在经济学乃至整个社会科学中，实际上存在着两个基本“定律”。所谓“第一定律”是指：在某种情况下，当个人仅仅考虑自身利益时，集体的理性结果会自动地产生。而所谓的“第二定律”则是指：在某种情况下，第一定律是会失效的，即不管个人如何精明地追逐自己的利益，社会理性的结果也不会自发地出现，此时只有借助适当的制度安排，才能求得有效的集体结果。博弈论的纳什均衡说明个人的理性行为可能导致集体的非理性，为了解决个人理性和集体理性的冲突，不是否认个人理性，而是设计一种机制和制度，在满足个人理性的前提下达到集体理性。由此可以说，个人理性和集体理性的冲突是制度起源的重要原因。

布坎南同样注意到制度起源的背后是利益集团在起作用，不过，他并没有局限在以利益集团本身作为分析的起点。在布坎南看来，经济活动的背后是政治活动，而政治活动的实质也是经济活动，因此，他认为政治活动和经济活动必须作为一个整体来考察。然而，政治经济活动的当事人是作为个体出现的，个体行动的特征有很大差异，这些行为差异的综合构成社会行为，表现为各种利益集团。也就是说，对利益集团其实没有一个确切的界定，是相对于具体的经济现象而言的。政治经济中的当事人仅仅按照自己的预期行动，这种行动并没有确定的目的和结果，因为一个人行动的目的和结果最终要取决于其他人的行动。所以，布坎南认为，经济其实是无目的的，价格和成本等经济变量取决于当事人纯粹的心理感受。那么，如何理解无目的的经济和现实的政治经济秩序之间的矛盾呢？在这一点上，布坎南间接地解释了制度的起源。在他看来，作为个体的当事人面对复杂的环境，存在信息不足的约束，这表现在两个方面：一是当事人缺乏一定的认识能力；二是当事人没有必要获取太多的信息。这种信息不足类似于不确定性，会给当事人决策带来困难。当事人在复杂的环境中，应对这种不确定性的办法就是选择规则，一旦某种规则被选定，一组政治经济活动就被确定下来，进而当事人的预期也就得以确定，当事人决策的环境发生逆转。要起到稳定预期的作用，当事人所选择的规则应该是稳定的，这就要求规则的普适性。布坎南认为，获得社会成员一致同意的规则就是具有普适性的，这样，制度起源问题转换为制度的公共选择问题。不过，布坎南后来也认识到，早期的立宪经济学观点并没有在公共选择理论中得到很好的贯彻，究其原因主要有两个，一是布坎南自己对立宪经济学的认识论基础并不是很清楚，因为后来发展的公共选择模型本质上还是新古典的；二是作为立宪经济学基础的不确定性的处理没有摆脱信息缺乏的痕迹。

5. 财产制度的起源

在制度集合中，财产制度是最基本的制度。许多制度都是财产制度的派生物或者是为财产制度服务的。因此，我们有必要专门探讨一下财产制度的起源。

考特和尤伦在其《法和经济学》一书中构造了一个关于财产制度起源的思想实验。在这个思想实验中，我们可以发现财产制度是如何建立起来的。他们假设了一个拥有人、土地、农耕技术和武力的世界，但是这个世界没有政府和法院。

在这个假想世界里，人们以土地为生，同时他们也拥有道德上的权利。由于没有政府和法院，所以无法保障他们的权利。这些权利基本上都是由个人和家庭自我维护的。这与历史学家们所描述的人类社会初期状态没有什么差别。经济学家们感兴趣的是，人们为什么要花费时间和代价去维护或防御自己耕种的土地呢？答案是，土地耕种者从土地的保护中获得的收益肯定会大于防御土地所花费的代价。现在我们假定，排斥他人占用，土地总是划算的（收益大于成本）。

起初，在我们这个假想的世界里，是靠土地占有者的武力来维持土地使用的排他权的，而不是求助于政府或法院。在这种情况下，资源的使用是有效率的，因为理性的人会把有限的资源用到收益最高的地方。换言之，保护土地免遭他人侵占的边际代价正好等于其边际收益。这意味着，在边际上，用于武力的资源的价值等于其用于其他用途（如圈养牛羊）的价值。

以上边际分析所得出的结论对个人来讲是有效率的，但从整个社会来看不一定是有效率的，这就出现了个人效率（微观效率）与社会效率（宏观效率）的差异。因为对于社会来讲，用于防御他人侵占的资源或代价本来可以用来生产更多的农产品，而现在却必须把一部分资源投入到武力防御方面去，这对社会来说是一大损失。然而问题在于，我们能否找到一种比武力防御更节省费用的机制来保障土地所有权呢？这种机制一定要使得原来投入到武力防御方面的大量资源用于增加农业生产和提高产值（或者用于生产性活动）。

个人效率与社会效率差异的关键，在于每个私人单独用武力保障土地所有权不可能达到规模经济。新的产权制度的费用或代价，应该少于每个私人单独用武力保障土地所有权的成本总和。用经济学的语言说，就是由社会建立起一套防御侵占土地的大规模武力系统比建立许许多多小规模的私人武力系统具有规模上的经济效应。例如，可以用每个土地占用者向某个机构交纳税款的方式使该机构来保护产权，这种方式要比每个土地占有者建立自己的武力系统的费用少得多。产权的本质是一种排他性的权利，在暴力方面具有比较优势的组织处于界定和行使产权的地位。国家（或政府）可视为在暴力方面具有比较优势的组织（诺思）。新制度经济学的分析表明，国家在建立产权保护体系方面是最具优势的组织。正如诺思所说，离开产权，人们很难对国家作出有效的分析。

现在我们开始关于产权制度起源的“思想实验”。

首先，要解释在没有政府的情况下人们如何靠武力来声明对土地的权利。用罗尔斯的话说，就是人们在“自然状态”（state of nature）中如何行事。这种“自然状态”成为新制度经济学家研究制度起源的“起点”。“自然状态”实质上就是“无政府状态”。通过对“自然状态”的研究，我们既可发现制度起源的根源，又可分析制度的效率。

其次，我们要阐述建立一个政府并由政府履行和保障产权的优势在什么地方。存在政府的所谓市民社会（civil society）就相当于我们前面所讨论的“合作解”，也就是各方能就一些问题达成一致协议（类似布坎南的一致同意）。在“自然状态”下人们为保障土地产权所花费的代价与市民社会中产权制度运行成本之间的差值称为“社会剩余”，它相当于博弈论中的“合作剩余”。

最后，要描述合作利益的分享协议是如何规定分配比例的。分配制度的好坏反过来影响“社会剩余”数量的多少。

为了回答上述3个问题，让我们假定“假想的世界”只有A和B两个人。在“自然状态”下，每个人都种植谷物、偷取对方的谷物或防止偷窃，但每个人种植谷物、行窃和反行窃的技术程度有差异。因此在“自然状态”下，A和B得到不同的结果，见表8-1。

表 8-1 自然状态

	谷物收成	偷窃所得谷物	被窃所失谷物	实际可消费的谷物
A	50	40	-10	80
B	150	10	-40	120
总共	200	50	-50	200

从表 8-1 可看出，A 和 B 共同生产的谷物为 200 个单位，但是，双方的偷窃活动造成谷物在他们之间重新配置。表 8-1 的数据表明，A 的偷窃技术高于 B，因此 B 的被窃损失大于 A。结果是 A 实际可供消费的谷物为 80 个单位，而 B 只有 120 个单位，少于他生产的数量。这种偷窃活动造成的谷物重新配置对于社会进步没有任何好处，它只能扭曲社会的激励机制。

假如 A 和 B 打算摆脱“自然状态”，他们决定达成一个合作协议，互相承认对方的产权，并建立一个强有力的机制以彻底消除偷窃行为。由此，本来用于防窃措施的大量资源（包括时间和精力）现在就可用于增加谷物生产。假设可使谷物产量从 200 个单位提高到 300 个单位，在这种情况下，就有 100 个单位谷物构成了“社会剩余”，即合作的剩余。

从“自然状态”到“市民社会”，也就是一个制度起源与制度创新的过程。从无规则到有规则，是人类社会从“自然状态”转变为“市民社会”的关键所在。“合作剩余”的大小是我们衡量制度效率的重要指标。

关于私有产权的起源，德姆塞茨（1967）提出了一个著名理论。他认为，私有产权的首要功能在于驱使经济参与人实现“外在性进一步的内在化”。假如稀缺资源被置于公共领域，人们会倾向于竞争性地使用它，以增进私人利益，这样资源的可得性不久便会降至社会理想水平以下。建立私人所有制以及排除非所有者的使用（消费），将促使所有者对资源使用的成本和收益进行理性计算。更进一步，如果所有权可转让给出价最高的人，那么社会福利将趋于最大化。所有权结构最终会调整到每种资源均被置于对它评价最高的人手中。因此，从效率的角度来看，所有权的初始分配并不重要。基于这种理论，德姆塞茨认为产权的初始分配完全可以“随机决定”。在德姆塞茨之前，科斯（1960）也认为，只要产权的初始分配是由立法决定的，不论其决定的结果如何，由外部不经济引起的社会成本都可以通过相关参与人的双边协商而内在化。因此，产权界定只有从财富分配的角度看是重要的，从效率角度看则无足轻重。①

6. 制度起源理论小结

制度是约束人的一种行为规则。这种规则是如何形成的？当前关于制度形成的力量主要有两种观点，一种是制度是自然演化的结果，如哈耶克就是这种观点；另一种主要观点认为制度是人为设计的结果，这些设计者往往是社会的精英，持博弈规则论的经济学家倾向于设计的观点。经济学家关于制度起源问题似乎并未达成一致的意见。②

上述制度起源理论尽管阐述的角度不同，但实质上都与合作有关。博弈论研究表明，

① 青木昌彦：《比较制度分析》，上海远东出版社，2001 年版，第 36~37 页。
② 青木昌彦：《比较制度分析》，上海远东出版社，2001 年版，第 10 页。

当囚犯困境模型多次重复以后，双方会从不合作均衡走向合作均衡。这有两方面的含义：（1）双方之间的多次博弈，可以看做两个经济个体之间的相互行动，即交易。因为从不合作均衡到合作均衡的转换本身需要费用，所以只有博弈次数足够多，即人与人之间的交往次数足够多，类似的情形多次反复地出现，这种转换才有意义。（2）多次博弈给双方带来比较不同选择（合作还是不合作）的结果较充分的信息。双方都会在多次博弈中逐渐意识到，选择合作策略比选择不合作的预期收入要高。这恰是博弈论对制度的理解：制度是 n 人博弈的均衡解。

制度既是博弈规则，也是博弈均衡，是一种“博弈的内生规则”。制度的本质特征是参与人选择的自我实施规则，在重复博弈的状况下，这些规则被认为是重要的，因此它们能规制参与人持续不断的互动过程，而且这些规则是在一个相关的领域内参与人通过互动而内生的。① 制度的形成过程是一个多次博弈的过程。经济活动中的“合作解”并不是一次博弈完成的，而是重复博弈的结果。

第三节　制度的功能

制度是在一定历史条件下满足人类社会生活需要的行为模式或社会规范体系。它直接构成社会整体的结构——功能单位，是分析不同的社会关系和研究不同社会生活领域问题时常用的概念工具。归结起来，制度具有以下几大功能。

一、降低交易成本并为实现合作创造条件

制度可以降低交易成本，这是制度的基本功能之一。制度为节约交易费用提供了有效途径，而交易费用的节约则是市场秩序稳定有序的主要标志。当这类成本很高时，意味着资源遭到浪费，因为它们未能被转入最有价值的用途。当存在明显的交易成本的时候，市场制度就被制定出来引导交易人获得使之具有正确模式的信息。

许多制度被制定出来的目的就是降低交易成本，有效的制度能降低市场中的不确定性、抑制人的机会主义行为倾向，从而降低交易成本。科斯最早提出企业制度的存在就是为了降低交易成本。科斯的制度起源理论揭示了交易费用与制度形成的内在联系：交易费用的存在必然导致制度的产生，制度的运行有利于稳定有序的秩序形成，从而能实现交易费用的节约。

经济活动具有高度复杂的相互关联性，因此对他人行为的预测就成为个人选择的必要前提，但信息不完全、有限理性及道德判断的分歧使人的行为往往难以确定，唯有在一定的制度框架下，人的行为才具有可预知性。因为一定的制度框架作为行为人责、权、利的明确划分和强制规范，使每个行为人的目的、手段及与之伴随的后果之间具有客观的因果关系，因此每个行为人的行为不仅具有最大程度的可预知性、可计算性，而且具有相对的稳定性，给主体间的合作创造了条件。

---

① 科斯、诺思等：《制度、契约与组织：从新制度经济学角度透视》，经济科学出版社，2003 年版，第 22 页。

传统经济学强调经济当事人之间的竞争，而忽略了合作。如果说竞争能够给人们带来活力与效率的话，那么合作能够给人们带来和谐稳定的秩序与高效率。在社会生活中，人与人之间的关系并非只有竞争，同时还需要合作，竞争与合作是一对矛盾的统一体。因为人的有限理性和信息不对称等方面的原因，人自身不可能处理好竞争与合作的关系，正是从这个意义上讲，制度是人们在社会分工与协作过程中经过多次博弈而达成的一系列契约的总和。制度为人们在广泛的社会分工中的合作提供了一个基本的框架。制度的功能就是为实现合作创造条件，保证合作的顺利进行。尤其在复杂的非个人交换形式中，制度更加重要。

二、提供人们关于行动的信息并为个人选择提供激励系统

在经济发展过程中，个人的习惯性行为逐渐形成制度化的惯例，它们之所以能够发挥积极作用，源自其所具有的信息功能，即它们能有效地处理提供给当事人的信息，减少日常行为中所包含的计算量。“一个人只有在所有其他人的行为是可预测的，并且他能够正确地预测的时候，才能在任何规模的集团中理性地选择或计划。”①

制度规定人们能做什么，不能做什么，该怎样做，不该怎样做，也就等于告诉了人们关于行动的信息。借助制度提供的信息，人们可以确定自己的行动，只要自己的行动是符合规则的，一般来说，他的行动就能达到目的。借助制度提供的信息，人们也可以预期他人的行动。人的行动是与他人发生关系的，是和他人的行动互动的，因而获悉他人的行动信息就显得尤为重要。只有知道他人的行动，知道他人对自己行动的反应，才能决定自己的行动，才能合理地调节与他人的关系，从而达到自己的目的。在现实生活中，人们从事一项活动，不担心该活动没有做过，而担心没有制度，即没有程序、没有模式、没有尺度。在这种情况下，人们无法得知他人的反应，从而也不知道自己的活动会产生什么结果。这会导致两种情形：一是无所适从，二是产生从众心理。这两种情形在新旧制度交替时期表现得尤为突出，这会使社会上的一些特殊阶层或“聪明人”抓住制度空白和比较混乱的时机，大肆捞取不正当的利益。在存在制度的情况下，人们担心的是该程序、模式或尺度能否像规定的那样得到执行。如果一种看上去很好的制度得不到严格的执行或者根本就没有被执行，这种信息就会对人们产生强烈的刺激：人们或者冷眼旁观、静观其变；或者猛烈抨击、大加谴责；或者干脆就同流合污。无论上述哪种情况发生，对社会的危害都是巨大的。

从事经济活动的人总是希望收益达到最大化，因而总是寻觅能够达到收益最大化的决策、信息和途径。然而，在现实生活中，最大化的努力和结果之间、人们的希望和现实之间总存在差距，有时是巨大的差距。这一现象的产生，如果抽象掉其他因素不谈，则主要是制度方面的原因，即制度是否对人的行为给予激励以及激励程度的大小。

制度的激励功能通过提倡什么、鼓励什么或压抑什么的信息传达出来，借助奖励或惩罚的强制力量得以执行。制度可以规定人们行为的方向，改变人们的偏好，影响人们的选择。任何制度都有激励功能，但不同的制度产生的激励效应不一样，因此才有不同国家或

---

① 霍奇逊：《现代制度主义经济学宣言》，北京大学出版社，1993 年版，第 158 页。

同一国家不同时期，人们的价值观念、生活态度、工作学习积极性和创造性的不同。对社会来说，制度激励程度的大小差异，足以决定发展的快慢。

何增科（1996）认为，个人正是在制度限定范围内，参照制度提供的相关信息，做出从事何种经济活动的选择。如果特定的制度安排鼓励人们从事发明创造和生产性活动，经济就会持续增长；如果这种制度为人们提供的是不良刺激（如从事寻租活动更为有利可图），那么非生产性活动就会盛行不衰，经济也会走向停滞和衰退。据此，个人不仅可以预知行为的后果，而且可以计算采取何种方式实现自己的目标最为合算。所以制度的有效性决定着个人选择的有效性，从而决定着经济绩效，一个社会如果没有实现经济增长，那就是因为没有为经济方面的创新活动提供激励，也就是说，没有从制度方面保证创新活动的行为主体得到最低限度的回报或好处。试想一下，如果没有专利制度，那么我们今天的技术进步就要缓慢得多。社会是为人们提供一个偶然的、不确定的刺激机制，还是创造一个持续的、制度化的激励机制？结论是十分明显的，通过制度化而形成的激励机制，无疑是有利于整个社会进步的。

三、约束主体的机会主义行为

制度是限制，制定规则的目的也在于限制。新制度经济学在对人们的行为进行研究时，曾经给出这样的假定，“人具有随机应变、投机取巧、为自己谋取更大利益的行为倾向”。由这个假定可以得出一个结论：由于人在追求自身利益的过程中会采取非常隐蔽的手段，会要弄狡黠的伎俩，尽管交易双方签订了协议，但未来的结果仍然会具有很大的不可预见性。显然，人的机会主义行为必然会使市场秩序混乱。制度的限制或约束是必要的，正是因为它的存在，社会才可能稳定，秩序才可能形成。如果每个人都凭个人的好恶或个人利益而损人利己，社会必然陷入混乱或无序。“没有社会秩序，一个社会就不可能运转。制度安排或工作规则形成了社会秩序，并使它运转和生存。”① 制度可以在一定的程度上约束人的机会主义行为倾向。

以科斯等为代表的新制度经济学派认为，在既定的制度下，“每个人不过是一只拴在树上的狗”。制度就是拴着狗的绳子，正如绳子的长度决定了狗活动的范围一样，制度也决定了人的行为选择的空间。狗总会力图挣脱绳子而使自己的活动半径最大，即达到绳子的长度；而在既定的制度下，人的行为选择也总会达到制度允许的边界，使自己的效用最大化。

制度告诉并强制规定人们可以做什么，不可以做什么，从而限制了人们活动的范围，在制度规定的范围内，人的活动具有选择自由，超出这一范围就要受到惩罚。由此，制度决定了人的活动在操作层面的选择集。尽管制度是后天的，依生产方式、交往方式的变化而变化，但对特定时代的人来说，却是他们一出生就面对的、既定的，因而是无法选择的。人们只能在它提供的范围内或设计的框架中活动，不能脱离它、跨过它。所以科斯认为，现代经济学研究的重点应该是制度设置，也就是研究“拴狗的绳子”。因为在现有条

① 布罗姆利：《经济利益与经济制度：公共政策的理论基础》，上海人民出版社，1996 年版，第 55 页。

件下，制度设置更合理一些，制度建设更好一些，人们获得的效用更大。

四、减少外部性

关于这一功能，人们通常都是通过产权制度的建立来解释的。市场秩序混乱，实际上是一种负的外部性，只有明确产权，才能消除或减少这种外部性所带来的危害。在明确产权的基础上，引入市场价格机制，就能有效地确认相互影响的程度及应承担的责任。

新制度经济学主要是从成本—收益的角度来讨论外部性的。在新古典经济学中，经济学家们假定一个人会完全承担他的行动所引起的成本或收益。而如果存在外部性，一个人的行动所引起的成本或收益就不完全由他自己承担；反过来，他也可能在不行动时，承担他人的行动引起的成本或收益。科斯在其著名论文《社会成本问题》中指出外部性问题具有相互性。如果一个工厂“有权”污染，污染所引起的成本是由被污染者的存在造成的，因而污染不是它的“个人成本”；如果“无权”污染，就必须为污染付费，因而污染就是它的“个人成本”。但“有权”或“无权”尚未确定时，成本或收益就无从谈起。成本和收益的界定成了产权制度的结果。在科斯看来，许多负外部性的产生都与产权界定不清有关。有些经济学家根据科斯的这一观点，将产权制度的主要功能界定为引导人们将外部性较大地内在化的激励。建立排他性产权制度是人类社会经济发展史上的一个伟大转变。建立排他性产权制度的过程也就是将外部性内在化的过程。只有在排他性产权制度建立后，成本—收益之类的经济计算才有了真实的意义。

◎思考题

1. 解释下列名词。

制度　　正式制度　　非正式制度

2. 制度的内涵是什么？制度的本质如何？
3. 简述制度的构成。制度有哪些功能？
4. 试述正式制度与非正式制度的关系。
5. 试述制度的起源。

第九章　制度变迁与制度创新

研究制度变迁和制度创新的目的是为了改善经济绩效。本章首先分析制度创新，包括制度创新的动力与过程等，接着探讨制度需求与制度供给及其相互关系，最后分析制度变迁的轨迹与过程、制度变迁的模型等。

第一节　制度创新

一、创新及制度创新的概念

“创新”的概念和创新理论是由熊彼特在1912年出版的《经济发展理论》一书中首次提出和阐发的。在熊彼特看来，所谓创新，就是建立一种新的生产函数，即把一种从来没有的关于生产要素和生产条件的“新组合”引入生产体系。熊彼特认为，创新包括产品创新、技术创新、组织创新和市场创新等。戴维斯和诺思继承了熊彼特的创新理论，研究了制度变革的原因和过程，并提出了制度创新模型，补充和发展了熊彼特的制度创新学说。

关于制度创新，新制度经济学有很多论述，主要有以下几方面的内容：(1) 制度创新一般是指制度主体通过建立新的制度以获得追加利益的活动，它包括以下三方面：第一，反映特定组织行为的变化；第二，反映这一组织与其环境之间的相互关系的变化；第三，反映在一种组织的环境中支配行为与相互关系规则的变化。(2) 制度创新是能使创新者获得追加利益而对现行制度进行变革的种种措施与对策。(3) 制度创新是在既定的宪法秩序和规范性行为准则下制度供给主体解决制度供给不足，从而扩大制度供给的获取潜在收益的行为。(4) 制度创新由产权制度创新、组织制度创新、管理制度创新和约束制度创新四方面组成。(5) 制度创新既包括根本制度的变革，也包括在基本制度不变前提下具体运行的体制模式的转换。(6) 制度创新是一个演进的过程，包括制度的替代、转化和交易过程。

综上所述，所谓制度创新是指社会规范体系的选择、创造、新建和优化的通称，包括制度的调整、完善、改革和更替等。

二、制度创新的动力

在现实社会发展中，制度总要借助不断的创新来拓展自身的绩效范围。从一般意义上讲，如出现预期的收益超过预期的成本，一项制度就会被创新。制度创新的成本主要由这几部分构成：规划设计、组织实施的费用；清除旧制度的费用；减少变革阻力的费用；制度变革带来的损失及变革的机会成本等。制度创新只在这样两种情况下发生：一是创新改变了潜在利益；二是创新成本的降低使制度的变迁变得合算。可以说，制度创新是制度主体根据成本—收益分析进行权衡的结果。这种分析包括三个方面：（1）某制度设立与该制度缺位在成本—收益方面的比较。（2）对同一制度安排和制度结构的运行收益与运行成本加以比较。（3）对可供选择的多种制度的成本—收益进行比较，选择净收益最大的一项制度。

制度创新的原动力在于：个人、社团和政府都企图在这一过程中减少实施成本和摩擦成本，从宏观上谋取经济、政治和社会的最大收益，从微观上对不同主体的行动空间及其权利、义务和具体责任进行界定，有效约束主体行为，缓解社会利益冲突。

几乎所有的新制度经济学家都承认，制度创新的终极动力在于追求个人利益最大化，即一项制度安排在预期收益超过预期成本时就会被创新。

三、制度创新的过程

戴维斯和诺思认为，制度创新需要一个相当长的渐进的过程，因为制度创新存在一定的时滞问题。戴维斯和诺思把制度创新的全过程分为五个阶段：（1）形成“第一行动集团”阶段。所谓“第一行动集团”是指那些能预见到潜在市场经济利益，并认识到只要进行制度创新就能获得这种潜在利益的人。他们是制度创新的决策者、首创者和推动人，他们中至少有一个成员是熊彼特所说的那种敢于冒风险、有敏锐观察力和组织能力的“企业家”。（2）“第一行动集团”提出制度创新方案的阶段。先提出制度创新方案，再进入下一阶段的创新活动。（3）“第一行动集团”对已提出的各种创新方案进行比较和选择的阶段。（4）形成“第二行动集团”阶段。所谓“第二行动集团”是指在制度创新过程中帮助“第一行动集团”获得经济利益的组织和个人。这个集团可以是政府机构，也可以是民间组织和个人。（5）“第一行动集团”和“第二行动集团”协作努力，实施制度创新并将制度创新变成现实的阶段。戴维斯和诺思认为，制度创新的过程是制度失衡与制度均衡的交替变化过程。在制度均衡状态下，对现存制度的改革，不会给改革者带来更大的利益，因此，这时不会出现制度创新的动机和力量。但如果外界条件发生变化，或市场规模扩大，或生产技术发展，或一定利益集团对自己的收入预期有所改变等，出现了获取新的潜在利益的机会，可能再次出现新的制度创新，然后又达到制度均衡。在制度学派看来，制度不断完善的过程，就是这样一种周而复始的从制度的非均衡到均衡的动态变化与发展过程。

四、制度创新的模型：“诺思模型”

一般而言，制度创新主体不外乎三种：个人、个人之间自愿组成的合作团体和政府机构。戴维斯和诺思指出，担负制度创新活动职责的“第一行动集团”可分为三种不同层次，因而在现实世界中有三种不同层次的制度创新，即由个人、团体、政府分别来担任“第一行动集团”的制度创新。不管是哪一层次的制度创新，其预期的制度创新收益都必须大于预期成本，否则，制度创新就缺乏经济利益动机，因而不可能实现。至于在哪一层次实现制度创新，则视哪一层次可得到的预期纯收益最大来决定。

在有个人、团体、政府三种不同层次的制度创新推动者可供选择的条件下，一般而言，政府的制度创新具有较大优越性。因为某种制度创新需要付出巨大的费用，或者在获取潜在经济利益时遇到私人产权的阻碍，或者私人市场还不曾得到充分发展，在上述情况下，往往个人或团体都难以承担“第一行动集团”的职责，这时由政府来进行制度创新则较为有利。再者通过政府制度创新获得的潜在经济利益，将归全体社会成员共同所有，不归个别成员或集团成员所有。当然，在政府推行制度创新的情况下，社会个别成员的自由意志有可能受到抑制，自由思想受到限制。因为在实行制度创新之前，并不需要取得全体社会成员的一致同意，不同意的成员又没有任意退出政府制度创新安排的权利，如要退出，就可能付出巨大的个人代价。

关于制度创新的源泉、动力和过程，较为完善的理论模型是诺思等人建立的。这里首先考察具有代表性和典型性的“诺思模型”。诺思的制度创新理论主要反映在他与戴维斯合著的《制度变迁和美国经济增长》一书中，该书首先强调了制度变迁对美国经济增长的重要意义，并对“制度”作了具体的区分和定义。他们指出，制度首先是指“制度环境”，即“一系列用来确定生产、交换与分配基础的政治制度与法律规则”；其次是指制度安排，即“支配经济单位之间可能合作与竞争的方式的一种安排”。前者相对稳定，可作为制度创新模型的外生变量，制度创新则主要指制度安排的变化。① 在界定了与制度相关的两个概念的基础上，诺思和戴维斯沿用新古典经济学经济人的行为假设，即假定制度创新主体是追求利润最大化的，并采用正统的成本—收益分析方法。由此他们揭示：

（1）制度创新的条件和动因。制度之所以发生创新是因为在个人或集团看来承担这些创新的成本是有利可图的，其目的在于获取一些在旧的制度安排下不可能得到的收益。一项新制度的初始必要条件是贴现的预期收益超过预期成本，只有这一条件被满足时我们才试图改变一个社会中既存的制度结构和产权结构。

（2）制度变迁过程。诺思等人把制度变迁视为一种制度均衡—非均衡—均衡的过程。所谓制度均衡是指在既定的制度安排下已经获取了各种要素资源所产生的所有潜在收入的全部增量；或者潜在利润仍然存在，但改变现有制度安排的成本超过潜在利润；或者如果不对制度环境作某些改变，就不可能实现收入的重新分配，现存的制度结构就处于一种均衡状态（即制度均衡）。制度均衡实际上就是现存的制度结构处于“帕累托最优状态”之中，在这一状态，现存制度安排的任何改变都不能给经济中的任何人或任何团体带来额外收入。但是这种制度均衡未必是永久的，因为一些外在事件能衍生出对现存制度安排的压力。

第一，新的潜在收入随着条件的变动而产生，一项新的制度安排会实现这种潜在收入。潜在收入的来源主要有四个方面：其一，遵循报酬递增的新技术应用及规模经济所带来的利润。其二，外部性内部化带来的利润。其三，克服风险带来的利润。其四，交易费用转移与降低带来的利润。由于存在潜在利润或称外部利润，一项新的制度安排能够实现潜在利润或把外部利润内在化。

① 科斯等：《财产权利与制度变迁：产权学派与新制度学派译文集》，上海三联书店，1991 年版，第 379~380 页。

第二，组织或者群体（个人）操作一个新的制度安排的成本可能发生改变。例如出现新技术发明，使得某项制度变迁成本大为降低。

第三，法律上或政治上的某些变化可能影响制度环境，使得某些集团实现财富再分配或获得现存的外部利润。

由于存在以上几种情况，现存的制度结构通过改进和创新就能够实现新的收益。这也就意味着现存的制度结构处于非均衡的状态，存在新的帕累托改进的可能。而一旦制度被创新并实现了帕累托最优，则新的制度均衡就出现了，制度变迁的过程也就完成了。“诺思模型”所揭示的引起制度创新的动力、影响制度创新的因素，尤其是对制度均衡到非均衡再到均衡的制度变迁过程的描述，使制度创新理论更加接近于现实。

第二节　制度的需求与制度的供给

一、制度的需求及其影响因素

1. 制度需求

人们之所以对制度产生需求，是因为制度能够给人们提供便利、增进人们的利益，这种便利和利益就是制度发挥的功能。

保险公司、期货市场、福利机构、社区自助协会等都是常见的减少风险的制度例子。“同财共居”的传统中国家庭也提供了抗风险的一种制度模式。除了自然的不确定性和风险，也有人为形成的危险。通过强制实施的法律制度，可以督促人们履行契约和减少人身伤害的威胁，从而减少了人为的风险。

制度除了减少生活的风险和不确定性外，很多都有节约的经济功能。如公司制度就是实现规模经济和外部收益内部化的典型例子。亚当·斯密早就看到分工制度能增进劳动生产力，而且分工制度也需要其他相应的制度支撑，“分工的程度要受到市场广狭的限制”。① 市场归根到底是由一系列制度组成的。如果市场制度中缺乏最基本的度量衡制度和货币制度，分工的程度将大大受限。

制度除了防备风险、减少不确定性和节约的功能外，几乎所有制度都包含了稳定和秩序的功能，人们需要稳定源于人类生活本身处于一种不稳定的状态这一事实。制度提供稳定和秩序的功能是通过信息揭示和传递，让人们形成稳定的预期来实现的。不仅没有规则的生活是难以想象的，而且对规则理解的偏差也可能造成不好的结果。制度界定了人们的行为规则，确立了人们相互影响的行为框架。

2. 影响制度需求的因素

影响制度需求的因素很多，主要有如下几种：

（1）相对产品和要素价格。相对价格的变化改变了人们之间的激励结构，同时也改变了人们讨价还价的能力。讨价还价能力的变化导致重新缔约的努力，因此产品和要素相对价格的改变是制度变迁的源泉。在历史的长河中这一点体现得更为明显。

---

① 亚当·斯密：《国民财富的性质及其原因的研究》（上卷），商务印书馆，1972 年版，第 8 页。

要素相对价格的变化不仅影响制度变迁，而且也影响技术变化。人口在诺思制度变迁理论中是一个重要变量。诺思认为，历史上存在着两个重要的人口与资源比例的转折点，与此同时，就形成了第一次经济革命和第二次经济革命。① 人口变化将引起劳动力—土地价格比率的变化。如人多地少，土地价值上升，就会使制度变迁的“砝码”倾向于土地产权制度；反之，人少地多，劳动力价值上升，就会使制度变迁的“砝码”倾向于人的财产制度的变迁。其他要素也可作类似分析。

（2）宪法秩序。宪法秩序的变化，即政权的基本规则的变化，能深刻影响创立新的制度安排的预期成本和利益，因而也就深刻影响对新的制度安排的需求。有一套长期有效的规则，经济与社会便有了长期稳定与发展的基础和保障。宪法就是一套最基本的规则，构成基本的制度；日常各种社会经济问题好解决或不好解决，都能从宪法的结构中找到原因。这就是为什么制度变革最终总会成为“宪法变革”的原因所在。

宪政规则的改变对一个国家的社会经济影响是全方位的，其中一个突出问题是，宪政规则改变对经济绩效的长期效应和短期影响并不总是一致的，如在法国，宪政秩序形成于法国大革命，持续了大约一个世纪。法国大革命对经济的短期影响是灾难性的。但是，从旧制度到新宪政秩序漫长的转轨过程中出现的拿破仑法典和许多其他制度及政策对于法国的经济发展具有长期的正面效应。

（3）技术。技术变化决定制度结构及其变化。技术发展水平及其变化对制度变迁的影响是多方面的。例如，技术的进步降低了交易费用并使得原先不起作用的某些制度安排起作用。技术进步能降低产权的排他性费用，从而使私有产权制度成为可能。过去牧场由于围栏费用过高的原因而属于共同所有，但是，用带铁蒺藜的铁丝构成的低费用围栏的创新，却导致美国西部公共牧场出现私人所有和牧场出租。这表明，对任何制度的需求都不能离开技术这个因素。人类对“好”的制度的需求，除了受利益、相对价格等因素的制约以外，还要受技术因素的制约。

（4）市场规模。市场规模越大，社会分工也就越细。这个道理也同样适用于制度变迁的分析。市场规模扩大对制度需求的影响首先表现在市场规模一扩大，固定成本即可以通过很多的交易而不是相对很少的几笔交易收回。这样，固定成本就成为制度安排创新的一个较小障碍了。其次，市场规模的扩大使一些与规模经济相适应的制度安排得以创新，如股份公司制度、跨国公司制度等。最后，市场规模的扩大，使得一些制度的运作成本大大降低。

二、制度的供给及其影响因素

1. 制度供给

制度供给即制度的生产，它是对制度需求的回应。制度可能由人们有意地设计出来，也可能是逐步演化而自发形成的，这两种不同的制度供给方式有不同的特点。

（1）正式制度供给。正式制度作为管束群体竞争与合作关系的正式规则，它对群体的所有成员具有强制约束力。排除群体中的部分成员在技术上不是不可能，但这样做是不

① 诺思：《经济史中的结构与变迁》，上海三联书店，1991年版，第15页。

可行、不经济的。在国家作为正式制度的专业化供给者发挥作用之前，这种公共产品的提供极易受搭便车的困扰而显得不足。在所有人看来都是一种有利的制度安排，即其社会收益大于社会成本，由个人提供则有私人收益小于私人成本的情况。授予个人垄断经营权从理论上讲可以克服私人净收益和社会净收益之间的不对称，但是这种特许权本身是缺乏保障的，实施成本是高昂的。如果所有人对某一制度安排的判断本来就不一致，即使我们按照多数人原则认为其是应该提供的，但此时制度供给的成本就更大，因为个别制度供给者必须说服那些不赞成的人。所以在国家出现之前，正式制度的供给量是不足的，维系社会运转的更多是靠非正式制度。

国家能够增加制度供给量是因为暴力国家作为专业化的制度供给者通过规模经济克服了个别制度供给者遇到私人净收益和社会净收益不对称时的斤斤计较。它不必要求一致同意就能推行规则，在至少能维持其已有利益水平时就可能发生。国家虽然不可能垄断正式制度的供给，但在正式制度供给上有举足轻重的地位。不过国家供给制度会出现另外一个问题，即正式制度供给常常不是自由契约的结果，它包含了国家的强力意志。

（2）非正式制度供给。非正式制度是自我实施的行为规则，是人类社会文化传统的重要组成部分，它是个人行为扩散的结果。一般说来，个人进行理性权衡之后，可能违背已有行为规范和创造新的行为规范，给社会造成一种冲击。当社会中的大多数人接受了新的行为规范后，制度的供给就实现了。与正式制度供给不同的是，非正式制度的供给不包含集体行动，因而个别供给者的行为尽管有外部效应，但不存在搭便车的问题。制度的供给完全取决于个人对供给的收益和成本的计算。这里供给成本不仅是供给过程中时间、精力和财务资源的支出，而且包括所处环境形成的社会压力，如道德和习俗等。这正是一个社会中非正式制度变迁缓慢的原因，国家的强力干预也不得不顾及这个事实。第二次世界大战后日本的基本正式制度被西方化了，但是直到今天，其诸多非正式制度还是依然保留了下来。

尽管如此，非正式制度也不是永远凝固不变的。在人类的历史长河中，我们看到习俗、习惯、禁忌等都已经发生和正在发生变化。也就是说，非正式制度的供给是存在的。只要个人觉得制度创新有利可图，他就会创造新的习惯和道德，而不管诸如此类的规则看上去是如何的根深蒂固。影响非正式制度供给的一个因素是社会中的相互作用程度。在一个“三从四德”的封闭社会，一个女子很少敢不循规蹈矩，原因在于人的流动性低，相互作用频率高，她必须继续在这个环境中生活。如果她的流动是可能的，就会增加她“犯规”的可能。在相互作用频率低、流动性高的社会里，非正式制度的约束力会降低，非正式制度的供给将会减少，达到社会秩序的目的将依赖于更多的正式制度供给。

2. 影响制度供给的因素

在社会经济发展和制度变迁的过程中，影响制度供给的因素很多，归纳起来有：

（1）宪法秩序。宪法秩序从四个方面影响制度创新和制度供给。

第一，宪法秩序可能有助于自由的调查和社会试验，或者可能起根本性的压制作用。如果是后者，制度变化所依赖的知识基础将受到削弱，制度变化将受到扭曲或阻碍。

第二，宪法秩序直接影响进入政治体系的成本和建立新制度的立法基础的难易度。如果在现有宪法秩序下利益主体无法承受进入政治体系的成本或者既得利益格局对新的立法阻力过大，都将限制制度创新；反之，则有助于制度创新。

第三，宪法秩序为制度安排规定了选择空间并影响制度变迁的进程和方式。如宪法通过对政体和基本经济制度的明确规定来界定制度创新的方向和形式。

第四，一种稳定而有活力的宪法秩序会给政治经济引入一种文明秩序的意识——一种关于解决冲突的基本价值和程序上的一致性，这种意识会大大降低创新的成本和风险。①

（2）制度设计成本。每一项能带来收益的制度安排都需耗费成本。制度设计的成本，取决于设计新的制度安排的人力资源和其他资源的要素价格。

（3）现有知识积累及社会科学知识的进步。拉坦观察到制度供给依赖于两个因素：知识基础和创新成本（与收益相关）。拉坦断言，我们拥有社会科学的知识越多，我们设计和实施制度时就会干得越好。新制度经济学认为，正如当科学和技术知识进步时，技术变迁的供给曲线会右移一样，当社会科学知识和商业、计划、法律和社会服务的专业知识进步时，制度变迁的供给曲线也会右移。进一步来说，社会科学和有关专业知识的进步降低了制度发展的成本。②

（4）实施新制度安排的预期成本。制度安排的供给还受实施上的预期成本的影响。制度从潜在安排转变为现实安排的关键就是制度安排实施上的预期成本的大小。一些好的制度安排因实施的预期成本太高而无法推行。

（5）现存制度安排。现存的制度安排影响制度提供新的安排的能力。初始的制度选择会强化现存制度的刺激和惯性，因为沿着原有制度变迁的路径和既定方向前进，总比另辟路径要来得方便一些。这好比制度变迁中的一种“惯性”。如果初始制度安排（尤其是宪法秩序）选择的方向正确，那么这种“惯性”有利于社会经济的发展；反之，这种“惯性”就成为新制度安排的一个障碍（或制约因素）。路径依赖形成的原因就是在现存制度安排中形成了一个既得利益集团或一种既得利益格局。尽管制度出现了不均衡，但既得利益集团将竭力维持现存制度安排。有时克服既得利益集团政治权力所付出的成本高得令人望而却步。

（6）规范性行为准则。规范性行为准则是一个植根于文化传统的制度类型。规范性行为准则对制度安排的选择和制度供给会产生深刻的影响。新制度经济学家反复强调制度安排应与文化准则相和谐，否则就使一些制度安排难以推行或者使制度变迁的成本大大提高。规范性行为准则是制约制度供给的一个重要潜在因素。

（7）上层决策者的净利益。上层决策者的净利益如何影响制度供给是一个比较复杂的问题。这首先取决于一个国家或地区的集权程度。在一个高度集权的国家，上层决策者的净利益对制度供给起着至关重要的作用③。

三、制度供求的均衡与非均衡

1. 制度的均衡

① 杨瑞龙：《论制度供给》，《经济研究》，1993年第8期。

② 拉坦：《诱致性制度变迁理论》，科斯等：《财产权利与制度变迁：产权学派与新制度学派译文集》，上海三联书店，1991年版，第336页。

③ 奥斯特罗姆、菲尼编：《制度分析与发展的反思》，商务印书馆，1992年版，第155页。

所谓制度均衡，就是人们对既定制度安排和制度结构的一种满足状态或满意状态，因而无意也无力改变现行制度。从供求关系来看，制度均衡是指在影响人们的制度需求和制度供给的因素一定时，制度的供给适应制度需求。

制度存在的合理性和必然性就在于它是制度需求与制度供给之间达到均衡的结果。在均衡存在的时点上，人们不会改变已有的行为规则，这印证了存在即合理的思想，如果不存在暴力和强制，这种均衡的制度应该说是最有效率的制度，也是最优的制度。遗憾的是，强力意志的介入使得均衡制度的数量常常不是社会最优的水平，形成制度供给不足或制度供给过剩。以国家正式制度供给为例，国家作为垄断者对某些制度需求不予考虑，排除和限制某些制度的供给，形成制度供给不足，同时这种排除和限制本身亦可视为一种供给过剩。这种约束条件下的制度均衡尽管处于稳定状态，但存在改进的可能，因而沿时间和空间展开都面临制度变迁的压力，一种均衡必将为新的均衡所代替，这个均衡点的轨迹就是制度的存在及其演化。

从单一制度的需求与供给入手并达到均衡，只是分析的起点。制度均衡是多重的和全面的，这表现为制度的复杂性、多样性和稳定性。多重的均衡指制度在不同层次上的均衡，如子均衡、子子均衡等；全面的均衡则意指一般均衡的状态。与阿罗—德布鲁一般均衡模型比起来，制度一般均衡并不意味着制度的最优性。

制度存在是制度需求与制度供给力量在时点上的平衡，理解制度的存在是制度分析的基础性工作。更为重要的是，必须说明我们观察到的制度变迁是如何发生的，尤其是对变迁的过程做出说明。

任何一项制度安排和制度选择都不是随意决定的，而是人们依据成本—收益分析权衡及选择的结果。如前所述，制度净收益大于零是制度安排的前提和制度选择的必要条件，但这还不是充分条件。因为在同一条件下，一般都存在一个制度选择集合，在这个集合中许多制度安排的净收益可能均大于零，那么选择谁呢？在这些可供选择和安排的对象之列，人们只能选择一种制度安排和制度结构。这就需要进行第二个方面的成本—收益分析，即把不同制度安排和制度结构的净收益加以比较，选择其中净收益最大的那项制度。一种制度安排和制度结构只要其净收益大于零，且在各种可供选择的制度安排和制度结构中净收益最大，这项制度就是最佳制度了。这时的制度状态就是制度均衡。

制度均衡形成的过程是一个错综复杂的博弈过程。制度均衡不同于一般的商品均衡。影响制度均衡的因素远远多于影响商品市场均衡的因素。制度均衡只是一种理想状态，实际状态常常偏离制度均衡。

制度供需均衡是制度变迁过程中的偶然现象，制度均衡实质上是指制度达到了“帕累托最优”，制度的非均衡则是常态，“不均衡—均衡—不均衡”反复循环构成制度变迁的过程，制度变迁在某种程度上讲，就是一个“帕累托改进”的过程。

2. 制度非均衡及其类型

所谓制度非均衡就是人们对现存制度不满意或不满足，意欲改变而又尚未改变的状态。之所以出现不满意或不满足，是由于现行制度安排和制度结构的净收益小于另一种可供选择的制度安排和制度结构，这时就会产生新的潜在的制度需求和潜在的制度供给，并造成潜在制度需求大于实际制度需求，潜在制度供给大于实际制度供给。从供求关系看，制度非均衡就是指制度供给与制度需求出现了不一致。

制度变迁实际上是对制度非均衡的一种反应。在社会经济发展过程中，制度非均衡是一种“常态”。制度均衡只是一种理想状态，即使“偶尔”出现也不会持续存在，影响制度供求的成千上万个“变量”在不断变化；另一方面，制度非均衡又成为制度变迁的诱致因素，正是不断出现的潜在利润促使人们进行制度创新。制度非均衡的轨迹也就是制度变迁的轨迹。

制度非均衡的类型主要有：

(1) 制度供给不足。对新制度需求的产生往往先于该制度实际供给的形成，从而造成制度有效供给不足。这种制度供给不足实际上是制度供给的“时滞”问题。除此之外，还有许多类型的制度供给不足，如诱致性制度变迁因外部效应、“搭便车”等问题而出现制度供给不足；在强制性制度变迁中，由于上层统治者利益方面的原因而出现制度供给不足。还有一种体制性制度供给不足，如政府处于垄断地位，垄断了制度的供给。在历史上，集权体制一般会压制制度创新的动机与行为，制度创新往往成为一些所谓精英人物的“专利品”。制度创新又是需要费用的，这种费用约束往往又使一些潜在的制度供给难以转变为现实的制度供给。

(2) 制度供给“过剩”。制度供给过剩，是指相对于社会对制度的需求而言有些制度是多余的，或者一些过时的制度以及一些无效的制度仍然在发挥作用。尤其是在供给主导型或者强制性的制度变迁中，制度供给过剩的问题就显得特别突出。例如，在各国实施管制的制度中，有许多属于制度供给过剩。

为什么会产生制度供给过剩？主要有以下原因：

从制度供给角度来看，一般来讲，供给主导型制度变迁（或者政府主导型制度变迁）容易产生制度供给过剩问题。供给主导型制度变迁是在一定的宪法秩序和伦理道德规范下，权力中心提供新的制度安排的能力和意愿是决定制度变迁的主导因素，而这种能力和意愿主要决定于一个社会各既得利益集团的权力结构或力量的对比。

制度供给过剩还与政府行为中的“创租”和“抽租”有关。所谓“创租”是指政府官员利用行政干预的手段来增加私人企业的利润，人为创造租，诱使私人企业向他们“进贡”作为得到这种租的条件。所谓“抽租”是指政府官员故意提出某项会使私人企业利益受损的政策作为威胁，迫使私人企业割舍一部分既得利益与政府官员分享。

政府干预政策的延续性也容易导致制度供给过剩。过度扭曲的政策容易形成努力维护这种政策的既得利益集团。因为过度扭曲的政策会形成更大的租金，对于该政策的受惠者来讲，他们可以付出更大的寻租成本来维护这种政策。对于寻租者来讲，只要寻租的净收益大于零，即寻租收益大于寻租成本，就是划算的。寻租者在长期的寻租过程中会形成一种对寻租的“路径依赖”。这也是政府干预政策延续性形成的一个原因。

从需求的角度来看，制度供给过剩与管制需求密切相关。斯蒂格勒认为，美国经济中的管制现象并不能用“市场失灵”理论来解释，却可以用利益集团对政府管制的需求来解释。斯蒂格勒提出的理论与管制的公共利益理论形成鲜明的对照。他运用许多政府机构的例子进行分析，得出的结论是，经济管制主要不是政府对公共需要的有效和仁慈的反应，而是行业中的一部分厂商利用政府权力为自己谋取利益的一种努力。管制通常是产业自己争取来的，管制的设计和实施主要是为受管制产业的利益服务的。一些行业或部门的企业为了获得垄断利润，通过种种手段或途径，对政府有关部门施加压力，获得一些政策性保护，限制其他企业进入。它们还企图使这些保护政策制度化、固定化，甚至法制化。

在管制下，市场竞争失去了作用，谁获得管制的特许权和经营权，谁就获得了垄断地位，同时也就获得了丰厚的利润。在这种情况下，谁还会去进行残酷的竞争呢？产业管制的最大受害者是消费者。管制的过程实际上是消费者剩余转变为生产者剩余的过程。当消费者面对管制带来的负效用（如高价低质服务等）忍无可忍的时候，国家不得不逐步放松管制。放松管制的过程实际上也是寻租衰减的过程。此时，国家放松管制的最大障碍是受管制的部门。因为受管制的部门在受管制的过程中已经形成了既得利益，一旦国家放松管制，那么这些受管制企业的整个体系都必须重构或重组。这个重组过程不仅需要成本，而且也是痛苦的。

制度供给过剩是相对于公众而言的，对于制度的受益者（或既得利益者）来讲就不存在过剩的问题。既得利益者拼命地维护这些低效的或过时的制度是制度供给过剩这类现象持续存在的重要原因之一。

制度供给不足与制度供给过剩是制度非均衡的两种基本形式。制度供给不足表明潜在利润的存在，制度创新能弥补制度供给不足，并能增加经济效率，即产生帕累托改进；制度供给过剩也表明潜在利润的存在，不过此时不是增加制度供给而是要取消一些制度。减少规章制度也能带来巨大的经济效益。

第三节　制度变迁的轨迹与过程

一、制度变迁及其发生机理

制度变迁是指制度的替代、转换与交易过程，它的实质是一种效率更高的制度对另一种制度的替代过程。诺思认为，制度变迁是制度不均衡时人们追求潜在获利机会的自发交替过程；林毅夫认为制度变迁包括人们在制度不均衡时追求潜在获利机会的自发变迁（诱致性变迁）与国家在追求租金最大化和产出最大化目标下通过政策法令实施的强制性变迁。

为什么发生制度变迁？其原因在于制度稳定性、环境变动性和不确定性及人对利益极大化的追求三者之间持久的冲突。

1. 制度的稳定性

稳定性是制度存在的理由，又是制度变迁的原因。稳定性是理解制度的关键。

制度的稳定性使人们能形成对未来的稳定预期，从而达到减少生活不确定性的目的。没有稳定性导致的秩序，人类的社会生活是不可能的，制度的稳定功能是制度存在的理由。需要补充的是，稳定性应当主要被理解为一种总体的和全局的特征，即人类行为的可能依赖于一个整体上稳定的制度框架，制度框架中的边际调整和局部变化则是微不足道的。

制度作为人们的行为规则和规范，是现实的和具体的，并非超时空的，而且也是不能自行改变的。人一方面需要制度提供的稳定功能，另一方面又会被其稳定不变性困扰。原因在于制度沿时间空间展开过程中，会由于条件和环境的变化而失去原有的许多功能，原来适宜的制度就变成了过时的制度。制度不能自行变更的事实就要求人们采取行动，改变或打破旧的稳定性，建立新的稳定性。如果稳定的制度在一切时间和空间上都有效，则制度变迁就不会发生。

2. 环境的变动性和不确定性

环境的变动性和不确定性一方面源于物质世界的运动，人类尚未认识或有一定认识但却无法应对，如地壳的运动、宇宙星体运动对地球的影响等，人类在很大程度上只能被动地接受它们的影响。另一方面，人类通过科学技术对物质的搬迁、转化、合成、分解等种种利用方式改变了自然环境，这些改变常常是不能很好预测的，于是在人们达到某些目的的同时出现了意想不到的副产品，物种灭绝、环境污染、疾病流行等很多问题也是人类生产力进步的“成果”。如果从微观的层次来考察，个人、个别家庭或个别地区面临的变动和不确定性还包括个体之外的人为部分。如果环境不发生变动，则人们一旦建立一套有效的制度就不必再为之操劳，制度变迁就不会发生。世界是运动、变化、发展的事实，要求人们适时改变和调整已有行为规则才可能使自身的利益极大化。

3. 利益极大化努力

利益极大化是节约的经济原则，也是人类能不断进步的动力。人类对利益的追求既导致了技术的进步、生产力的发展和物质财富的极大丰富，也导致了制度变迁和制度创新。不断追求好的制度也是人类不断进步的根源。这是人类文明不断进步的两大主线。

制度变迁是新的制度替代了旧的制度，它是制度稳定性、环境变动性和不确定性及利益极大化追求三者之间持久冲突的结果，这是一个必然的和合理的过程。合理的制度沿时间空间展开后逐渐会变得不合理，人们唯一的选择就是改变失去了合理性的制度，创造新的合理的制度，即制度变迁就是在约束条件改变（外在环境变动）的情况下对制度的重新求解。

二、制度变迁理论的形成和发展

戴维斯和诺思是制度变迁概念和原因的最早研究者之一。他们认为，一项新的制度安排之所以能够出现，是因为人们对它的预期收益超过预期成本。很多外部事件都能够导致利润的形成，但是现有的经济制度的安排又不可能使我们获得这些利润。只有通过制度创新形成规模经济、使外部性内部化、规避风险和降低交易费用，才能使人们的总收入增加，创新者才可能在不损失任何人的利益的情况下获取收益。

如果说戴维斯和诺思分析的只是制度变迁的一般原因，那么拉坦除了分析制度变迁与技术变迁相互关系的原因外，还就诱致性的制度变迁模型进行了深入的研究。在他看来，制度是一套行为准则，它被用于支配特定的行为模式与相互关系。制度的变革是技术创新推动了社会生产力发展的必然要求和结果。不是因为技术变迁、经济发展要求制度必须变革，而是制度变迁本身就是经济发展的力量，从而将这个观点总结为制度决定论。从这一认识出发，拉坦认为在现代经济学的分析中有一种倾向是，它们或者将制度变迁抽象掉，或者视制度变迁是一个经济体制外生的，这些方法是不恰当的。由此，他提出了一个诱致性制度变迁的模型，即制度变迁可能是由对与经济增长相联系的更为有效的制度绩效的需求所引致的。他认为："土地（自然资源）价格相对于劳动力价格的提高诱致了用于减少土地的无弹性供给的生产技术变迁，同时也引致了能更准确地定义与配置土地的产权的制度变迁。劳动力相对于土地（自然资源）价格的提高，导致了能使资本替代劳动的技术变迁，同时也导致了能增进工人对他自己的就业条件进行控制的制度变迁。由技术变迁所形成的新的收入流以及制度效率的收益引致了对产品的相对需求的变化，以及新的和更为有利可图的产品创新机会的开辟。这导致消费模式更为多样化，而且由技术变迁或制度变迁所形成的新的收入流又引致了用于修正新的收入流在要素所有者之间进行分割以及改变个人与集团之间的收入分配的进一步的制度变迁。"① 在这里，拉坦论证了技术变迁、制度变迁与经济发展之间非常复杂的相互关系。

林毅夫定义了诱致性制度变迁与强制性制度变迁。他认为，诱致性制度变迁指的是现行制度安排的变更或替代，或者是新制度安排的创造，它由一个人或一群人在响应获利机会时自发倡导、组织和实行。强制性制度变迁则是由政府命令、法律引入和实行的。制度变迁是一种公共物品，搭便车的问题是在所难免的。如果新制度安排仅仅靠诱致性创新的话，一个社会中的制度安排就会满足不了需求，因此需要国家干预以弥补制度安排供给的不足。这就是所谓的强制性制度变迁。②

布罗姆利是从制度交易的角度来分析和探讨制度变迁理论的。人们因为有自己的对制度交易的偏好和选择，当他为增加自身的利益而且预期新制度安排能够带来足够的利益时，就会反对现行的制度结构，改变现存的制度安排，提出一种新的行为准则或所有权结构，以此作为社会经济活动的法律基础。布罗姆利沿用的仍是戴维斯和诺思等人的预期收益大于预期成本是引起制度变迁原因的观点，但是他从人们的制度交易行为来谈制度变迁却是富有新意的。

改革开放以来，我国实施了一系列制度安排的变迁，经济理论工作者也因此对制度变迁的理论展开了分析和研究。杨瑞龙通过实证分析，提出了我国制度变迁的三种方式。他认为，改革之初我国选择的是"自上而下"的供给主导型制度变迁方式。权力中心凭借行政命令、法律规范与利益刺激，在一个金字塔形的行政系统内自上而下地规划、组织和实施制度变迁。其目的是通过制度创新使新制度安排的收益大于成本。为了获取最大化的垄断租金，权力中心为制度创新设置了严格的进入壁垒，其他利益主体要进行制度创新必须得到权力中心的授权。显然，杨瑞龙所谓的自上而下的制度变迁实际上就是拉坦和林毅夫分析的强制性制度变迁。如果以这样的制度变迁方式完成向市场经济的过渡，就会遇到难以解开的"诺思悖论"。这是因为在垄断租金的所有权结构与降低交易费用、促进经济增长的有效率体制之间，存在着持久的冲突，权力中心面临竞争约束和交易费用约束时，就会容忍低效率产权结构的长期存在。随着我国放权让利改革的深入，企业和农户拥有了

① 科斯等：《财产权利与制度变迁：产权学派与新制度学派译文集》，上海三联书店，1991 年版，第 338 页。

② 参见科斯等：《财产权利与制度变迁：产权学派与新制度学派译文集》，上海三联书店，1991 年版，第 371~403 页。

一定的经营自主权，能够通过生产经营活动参与国民收入的形成和分配，利益独立化的微观主体地位初步形成。他们有较强的利益动机和行为，一旦认识到新制度安排具有潜在收益时，就会利用下放的决策权实施制度创新，这就是所谓的“自下而上”的诱致性制度变迁。不过，在自上而下的主导型制度变迁还存在的条件下，微观主体的制度变迁需求要得到权力中心的特许才能实现，自下而上的诱致性制度变迁面临进入壁垒的障碍。杨瑞龙从我国制度变迁的实践过程认识到，微观主体并没有因此停止诱致性制度变迁，而是千方百计突破权力中心设置的进入障碍。突破口就选择在地方政府身上，它既能满足微观主体在制度非均衡条件下寻求最大化利益的要求，又能通过在与权力中心的谈判与交易中形成的均势来实现国家的垄断租金最大化的制度变迁方式。杨瑞龙还认为，通过放权让利的改革和“分灶吃饭”的财政体制的变革，地方政府拥有了较大的资源配置权，同时也有追求利益最大化的动机，它有一定的实力成为沟通权力中心的制度供给意愿与微观主体的制度创新需求的中介环节，它有可能突破权力中心设置的制度创新进入壁垒，从而使权力中心的垄断租金最大化与保护有效率的产权结构之间达成一致，化解“诺思悖论”。这样一种有别于供给主导型与需求诱致型的制度变迁方式，杨瑞龙将它称为中间扩散型制度变迁方式。杨瑞龙关于我国制度变迁理论的贡献在于他提出了一个有别于拉坦和林毅夫的中间扩散型制度变迁的概念和指出了我国由中央集权型计划经济向市场经济体制渐进过渡的现实路径：改革之初的供给主导型制度变迁方式逐步向中间扩散型制度变迁方式转变，并随着排他性产权的逐步建立，最终过渡到与市场经济内在要求相一致的需求诱致型制度变迁方式，从而完成体制模式的转换。①

三、制度变迁的时滞与路径依赖

1. 制度变迁的时滞

时滞就是一种时间差，它是指某项活动从计划开始到产生实际效果之间的时间间隔，是经济学中的一个重要概念。新制度经济学关于制度变迁中时滞问题的研究，对于我们认识制度演变规律是颇有启发意义的。从认知和组织制度变迁到启动制度变迁有一个过程，这个过程就是制度变迁中的时滞。

诺思的制度变迁模型是一种“滞后供给”模型，就是在潜在利润出现和使潜在利润内部化的制度创新之间存在一定的时间间隔，即制度创新滞后于潜在利润的出现。

根据诺思的分析，制度变迁中的时滞可分为四个部分。

（1）时滞 1：认知和组织。这个时滞是指从辨识外部利润到组织初级行动团体所需要的时间。这个时滞的长短主要取决于：①一种制度安排创新中的潜在利润愈大，时滞愈短。②已知的合法安排选择单愈长，时滞愈短。因为选择单愈长，某种创新获取利润的可能性愈大。③组成初级行动团体的成员愈少，时滞愈短。④如果组成有关行动团体的原型组织已经存在，则时滞较短。⑤通信和交通条件愈好，时滞愈短。

发现外部利润是制度变迁的一个首要条件，外部利润能否内部化，又取决于初级行动

① 参见杨瑞龙：《我国制度变迁方式转换的三阶段论——兼论地方政府的制度创新行为》，《经济研究》，1998 年第 1 期。

团体的形成。

(2) 时滞2：发明。外部利润能否内在化，很大程度上取决于制度安排形式的选择。“发明”一种制度形式（如股份公司）也是需要时间的。与技术发明不同，制度的“发明”者既不能获得专利，其发明的成本也难以完全得到补偿。

制度形式“发明”的时滞取决于：①从新制度安排中能够实现的利润愈大愈确定，发明时滞就愈短。②以完整的形式被借用或修正了的形式运作于其他行业或经济中的相似安排数目愈多，时滞就愈短。③经济环境对可选择方案的制约愈少，时滞就愈短。

(3) 时滞3：菜单选择。菜单选择中的时滞是指搜寻已知的可替换的菜单和从中选定一个能满足初级行动团体利润最大化的安排的时间。制度安排的方案多了，就面临着一个选择最佳方案的问题。如果每一个方案后都有一个利益集团，那么菜单选择的时间就更长，尤其是：①在已知菜单上可行的安排选择数目愈多，时滞就愈长。②显现在菜单上的选择方案的现值分布愈大，时滞将愈短。③对外部利润内在化至少能起部分作用的现存安排的总成本中固定部分愈大，时滞则愈长。

(4) 时滞4：启动时间。启动时滞是指可选择的最佳安排和开始旨在获取外部利润的实际经营之间存在的时间间隔。

启动时滞的长短主要取决于制度主体的不同，制度主体有个人、团体和政府，不同的制度主体因在规模、达成一致意见的时间上存在差异，就必然导致启动时滞。一般来说，在个人作为制度主体的场合，创新的启动时滞最短，涉及自愿合作团体的长一些，涉及政府的则最长①。

在影响制度创新时滞的诸多因素中，诺思认为影响时间间隔长度的最重要因素是现存法律和制度安排的状态。原因在于：(1) 它限制了制度安排的演化范围，如一国宪法秩序就往往规定了制度安排的可行性空间。(2) 现存制度安排可能还有残存价值，这就像某一架机器用了一段时间后会发生贬值，但只要这架机器还未彻底报废，其残余价值就存在，这种价值越大，抛弃它就越觉可惜，设备更新就越慢，制度变迁也适应此理，只不过一个是有形的（机器），一个是无形的（制度）。(3) 发明是一个困难的过程，在这个过程中，若无现存制度可资借鉴，或者有但不可借鉴（有些制度根本不能移植），那么，就只能“摸着石头过河”，制度创新时滞必然拉长。(4) 制度创新是一个利益调整过程。这种利益调整过程是艰难且又复杂的过程。各个利益主体之间的利益摩擦及其矛盾必然形成对新的方案的旷日持久的讨价还价。制度创新既有帕累托改进型的，也有非帕累托改进型的；在非帕累托改进型的制度创新过程中，就有一个对受损者的补偿问题。如果不能对受损者进行相应的补偿，那么新制度的推行就会被延期，甚至最终不得不被取消。从利益调整角度来看，制度变迁或制度创新有三个层次：第一个层次是制度创新中的潜在利润及成本与收益的变化，这个层次仅仅是新古典主义的原始制度变迁。第二个层次是考虑不同利益集团的制度变迁的博弈及其演变。第三个层次是引入国家的制度变迁。国家是一个国家制度的最大供给者。越到后面层次，制度变迁的利益矛盾也越尖锐。正因为利益矛盾的影

---

① 科斯等：《财产权利与制度变迁：产权学派与新制度学派译文集》，上海三联书店，1991年版，第317~319页。

响，国家所供给的制度经常是低效的。

制度供给中的时滞还与人的有限理性、信息成本甚至意识形态都有关。通过努力，人们能够缩短制度供给中的时滞，却很难消灭制度供给中的时滞。但是随着技术的发展及其知识存量的增加，制度供给时滞有缩短的趋势。尽管知识及技术的进步能使制度供给曲线向右移，但这仅仅只是一种潜在的制度供给曲线，要使这条潜在的供给曲线转变为实际的供给曲线，那就需要各利益主体达成“一致同意”。

2. 制度变迁的路径依赖与锁定

路径依赖（path dependence）是西方新制度经济学中的一个名词，它指一个具有正反馈机制（positive feedback system）的体系，一旦在外部偶然事件的影响下被系统所采纳，便会沿着一定的路径发展演进，而很难为其他潜在的甚至更优的体系所取代。路径依赖强调了这样一个经济现象：在一定的条件下，在动态经济过程中，存在的是多重均衡而非传统经济学分析结构赖以存在的单一均衡，相应地，经济系统中存在着传统经济学以外的影响因素（即在传统经济学中被忽视的偶发的、微小的历史事件），它们成为影响和决定系统最终走上哪一条发展路径的重要因素，不同的历史事件及其发展次序，不会产生同一个均衡结果。也就是说，经济究竟向哪个方向发展，是“敏感依赖于初始条件的”，这就是路径依赖的经济学本质。

路径依赖最先是生物学家用以描述生物演进路径的。生物学家在研究物种进化时发现：物种进化一方面决定于基因的随机突变和外部环境，另一方面决定于基因本身存在的等级系列控制。在此过程中，物种进化会自行产生各式各样的路径。生物学家古尔德较早研究了生物演化路径的运行机制并指出了路径可能非最优的性质，明确提出了“路径依赖”概念。后来，“路径依赖”被用来描述技术变迁过程中的自我积累、自我强化性质，即指新技术的采用往往具有收益递增性质。关于技术演变过程的自我增强机制（self-reinforcing mechanism）和路径依赖性质的开创性研究，最先是由 Arthur 作出的。他指出，新技术的采用往往具有报酬递增的机制。由于某种原因先发展起来的技术通常可以凭借先占的优势，实现自我增强的良性循环，从而在竞争中胜过自己的对手。相反，一种较之其他技术更具优良品质的技术却可能因为晚入一步，没能获得足够的追随者而陷于困境甚至“锁定”（lock-in）在某种恶性循环的被动状态之中，难以自拔。总之，细小的事件和偶然的情况会把技术的发展引入特定的路径，而不同的路径最终会导致完全不同的结果。具体来说，由于某种原因，首先发展起来的技术常常凭借其先占优势，利用巨大规模促成的单位成本降低，利用普遍流行导致的学习效应和许多行为者采取相同技术产生的协调效应，实现自我增强的良性循环。

诺思则进一步把技术变迁中的正反馈机制扩展到制度变迁中，用“路径依赖”概念来描述过去的绩效对现在和未来的巨大影响力。诺思为了解决“是什么决定了历史上社会、政治或经济演进的不同模式”和“如何解释那些绩效极差的经济还生存了相当长的时期”两大理论问题，将路径依赖分析框架引入制度变迁分析之中，并建立起分析制度变迁路径及其绩效的一般理论框架。诺思指出，制度变迁中的自我维系机制可能会导致如下结果：(1) 多种均衡，即可能存在许多解而结果不确定。(2) 可能的非效率，一些高效率的制度可能因为一些历史原因而未被采纳。(3) 锁定，一旦一个社会被锁入一个均衡点，就很难从中摆脱出来。（4）路径依赖，即一些小的事件或随机环境的结果决定某些特定的解，而这些特定的解一旦形成，就导致一种特定的制度变迁路径。沿着既有的路径，经济和政治制度的变迁可能进入良性循环的轨道并迅速优化，称之为诺思路径依赖Ⅰ；也可能顺着原来的错误路径往下滑，称之为诺思路径依赖Ⅱ。他认为，路径依赖分析框架在技术变迁中实质上是分析具有报酬递增性质的技术的竞争，而竞争的主体是内含于技术间的竞争组织，因此技术变迁中的路径依赖分析框架也能运用到制度变迁之中。诺思认为，有两种力量会规范制度变迁的路线：一种是收益递增，另一种是由显著的交易费用所确定的不完全市场①。所以，一方面是偶然性因素和上述两种力量决定了制度选择和变迁路径存在多样性；另一方面则是交易费用的存在使大量非绩效的制度变迁陷入闭锁状态而长期存在。路径依赖类似于物理学中的“惯性”，一旦进入某一路径就可能对这一路径产生依赖。正是这种路径依赖性的存在，使得一个社会一旦选择了某种制度，无论它是否有效率，都很难从这种制度中摆脱出来。在例证中，诺思列举了英国与西班牙、北美与南美不同制度变迁路径依赖的形成过程。他指出，一国的经济发展一旦走上某一轨道，它的既定方向会在往后的发展中得到强化，所以人们过去的选择决定着他们现在可能的选择。制度给人们带来的规模收益决定了制度变迁的方向，并最终使得制度变迁可能呈现出两种截然相反的轨迹：当收益递增普遍发生时，制度变迁不仅得到巩固和支持，而且能在此基础上一环紧扣一环，沿着良性循环轨迹发展；当收益递增不能普遍发生时，制度变迁就朝着非绩效方向发展，而且愈陷愈深，最终“锁定”在某种无效率状态。人们一旦选择了某个制度，就好比走上了一条不归之路，惯性的力量会使这一制度不断“自我强化，让你轻易走不出去”。应该说，任何一个系统在发展演变过程中都具有路径依赖的特征。这很容易在现实中找到例证的事实。比如打字机和计算机所运用的键盘、英国靠左行驶的交通规则、俄罗斯和西班牙相对于欧洲其他国家所不同的铁轨宽度以及各国不同的风俗习惯等。

之所以会存在技术演变和制度变迁的路径依赖性质，是由于自我增强机制在起作用，自我增强机制包括四个方面：（1）规模效应。设计和推行一项制度必须投入大量的初始资本，而随着这项制度的推广，单位成本和追加成本都会下降。（2）学习效应。在这样一个制度框架中，所提供的机会集合会产生显著的组织学习效应，适合于这一制度框架的组织会逐步建立，并在历史的进程中积累经验。其结果是各种组织必将利用该制度框架下所提供的各种机会，同时反过来强化了制度本身。不过这决不意味着制度本身的强化会导致经济绩效的增加，例如双轨制的制度变迁方向产生了大量的官倒机会，并且形成了强有力的既得利益集团，从而导致了经济效率的降低。（3）协作效应。在既定的制度框架下组织与组织之间会产生显著的协作效应，使人们习惯于既定的制度框架，例如在计划经济体制下，整个社会都习惯于上下隶属式的协作关系。（4）适应性预期。制度框架中正式规则的确立将会导致大量与之相适应的非正式规则的产生，从而形成对正式规则的补充并且延伸到具体的应用中，这自然会使人们产生适应性预期，因为某一制度框架的确立和居于支配地位，必将诱致人们产生对于该规则的永久性预期。当人们预期这一制度将延续，

① 诺思：《制度、制度变迁和经济绩效》，上海三联书店，1994年版，第127页。

预期他人将会按照这一制度规则行事时，自己就会首先按照这一规则行事，其结果必然是强化了制度自身。这一切加在一起就使得制度变迁具有明显的报酬递增和路径依赖的特征。

制度变迁的路径依赖特征为经济的长期发展刻画了路径依赖槽。不过只要市场是竞争性的（完全理性、完全信息和零交易费用）或者大致接近于零交易费用模型，则只要偏好给定，经济发展的长期路径就会呈现出有效性的特征。但是，如果市场是不完全的，信息的反馈又是分割的，而且交易费用也是十分显著的，那么行动者的主观模型将会被不完全的信息反馈和既定路径的意识形态所修正，路径依赖就将是持久的，而且不良的经济绩效将居于支配性地位。

路径依赖的特性可能会导致低效制度均衡的长期存在。因为即使均衡是低效甚或无效的，但是放弃它的成本却非常高昂，从而使得低效制度均衡长期存在于许多发展中国家而无法产生帕累托最优的制度变迁。不过，制度变迁的路径依赖特征并不是历史决定论。沿着路径依赖的每一阶段都有政治和经济上的选择，只是由于路径依赖的特性，它会使得选择集合变窄，在没有外部压力和内部危机时，变革它的成本会高昂到足以阻止变革本身。

路径依赖原理告诉我们"历史是至关重要的"，"人们过去做出的选择决定了他们现在可能的选择"①。初始的制度选择即使是偶然的，但由于其带来"报酬递增"，结果强化了这一制度的刺激和惯性。诺思指出"时间对于制度演进至关重要"。人们在注满传统与文化的时间长河里获取知识，进行学习，并形成新的知识充实到时间中去，成为下一代人面对的传统、文化和制度背景，这就是"累积的集体学习过程"。任何一代的现期学习是在由集体学习所引出的观念背景中进行的，因此，学习是一个有预期收益的社会文化的累积过程。具体地说，在路径依赖理论中所谓的历史事件包括在经济动态发展中的事件和环境，尤其指那些在传统经济学中被遗忘和忽略的微小事件、偶发事件，例如当事人的政治倾向、前期经验、合同签订时间、影响时间和决策的突发事件以及事件发生的具体次序等。在传统经济学中，由于唯一确定均衡解的存在，这些历史事件都被视作一个无法计入模型的干扰项而忽略不计，因为无论它们是否发生、以何种方式发生，在长期经济过程都将趋向同一个均衡稳定的结果；同时从当事人合理的分辨能力出发，这些偶发事件和微小事件应当是在其经济模型和事前信息之外的，所以传统经济模型并未将这些事件纳入研究的范围。而在路径依赖理论中，这些历史事件却成为决定系统具体发展方向的决定性因素。可以说，对历史事件的地位的承认，正是路径依赖概念的根本之所在。

制度变迁中路径依赖的运行机理可以概括为给定条件、启动机制、形成状态、退出闭锁等四大表现或过程。"给定条件"指随机偶然事件的发生，即启动并决定路径选择的外部偶然性事件发生，如偶然性战争爆发。"启动机制"指系统中的正反馈机制随给定条件的成立而启动，通常的表现是：投资一大笔初始设置成本建立一项制度；适应制度而产生的组织抓住制度框架提供的获利机会，相互学习，产生学习效应；通过组织间相互缔结契约，以及互利性组织的产生与对制度的进一步投资，实现协调效应，并因一项正式规则的产生而导致其他相关正式规则乃至一系列非正式规则的产生，以补充和协调这项正式规则

① 诺思：《经济史中的结构与变迁》，上海三联书店，1991年版，第1~2页。

发挥作用；随着以特定制度为基础的契约的普遍履行，适应性预期产生，使这项制度持续不下去的不确定性因素随之减少。"形成状态"指正反馈机制的运行使系统出现某种状态或结果，通常出现的结果就是如前所述的多重均衡、锁定、可能非效率和路径依赖等。"退出闭锁"是指通过政府干预和一致行动，实现路径替代。

路径依赖理论的提出，是对传统经济学理论的挑战，因而被认为是对经济学范式的全新再造，动摇了主流经济学的根本理念和基本方法。尽管 Arthur 于 1989 年在美国杂志 *Economic Journal* 上发表了路径依赖理论的代表性著作 *Competing Technologies, Increasing Returns, and Lock-in by History Events*，它的倡导者和反对者依然在为有关的问题争论不休，至今未有定论。但是，无可否认的是：在以知识为基础的经济部门（如高科技部门）日益取代以资源为基础的经济部门（如农业、矿业、传统工业等）成为推动经济发展的主要力量的今天，路径依赖及其相关的理论确实对现代社会中的许多经济现象具有更强的解释力，而这些正是传统经济学所无能为力的（正是这一点使得路径依赖理论成为诸多经济学家关注的焦点之一）。路径依赖理论已被广泛运用到资本市场、城市化进程、人力资源管理、国际贸易的比较优势理论、国家总体经济增长等多个领域。在现实生活中，高科技产业和网络经济的出现似乎为路径依赖理论及其相关理论提供了许多强有力的支持，但是，制度变迁中的路径依赖还有许多问题需要我们去探讨。

四、学习与制度变迁

新制度经济学很重视学习与制度变迁相互关系的研究。

为什么个人和组织会对制度变迁有要求，诺思认为，制度变迁的动力取决于两个因素，即学习与竞争。他说，制度变迁的最基本的长期源泉是个人和组织的学习。但是学习又会受竞争的影响，反映竞争的激烈程度。他认为，经济变化的速度是学习率的函数，虽然无聊和好奇心会导致学习，但学习率会反映组织间竞争的激烈程度。因为竞争反映了无所不在的稀缺，它使组织为了生存而去学习；相反，如果垄断力的程度越高，学习的动机越低。

新制度经济学家认为，制度形成社会的刺激结构，政治和经济制度随之形成经济实绩的基本决定因素。在与经济和社会变迁相联系的时间维中，人类学习的过程形成制度演变的轨迹。一般来说，制度变迁是渐进性的，在整个制度变迁过程中，人们更多的是在"边干边学"（learning by doing）。因此，"破解"人类学习的过程有利于揭示制度变迁的奥秘。

人类从野蛮、愚昧、落后走向文明、进步就是不断学习的结果。人类从无序到有序（包括规则）的过程实际上就是制度形成的过程。

学习需要形成一个用以解释感知的信号的结构。虽然这个结构的最初"设计"是外在的、天生的，但接下来的"架构"却是个人经验的结果。经验可以分成两类：一类是个人从周围的物质环境中得来的，另一类来自于社会文化语言环境。该结构由不同的类别组成，这些从幼年逐渐演变而来的类别建构了我们的感觉，并使我们具有保持分析性结果和经验的记忆。在这些类别之上，我们形成了思维模式以解释周围的环境。这些类别和思维模式都将不断演变，反映了新经验的反馈：有时是初始分类和模式的加强，有时则导致了修正——这个过程就是“学习”。因此，思维模式应通过新经验不断提炼，新经验包含了与他人思想的交流。

学习机制是如何影响制度及其变迁的呢？

（1）经济及其制度变迁的速度是学习速度的函数，但变迁的方向却取决于获取不同知识的预期回报率。过去和现在的大多数历史和社会中，经济实绩一直并不令人满意。人类通过尝试和失败已经学会了如何使经济实绩变好，但这个学习的过程不仅花费了上万年（自从第一次经济革命），而且目前仍未被几乎占世界人口半数以上的人们所领悟。再者经济实绩的根本提高，也不过是近几个世纪以来的新兴现象，甚至近几十年都一直限于少数发达国家。不同民族、国家及地区发展的差异确实与学习有关。任何一代人的学习都来源于当时所处的集体学习的经验氛围，因此学习也是一个积累的被决定预期回报率的社会文化所筛选的过程，但过去所积累的经验并不一定能解决新的问题。停滞的社会包含的信仰体系和制度不能面对和解决新的复杂的社会问题。学习也是一个选择的过程，选择的基本标准就是预期回报率。历史上许多制度都是人们在学习过程中形成的。作为个体，组织成员每天不断进行选择。结果经济制度的变迁是无所不在的，随时发生的。然而这些决策大多数是常规的，其中一些包含对个人与组织之间现存的合同的改变。有些重签的合同能在现有的产权结构和政治规则上完成，但有时，新的合同形式需要对现有规则进行某些修改。也就是说，现存的指导交易的行为规范将逐渐被修改或被淘汰。在上述两种情况下，制度得以改变。

（2）经验和学习的差异是形成不同社会和文明的重要原因。其实社会和文明的发展也遵循着达尔文“物种竞争、适者生存”的原则。如诺思解释的那样，随着环境复杂性的增强，人类的相互依赖性也逐渐加强了。为从贸易中获取潜在的利益，更复杂的制度结构形成就成为必然。在这个过程中，有些国家、民族及地区在学习过程中适应了这种变化，而有些没有适应这种变化。事实上，历史上的大多数社会在制度模式上停滞了，而没有演化为对提高劳动生产率十分必要的非个人交换形式，即市场经济。

（3）既然制度变迁取决于现存的知识存量，那么，现存知识存量的变化会对制度变迁的时间因素起重大的影响。如果知识存量增长了，制度变迁相对会提前；如果知识存量减少了（或停止增长了），那么制度变迁就会延迟。既然在“边干边学”过程中人们有关收益和成本的知识存量会发生变化，那么，制度变迁的收益和成本相应地在时间维度上也可能发生变化。诺思在获诺贝尔经济学奖发表演讲时指出，以往大量文献讨论了科学的起源和发展，但其中却很少涉及制度结构、信仰体系、纯粹知识获得的激励与阻碍之间的关系。西欧发展的一个主要因素就是逐渐意识到纯科学研究的实际作用。

“破解”制度变迁的奥秘确实要从人类学习过程开始。“创新与综合过程看来可以在个人学习水平上，以一种奇特的方式，在文化‘强外在约束’自身的水平上进行”。① 理性选择假设个人都知道自己的偏好并依其行事，在高度发达的现代市场经济中，这或许是正确的，在人类社会初期情况就不一样了。人类从过去的野蛮走向今天的文明确实是经过漫长学习过程的结果。许多规则、习惯及其制度都是学习的结果。学习与制度实际上是相

---

① 德勒巴克等编：《新制度经济学前沿》，经济科学出版社，2003 年版，第 333 页。

互联系、相互促进的一种关系。制度、规则是人们不断地“试错”、学习的结果；反过来，有效的制度又鼓励人们不断学习。没有学习及知识存量的积累，就不可能有制度的变迁和创新。

总之，学习对于制度变迁是十分重要的。共同的文化遗产为减少一个社会中人们思想模型的差异提供了一种方法，并且构成各国统一看法的工具。文化学习提供了一种内在交流的工具，它还以宗教、神话和教条的形式为社会成员直接经验之外的现象提供了共同的解释。“目前，新制度经济学的前沿可能更倾向于靠近认知心理学、认知科学以及复杂的非线性系统和神经网络理论的边缘。显而易见，有许多东西要学习。也许我们应该一起学习。”①

第四节　制度变迁模型比较

一、制度变迁模型分类

诺思认为，制度变迁是制度不均衡时追求潜在获利机会的自发交替过程。从制度变迁的主体和诱因来看，制度变迁方式分为强制性制度变迁和诱致性制度变迁。从制度变迁的速度来看，有激进方式和渐进方式。从制度变迁的轨迹加总来看，可能组合成多种多样的变迁模式。

1. 制度变迁的层次：基础性制度安排与次级制度安排

基础性制度安排（fundamental institutional arrangement）是指一系列用来建立生产、交换与分配基础的政治、社会和法律基础规则。例如，支配选举、产权和合约权利的规则就是构成经济环境的基本规则。基础性制度安排也可称为制度环境，是一国的基本制度。它决定、影响其他的制度安排。在制度环境中，宪法和法律结构又是至关重要的。在宪政设计上，根据哈耶克的观点有两种方式：一是英国的普通法思想，即司法独立，也就是法律一旦被议会通过，就应不受政治干预地由司法机构独立执行。二是美国式的政府间相互制衡思想，即法院有权评估与宪法不符的立法者的决策和法律，与英国的传统不同，美国的法院可在多方面干预立法选择。在过去的200多年间，两种宪制思想均被传播到许多国家，但其影响的范围和程度却存在较大差异。司法独立思想主要被英国殖民地国家采用，而对民法国家的影响较小。美国式的权力制衡思想则首先被移植到受美国影响的拉丁美洲国家，第二次世界大战后进一步影响到欧洲大陆国家。现在，欧洲民法国家普遍设立了宪法法院。根据对71个国家宪法的比较研究，普通法国家更多地吸收了司法独立的思想，而受美国影响较大的国家更多地接受了权力制衡思想。一般而言，司法独立的宪制与高度的政治和经济自由相关，而权力制衡宪制与高度政治自由相关，但对经济自由有较大限制②。新制度经济学一般把制度环境视为制度创新模型的外生变量。制度安排是支配经济单位之间可能合作与竞争的方式的一种安排。这里的制度安排也可称为“次级制度安排”

① 德勒巴克等编：《新制度经济学前沿》，经济科学出版社，2003年版，第343页。
② 陈志昂：《比较经济学的新发展》，《经济学消息报》，2003年4月25日。

(secondary institutional arrangement)。

制度安排一般在制度环境的框架里进行。一般来说，制度环境决定着制度安排的性质、范围、进程等，但是制度安排也反作用于制度环境。从比较静态和福利经济学的角度来看，一项新制度安排的评价标准有两个，即帕累托改进和卡尔多—希克斯改进。帕累托标准是指制度安排为其覆盖下的人们提供利益时，没有一个人会因此受到损失；卡尔多—希克斯标准是指，尽管新制度安排损害了其覆盖下的一部分人的利益，但另一部分人因此而获得的收益大于受损人的损失，总体上还是合算的。如我国改革初期，改革的结果表现为帕累托改进，而在改革的攻坚阶段，改革更多地涉及利益的深层次矛盾，所以改革的结果可能表现为卡尔多—希克斯改进。

制度环境当然是可以改变的，但与其他制度安排相比，制度环境的变迁要相对缓慢得多（革命引起的制度环境的改变除外）。从制度的层次来看，制度变迁中制度环境与制度安排的矛盾可能表现为两种情况，一是制度环境的变迁滞后于制度安排；二是制度安排滞后于制度环境的变化。

莱索托在考察了多个拉丁美洲和非洲地区发展中国家的经济发展史之后得出一个结论，资本主义在很多发展中国家没能成功的原因并不是因为没有启动资本，而是因为没有能够长期促进和保障资本积累的法律制度环境。换言之，不是因为没有钱，而是因为没有促进和保障钱生钱的制度。制度就是一国各方面（包括政治和经济）的行为规则，这种规则的形成根源于一国的历史、文化、社会的价值观及意识形态等因素。2001 年，弗里德曼在接受采访时谈到 20 世纪 90 年代诸多实行民营化的国家的经验教训时，就特别强调最大的教训是未能意识到实行法治是民营化的基础前提。

2. 制度变迁的规模：整体制度变迁和局部制度变迁

整体制度变迁是一个国家或者一个地区制度体系的改革，这种制度变迁涉及几乎所有的制度，可称之为宏观制度变迁。在宏观制度变迁的背景下，各种制度变迁交叉推进。如由计划经济制度向市场经济制度变迁，或者由市场经济制度向计划经济制度变迁。与整体制度相对应的制度均衡可以称为一般制度均衡。

局部制度变迁是同一国家或地区的单个制度变迁，如粮食流通制度变迁、土地制度变迁、社会保障制度变迁等。与局部制度相对应的制度均衡称为局部制度均衡。当然，这种变迁也可以与整体制度变迁同时进行，因为整体制度变迁就是由同一国家或地区的单个制度变迁加总组成的。

3. 制度变迁的主体：诱致性制度变迁和强制性制度变迁

诱致性制度变迁来自于地方政府和微观主体对潜在利润的追求，改革主体来自于基层，程序为自下而上，具有边际革命和增量调整性质。在改革成本的分摊上是向后推移的，在改革的顺序上是先易后难、先试点后推广、先经济体制改革后政治体制改革，从外围向核心突破，改革的路径是渐进的。其优点是：具有坚实的组织保障机制，具有自动的稳定功能，具有内在的优化演进机制和广泛的决策修正机制，降低了决策失误率。激励机制持久起作用，保证源源不断的改革动力。改革收益的外溢性和改革主体的受益性，保证了改革的不可逆性。诱致性制度变迁也有缺陷：改革难以彻底，核心制度难以突破，或者强制性制度供给长期滞后，制度供求缺口大；改革时间较长，改革成本较大，且有向后累积的趋势；改革主体可能会出现逐步位移。这种改革还可能导致“双轨制”长期存在，加大政府和官员的“寻租”空间。

强制性制度变迁是国家在追求租金最大化和产出最大化目标下，通过政策法令实施的制度变迁，是以政府为制度变迁的主体，自上而下进行的激进性质的存量革命。强制性制度变迁在具体的运用过程中又有不少类型，而且各种类型有不同的功能和不同的运用环境。从制度变迁的主体来看，可以分为两种，即以中央政府为主体的制度变迁和以地方政府为主体的制度变迁。从对制度需求的回应来看，也可分为两种，即需求回应性的强制性制度变迁和没有需求的强制性制度变迁。从制度变迁的暴力性质来看，有暴力性质的强制性制度变迁和非暴力性质的强制性制度变迁，前者称为自下而上的暴力革命，后者称为自上而下的改革。

4. 制度变迁的速度：激进式和渐进式

激进式的制度变迁是以终极预期目标为参照系数，采取迅速而果断的行动，一步到位安排预期制度的方式，“破”与“立”同时进行，也就是在进行新制度安排的同时，否认现存的组织结构和信息存量。这种变迁方式的优点一是减少不必要的争论；二是减少变迁成本向后累积的风险；三是急需的核心制度能够较快安排到位。不利因素包括：(1) 因为一步到位式的改革势必破坏现存的组织结构和信息存量，人们无法形成稳定的预期从而增大改革的组织成本和信息成本；(2) 改革具有不可逆性，无法对不适应实际的制度进行必要的修正和调整；(3) 如果是整体制度变迁，一旦把握不好，可能会出现政权易位。

渐进式的制度变迁是假定每个人、每个组织的信息和知识存量都是极其有限的，不可能预先设计好终极制度的模型，只能采取需求累增与阶段性突破的方式，逐步推动制度升级并向终极制度靠拢。

5. 制度变迁的相机组合的模式

强制性制度变迁既可以与激进方式结合，也可以与渐进方式结合。诱致性制度变迁也是一样，既可以与激进方式结合，也可以与渐进方式结合。制度变迁的组合方式有以下几种：

组合一：强制性制度创新方式+激进方式的变迁模式，简称激进式强制性制度变迁组合模式。这种模式是一种“暴风骤雨”式的变革方式，在实践中也称为“休克疗法”。它是由美国哈佛大学的萨克斯首先倡导的，该种方法本来是用来治理通货膨胀的，但是后来被用来进行制度变迁。其主要特点是以政府为主导，政府是制度变迁的主体，变迁程序是自上而下的，变迁时间较短，可以在比较短的时间实现制度结构的大变革。这种组合模式最大的特点一是制度安排的速度快，可以保证看准了的制度迅速安排好并有效地发挥作用，从而节省变迁时间，减少制度“阵痛”时间；二是正因为速度快，减少利益集团制度寻租的机会，节约制度实施成本；三是变迁的力度大，核心制度易于被摧毁而让位于新制度。主要缺点包括：(1) 有很大的破坏性，可能引起社会大的震荡，一旦安排的制度缺少制度需求，也不符合制度变迁的方向，则会使制度跌入供给陷阱，即前一种制度的法理基础被破坏，而安排的新制度却因制度环境不成熟和制度执行者经验不足等原因而难以有效发挥作用，制度变迁风险大，稍不注意就可能会出现政权易位。(2) 制度变迁具有不可逆性，缺乏弹性的修正的合理时滞。(3) 切断了与原有制度的联系，损失了信息存量。前苏联和东欧的计划经济体制向市场经济体制转变就是这种模式的最集中的体现。

组合二：强制性制度创新方式+渐进方式的变迁模式，简称渐进式强制性制度变迁组合模式。这种制度变迁的组合模式是指在一段较长的制度体系变革中，从整体上来讲，占主导地位的制度变迁方式是以政府为主的强制性制度变迁，但是有渐进因素：一是在单一制度的变迁轨迹上具有一定的渐进性质；二是核心制度和配套制度在安排上有先有后，而且还有一定的时滞；三是注意交替使用强制性制度供给以满足制度累增的需要。这种制度变迁组合模式较之组合一相对比较温和，有些制度也给制度需求主体一定的内生需求时间和空间，制度安排有一定的调整余地，避免制度震荡和破坏性，制度作用对象也有一定的时间来适应，可以减少制度作用对象对新制度的抵制，制度安排的摩擦成本较组合一要低。这种制度变迁组合模式的主要缺点一是由于强制性制度作用的时间比较长，利益集团寻租的可能性增强和各种“搭便车”的现象不可避免；二是由于是渐进的强制性制度变迁，可能会出现制度变迁的强度不够的现象；三是制度的内生诱导仍然不够。在这种制度变迁模式下关键要处理好两个问题，一方面是制度变迁的强度，另一方面是要及时根据制度需求的累积情况，安排好强制性供给的时机。我国改革开放以来的国有企业制度变迁就属于这种模式。

组合三：诱致性制度创新方式+激进方式的变迁模式，简称激进式诱致性制度变迁组合模式。这种组合模式就是在整体看，制度的变迁采取的是诱性制度变迁方式，但是单个制度的安排有激进性质。这些单个制度主要是核心制度，因为核心制度不出台，即使有再多的配套制度也不会提高制度结构效率。这与核心制度的安排具有内生需求并不相悖，而且核心制度在安排前也具有充分的制度需求累积。在核心制度采取激进的方式安排后，制度体系的其他配套制度就采取诱致性制度变迁来逐步完善。这种制度变迁的组合模式有许多优点：因为有充足的内生需求，制度安排一般符合社会发展规律的要求，制度实施的阻力小，实施成本低；制度安排成功的概率相当高；制度供给较及时，可以较大地缩小制度供需缺口；制度安排的可逆性大，便于制度修正和调整，是一种较为理想的制度变迁组合模式。其主要的缺点一是这种模式易导致核心制度更替脱节，正因为这是一种较为理想的制度变迁组合模式，制度设计和安排者就有可能盲目乐观，从而忽视核心制度的再创新，反过来又加大制度供需缺口，使制度跌入供给陷阱；二是制度变迁的时间较长；三是制度变迁成本向后累积推移，从而使矛盾和问题积累起来。这种制度变迁组合模式的关键也是要处理好制度强度问题，要保证核心制度按时出台。我国1978年以来的农业制度变迁正是这种模式。

组合四：诱致性制度创新方式+渐进方式的变迁模式，简称渐进式诱致性制度变迁组合模式。这种制度变迁的组合模式就是以市场微观主体为制度变迁的主体，通过微观主体的内生制度需求来渐进地、缓慢地推动制度变迁。其制度变迁的大背景是需求诱导性的，在强度较小的大背景下，制度变迁的速度也较慢。这种制度变迁组合模式的主要优点一是社会震荡小；二是制度内生需求充分，能够较准确地把握制度变迁的方向；三是制度安排成功概率高。主要缺点有：（1）变迁时间长，搭便车的多，利益集团的寻租多；（2）变迁强度不够，不能很好地把握制度变迁的时机；（3）制度供需缺口大，制度跌入供给陷阱的概率极高；（4）制度变迁成本高，而且越往后成本越高。

以上四种制度变迁组合模式之间并没有绝对的好坏、优劣之分，其效果主要看组合模式是否与实际相符，是否能解决该阶段的改革任务。

（1）因地制宜用好组合模式。由于制度变迁组合模式较多，各种不同制度变迁方式组合产生的效果也迥异，而且各地的、各国的条件和环境各不相同，这就要求在应用制度变迁的组合上要因地制宜、灵活运用。这也就是要求制度变迁不能生搬硬套，一定要结合本地的实际，充分考虑制度需求状况、制度初始条件、预期制度与制度环境的兼容性。一般而言，对于整体性制度变迁最好不要使用激进式强制性制度变迁组合模式，也就是说激进式的强制性制度变迁最好只用于局部制度变迁。其他的既可适用于整体制度变迁，也适用于局部制度变迁。

（2）把握模式的转换时机。由于诱致性制度变迁的推动力相对较弱，路径选择的传统依赖性强以及制度供给与需求主体利益博弈的非均衡性，决定了这种制度变迁方式不能完全解决制度的供给问题，特别是涉及既得利益集团或者决策者利益时尤其如此。这就必须要求强制性制度供给与之相配合。但是强制性制度供给由于其低效性、内在隐含的破坏性、利益集团的“搭便车”倾向和制度设计安排者的“寻租”企图，要求选准强制性制度出台的时机，尽量避免超前出现，但是也要尽可能地缩短制度供给滞后的时滞，避免使制度供给跌入陷阱（即核心制度供给滞后，其他配套制度供给边际为零甚至为负的状态）。因此，把握模式转换的时机是降低制度变迁成本、提高制度效益的关键。

（3）各种组合模式互补搭配。由于制度创新方式和制度演进方式在变迁中力度有强有弱、速度有快有慢，必须充分考虑两者的优势和劣势，尽量形成互补优势，如果万一不能形成互补的态势，也要取其函数的极值。

（4）把握好制度变迁的强度。对于强制性制度变迁而言，要保证预期制度及时安排到位，强度过大，变迁成本太高，可能会引起微观主体的不满；强度不足，预期制度就可能不能及时安排，增加双轨体制运行的时间和摩擦成本，直到跌入制度供给陷阱。诱致性制度变迁的强度主要是在诱导需求达到极点后，决策者安排新制度的强度要适宜，不能因为是诱致性制度变迁就拒绝使用一定的行政力量。

（5）把握好制度变迁的时间长度。激进式强制性制度变迁的时间不能太长，其限度以预期制度安排到位为准，长了不便于检验制度的正确性，也不便于对制度进行动态修正。

（6）要考虑制度需求累增效应，及时推动制度升级和完善。这要把握两个方面：一是各种模式都要尽量培养内生诱导性制度需求；二是要把握好制度累积的临界点，达到临界点后，要及时调整制度变迁模式。

二、诱致性制度变迁与强制性制度变迁及其比较

以上对制度变迁的组合模式进行了概括。在此我们将进一步对诱致性制度变迁和强制性制度变迁进行比较分析。

1. 诱致性制度变迁分析

诱致性制度变迁指的是现行制度安排的变更或替代，或者是新制度安排的创造，它由个人或一群人在响应获利机会时自发倡导、组织和实行。诱致性制度变迁必须由某种在原

有制度安排下无法得到的获利机会引起。

（1）诱致性制度变迁的特点包括：①改革主体来自基层。诱致性制度变迁以基层的各种行为人为变迁主体，正是这些基层的行为人和企业看到了潜在的利润，而提出了相应的制度需求，这就为制度变迁提供了方向。这些行为人是新制度的需求者，也是制度安排的推动者和创新者。②程序为自下而上。由于诱致性制度变迁的主体是基层的行为人或者企业，需求的源泉就来自于基层。因为处于基层的行为人先有制度需求，然后自下而上推动各级政府产生对制度的需求或者对制度需求的认可，即基层政府通过行为人或者企业对制度需求的分析，发现或者认识到这种制度的利润可观，就推动或者影响上级政府，上级政府也以同样的方式影响它的上级政府，直至决策者安排好制度。③具有边际革命和增量调整性质。诱致性制度变迁的策略是在保留核心制度的前提下增加新的制度，或者对外围制度进行部分的调整，是一种典型的边际革命和增量调整式的改革，使增量革命与边际创新相互影响，彼此联动，持续扩展新体制、新制度、新机制的覆盖空间。④在改革成本的分摊上向后推移。诱致性制度变迁在改革成本的分摊上采取向后推移的方式，尤其在改革的初始阶段，那些影响较大、会迅速产生巨大私有成本及减少私人净收益的改革措施，要么被化整为零，通过分步实施来向未来分摊巨额成本；要么向后推移，推迟到以后阶段，等到实施的阻力已显著下降，或者大多数社会成员的累积改革收益远远超过这些成本时再来分摊。⑤在改革的顺序上，先易后难、先试点后推广，从外围向核心突破。一是先解决较容易的制度，再向核心制度突破，由易到难，逐步推进。二是在具体的制度上，一般都先试点，摸索积累经验，再推广。⑥改革的路径是渐进的。诱致性制度变迁最显著的特点就是采取的方式是非暴力的、非突发式的，是一种需求试探性质的，以基层行为人或者企业对制度的需求来慢慢诱导制度的出台。在制度结构的安排上，也不是所有的制度全部安排好，而是根据制度的需求和决策的安排，逐步地推行，以避免社会产生巨大的震荡。

（2）诱致性制度变迁的优点包括：①具有坚实的组织保障机制，改革的速度和路径有可控性。依托既有经济组织推进改革，能够最大限度减少改革的摩擦阻力，降低制度创新的风险，低成本地利用传统组织资源，可以有效地控制改革的速度，把握改革的方向。②具有自动的稳定功能，改革震动效应在预期内。由于改革决策者稳定、改革队伍和改革主体稳定，即使是试错式的改革，也足以把改革的负效应充分估计到，对改革的损失能够有比较充分的准备，不至于因改革而影响社会稳定，也不至于因改革措施的出台而使改革局面失控。③具有内在的优化演进机制和广泛的决策修正机制，降低了决策失误率。诱致性制度变迁的改革主体来自基层，基层创新主体看到了潜在的利润，从而产生了对制度的内在需要，正是这种逐利的驱动机制推动各种制度逐步成熟和完善。改革主体来自于基层，正是这种主体才能发现制度需求的方向和制度创新的方向。这种内在优化演进的动态弹性机制具有很强的兼容性、开放性和现实性。④激励机制持久起作用，保证源源不断的改革动力。由于变迁是以基层为创新主体，基层各主体获得了先发性收益，这就进一步刺激了对特定改革措施集合的需求，产生了普遍的谋求改革行为。⑤改革收益的外溢性和改革主体的受益性，保证了改革的不可逆性。诱致性制度变迁是在不触动既得利益集团的情况下，进行增量调整和边际革命，这种改革方式不仅使改革主体受益，也使其他各阶层受益；不仅使改革的决策者与大多数社会成员的共同利益大于冲突性利益，而且使改革者的政治绩效倍增。因此，改革收益的外溢性和改革主体的广泛受益性使制度变迁具有不可逆性，即创新主体从新制度安排中得到的好处大于创新主体回到旧制度的冲动。

(3) 诱致性制度变迁的缺陷包括：①改革难以彻底，核心制度难以突破，或者强制性制度供给长期滞后，制度供求缺口大。一是改革主体来自基层，变迁力量弱，无法突破核心制度。二是基层的行为人或者企业作为改革的主体，在基本的制度需求满足后，其动力就会减弱，从改革的主体地位上退下来，从而使创新缺少主体。三是程序为自下而上，无法获得强制性制度安排。四是边际革命和增量调整的改革策略本身就隐含了核心制度的稳定。因此，这种制度变迁方式就隐含了对核心制度创新的不可能性。这也就表明核心制度不能仅仅靠诱致性制度变迁来创新。五是渐进改革的路径决定了制度的供给是一个先一般制度、后核心制度的渐进过程。这个渐进的过程必然会有一部分制度供给滞后，而这些滞后的核心制度仅依靠诱致性制度变迁是不可能从根本上解决制度需求问题的。②改革时间较长。一是因为渐进式改革决定了改革不可能一步到位，需要一个很长的过程。二是诱致性制度变迁表明在有制度需求时才会有制度供给，这种制度供给比较被动，而且需求与供给之间有一个很长的时滞，这也决定了改革要经过一个很长的时期。三是试错式、边干边学式的改革决定了许多制度的安排要经过多次试用，各种制度要经过反复“博弈”，才可能找到比较正确的制度安排，这也是一个相当耗时间的改革方式。四是自下而上与自上而下相结合的改革方式决定了基层的改革要得到上层的认可需要一段较长的时间。③改革成本较大，且有向后累积的趋势。一是试错式的改革成本大。二是渐进式的改革时间长，即使改革路径符合“帕累托改进”，但是时间消耗本身就是巨大的成本。三是改革成本向后推移，越到后期，付出的成本就会越高，而且一旦成本分摊不当就可能导致改革功亏一篑。④改革主体可能会出现逐步位移。当初始的改革主体利益得到满足后，就有可能从改革主体的位置上退下来，从而导致改革主体缺位。在改革主体缺位时各种利益集团会利用这种主体缺位的机会来促使制度安排向对自己有利的方向倾斜，或者干脆越俎代庖，自己进行制度安排，从而使改革主体逐步位移。⑤导致“双轨制”长期并存，加大了政府和官员的“寻租”空间。政府和官员是制度安排者，决定改革的时机、制度变革的强度、制度实施的范围，这样一是不可避免会出现制度上的“搭便车”行为，出台于己有利的制度或者向自己及自己的利益集团倾斜的制度。二是拖延新制度出台的时间。因为政府和官员既能享受旧制度的优势，又能获得新制度的创新利润。因此，不太愿意新制度过早出台。三是利用制度安排的机会，获取各个利益集团的好处，以制度安排来“寻租”。

2. 强制性制度变迁分析

强制性制度变迁由政府命令、法律引入和实现。与诱致性制度变迁不同，强制性制度变迁可以纯粹因在不同利益集团之间对现有收入进行再分配而发生。

强制性制度变迁的主体是国家或政府。国家的基本功能是提供法律和秩序，并保护产权以换取税收。根据新制度经济学的分析，国家在使用强制力时有很大的规模经济。作为垄断者，国家可以比竞争性组织（如初级行动团体）以低得多的费用提供一定的制度性服务。国家在制度供给上除了规模经济这一优势外，在制度实施及其组织成本方面也有优势，例如，凭借强制力，国家在制度变迁中可以降低组织成本和实施成本。

(1) 强制性制度变迁的类型。强制性制度变迁在具体的运用过程中有不少类型，而且各种类型有不同的功能和不同的运用环境。

①从制度变迁的主体来看，可以分为两种，即以中央政府为主体的制度变迁和以地方政府为主体的制度变迁。

中央政府主导的强制性制度变迁是中央政府为了追求租金最大化和产出最大化而主动安排的制度供给，这是一种典型的强制性制度变迁方式，制度变迁的主体是中央政府。这种制度变迁方式适合于对整体性制度的安排和对障碍比较大的旧制度的变更。

地方政府主导的强制性制度变迁是地方政府为了在地方竞争中占据优势、获取地方租金和产出最大化而进行的制度安排。这又称为中间扩散型强制性制度变迁，其主体是具有较大主动性的地方政府，或者是中央授权的地方政府，根据本地的实际，优先进行制度安排。这种制度变迁方式适合于需要进行试点的制度安排或者需要地方政府提供经验积累的制度创新。

②从对制度需求的回应来看，也可分为两种，即需求回应性的强制性制度变迁和没有需求的强制性制度变迁。

需求回应性的强制性制度变迁是先有制度的需求，然后决策者根据实际适时地、主动地推进制度变迁，以满足制度的需求，解决制度缺口。也就是说先有制度需求，然后才有强制性制度安排。其最终目的一方面是为了获取最大化租金和产出，另一方面也是迫于基层行为人、企业和下级政府的压力，这是一种典型的制度“博弈均衡”。如果政府安排的新制度的收益不能大于旧制度的收益，无论多大的压力都很难迫使政府主动安排新制度。这种制度变迁方式适合于以诱致性制度变迁为基点的变迁，因为在诱致性变迁中，通过一段时间的制度需求探索，为中央政府进行强制性制度安排积累了经验，特别是对核心的旧制度，光靠诱致性制度变迁是解决不了问题的，这就需要强制性制度变迁来完成诱致性制度变迁不能完成的任务。这种制度变迁效率比较高，风险较低，能够实现比较符合实际需要的制度安排。

没有需求的强制性制度变迁是决策者的一种主动性的、前瞻性的制度安排，它不是根据制度的需求来安排的，而是决策者根据自己的经验或者其他的制度模式来进行的强制性制度安排，其目的只有一个，就是为了获取最大化租金和产出。这种制度安排适合于对传统制度的矫正或者新制度完全取代旧制度的情况，如苏联解体时俄罗斯的制度安排就属于这种情况。这种制度安排风险比较大，缺陷也较多，需要不断地修正。

③从制度变迁的暴力性质来看，有暴力性质的强制性制度变迁和非暴力性质的强制性制度变迁。

非暴力性质的强制性制度变迁就是以政府为主体的主动性的制度安排，政府掌握制度变迁的主动权，制度作用的对象只能被动地接受，没有选择与被选择的权力。

暴力性质的强制性制度变迁是以基层行为人的暴动或者反对集团政变的方式来进行制度变迁，其前提是用暴力推翻现存的制度安排。这种制度变迁方式是一种暴力革命，不在本书讨论之列，但也是一种强制性制度变迁。

（2）强制性制度变迁的特点。虽然强制性制度变迁有不同的类型，各种类型有不同的特点和运用环境，但是从整体上来看，强制性制度变迁也有不少相同的特征（暴力性的强制性制度变迁除外）：①政府为制度变迁的主体。强制性制度变迁是政府看到了潜在的租金或者潜在的产出，主动设计和安排制度，政府是制度变迁的推动力量，自然是变迁的主体。这一点是各种类型的强制性制度变迁的共性。②程序是自上而下的。因为政府是制度变迁的主体，其程序当然是政府制定制度后，由各级地方政府或者部门来推行，直到制度开始起作用。③具有激进性质。不管是整体性制度安排，还是单项制度安排，都不是渐进的，而是制度一出台就一步到位，具有明显的激进性质。④具有存量革命性质。对整体性制度变迁，强制性制度安排能从核心制度开始进行改革，而不必像诱致性制度变迁那样先从核心制度的外围开始，逐步深入。

（3）强制性制度变迁的优点包括：一是推动力度大。由于政府是变迁的主体，对制度安排的推动力比较大，只要政府下决心，制度必定能迅速安排好。二是制度出台的时间短。强制性制度变迁不需要像诱致性制度变迁那样，要通过较长时间的探索，能够较快满足制度需求，不存在制度供给不足或者制度供求缺口过大的问题。三是能够保证制度安排较好地运行。四是对旧制度的更替作用巨大。从这个角度看，强制性制度变迁有着减少试错成本，减少制度供给不足而引发的各种损失的好处。

（4）强制性制度变迁的缺陷包括：一是低效性。因为制度供给是根据经验，而不是根据现实的需要，制度可能符合发展的需要，也有可能不符合发展的需要，低效性不可避免。二是“搭便车”行为不可避免。决策者或者影响决策的利益集团会利用制度供给的机会为自己牟取好处，而这时由于没有制度需求集团，所以没有任何监督机制，也就是说制度要求供给者、安排者与今后制度作用对象存在严重的信息不对称。三是制度破坏性大。由于强制性制度约束性强，一旦不符合实际需要，便可能对社会的发展造成极大的破坏。四是社会震荡大。因为强制性制度变迁是对既得利益集团各种利益的调整，而变迁性质决定这种调整没有一定的缓冲时间，震荡是不可避免的。

强制性制度变迁的局限性还表现在，强制性制度变迁尽管可以降低组织成本和实施成本，但它可能违背了一致性同意原则，一致性同意原则不仅是一个政治范畴，而且还是一个经济范畴。在某种意义上讲一致性同意原则是经济效率的基础。某一制度尽管在强制运作，但它可能违背了一些人的利益，这些人可能并不按该制度规范自己的行为，这类制度就很难有效率。例如中国现实的经济生活中，时时出现“上有政策，下有对策”的现象。对于这类现象，我们并不能用中央缺乏权威、地方缺乏纪律约束之类的理由作简单化的解释。这类现象实际表明，中国经过近些年的分权化改革后，中央与地方的利益矛盾由隐蔽转向公开化，此时就容易发生中央的强制性制度变迁与地方利益相“抵触”、“冲突”的现象。

3. 诱致性制度变迁与强制性制度变迁的比较

在社会实际生活中，诱致性制度变迁与强制性制度变迁是很难划分开的。它们相互联系、相互制约，共同推动着社会的制度变迁。新制度经济学为了更好地揭示制度变迁的规律，根据制度变迁主体的不同，把制度变迁划分为诱致性制度变迁和强制性制度变迁这两类具有代表性的模型。

制度变迁是一个需要付出时间、努力及费用的过程。以最少的费用获得最佳的制度安排，就是合乎理想的制度安排。成本—收益分析是分析制度变迁的基本方法。除非转变到新制度安排的个人净收益超过制度变迁的费用，否则就不会发生自发的制度变迁。推动这个自发制度变迁过程的人，新制度经济学家往往把他们称为“初级行动团体”、“制度企业家”、“创新者”等。新制度经济学家把熊彼特式的“企业家”和“企业家精神”引进了制度分析。如前所述，制度及制度创新对人类社会经济发展做出了巨大的贡献，但是由于制度的“公共品”性质以及“搭便车”问题，制度创新者并没有像技术发明者那样获得“专利”和相应的经济补偿。制度变迁通常需要集体行动。因此，“搭便车”是制度变迁所固有的问题。以上诸多问题使自发过程提供的新制度安排少于最佳供给。于是，政府就成为制度变迁的一个重要主体。政府可以采取行动来矫正制度供给不足。

由前面的分析可知，诱致性制度变迁与强制性制度变迁是相互补充的。这种相互补充有两方面的含义，一是当诱致性制度变迁满足不了社会对制度的需求的时候，由国家实施的强制性制度变迁就可以弥补制度供给不足；二是制度作为一种“公共品”也并不是无差异的，即制度是有层次性、差异性及特殊性的，有些制度供给及变迁只能由国家来实施，如法律秩序等，即使这些制度变迁有巨额的外在利润，任何自发性团体也无法获取；而另外一些制度及其变迁，由于适用范围是特定的，它就只能由相关的团体（或群体）来完成。后一类的相互补充并不是由成本—收益比较原则决定的，而是由制度的差异性（类似于新古典经济学关于产品差异性的分析）决定的。这一点被新制度经济学家忽视了。

诱致性制度变迁与强制性制度变迁有许多共同点，如两者都是对制度不均衡的反应，两者都得遵循成本—收益比较的基本原则等，但是这两种制度变迁模式又存在一些差别，主要有：

（1）制度变迁的主体不同。诱致性制度变迁的主体是个人或一群人，或者一个团体；而强制性制度变迁的主体是国家或政府。这两类制度变迁主体的差别体现在“质”（或性质）上。诱致性制度变迁主体集合的形成主要依据共同的利益和经济原则，国家这个制度变迁主体进行制度变迁的诱因比竞争性组织（或团体）更复杂。

（2）两类制度变迁的优势不同。诱致性制度变迁主要依据一致性同意原则和经济原则。如果它能克服外部性和“搭便车”之类的问题，那么它在制度变迁中将是最有效率的形式之一。而强制性制度变迁的优势在于，它能以最短的时间和最快的速度推进制度变迁，它能以自己的强制力和“暴力潜能”等方面的优势降低制度变迁的成本。总之，这两类制度变迁模式都有自己的比较优势，它们之间是一种互补关系而不是一种替代关系。

（3）两类制度变迁面临的问题不同。如诱致性制度变迁作为一种自发性制度变迁过程，其面临的主要问题就是外部性和“搭便车”问题。而强制性制度变迁却面临着统治者的有限理性、意识形态刚性、官僚政治、利益集团冲突和社会科学知识局限等问题的困扰。

诱致性制度变迁和强制性制度变迁，作为新制度经济学关于制度变迁的两个有代表性模型，日益受到理论界的关注。一些理论家用其本国的经验数据来检验这两类制度变迁模型，如一些国家适用诱致性制度变迁模型，而另一些国家更适用强制性制度变迁模型。

三、制度变迁理论的总括性分析

通过以上对新制度经济学制度变迁理论的梳理，我们可以看出，制度变迁的方式可以是，而实际上也是多种多样的，不同的制度变迁既是对立的，同时又是统一的。之所以说是对立的，是因为制度变迁的方式不同，制度安排的内容就会不完全一样。强制性的制度安排是从社会整体利益，或是从集团统治者的利益做出的强制人们认同和执行的规则；诱致性的制度安排是人们对制度变迁的获利机会的预期看好，为获得这项利益而做出的，且能相互认同和自觉遵守的规则。显然一种强制执行的制度安排是不可能同一种在相互认同基础上自觉执行的制度安排一致的。然而不同的制度变迁方式又是统一的，是因为没有强制性的制度安排，诱致性的制度安排就很难产生和执行。产权制度是一种保障经济主体利益、激励经济主体积极性和实现资源有效配置的制度安排。这种制度是以法律的形式做出的一些规定，而且是通过强制的形式实现的。财产所有者的权益不允许任何人侵犯，一个人要获得另外一个人的财产，必须以等价交换的方式才能实现。像这样的制度安排单纯靠伦理道德方面的教育很难达到互不侵犯财产的目的，也就是说，产权制度必须以强制性的方式才能付诸实施。有了产权制度安排之后，人们就可以根据个人的偏好，按照资源有效配置的原则，合理制定生产、交换和分配规则，实现利益最大化目标。这些生产、交换和分配的规则就是人们对制度的获利机会的需求诱致出来的制度安排。如果没有产权制度的强制性，一个人生产出来的东西他人可以无偿占有使用，他就不会想办法去优化配置资源，不会去积极生产，创造财富，增进社会福利，从而也就不会有个人或集体的诱致性制度变迁。所以强制性的制度变迁与诱致性的制度变迁在时间和空间上不可能是有你无我的完全对立的关系，而是一种相互依存又相区别的关系。

制度变迁方式之间的对立统一关系是由个人和集团之间的利益偏好与选择的对立统一关系决定的。这是因为：(1) 制度变迁是存在获利机会的。如企业承包制的变革是有明显的获利机会的，尤其在产权不明晰的我国更是如此。有讨价还价能力的承包者只要得到较高的利润分成比例就能取得明显的改革效果。(2) 个人或集团有明显的利益偏好。这两种利益偏好有时是统一的，有时又是对立的。个人能够从集团中得到利益，而且集团的利益越多，他从集团得到的部分也越多，二者的利益偏好就是统一的。集团如果为了整体的利益不允许个人得到太多，或者根本就不让他得到什么，二者的利益偏好就是对立的。(3) 个人或集团是通过制度安排的结构来决定策略或选择的。产权制度得到安排之后，个人与集团虽有利益最大化的偏好，但二者的选择行动就受到了限制。他们只能在各自的所有权范围内从事其生产性选择、交易性选择或分配性选择，不能在别人的所有权范围内从事上述任何活动。显然，制度变迁的获利机会会诱致个人与集团作出有利于自己而不是有利于他人的制度安排。二者的利益偏好之间的矛盾就必然引起对立的而不是协调的制度安排。集团（如国家）可能选择强制性制度安排，目的是保护集团整体的利益。个人可能选择诱致性制度安排，目的是实现个体利益的最大化。个人与集团利益偏好之间的矛盾是强制性制度变迁与诱致性制度变迁相互对立的原因的本质。不过，个体毕竟是社会整体中的一员，整体利益有个体的一份，个体利益的协调就成为整体利益。从这种意义上说，个人与集团的利益偏好虽然是对立的，但也有相互协调和相互统一的一面，集团的强制性制度变迁同个人的诱致性制度变迁从而也有统一的一面。

制度变迁方式的对立与统一既然本质上取决于个人和集团的利益偏好之间的对立统一关系，那么新制度的安排就既要适应二者的利益偏好，又要能够协调二者的利益关系。就是说，新的制度安排不仅要充分考虑到个人和集团的利益，以调动二者的积极性，同时又要有一定的规则约束个人和集团的选择行动。利益矛盾总是存在的，应该通过完善制度来协调。

概言之，以诺思为代表的新制度经济学的制度变迁理论的内在逻辑结构可以归结为研究制度变迁的主体、动力、来源、过程以及路径。

稀缺性、竞争、认知、选择是制度变迁的动因。在稀缺经济和竞争组织环境下，制度和组织的连续交互作用是制度变迁的关键，竞争使组织持续不断地在发展技术和知识方面进行投资以求生存，这些技能、知识及组织获取这些技能、知识的方法将渐进地改变我们的制度。① 诺思认为世界普遍存在着稀缺性资源，这就需要竞争，有竞争就有优胜劣汰，而优胜劣汰的过程实际上是市场决策的过程，这使稀缺性资源得到最优配置。同时，人们对竞争的外界认知以后会理性地作出边际选择。于是经济组织的制度变迁就在这些作出选择的集团的推动下发生了，因为这种选择是有效率的，人们可以在新的制度下获得更多的潜在利益。

制度变迁主体是社会行动团体，即“初级行动团体”、“次级行动团体”，他们是企业家或者政治家。

制度变迁的来源是外部性，而“外生性变化（如技术、市场规模、相对价格、收入预期、知识流量或者政治和经济游戏规则的变化）使得某些人收入的增加成为可能”。而要获得这些潜在收入，就必须克服障碍，“由于某些内在的规模经济、外部性、厌恶风险、市场失败或政治压力等原因，上述可能的所得并不可能在现存的安排结构内实现。所以，那些创造出能够克服这些障碍的制度安排的人（或团体）才能够获得潜在利润”。②

关于过程和路径，诺思认为一般的制度变迁是渐进的，“集体学习，即从历史中存活下来的，表现在社会文化中的知识技能和行为规范使制度变迁绝对是渐进性的并且是经济依赖的”。同时，由于个人、企业家为了从所选择的政治经济制度中获得更多的潜在利润，“制度都是逐渐地被修改的”。③ 除了这种渐进的演进路径之外，诺思认为还有爆发式的制度变迁，他指出“战争、革命、入侵和自然灾害，均是这种间断性的制度变迁的原因”。

基于对制度变迁过程的上述理解，进一步探讨，可以看出在经济发展史上，在有的国家制度变迁能获得加速发展，而在有的国家制度变迁长期徘徊不前。诺思认为制度变迁的路径取决于两个因素：一是交易费用高且不完备的市场；二是收益递增。就前者而言，市场总是复杂多变的，制度设计者的有限理性不可能事先掌握完全的信息，因此制度变迁的

---

① 诺思：《制度变迁理论纲要》，《改革》，1995 年第 3 期。

② 参见科斯等：《财产权利与制度变迁：产权学派与新制度学派译文集》，上海三联书店，1991 年版，第 267~292 页。

③ 诺思：《制度变迁理论纲要》，《改革》，1995 年第 3 期。

初始设计不可能与市场实际相吻合，制度变迁并不按照初始设计演进，事实上，可能一个偶然事件就改变了制度变迁的方向。就后者而言，“路径依赖”出现了。在制度变迁过程中出现收益递增的现象，从而形成了自我强化力量，促使制度变迁沿着既定方向在某条路径中不断发展，并自我强化。可是，沿着既定的路径，经济和政治的制度变迁可能进入良性循环轨道迅速优化，也可能顺着原来的错误路径往下滑，甚至被“锁定”在某种低效率的状态下而导致停滞。“我们的社会演化到今天，我们的文化传统，我们的信仰体系，这一切都是根本性的制约因素，我们必须仍然考虑这些制约因素。”① 这说明路径选择还与一个民族的文化因素、宗教信仰因素有关。

◎思考题

1. 解释下列名词。

制度创新　制度变迁　制度需求　制度供给　制度均衡　路径依赖

2. 影响制度需求与供给的因素有哪些？
3. 路径依赖对制度变迁有什么影响？
4. 学习机制是如何影响制度及制度变迁的？
5. 试析制度变迁的组合模式。
6. 试比较诱致性制度变迁与强制性制度变迁。

---

① 诺思：《制度变迁理论纲要》，《改革》，1995年第3期。

第十章　制度演化的层次

在分析了制度变迁与制度创新以后，我们来探讨制度演化的三个问题，一是制度演化的层次；二是有效制度演化的四大构成要素；三是制度的正义性。这三大问题是有内在联系的，也是新制度经济学的基本问题。

第一节　制度演化的四个层次

制度演化是有层次的，本节在威廉姆森提出制度演化四个层次的基础上，分析了制度演化的四个方面的特点；另外，还对制度演化到底是自然演化还是人为设计的争论进行了分析。

一、制度演化的层次及其特征分析

在制度经济学的研究中，最有用的制度研究框架是由威廉姆森（2000）提出来的。这种研究框架得到了越来越多的学者认同。值得指出的是，威廉姆森不仅划分了制度分析的层次，而且还提出了每个层次制度变迁的时间。威廉姆森的框架区分了社会或制度分析的四个相互关联的层次。

第一层次：社会和文化的基础制度。这是制度的最高层次，它包括习俗、传统、道德和社会规范、宗教以及语言和认知的一些方面。这个层级的制度是社会制度的基础。这些社会和文化的基础制度变化非常缓慢，改变和适应的过程至少需要1000年时间。

第二层次：基本的制度环境。这个层级的制度包括基本的制度环境，威廉姆森称之为“博弈的正式规则”。这个层级的制度包括：宪法、政治体制和基本的人权；产权及其分配；使政治权利和产权、货币、基本的金融制度以及政府的征税权力等得以实施的法律、法院以及相关的制度；规定移民、贸易和外国投资规则的制度；推动基本制度环境变迁的政治、法律和经济机制。在任何时点上，一个社会的基本的制度环境都是对其基本的社会和文化基础制度的反应，在一个社会动态的均衡中，一个给定的基本制度集将与社会和文化的基础制度在特定时点上保持相容。基本的制度环境的变化比社会和文化的基础制度（第一层次）发生得更快，但是其变化仍相对缓慢，适应周期大致在10年至100年。

第三层次：治理机制。这一层级制度被威廉姆森称为“博弈的玩法”。给定基本的制度环境，人们将参照制度（治理）的安排做出选择，通过这种安排，给定了基本的制度环境的属性后经济关系将得到治理。这个层次的制度包括：个人交易商品、服务和劳动的制度（如竞争性的市场）；制约和影响合约及交易关系的结构、企业的垂直和水平的结构以及内部调节的交易和市场调节的交易之间的边界的制度；公司治理以及支持私人投资和信用的金融制度等。治理机制的选择在任何时点上都受基本的制度环境和一个国家的基本经济条件（如自然资源禀赋）的影响，治理机制的变化比基本的制度环境的变化更快，威廉姆森认为时间跨度在1~10年。

第四层次：短期资源分配制度。在以上三个层级的制度给定的情况下，这一层次的制度实际上指的是经济的日常运行。在不完全市场条件下，价格、工资、成本、买卖的数量等由市场的性质决定。

威廉姆森关于制度演进的四个层次可以简单地归结为：第一个层次是非正规制度。第二个层次是正规制度，其中最重要的是通过政治、法律和科层机制来确定产权。第三个层次是执行和监管制度，其中最重要的是对合约关系的监督。第四个层次是自由市场经济制度。每种制度都涉及相关的理论研究领域，对第一种制度的研究涉及社会学、人类学，对第二种制度的研究涉及产权经济学，对第三种制度的研究涉及交易成本经济学，对第四种制度的研究则属于新古典经济学的范围。

新制度经济学更多的是对制度层级中第二层次和第三层次的制度安排的各个方面进行分析，可以说产权经济学和交易成本经济学是新制度经济学最重要、最基本的部分。哈耶克关于社会秩序形成的思想类似于威廉姆森第一个层次的制度。他设计了三个具体层次的演进：第一层次是遗传学演进；第二层次是人类智力和知识的演进；第三层次是“文化演进”。在他看来，文化是一种介于本能和推理的东西，是一种“行为规则”的传统，这些规则在文化传播过程中传承下去。文化演进中的选择过程决定哪些规则能生存下来，文化演进的基础是“群体性选择”，因此，作为文化规范的载体，人类群体就必须适应社会成员间交互作用（社会互动）的要求。哈耶克的这三个层次实际上都是威廉姆森所说的第一个层次的制度问题。

制度演化的一些主要特征可概括为以下几个方面：

1. 复杂的制度系统

从上面的分类我们可把制度看做一个复杂的系统。系统被定义为一个多要素结构，这些要素相互联系、相互制约。当这些要素与许多对应特征相互作用时，我们就称其为复杂系统。如果这种系统对未来是开放的，即各要素或特征会难以预见地变化，我们就称它为一个演化系统。在这种系统中，变异、选择和自稳定相互作用，产生各种新的可识别模式。当我们考虑各种交叉联结的制度时，我们就称其为规则系统。它可以靠试验和演化性学习来引导，也可以靠设计来引导。因此，规则的秩序可以是计划出来的，也可以是自发形成的①。

制度经济学的基础还包括把经济看成一个复杂的演化系统这样一种思维方式。这种分析方法与新古典经济学视均衡为可持久状态的概念有实质上的不同。演化经济学的引入有利于人们对制度演化的分析。与新古典经济学不同，复杂系统的方法视经济生活为一种处于渐进演化中的过程，在人们选择适合其多种目标的事物时，经济中的有些因素会显现出

① 柯武刚、史漫飞：《制度经济学——社会秩序与公共政策》，商务印书馆，2000年版，第170页。

来，而另一些因素则归于消失。① 如果把经济看成一个复杂的系统并且各个子系统是有内在联系的，那么用新古典经济学的思路和方法研究制度的起源就显得不够了。规则形成一个系统，这个系统又会影响实际世界的现象系统。换言之，我们必须考察确立人类行为秩序的规则序列。我们必须从规则系统和经济、社会系统的角度来思考。对于这种制度系统我们研究的切入点是什么呢？经济学将研究社会制度的产生和演化，一种非常简单的方法上的路径就被提出了。我们可以在一个洛克式的自然状态下开始我们的分析，其中，起初根本没有什么社会制度，而只有行为人及偏好，以及在他们的控制之下他们所具有的将投入转换成产出的技术。下一步是研究在这个经济演化的过程中，什么时候诸如货币、银行、产权、竞争性市场、保险合同和国家将会逐渐发展②。制度是一个递进的不断演化过程，这种递进演化的过程和积累构成了复杂的制度系统。

诺思（1997）认为，“变迁过程源于事实上的持续不断的变化，持续不断的变化源于认知的变化，反过来，引导角色修正或者改变结构，再反过来，改变事实——如此不断地进行”。他在演化分析中发现：“制度框架已经演化了很多代，正如哈耶克提醒我们的，反映在试错过程，也就是从错误中对那些行为模式进行排序。”③ 诺思在最新的一些论文中反复强调认知在制度分析中的重要性是有道理的，正如诺思所说，“在经济变革的长期趋势中，制度或认知模式的变化往往起源于不同个人群体面临的初始条件的改变。正如不同群落因其所处物质环境的不同而具有不同经验，在此基础上逐渐形成不同语言，并用不同的思维模式来解释周围世界。语言和心智模式形成非正式约束力，它们限制了该群体的制度框架，并被当做习俗、禁忌或是神话，世代传承下去，产生了我们所谓的文明，从而形成了路径依赖的关键部分。随着劳动分工和专业化的不断发展，群落演化出不同的政治与经济形式。随着在解决稀缺性这一根本经济问题上取得各种不同程度的成功，经验和学习的多样化逐渐产生差异日益扩大的社会和文明。随着人类变得越来越相互依赖，环境的复杂性增加，为了从交易中获得潜在收益，就需要更加复杂的制度结构”。④ 复杂的制度体系与人类文明的进步具有高度的相关性。

2. 内在制度与外在制度的互动

从制度演化的层次来看，一个社会的制度框架要以演化的内在制度为基础。约翰·洛克、大卫·休谟和亚当·斯密强调一个社会的制度框架必须以演化的内在制度为基础。有意识制定的、立法通过的规则，以及由政治过程决定的制度的整个架构，都必须以内在制度为基础⑤。内在制度被定义为群体内随着经验而演化的规则，而外在制度则被定义为外

---

① 柯武刚、史漫飞：《制度经济学——社会秩序与公共政策》，商务印书馆，2000 年版，第 41 页。

② 肖特：《社会制度的经济理论》，上海财经大学出版社，2003 年版，第 30 页。

③ 阿兰·斯密德：《制度与行为经济学》，中国人民大学出版社，2004 年版，第 369~370 页。

④ 诺思：《新制度经济学及其发展》，载孙宽平主编：《转轨、规制与制度选择》，社会科学文献出版社，2004 年版，第 7~8 页。

⑤ 柯武刚、史漫飞：《制度经济学——社会秩序与公共政策》，商务印书馆，2000 年版，第 122 页。

在地设计出来并靠政治行动由上层强加于社会的规则①。这里的内在制度类似于威廉姆森所说的第一层次制度，即社会和文化的基础制度，而外在制度则类似于威廉姆森所说的第二层次制度，即基本的制度环境。

内在制度演化的途径是创新和变异、接受和抵制、使接受者达到临界多数从而使它们被接受为具有规范力量的共同体准则。内在制度通常是非正式的，因为它们不会被硬性地强制执行（软制度）。内在制度为进一步的尝试和演化性变革提供了空间。有些人在一定的环境中会违反一种既有的惯例和习俗。他们接受了受惩处的风险。因为他们觉得，破坏规则仍然是有利的。如果后来证明他们错了，他们将重新服从规则；如果他们做对了，其他人迟早也会看到这种好处，并模仿这种新行为。如果有足够多的人争相仿效这一行为，就会在共同体内形成一个临界多数，从而新的内在制度逐渐演化出来②。内在制度的演化也是一个“试错”过程。历史上不论哪个层次的制度演化可能都是从少数人开始的。

对于许多公民来讲，不关心或容忍既有的外在制度仍然是合乎理性的。然而，当外在制度强加的成本大到足以让人们采取行动时，人们会结成有组织的利益集团以贯彻他们的政治意见。在多数现代社会中，政治法规都提供正式的变革渠道，如提出法律异议和议会表决，推动外在规则的有序变革。③

内在制度与外在制度的互动是新制度经济学需要进一步研究的领域之一。内在制度类似于诺思所讲的非正式制度，而外在制度类似于诺思所讲的正式制度。诺思认为，正式制度与非正式制度具有内在联系，发展中国家可以移植或引进发达国家的正式制度，但非正式制度却难以移植或引进。非正式制度的演化是一个缓慢的过程，正式制度在很大程度上是由非正式制度派生出来的，所以发展中国家的制度创新或制度变迁应该注意文化、价值观等领域的变化，而这个层次由于变化需要的时间长（威廉姆森说至少是1000年），容易被统治者所忽略。

3. 制度演化中的路径依赖

按照诺思的分析，路径依赖是过去的制度框架为现在的组织与个体企业家（政治的或经济的）提供了机会集合这样一种累积性的制度演进过程。制度方阵包括一个相互依赖的制度网及由此产生的以报酬递增为特征的政治与经济组织。换言之，组织的存在归因于制度框架所提供的机会④。

Nelson等（1999）提出“社会技术”（social technology）的概念有利于我们对路径的理解。“社会技术”与“物理技术”对应，是指引导劳动分工和合作模式的生产路径，制度是标准化的“社会技术”。这个概念我们认为比传统的制度概念内涵更广。运用此概念有利于对制度的产生和演化机理进行更好的探讨，可以使对制度的研究更好地类比于物理

---

① 柯武刚、史漫飞：《制度经济学——社会秩序与公共政策》，商务印书馆，2000年版，第119页。

② 柯武刚、史漫飞：《制度经济学——社会秩序与公共政策》，商务印书馆，2000年版，第474页。

③ 柯武刚、史漫飞：《制度经济学——社会秩序与公共政策》，商务印书馆，2000年版，第482页。

④ 诺思：《制度》，《新华文摘》，2006年第20期。

技术的进步。例如，Nelson认为制度的产生只不过是各种生产分工和合作的路径，每个人都有自己的“路径空间”；通过学习和磨合，某些路径被多数人接受，最后沉淀并“标准化”，于是成为一种制度。

制度演化中为什么会产生路径依赖？按常规，由一个共同体共享的基本价值系统及其元规则是相对稳定的，这就是威廉姆森所说的第一个层次的制度。这个层次的存在有利于较为稳定的制度演化。新制度一方面会使人们付出学习成本，另一方面可能在转型期导致较高的协调成本。这常常成为固守传统的一个理由。新规则因此无法在自愿遵循者上达到一个临界多数，从而不足以在共同体中得到普遍认可。对新规则的认可还常常因担心这些创新会替代其他规则而受阻。传统的规则系统大多含有许多补充条件，它们有益于形成严密的网络。人们为了最佳地利用主流规则，也使自己适应于它们之间复杂的互动关系。“老规则是好规则”的格言很有影响，因为广泛存在的准自动化规则服从降低了协调成本。结果，在制度变迁中存在着路径依赖，制度系统会在相当程度上顺从惯性。它们通常会按相当稳定的路径缓慢演变。演化性调整，而非痉挛性转换，对于制度发挥节约信息成本的基本功能来讲是必不可少的①。拉德弗德（1945）在一篇文章中描述了第二次世界大战期间一个战俘营里各种各样的社会制度的演化。他令人信服地证明，如果所有的社会经济制度会被摧毁，关于它们的记忆也将从脑海里抹去，活下来的人将继续创造一系列新的制度，即使这些制度在形式上可能与早先的制度不同，却服务于同样的功能。社会制度是人类创造的，唯一摧毁它们的方法就是摧毁人类本身。如果不是那样，我们不会被阻止去创造使我们的生活更有效率的社会机制。② 所以，对制度研究的深度取决于我们对人类行为研究的进展。同时诺思等（2004）认为要充分理解路径依赖现象，应该从对认知层面的分析开始，以制度层面的分析为主干，以经济层面的分析为终结。

我们要正确认识制度演化中的路径依赖，路径依赖的价值在于它保留了制度的延续性、稳定性，大大地降低了制度变迁和制度维护的成本，同时它还给人们提供了一种稳定的预期。没有规则的制度变迁，大起大落的制度变迁并不利于经济的发展。

4. 制度演化中的边际调整

制度变迁一般是对构成制度框架的规则、准则和实施的组合所作的边际调整。一个制度框架的总体稳定性使得跨时间和空间的复杂交换成为可能③。边际调整主要是指威廉姆森所说的第三、四层次，从时间上看，这两个层次制度调整的时间有长有短。这种边际调整是在基本制度框架相对稳定的情况下在第三、四层次所产生的变化。这种边际调整实际上涉及基本制度框架及因之而来的组织结构与制度变革之间的关系。由第一层次及第二层次构成的基本制度框架会决定第三、四层次的边际调整。边际调整无论怎样优化，都难以突破由第一、二层次所决定的约束条件。由此我们可以看出渐进式制度变迁或渐进式改革的局限性。

---

① 柯武刚、史漫飞：《制度经济学——社会秩序与公共政策》，商务印书馆，2000年版，第476页。

② 肖特：《社会制度的经济理论》，上海财经大学出版社，2003年版，第31页。

③ 诺思：《制度、制度变迁与经济绩效》，上海三联书店，1994年版，第111页。

二、自然演化与人为设计

制度是约束人的一种行为规则。就像威廉姆森所说的，它是一个由多层次构成的制度体系。这种规则是如何形成的？这个问题不仅是一个理论问题，而且涉及制度创新的理念及其方式等问题。当前关于制度形成的力量主要有三种观点：第一种观点认为制度是自然演化的结果，如哈耶克就是这种观点。第二种观点认为制度是人为设计的结果，这些设计者往往是社会的精英，不少人持有或在自己的理论分析中暗含着这种观点。第三种观点认为制度是自然演化与人为设计的结合。

1. 自然演化

哈耶克指出我们不知道也不可能知道足够多的信息去有意识地设计制度。所出现的制度形式是模型里的一个内生的变量。它的出现没有行为人或行为人的组织的有意识设计，是通过人类的行动，但不是通过人类的设计。① 哈耶克的观点其实很明确，那就是人类的制度是人类行动的结果，而不是人类设计的结果。但是，如果我们引入威廉姆森关于制度层次的划分，再来看哈耶克的观点，就要作一些补充，那就是哈耶克的自然演化论仅仅适用于威廉姆森所说的第一层次、第二层次的制度，并且主要是在第一层次。

我们把哈耶克关于制度是自然演化的结果的观点可归结为以下几点：（1）自由主义是对一种在社会中自发形成的秩序的发现，这一秩序较之任何集中命令所建立的任何秩序都要有效，使社会一切成员的知识和技能能够得到更大程度的利用，因此人们希望尽可能利用这种强大的、自发形成的秩序。（2）社会经济生活的利益关系是复杂的，市场自发的秩序，是以相互性或相互受益为基础的，自然秩序是最好的秩序。（3）建立在自由基础上的自发秩序比建立在命令上的组织或安排更有效率。（4）自发秩序或法治的极端重要性，是基于这样一个事实：它扩大了人们为相互利益而和平共处的可能性，这些人不是有着共同利益的小团体，也不服从某个共同的上级，由此才使一个巨大的或开放的社会得以产生。（5）十分复杂的人类行为会自发地形成秩序，这是特意的安排永远做不到的，因此政府的强制只应限于实施这些规则。哈耶克的这些观点是建立在一种理想状态基础上的，现实生活中很难做到这一点，但是他强调制度或规则的自然演化是值得我们探讨的。

哈耶克的自然演化论也面临着一些问题。因为即使自发秩序也涉及两种形式的强制，既包括国家机构实施的法律规则，又包括由社会许可与否决实施的社会规范。即使市场有秩序，也不可能完全不要政府，无论是公共物品的提供，还是产权及其他市场真正运作所必需的规则的确立和实施，都需要政府。于是，现实的问题不是将政府的作用减少到最低，而是找到一个既确定政府适当作用，又考虑个人估价的方法。② 撇开国家谈论所谓的自然演化观点是不切实际的，就像诺思所说的，制度演化的另一个极其重要的部分涉及约束政府对经济活动的恣意妄为③。

布坎南（1978）也批判了哈耶克“看不见的手”的过程必定产生有利结果的思想。

① 肖特：《社会制度的经济理论》，上海财经大学出版社，2003 年版，第 31 页。

② 柯武刚、史漫飞：《制度经济学——社会秩序与公共政策》，商务印书馆，2000 年版，第 181 页。

③ 诺思：《制度》，《新华文摘》，2006 年第 20 期。

此外，“看不见的手”过程的博弈论分析并不表明这种过程总会产生有效的结果。所需要的制度可能没有一起建立起来，建立起来的制度也可能实际上是次优的制度。自然演化并不一定导致最优制度。从博弈论或演进论的观点看，对社会极有利的制度也许不是一个稳定解。

2. 人为设计

在制度演化分析中，与“看不见的手”的过程形成对照的是审慎设计的过程。门格尔把设计的制度称作“务实的”制度，而把自发形成的制度称作“有机的”制度。务实解释就是从人类社会联盟或其统治者的意图、观点以及可利用的手段等方面来解释社会现象的性质和起源。这可能牵涉单个有权威的人（君主、独裁者或领袖）或者一群人（委员会或立法机关）。奥地利学派文献中关于务实或设计制度的主要事例来自政府的“积极立法”。对哈耶克（1960）来说，政府行为，即使包含多数规则，它的结果也显然不是“自发社会发展”的例子。其他一些例子证明个人或群体会建立具体的组织来实现特定的目标。所以，哈耶克的“人为秩序”包括任何被审慎设计以“服务于设计者目的”的制度。这包括企业、协会以及“所有公共制度，包括政府”。①

我们认为，从深层次看，制度自然演化的政治体制是公众参与度很高的民主体制，而人为设计的制度则是由少数人所决定的制度。制度设计过程通常更多地涉及利益派别间的谈判和讨价还价，涉及正规政府制度的功能发挥，而这也正是康芒斯和公共选择理论研究的主题。两者都假定，国家的起因部分来自自发过程运作的限制，部分来自群体改变收入分配增加自身利益的愿望。② 我们认为，民众参与度更高的过程一般形成“私有财产制度”，而由少数人设计的制度则很容易形成“掠夺型制度”。

制度经济学研究当前有一种倾向，那就是重视制度创新中精英式人物的设计，制度设计的好处就是缩短了自然演化的时间，减少了自然演化中的“试错成本”。这种人为设计的制度容易受既得利益集团的影响，从表面上看，这种制度是有利于社会的制度创新，但实际上可能是有利于某些既得利益集团的制度安排。少数精英在进行制度设计时，很难站在中间的立场来设计有利于大多数人的制度。拉詹与津加莱斯认为，越来越多的研究者提出建立经济增长需要的制度基础是最重要的因素，但这是不够的。他们认为，人们在初期得到的人力和物质资本禀赋的数量有差异，这种初始资源和机遇的差异决定了人们有不同的偏好，并结成了不同的利益集团。各种集团通过投票来决定国家的政策和制度，从而影响未来的资源分配甚至未来的政治利益格局。③ 所以，与其关注制度的缺失，不如关注需要良好制度的利益集团的缺失。这使未来的讨论转移到要素禀赋与如下的问题上：我们怎样才能改变贫穷国家的要素禀赋，特别是克服占据统治地位的利益集团的阻力？这个问题可能比如何改变制度的问题更有指导意义。

制度的自然演化的过程是当事人不断参与的过程，这个参与的过程也是当事人的利益

① 柯武刚、史漫飞：《制度经济学——社会秩序与公共政策》，商务印书馆，2000年版，第104页。

② 柯武刚、史漫飞：《制度经济学——社会秩序与公共政策》，商务印书馆，2000年版，第110页。

③ 拉詹、津加莱斯：《痼疾难消的贫困：政治制度、人力资本还是利益集团》，载吴敬琏主编：《比较》（第25辑），中信出版社，2006年版。

博弈过程。通过不断反复的博弈及讨价还价，最终形成的制度一般都会达到制度均衡。人为设计的制度一般把大多数当事人排除在制度设计之外，人为设计的制度尽管也通过一定的途径征求了当事人的意见，由于费用或成本方面的考虑，这种意见的征求是很有限的。因此，人为设计的制度很难达到帕累托最优状态。其次，从价值观看，制度的自然演化过程强调的是个体的自由及其选择，而人为设计的制度强调的是集体的意志及其选择。最后，人为设计的制度很容易受既得利益集团的影响，在人为设计制度的过程中，谁的呼声高，谁就有可能左右制度的设计。总之，人为设计的制度很容易形成“掠夺型制度”。

3. 自然演化与人为设计的结合

还有一种观点认为，制度演化的整个过程，是自发过程与设计过程紧密互动的过程。无论是从理论还是从实践来看，这种观点可能更接近于真实的世界。近代制度学派的一些代表人物强调自然演化和人为设计的结合。习俗的演化很大程度上是自发的，成文法则主要属于制度设计问题。介于两者之间的是习惯法法院，由它们裁决争端、制定法律，其途径大多是判定哪一种规则或惯例应纳入法律，但裁决的依据也包括社会目的的标准。康芒斯的体系是演进与设计相互作用的体系，或者如他所说的，是个人意志与政府法院所表达的集体意志相互作用的体系。①

新制度经济学中也有自然演化和人为设计相结合的观点。博弈论文献对“看不见的手”过程的严格分析，并没有提出这只“看不见的手”的作用过程足以产生和维持社会秩序的理由，其中就有设计的观点。新制度经济学的大多数论述以及关于经济史的更一般讨论，很明显地都包含演进与设计两类过程。②

从以上分析可以看出，新旧制度经济学中都有自然演化和人为设计相结合的观点，纯粹的自然演化和纯粹的人为设计是不存在的，更多的制度来自于自然演化与人为设计的结合。可以说，非正式制度一般是自然演化的结果，而正式制度则一般是与人为设计联系在一起的。值得指出的是，大多数正式制度是建立在非正式制度基础之上的。在从非正式制度向正式制度的转变过程中，那些制度设计者（或精英人物）会把智慧连同利益（或者代表某一个集团的利益）融入制度中，在这个过程中政治环境和政治体制是至关重要的因素。在一个社会中，公众的参与度越高，民主越充分，那么制度就会越公正。反之，如果公众参与度低，或者就是一些精英们在那里“关门”搞制度设计，那么这种制度就难以做到公正。现在，新制度经济学在新古典经济学的价值观及理论和方法下，对制度的研究（包括制度创新）强调更多的是效率，而在一定程度上忽视了制度创新的公正、公平问题，这不能不说是新制度经济学研究中的局限性。

三、结论

（1）制度演化是多层次的，不同层次制度演化的过程和机制是有差异的，这些不同

① 卢瑟福：《经济学中的制度：老制度经济学和新制度经济学》，中国社会科学出版社，1999 年版，第 120~121 页。

② 卢瑟福：《经济学中的制度：老制度经济学和新制度经济学》，中国社会科学出版社，1999 年版，第 147 页。

层次是相互联系、相互制约的。威廉姆森关于制度演化四个层次的划分为我们研究制度的演化及其不同层次制度之间的关系提供了一个有价值的分析框架。新制度经济学对制度这个复杂系统的研究是不够的，如内在制度与外在制度的关系，路径依赖与边际调整等。本书提出要正确认识制度演化中的路径依赖，路径依赖的价值在于它不仅保留了制度的延续性、稳定性，大大地降低了制度变迁和制度维护的成本，而且它还给人们提供了一种稳定的预期。

（2）在威廉姆森关于制度演化四个层次的划分的基础上，我们可以更好地分析新制度经济学研究中关于制度演化的自然演化和人为设计的争论。哈耶克的自然演化论仅仅适用于威廉姆森所说的第一层次、第二层次的制度，并且主要是在第一层次。威廉姆森所说的第三层次、第四层次的制度则更多的是人为设计的结果。这在一定程度上验证了一些新旧制度经济学家的观点，即制度演化的整个过程，是自发过程与设计过程紧密互动的过程。

（3）本书提出的一个重要假设是，民众参与度更高的制度演化过程一般形成“私有财产制度”，而由少数人设计的制度则很容易形成“掠夺型制度”。我们区分自然演化的制度和人为设计的制度的一个主要标志就是看一个社会在制度演化中的参与度。参与度越高，制度的选择和演化就越“自然”（或公正、客观）；反之，由那些所谓精英们设计的制度的人为（或某些集团的利益）特征就越明显。

第二节　有效制度演化的四大构成要素

有效率的制度是如何形成的？为什么有的国家能形成有效率的制度而有的国家难以形成有效率的制度？对此，一些学者进行了探讨。如诺思认为，发展中国家落后的根源在于缺乏有效率的制度，而不能建立有效率制度的原因又在于这些发展中国家缺乏进入法治化社会的机会。阿兰·斯密德认为，所谓好的制度或有效率的制度需要四个构成要素：效率、自由、民主与全体一致性、交易成本最小化。① 本节以阿兰·斯密德所说的有效率的制度的四大构成要素为基础，探讨一个社会建立有效率制度的条件或环境。

一、效率

制度选择是一个客观性过程。我们能否根据哪一个制度更有效率来检验制度选择？绝对不行。效率是制度选择的产物，而不是反过来。那么，这就涉及哪些因素决定选择一个好的制度。按照预期的收益和成本来确定制度的选择是制度分析的一种思路，但是制度的预期收益和成本的计算太复杂了，更重要的是，还有些事项是根本无法量化的。这就提出了制度经济学中的一个深层次问题，制度是不是有效率的高低？按照新古典经济学的逻辑，人类社会总是可以选择有效率的制度，但诺思通过大量的经济史研究发现，在人类历史上，人们选择的制度并不总是最有效率的。那么这两种观点谁正确呢？这其中的原因是什么呢？为什么我们选择的制度并不是最有效率的？我们认为主要有以下五个方面的

---

① 阿兰·斯密德：《制度与行为经济学》，中国人民大学出版社，2004年版，第113~116页。

原因：

第一，制度的建立并不完全取决于成本—收益的计算，还要受政治制度的制约，而政治市场按照经济学的效率标准往往是低效的。许多制度基于公平的考虑，不得不牺牲效率。制度不是一般的经济活动，能够简单地按照成本—收益进行计算。政治对制度选择的制约是我们探讨有效率制度建立的一个重要方面。从经济市场与政治市场的关系来看，诺思认为，有效的市场经济模型不仅可以在短期内提高经济运行的效率，而且从长期来看，可以随着市场经济模式的演化，不断促进技术的创新和新的生产方式的应用，从而提高社会生产力。这个模型的建立，首先需要一个交易成本较低的有效的经济市场，其次需要一个有效的政治市场来界定和执行市场经济的产权安排，最后需要经济市场与政治市场之间的协调（诺思，1998）。

第二，利益集团对制度的选择及制度的变迁起着极为重要的作用。如果引入利益集团因素，那么制度的效率就会受到影响。诺思（1994）认为，“制度并不一定是，甚至经常不是按社会效率来设计的，相反，它们（至少正规规则）是为了服务于那些具有创造新规则谈判能力的利益集团而创造的”。① 经济政策的制定（包括制度设计）是一个动态博弈，其条件是不确定的和不断变化的，其规则在形成过程中至少有一部分由参与者制定。每个参与者都想竭力控制随后的博弈，以尽量获得有利于自己利益的结果。② 在这个博弈过程中，小利益集团在制度选择方面往往处于主导或有利地位，现假设小利益集团决定着制度的选择，如果小利益集团与大利益集团的利益是相容的，那么制度是有效率的；如果这两者的利益是不相容的，那么有利于小利益集团的制度，从整个社会来看，就不是最有效的。

制度的产生反映的是利益集团之间建立在实力原则基础上冲突与妥协的结果。这并不等于就是说制度的确立，都会满足效率原则。因为制度设计本身，最初可能就不是以增进普遍或社会福利为目标，而是以集团利益为目标的。此外，制度与效率结果之间并非一一对应的关系，而是必须经过人的活动或选择。制度设计并非必然地导致稀缺资源的有效配置。即使我们有完善的制度形成程序，但由于集体决策中形成一致规则（或制度）的成本太高，以至于我们不可能在制度上达到帕累托最优状态。

第三，路径依赖所引起的制度低效。西蒙指出，任何演进都是路径依赖的，从而通常只有能力达到“局部最优”，而完备理性条件下的选择，则有能力达到“整体最优”。关于一个社会的经济是否可能长期停滞于“低收入陷阱”，诺思与主流经济学家展开了激烈的争论。生存竞争总是迫使人们改进生存条件，所以主流经济学否认长期停滞于“低收入陷阱”的可能性。然而诺思援引大量经济史的例子来说明确实存在“停滞经济”。诺思之所以与主流经济学家不同，关键在于他相信，政治、文化和意识形态这类“非经济因素”在决定一个社会的经济是否会被锁入陷阱时起了决定作用。

---

① 转引自迪克西特：《经济政策的制定：交易成本政治学的视角》，中国人民大学出版社，2004年版，第17页。

② 迪克西特：《经济政策的制定：交易成本政治学的视角》，中国人民大学出版社，2004年版，第21页。

一旦一个特殊的（制度的或生物的）系统被建立起来，它就趋于自我维持。系统中的变迁很可能是从一个大的外在冲击开始的，这种外在冲击引发了内在变化，这种变化是累积性的，而不是连续地、逐步地发生的。在关键的转折时刻，被选取的选择规则的基本特征很可能对未来产生约束作用（路径依赖）。然而在另一方面，从最初的非均衡状态向已出现的制度的转型是否唯一可行的轨迹，这一点尚不能确定。脱离均衡，沿着多种路径的发展也有可能。因此，制度演进过程充满了路径依赖和创新。① 近来制度分析的进展表明，每一个经济均可视作相互依存的制度共同组合在一起的系统，不存在单一的、最为有效的经济体制，也不应要求所有经济都向理想化的瓦尔拉均衡靠拢。实际上存在着从不同历史条件发展而来的多样化的经济体制。② 我们对路径依赖并没有充分的认识，更不知道它怎样约束我们改造社会的能力③。

第四，受人类认知能力的限制，我们的制度选择集及构造制度的能力是有限的，制度的完善也是一个试错过程。在人类的制度体系中，在大多数情况下，这些强外在约束是人类集体思考和行动的结果。这样，在制度和组织强外在约束形成与演进的过程中，人类心理起根本作用。对认知科学的最新研究可能有助于更好地理解这些外部结构的作用和渐进发展，并且我们看到了相关线索，即个人认知与不同类型的社会结构（如不同类型的人际交流）如何相互作用产生了不同结果④。个人认知的差异如何影响制度及制度结构，是新制度经济学需要研究的一个新课题。人类如何学习，如何把信念和偏好结合起来，以做出选择，这个选择是经济理论的基础；再者，在面对纯粹的不确定性时，他们如何和为何发展理论（并据此行事）⑤。

第五，如诺思所说，国家将会制定使统治者及其集团收入最大化的规则，并以此为前提，设定降低交易费用的规则。如果对统治者有利，自愿的组织形式就会存在。如果更有效率的组织形式从内部或外部威胁到了统治者的生存，则相对低效率的组织形式将会生存下来（如古代雅典的粮食贸易组织），并且对统治者的征税来说，度量费用较低的组织形式将会继续存在下去，尽管它们相当缺乏效率（如在法国考尔伯特时期的垄断权的授予）。⑥

二、自由与竞争

制度可以在有个人选择自由的条件下形成，也可以在没有个人选择自由的条件下形

---

① 科斯、诺思等：《制度、契约与组织：从新制度经济学角度的透视》，经济科学出版社，2003年版，第40页。

② 青木昌彦、奥野正宽：《政府在东亚经济发展中的作用：比较制度分析》，中国发展出版社，1999年版，第39页。

③ 科斯、诺思等：《制度、契约与组织：从新制度经济学角度的透视》，经济科学出版社，2003年版，第18页。

④ 德勒巴克等编：《新制度经济学前沿》，经济科学出版社，2003年版，第342页。

⑤ 诺思：《经济学和认知科学》，《北京大学学报》，2004年第6期。

⑥ 诺思：《历史上经济组织的分析框架》，载盛洪主编：《现代制度经济学》（上），北京大学出版社，2003年版，第300页。

成。如阿马蒂亚·森所说，人们在机构和制度组成的世界中生活和行动。我们的机会和前途依赖于存在哪些机构和制度以及它们如何运作。机构和制度发挥的作用可以按照它们对我们的自由所做的贡献来进行合理的评价。以自由来看待发展提供了一个对机构和制度进行系统评判的视角。

只要个人有选择自由，制度就会为满足人们的需要而演化和变革。在经济自由遭到剥夺的地方，既有的集团会运用其权势来巩固为其特殊利益服务的制度。那些权势集团为了巩固其特殊地位，都竭力否定法律面前的平等和自由。在相当多的时期里，它们往往获得成功。当一个受权势集团支配的系统向自发的或强力的外部挑战开放时，制度系统会感受到改革的压力。那时，改革的成功就取决于是行动自由能得到保障，从而所有个人都能表达其偏好；还是权势集团能获得特权，从而削减个人的经济自由。① 康芒斯强调，重要的是确保某个个人或集体的权力不被不合理地用于对他人行为的控制。实际上要做到这一点，只有通过创立新的集体行动及运行规则，以平分权力，规定利益代表，并使正处于强制、束缚或不公平竞争之下的人获得自由。②

在制度的选择中，为什么自由很重要？第一，在自由及私有财产保护较好的开放社会里，效率更高。斯库利在研究中发现："制度结构的选择对经济效率和增长有深远的影响。与法律条例、个人财产、市场配置资源相结合的开放社会，与那些自由被限制和剥夺的社会相比，其增长率是后者的3倍，其效率是后者的2.5倍。"③ 第二，建立在自由基础上的制度决定和制度选择是最符合人性的。或者说，自由本应该是制度的有机组成部分。如阿马蒂亚·森所说，扩展自由是发展的首要目的和主要手段。它们可以分别称为自由在发展中所起的"建构性作用"和"工具性作用"④。自由既是目的，也是手段。一个只讲效率而没有人的自由的制度其实也不是一个好制度。福格尔的研究发现，美国历史上的奴隶制度是有效率的，但这种制度是建立在以牺牲一部分人的自由为前提的。第三，自由是建立在权力的基础之上的。弗兰克指出，作为社会政策目标的自由最大化的效用学说的致命性缺陷在于混淆了自由与权力，它的鼓吹者没有注意到这样的现实：除非主体行动所必需的手段为其所有，否则采取行动的自由是没有什么意义的，实际问题是权力，而不是自由。

有效率的制度来自于竞争。没有竞争，一个社会很难形成有效的制度，同时，竞争也是有效制度不断扩散的一个条件。经济停滞和负增长是与封闭经济、国内和国际冲突、对私人创造性和私有制的严重限制（缺乏自由）联系在一起的，而迅速的、可持续的增长则是与可靠的产权、竞争和开放联系在一起的⑤。

为什么欧洲大多数国家能选择有效率的制度？客观地讲，竞争是一个很重要的因素。

---

① 柯武刚、史漫飞：《制度经济学——社会秩序与公共政策》，商务印书馆，2000年版，第495页。

② 卢瑟福：《经济学中的制度：老制度主义和新制度主义》，中国社会科学出版社，1999年版，第98页。

③ 詹姆斯·A.道等：《发展经济学的革命》，上海三联书店，2000年版，第9~10页。

④ 阿马蒂亚·森：《以自由看待发展》，中国人民大学出版社，2002年版，第30页。

⑤ 柯武刚、史漫飞：《制度经济学——社会秩序与公共政策》，商务印书馆，2000年版，第15页。

影响欧洲社会史的基本因素是欧洲在地理上的多样性，而这种多样性又有利于形成许多具有独立统治者的小国家。这些统治者不仅通过战争相互争夺，而且还越来越通过吸引生产资本和有技能、有知识的人才的跨政区竞争而相互争夺。欧洲经济的小规模和开放性使跨政区的要素流动成为可能，它为一个以两种方式起作用的演化过程创造了条件。竞争迫使地方不断改进制度，完善投资环境。

首先，面对规则系统上的地区间差异，那些资本、知识和企业的所有者总是决定迁往那些能使他们获得较好的回报并能在工作上和生活上为他们提供安全和自由的地方。

其次，欧洲经济的小规模和开放性还对响应和进入政治竞争的政治系统发出了挑战。政治植根于制度发展的运动过程中。面对可移动资本和技术人员的退出选择，统治者受到限制，无法采取机会主义的任意行动（这就是退出的控制功能）。他们懂得，培育某些制度，如安全的产权、个人自主和无需特许的投资，以及自由，是完全值得的。那些统治者的目标是保持和扩大权力，但这种努力的副产品却是使他们懂得了要按公民们的利益行事。同时，那些国家的居民们则学会了适应有益于贸易和创新活动的规则。这样，源于物质性成败的反馈启动了重塑内在制度和外在制度的学习过程。① 同时，制度也在不断的竞争中优化。

三、民主与全体一致性

为了个人偏好可以累加而又不违反诸如非独裁等广泛同意的原则，是否可以设计制定规则的规则呢？阿罗在他的“不可能定理”中正式表述了其他制度经济学家已经凭直觉认识到的事情，也就是不可能有这样的宪法与政治制度。但是在一国的制度选择中，无论是正式制度还是非正式制度，是否存在民主及全体一致性，对制度选择是至关重要的一个条件。我们这里主要从两个方面进行分析，一是民主参与对制度性质的影响，二是民主参与对制度选择过程的影响。

我们先看民主参与对制度性质的影响。我们认为，民主参与更有利于社会选择私有财产制度或有利于发展的制度。而非民主体制下，社会则容易选择掠夺型制度。如西方发达国家的工业化是一个包括思想、社会、政治等条件在内的各种条件成熟后的自然过程，而包括日本在内的东方后发展国家的工业化则始于对西方殖民势力东渐的回应，在制度、资源稀缺的条件下仅仅依赖市场机制是难以最终完成的。市场机制及增长的结果并不必然会惠及所有人。广大的发展中国家经过一定阶段发展后，由于政治体制改革的滞后及民主制度的缺失，经济增长后并没有建立一种使大多数人受益的制度、体制和保障机制。宪政秩序的建立在一国经济从不平等向平等转化中起着极为重要的作用。尽管如此，后发展国家在经历工业化初期收入分配不平等程度上升后，在已经具备一定经济基础的条件下，有效的制度设计和积极的制度创新将有可能重建收入分配格局并实现收入的相对平等（王春萍，2005）。宪政秩序建立的滞后成为发展中国家较普遍的现象。在经济增长与政治体制的不平衡中产生了制度悖论：一方面，制度决定经济增长，发展中国家需要安排高效的制

① 柯武刚、史漫飞：《制度经济学——社会秩序与公共政策》，商务印书馆，2000 年版，第 465~467 页。

度；另一方面，统治者或政府出于自身利益，往往安排低效的制度。经济增长成了统治者偏好与社会偏好偶然巧合的产物，制度悖论的存在使发展中国家走出均衡陷阱的希望渺茫。

我们再看民主参与对制度选择过程的影响。民主与制度选择的关系是很密切的。政治家竞选行为可以用完全或不完全政治民主的框架来分析。在完全的政治民主中，他的当选只取决于他要符合其选区中大多数投票者的意愿，但在不完全的政治民主中，这种依赖程度不甚清楚。当选的可能性仍取决于大多数人的利益，不过，人们对他们自己的利益并不熟知，也不会主动地去寻求。尽管如此，竞选胜利还是依赖于某候选人或其政党投入多少人力和财力。这些资源用于使其选区的广大选民相信他及其正当的利益就是他们的利益①。从政治体制来看，发展中国家的共同的问题是缺乏有效的民主制度，政府官员的权力缺乏制约，这就使得官员追求自身利益最大化的过程失去了制约，掠夺之手可以表现在各个方面。从市场体制来看，掠夺之手与坏的市场经济往往是一个问题的两个方面。在掠夺之手存在的情况下，实际的市场运作充满权钱交易、垄断、寻租以及收入分配不公的扩大等。掠夺之手与坏的市场经济的互动会导致政策决定中的利益集团和制度改革中的路径依赖。这种掠夺之手在缺乏民主制度制约的情况下更会表现得无法无天。

民主体制尽管不能保证选到最有效率的制度，但是民主及民众的广泛参与却可以决定社会可以选择更有利于大多数人的制度（即私有财产制度或发展型制度），这是民主的最大价值，也是我们为什么强调在制度选择中民主重要性的原因。

四、交易费用最小化

有人认为交易费用是制度存在的唯一原因，如果交易费用为零，制度就没有必要存在。② 一个社会必须寻找一个与节省交易费用的生产和交换组织相一致的制度框架。

交易费用分析方法关注的是交易费用对制度的影响。Dahlman 认为应该使用比较制度分析方法来探寻资源分配的不同组织方式的经济后果："因此，这种分析就将注意力转向了这样一个问题，即制度的功能是用来减少交易费用的，因此交易费用应该被看作在经济制度内被决定的变量。于是，问题最终变为：经济组织如何通过内生的组织重组得以改善？"③

科斯关心的是决定企业存在与否的交易费用，而诺思关心的是决定整个经济绩效的交易费用。斯蒂格勒认为，在历史发展过程中，经济组织的效率可能和技术变迁同等重要。交易费用为我们考察经济组织的成本提供了一种工具。科斯的另一重要成果，即《社会成本问题》把新古典理论和制度分析联系起来。该文传达了这样一个信息，即当交易费用为正时，制度发挥作用并且最终决定市场结构。④

---

① 德姆塞茨：《竞争的经济、法律和政治维度》，上海三联书店，1992 年版，第 62~63 页。

② 阿兰·斯密德：《制度与行为经济学》，中国人民大学出版社，2004 年版，第 113~116 页。

③ 弗鲁博顿、芮切特：《新制度经济学：一个交易费用分析范式》，上海人民出版社，2006 年版，第 88 页。

④ 德勒巴克等编：《新制度经济学前沿》，经济科学出版社，2003 年版，第 15 页。

交易费用为零的是新古典经济学分析框架，交易费用为正的是新制度经济学分析框架。科斯是从为什么存在企业提出交易费用问题的，在他看来，交易费用是运用价格机制的成本。阿罗分析了制度运行的费用，巴泽尔研究了产权。这些经济学家从不同层面用交易费用解释了为什么存在企业、存在制度、存在产权、存在意识形态，总之，在新古典经济学所忽略的领域大多可以用交易费用去分析与解释。不同制度的比较实际上是交易费用的比较。制度的演进及变迁最终也与成本—收益有关。

在新制度经济学家看来，交易费用是解释经济绩效的关键。为什么发展中国家的经济绩效差？这是因为这些国家的产品市场和要素市场都存在高昂的交易费用。诺思指出，事实上，这些国家的社会交往及经济活动中所面临的高昂成本是产生低水平绩效和贫困等问题的根源。交易费用的存在表明，制度框架为生产效率提供了激励机制①。

以上我们从四个方面讨论了有效制度的构成要素问题。重视制度的效率是新制度经济学的基本价值观，但是忽视制度的其他构成要素也成为新制度经济学的一个缺陷。我们认为，制度的基本构成要素不可能都是可量化的，这就决定了仅仅从经济学的角度去研究制度的选择是不够的。个人自由和民主既是有效制度的基本构成要素，也是现代制度的基本特点。个人自由可以不断地淘汰低效的制度，淘汰不利于人的全面发展的制度。而民主尽管不能保证我们选到最有效的制度，但是它至少可以保证我们选到有利于大多数人的制度。

第三节　制度的正义性

制度分析中，人们往往重视制度的效率而忽视了制度的正义性。从罗尔斯的正义论出发，我们可以构造制度正义分析的基础。制度公平与制度效率的矛盾贯穿于人类社会制度创新和制度变迁的始终。

一、制度正义分析的基础

制度正义分析需要理论基础。罗尔斯的正义论可以作为制度正义分析的理论基础。罗尔斯提出了两个正义原则，第一个原则是："每个人对与所有人所拥有的最广泛平等的基本自由体系相容的类似自由体系都应有一种平等的权利。"在罗尔斯看来，任何人都拥有同等平等自由的权利，无论每个人在社会生活中处于何种地位，都依据作为目的的人这一理念，都具有同样不可侵犯性，甚至以社会整体利益之名也必须予以拒绝："在一个正义的社会里，平等的公民自由是确定不移的，由正义所保障的权利决不受制于政治的交易或社会利益的权衡。"② 我们知道，在社会中，利益最易受到侵犯的往往是社会的弱者，因为强者拥有更多的资源和实现自己利益的手段，并能有效地进行自我保护，对社会所有成员的平等自由权的坚持，其实最主要是为弱者争取到平等自由权。另外，个人在社会面前是弱势的，相对于社会而言，任何个人都处于一种劣势地位，所以社会也不能以集体利益

① 德勒巴克等编：《新制度经济学前沿》，经济科学出版社，2003 年版，第 49 页。

② 罗尔斯：《正义论》，中国社会科学出版社，2003 年版，第 4 页。

凌驾于个人利益之上。政治交易和社会利益不具有对个人权利的优先性。

正义的第二个原则的关注对象主要是最少受惠者群体，也就是社会的弱势群体，“社会和经济的不平等应该这样安排：（1）适合于最少受惠者的最大利益；（2）依系于在机会公平平等的条件下职务和地位向所有人开放”。① 社会和经济的不平等安排是客观事实，但一个基本的前提是让最少受惠者获得最大利益，在不平等的条件下，任何人的利益都可以得到相应提高，即人们通常说的水涨船高，但最少受惠者必须获得最大利益。换言之，社会应该对弱势群体进行倾斜。

第一，罗尔斯的两个原则是在原初状态和无知之幕的基础上论证和产生的。在每个人、每个群体、每个组织都依据自己的利益和位置来讨论正义的时候，人类社会是找不到大家都公认的正义的。谁都说自己的利益最重要。只有在原初状态和无知之幕下我们才能找到正义。这个思想试验表明，人类社会是可以找到公认的正义原则的。就像西方经济学的完全竞争市场理论一样，完全竞争的市场在现实世界中几乎不存在，完全竞争的世界也是一种思想试验，它有助于人们探讨一个完美的市场是如何有效配置资源的，并且完全竞争市场可以作为一个参照系，有利于我们检验现实的市场及对理想市场的偏离。罗尔斯的正义论具有同样的价值。

罗尔斯在原初状态和无知之幕的基础上运用契约论论证了这两个原则。原初状态既不是现实中的状态，也不是某一个历史时期，它是一种抽象的虚拟状态，是思维中的存在。“原初状态是这样定义的：它是一种其间所达到的任何契约都是公平的状态，是一种各方在其中都是作为道德人的平等代表、选择的结果不受偶然因素或社会力量的相对平衡所决定的状态。”② “无知之幕”是罗尔斯公平契约论的核心概念。它的根本目的在于达到一种形式的正义，即“使原初状态成为一种公平的程序，以使任何被一致同意的原则都将是正义的，并以此作为社会正义理论的基础”③。这样，在“无知之幕”限定下的原初状态，是一个理想的情景，是为避免何为公平的协议问题上出现争吵和分歧而设定的公平条件。其中，自由、平等、理性的人们消除了任何影响正义原则选择的偶然因素，他们处于相同的“无知”地位。罗尔斯提出无知之幕的目的在于体现公平，使原初状态的程序和条件显得公平，从而使达到的结果也是公平的。

第二，正义原则是建立在社会合作体系基础之上的。无论社会制度有什么差异，现实的社会生活共同体都是一个“你中有我，我中有你”的社会合作体系，“由于每个人的幸福都依赖于一种合作体系，没有这种合作，所有人都不会有一种满意的生活，因此利益的划分就应当能够导致每个人自愿地加入到合作体系中来，包括那些处境较差的人们”。④ 社会合作产生合作剩余，任何人的收益中都包含着他人合作的成分，所以，社会生活中强势的人们，不可能仅靠自己就能够争取自己所向往的一切，必须通过与他人的合作。没有合作，大家的利益都会受到损失，没有合作的社会体系是根本不存在的。

---

① 罗尔斯：《正义论》，中国社会科学出版社，2003 年版，第 84 页。
② 罗尔斯：《正义论》，中国社会科学出版社，2003 年版，第 120 页。
③ 罗尔斯：《正义论》，中国社会科学出版社，2003 年版，第 136 页。
④ 罗尔斯：《正义论》，中国社会科学出版社，2003 年版，第 175 页。

传统经济学强调了经济当事人之间的竞争，而忽略了合作。人们的社会经济活动中既有竞争的一面也有合作的一面。其实，竞争与合作是矛盾的统一体。制度在这个意义上讲，就是人们在社会分工与协作过程中经过多次博弈而达成的一系列契约的总和。制度为人们在广泛的社会分工中的合作提供了一个基本的框架。制度的功能就是为实现合作创造条件，保证合作的顺利进行。尤其在复杂的非个人交换形式中，制度更加重要。所以，制度的基本作用之一就是规范人们之间的相互关系，减少信息成本和不确定性，把阻碍合作得以进行的因素减少到最低限度。制度为合作创造条件的前提是要有一个能为大家接受的原则。换言之，我们如何分配合作中的利益是关键。

作为一种互惠活动，只有在不牺牲对方利益的情况下获得利益才是被允许的。罗尔斯这种互利互惠的合作，并不是对天赋较高的个人权利的剥夺，而只是对天赋较低的个人利益的补偿，这种补偿不是“给予”的，而是“应得”的。罗尔斯还认为，在两个正义原则下不会导致精英统治的社会，因为精英统治的社会会造成统治者的绝对优势地位，牢牢掌握公共权力和社会财富，控制文化教育资源等。

第三，罗尔斯的正义原则是制度安排的基础。制度是约束人类行为的规则，同时也是人类文明的结晶。反思人类的制度史（正式制度与非正式制度），有文明的制度，也有不文明的制度。现代制度经济学在制度研究中，过分强调了制度的效率，而忽视了制度的正义性。应该讲，文明的制度既是讲正义的制度，也是讲效率的制度。罗尔斯的正义原则是我们建立制度的基础。在罗尔斯看来，自然天赋是一种共同财产，制度可以消除自然天赋对人们的影响，从而实现实质上的平等。罗尔斯认为，自然天赋是一个中性的事实，而非道德应得。天赋更好者能够以有助于所有人特别是天赋较差者的善的方式来培养和使用他们的天赋，那么天赋更好者应该被鼓励去追求更多利益。在这种条件下，互惠合作才能更好地达成，这也是符合每个人的利益的。罗尔斯认为：“为了在分配份额上采取纯粹的程序正义的概念，有必要实际地建立和管理一个正义的制度体系。只有在一种正义的社会基本结构的背景下，在一种正义的政治结构和经济、社会制度安排的背景下，我们才能说存在必要的正义程序。”① 这就是说，形式的正义安排必须以实质的正义背景为前提才能达到真正的正义要求。

二、制度公平与制度效率的关系

制度公平与制度效率是一个矛盾统一体。随着人类社会经济的发展和文明进步，制度公平与制度效率的一致性越来越多。公平的制度不仅有利于效率的提高和社会的和谐发展，而且大大地降低了制度的实施成本和社会运行的交易成本。新制度经济学家们重视对制度效率的分析，但是他们忽视了对制度公平性的分析。马克思重视制度公平性的分析，这也是马克思制度分析突出的特点之一。在马克思看来，任何社会的生产都是在一定的生产关系及其制度条件下进行的，并且不同的制度其效率也是不同的，例如资本主义制度比封建制度和奴隶制度更有效率。新制度经济学在这个基础上把成本—收益分析引入了制度效率分析之中。他们没有分析制度是否公平的问题，在其分析中隐含了制度是中性的

---

① 罗尔斯：《正义论》，中国社会科学出版社，2003 年版，第 87 页。

假设。

为什么新制度经济学家们忽视了制度公平性的分析？这有几个方面的原因：第一，新制度经济学是建立在新古典经济学基础之上的，而新古典经济学的基本追求是效率而不是公平。新古典经济学的竞争理论类似于达尔文的观点，物种竞争，适者生存。第二，制度公平与制度效率之间是存在矛盾和冲突的，如追求制度的效率往往会牺牲制度的公平。反过来，追求制度的公平有可能牺牲制度的效率。如美国经济学家奥肯所说，美国资本主义制度在一定程度上是成功的，它创造出了有效率的经济。但是，这种对效率的追求必然会带来不平等①。制度创新中一直存在制度公平与制度效率的矛盾。第三，制度公平性的分析涉及价值判断，而不同经济学家的价值观是有差异的，从而导致经济学家们在公平性的分析上缺乏共同语言。

制度公平与制度效率的矛盾贯穿于人类社会制度创新和制度变迁的始终。是制度效率优先，兼顾制度公平，还是制度公平优先，兼顾制度效率，还有许多问题值得我们探讨。这涉及制度设计的价值观和理念问题。如何做到制度公平？第一，我们必须在罗尔斯的两大正义原则基础上构建正义的制度。自由平等优先原则能否实施是我们检验制度是否正义的一个首要原则。为什么现实生活中存在一些不公正的制度？这与我们缺乏对制度正义性的认识是有关的。若不强调制度的正义性，不同利益集团博弈形成的制度就容易产生制度的非正义性问题。第二，马克思所强调的所有制因素是制度能否公平的基本因素，在马克思主义看来，私有制要做到制度公平是很难的。资本主义社会制度公平性的不断改进得益于两大因素，一是资本主义的所有制结构在不断改变，即向混合结构方面的发展；二是政府在社会压力下不断地通过再分配手段和社会保障制度的完善大大地缓解了在追求制度效率时带来的社会矛盾问题。第三，能否做到制度公平的另一个重要因素是民众的参与度及其社会的法治化程度。在其他条件不变的情况下，在制度创新和制度变迁中，公众参与度越高，制度的公平性也会越高。就像奥肯所说，让市场得其应得的社会后果可好可坏。关键取决于市场之外的地盘中的势力②。公平问题是政治与经济领域不同利益集团博弈的结果。

◎思考题

1. 解释下列名词。

基本的制度环境　　治理机制　　内在制度　　外在制度

2. 什么是有效制度演化的四大构成要素？
3. 制度正义分析的基础是什么？
4. 简述制度公平与制度效率的关系。
5. 试述制度演化的四个层次及其特征。
6. 如何正确理解制度的自然演化与人为设计的关系？

---

① 奥肯：《平等与效率——重大的权衡》，四川人民出版社，1988年版，第4页。

② 奥肯：《平等与效率——重大的权衡》，四川人民出版社，1988年版，第24页。

第十一章　国家理论

新制度经济学很重视对国家理论的研究，将效用最大化、交易成本分析等新古典主义经济学分析方法运用于对国家的研究，并且将交易成本理论与国家理论结合起来，形成了一个国家理论的分析框架。在国家理论方面，新制度经济学的主要贡献是把国家作为影响经济绩效和制度变迁的内生变量纳入分析框架，并运用经济理论研究了国家的起源、作用和演变等问题。

第一节　国家：起源、职能及实质

一、国家的起源

政治学、社会学和人类学等学科从不同的角度分析了国家的起源，但最有影响的主要有两种：一种是契约理论，另一种是掠夺或剥削理论。

契约论认为，国家是公民达成契约的结果，其要为公民服务。契约的达成是多重博弈的结果。契约限定着每个人相对他人的经济活动，因而它对经济增长来说是十分重要的。社会分工及协作受契约与交易费用的约束。契约的有效性制约着社会分工向纵深方向的发展。有的经济学家甚至将“制度”定义为人与人之间关系的某种“契约形式”或“契约关系”。市场经济在某种程度上讲就是一种契约经济。国家的存在有利于契约制度的建立和契约（合约）的实施。假设没有国家，那么契约实施的交易费用将相当高。过高的交易费用将使任何契约都失去意义。契约方法可以解释为什么国家提供了一个经济地使用资源的框架，从而促进福利的增加。然而，国家既作为每一个契约的第三者，又是强制力的最终来源，它成为为控制其决策权而争斗的战场。各方都希望能按有利于自己集团的方式再分配福利和收入。尽管契约论解释了最初签订契约的得利，但未说明不同利益成员其后的最大化行为。

奥尔森分析了掠夺型国家是如何产生的。奥尔森通过“罪犯比喻”提出了“坐寇—流寇论”。奥尔森感到不解的是：流寇偶尔来抢，得手就离开，坐寇却反复掠夺同样的人。为什么民众宁愿接受坐寇的统治？为了回答这个问题，奥尔森认真地研究政府的起源。在以狩猎、采集为主要生产方式的原始社会里，原始部落一般由50~100人组成。由于人数不多，部落内的和平秩序可以通过自发、自愿的协商来实现。到了农业社会，生产力提高，人口增长。这时，社会无法自动实现和平秩序。通过这个罪犯的隐喻，奥尔森提出了国家起源的流寇定居理论。他认为，存在一群流动帮匪，到处掠夺。后来，这群流动帮匪发现，通过在一固定地区征税，对该地区提供安全等公共产品，能够得到更多利益。

于是，他们定居下来，对其成员制定了一些规章制度，严格保护成员产权，不准外来者掠夺该地区，也不准内部成员随意掠夺或盗窃他人财产。这样，国家就产生了。

从理论上来讲，国家作为掠夺者的思想在以布坎南、塔洛克和尼斯卡宁为代表的公共选择学派以及斯蒂格勒、佩尔兹曼和贝克尔的文章中都有较多的分析①。这一观点认为国家是某一集团或阶级的代理者，它的作用是代表该集团或阶级的利益向其他集团或阶级的成员榨取收入（如列宁将国家定义为一个阶级压迫剥削另一个阶级的工具）。掠夺性的国家将界定一套产权，使权力集团的收益最大化而无视它对社会整体福利的影响，即这种产权制度对某一权力集团是有益的，但并不能促进整个社会效率的提高。从长期来看，这必然演变成无效率产权。掠夺论忽略了契约最初签订的得利而着眼于掌握国家控制权的人从其选民中榨取租金。

以上两种理论所说的国家都能在历史和现实中找到佐证，但它们均不能涵盖历史和现实中的所有国家形式，因而不具有一般性、普遍性。新制度经济学将这两种理论有机地统一起来。从理论推演的角度看，国家带有“契约”和“掠夺”的双重属性。诺思提出了有关国家的“暴力潜能”分配论。若暴力潜能在公民之间进行平等分配，便产生契约性的国家；若这样的分配是不平等的，便产生了掠夺性（或剥削者）的国家。

诺思提出的“暴力潜能”这个范畴具有丰富的内涵，它既包括军队、警察、监狱等暴力工具，也包括权威、特权、垄断权等“无形资产”。国家的“暴力潜能”类似于企业拥有资金、劳动力、技术等生产要素后所具备的“生产能力”。新制度经济学把国家视为在暴力方面具有比较优势的组织。暴力实质上也是一种资源。在国家未产生以前，这些暴力资源都分布在“社区”或“庄园”之类组织的手里。显然，暴力资源的这种分散配置方式无疑是低效的。在这种情况下，产权保护的费用也就相当高了。这时的一个基本规则是，暴力潜能形成的边际成本等于产权保护的边际收益。

不同于市场和企业，国家这种制度安排的特点是它的强制性，即国家是在暴力方面有比较优势的组织。强制性的后盾是国家暴力。但是，第一，国家暴力是对付暴力的暴力，即对付非法暴力的合法暴力，这种合法性起源于每个人捍卫自己利益、抵御别人侵害的合法权利。第二，国家暴力只有在能够实现某种社会合作，并且比其他制度（如市场和其他组织）更有效时，才被采用。国家暴力资源之所以能更有效地使用在于其能达到规模经济和防止“搭便车”问题。例如，在一个可能遭到进攻的社区中怎样建立防御体系的问题，“安全”对社区中的每一个成员来说都是“公共产品”，因此用市场的方法“购买安全”就有可能失败，因为“安全”一旦被提供，对社区的所有成员都是一样的，但不同的成员对安全的需求是不同的，例如富人对安全的需求远远大于穷人对安全的需求，并且有人还会采取“搭便车”的行为：不为“安全”付费也会享受安全的好处。这样一来，整个社区难以建立有效的防御体系。这时，采取政府的形式，强制性地要求每个成员为“安全”付费，就是解决“搭便车”问题的有效方法。政府在这方面的价值，就是政府所保护的社区若没有“安全”这种产品所遭受的损失。在历史学演进中，那些没有建立政府的社区就会因没有良好的防御体系，被别人征服而消失。

---

① 德勒巴克等编：《新制度经济学前沿》，经济科学出版社，2003年版，第160页。

巴泽尔企业理论和国家理论的分析思路具有内在的一致性①。以“交易”作为基本分析单位，从考察交易执行方式入手，巴泽尔将企业和国家全部还原为“契约”。在巴泽尔的视野中，企业和国家无非只是两种不同的交易实施方式，据此巴泽尔分别给出了企业和国家的定义：企业是由集中的股权资本和声誉资本为协议的可变性提供担保的协议的联结（nexus of agreements）（巴泽尔，2006）。国家包括两个部分：（1）一群个体，这些个体臣服于一个使用暴力执行协议的单一的终极第三方；（2）一个疆域，这是这些个体居住的地方，也是实施者权力（power）所及的范围（巴泽尔，2006）。

隐含在上述定义中的更为原初的概念是权利和权力，基于对权利和权力的重新界定，巴泽尔推断企业和国家的共同特征在于利用权威保证交易的实施。所不同的是，企业内部权威的来源是股权资本和声誉资本的所有权，而统治者的权威则与资产所有权无关。除此以外，国家实施和企业实施还存在三方面区别：一是企业的组织者和他们的合作者所签订的合约，通常由国家认可并得到国家保护。因而，企业在实施交易时产生的合约冲突，最终可以诉诸国家这个独立的第三方来实施。但是国家作为保护者和委托人之间的协议必须是自我实施的，即使存在明确的协议，也没有第三方来保证协议的实施。二是两种实施方式对交易产生剩余的分配不同（巴泽尔，2006）。在企业实施的交易中，交易剩余的分配与可变性的分配是一致的，而且这种分配机制受国家保护，国家的存在可以有效约束企业内部的“攫取”问题。但是，由于缺乏第三方保证机制，对国家的“攫取”只能依赖自我实施，最终可能导致国家作为保护者成为“剩余索取者”（国家的掠夺之手）。最后一个显而易见的区别在于，国家实施的典型特征在于暴力实施。国家拥有暴力实施的规模经济效益，可以充分利用军队、警察等专业化的暴力机构保证协议执行。

在国家产生之前的社会和存在正式政府的社会一样，必须至少在最低限度上通过界定个人排他性权利或制定社会内部的管理规则、传统和禁忌来保证合作和维护产权结构。在这些社会中，由个体相互制约形成的规则和习俗是对经济行为者最关键的社会约束。但是早期的制度结构根本不能用来支持非相关个体间复杂的交换关系，这种交换关系伴随着高度发达的专业化生产和大市场、先进的技术及时间密集型的生产形态而产生。如果没有国家以及相应的制度和对产权的支撑组织，那么高交易成本将使复杂的生产系统瘫痪，也不会有涉及长期交换关系的投资②。

新制度经济学关于国家定义的特点可以概括为以下几个方面：

第一，国家是一种具有暴力潜能的组织，并且是一种具有垄断权的制度安排，它的主要功能是提供法律和秩序。新古典经济学把非市场的制度，例如国家和组织，看做市场的替代物；与此相反，新制度经济学认为国家既可能发挥增进市场制度的补充作用，又可能由于自身利益而阻碍市场的发展③。国家作为一种具有垄断权的制度安排在许多方面不同于一些竞争性的制度安排（如市场，企业等）。

---

① 巴泽尔认为在很多方面国家和企业是相似的。

② 埃格特森：《新制度经济学》，商务印书馆，1996年版，第284页。

③ 青木彦昌：《比较制度分析：起因和一些初步的结论》，载孙宽平主编：《转轨、规制与制度选择》，社会科学文献出版社，2004年版，第129页。

第二，国家是一种第三方实施的暴力机制，它在一定程度上比其他机制更有利于契约的实施。新制度经济学把国家定义为由个人组成，这些人受制于一个单一的、以使用暴力作为强制实施手段的最终第三方。国家的地域边界是以它的强制实施力来划分的。在此边界内，国家的范围是以所有被第三方以暴力手段强制执行的协议的价值与总产品价值（其中包括输入产品）的比率测量的①。巴泽尔从实施机制定义国家：国家是一种第三方实施的暴力机制，它在一定程度上比其他机制更有利于契约的实施。人们只有当暴力实施者滥用权力的倾向能被有效制约时，才会使这种实施机制（国家）出现。国家愿意实施的法律权力取决于对界定权力与调解纠纷的交易成本的比较。

第三，国家与产权的关系，从考虑个人的效用最大化行为来发展对官僚主义和国家的理解。诺思论证了国家常常会为了收益而进行无效的产权的交易（如在一个封闭的市场中发放许可证），这样做的结果是抑制了经济增长。产权内容的改变，取决于统治集团对改变现有的产权安排所带来的收益的事前估计与监察和执行权利结构的改变所带来的成本的事前甚或事后估计之间的相互关系②。按照诺思的分析，因为是国家界定产权结构，所以国家理论是根本性的，最终是国家要对造成经济增长、停滞和衰退的产权结构的效率负责。因而国家理论必须对造成无效率产权的政治—经济单位的内在倾向作出解释，而且要说明历史中国家的不稳定性③。

在经济学中，国家的分析模型主要有三种，即无为之手、扶持之手和掠夺之手。这“三只手”都有其理论基础。掠夺之手的理论基础是新制度经济学。建立在掠夺之手基础上的国家理论，可以探讨如何让国家在制度变迁中发挥积极作用同时限制国家的“掠夺之手”这个新制度经济学国家理论要解决的核心问题。历史上有些国家成功地限制了国家的“掠夺之手”，并且是通过制度安排来限制国家的“掠夺之手”，这些制度安排往往是不同利益集团博弈的结果。从历史和实践来看，那些能够有效限制国家“掠夺之手”的国家，社会经济就能协调地发展。

（1）无为之手。按照亚当·斯密的理论，正因为有具备充分信息的市场这只有效的“看不见的手”，国家在多数情况下就应该充当一只“无为之手”，政府应当越小越好。无为之手实际上是把国家作为一个外生变量来处理。仿效科斯定理，我们可以阐明权力是如何融入理性选择的国家观的：在一个产权明晰、市场完全和交易成本为零的世界中，无论权力的初始配置状况如何，运用和行使权力的职位将归于那些能使权力价值最大化的人。但是，如果这些条件不满足或不能被近似地满足，权力的最终运用和处置方式将取决于其初始配置状况和社会个人间相互关系的特殊性质④。无为之手模型所描述的是一个接近于交易成本为零的世界。在这种情况下制度是不重要的，并且也不存在“掠夺之手”的问

① 科斯、诺思等：《制度、契约与组织：从新制度经济学角度的透视》，经济科学出版社，2003 年版，第 246 页。

② 科斯、诺思等：《财产权利与制度变迁：产权学派与新制度学派译文集》，上海三联书店，1991 年版，第 206~207 页。

③ 诺思：《经济史中的结构与变迁》，上海三联书店，1991 年版，第 17 页。

④ 埃格特森：《新制度经济学》，商务印书馆，1996 年版，第 153 页。

题。所以在无为之手的模型下很难建立新制度经济学的国家理论。

（2）扶持之手（helping hand）。这是建立在福利经济学基本思想基础之上的。扶持之手依据市场失灵分析了政府通过制度设计来完善市场的思路，但是扶持之手对于政府与市场的边界没有进行研究，在国家权力没有受到制约的情况下，通过制度设计来完善市场的目标难以有效实现。更重要的是，国家在实施扶持之手的过程中，由于权力没有受到制约，国家的“掠夺之手”也会发挥作用。斯蒂格勒的研究发现，管制中的管制需求和“俘获”问题证明管制是无效的，并有可能导致设租与寻租互动的寻租社会。

（3）掠夺之手（grabbing hand）。国家也有自身利益，并会使用强制力来实现自身利益。这种理论是把国家作为一个内生变量来处理的。国家这样做时，它就成为“掠夺之手”。奥尔森指出，在人类社会，总有人认为，与其生产财富，不如去掠夺财富来得容易。而要掠夺财富，就要有武力。靠武力和掠夺获得财富的人有两种：掠夺地域是稳定的，或者是不稳定的，奥尔森分别称之为坐寇和流寇。奥尔森把国家视为一个坐寇。比如过去的皇帝，他要归要，但一般还是会提供许多公共品，维持和增加自身的长远利益。

上述三种模式是有差异的，我们认为掠夺之手可以作为新制度经济学国家理论的分析框架。

首先，在理解不同国家现存的制度差异、解释这些制度构建的原因，以及研究它们对经济发展和增长的利弊这些问题上，从“掠夺之手”的视角出发都是很有益的。在描述一个国家的制度，比如所有权模式、管制结构和法律机制的时候，经济学家们过去常常关注制度发展的促进作用，如诺思和托马斯（1973）。但是后来，人们发现很多制度的结果恰恰是阻碍了增长，而不是促进了增长（诺思，1990），例如，管制机构阻碍了产业进入，法院在解决纠纷时武断甚至缺乏诚实，政治家们利用政府的财产来讨好自己的支持者，而不是服务于大众。要弄清楚这些功能紊乱的制度是如何产生的，又为何长期存在的原因，我们就必须了解这些制度的设计者和执行者的政治目标以及他们手中的权力。

其次，掠夺之手模型的一个中心内容是如何构建支持改革的政治联盟。与无为之手模型一样，掠夺之手模型对政府持怀疑态度，但是，掠夺之手却更加准确地描述了政府实际上的所作所为。掠夺之手模型和扶持之手模型都对政府改革持积极态度，但对政府的理解差距较大。一般而言，掠夺之手的分析会寻找限制政府的方法，反对扩大政府的范围①。

最后，从掠夺之手的角度来研究问题有利于制度改革②。这些问题可以归结为新制度经济学国家理论需要解决的核心问题，即如何让国家在制度变迁中发挥积极作用，同时限制国家的“掠夺之手”。就像康芒斯所强调的，重要的是对政府权力的控制，历史上围绕该控制的斗争导致了代议制民主及政党政治制度的逐步演化。国家本身就是“社会阶级之间相互妥协的累积过程，每个阶级都企图单独控制隐含在私有制社会中的强制因素”③。以掠夺之手的分析模型构建新制度经济学的国家理论是没有多大争议的，现在的问题是如

① 施莱弗、维什尼编著：《掠夺之手》，中信出版社，2004 年版，第 3 页。

② 施莱弗、维什尼编著：《掠夺之手》，中信出版社，2004 年版，第 7 页。

③ 卢瑟福：《经济学中的制度：老制度主义和新制度主义》，中国社会科学出版社，1999 年版，第 122 页。

何构建。

二、国家的职能

国家的职能是什么？新制度经济学关于国家职能的分析主要体现在四个方面。这四个方面的职能是：（1）国家作为制度的最大供给者，如何有效地提供制度；（2）国家作为产权的界定和保护者，如何提供有效的产权制度；（3）国家作为制度的实施者，如何有效地实施制度；（4）国家作为不同利益集团利益矛盾的平衡者，如何有效地协调各种利益矛盾。

1. 作为最大制度供给者的国家

按照新制度经济学的定义，国家是一种在某个特定地区内对合法使用强制性手段具有垄断权的制度安排，它的主要功能是提供法律和秩序。国家作为一种具有垄断权的制度安排在许多方面不同于一些竞争性的制度安排（如市场，企业等）。国家独特的地位决定了在任何长期变迁的分析中，国家模型都将占据显要的一席。没有国家理论的新制度经济学是不完善的新制度经济学。

国家最重要也最困难的任务是建立一系列的游戏规则，并将之付诸实施，以鼓励全民充满活力地加入到经济活动中来①。一国的正式制度大多数由国家供给。国家在供给制度时涉及三个主要问题：（1）提供什么性质的制度；（2）制度供给的数量和时间问题；（3）制度供给的效率问题。

一是提供什么性质的制度。国家制定什么样的规则（是生产性的还是非生产性的）将决定一个国家经济发展和人们选择的基本方向。如果制定的规则是生产性的，那么就会大大地有利于社会财富的增长；如果制定的规则是非生产性的，这不仅不利于财富的增长，而且还会耗费社会的资源。任何国家都会提供制度，关键不在于提供制度的多少，而在于所提供的制度的性质和质量。如诺思所说，国家制定的规则将不仅决定何种经济活动是可行的、会赢利的（如生产活动与再分配活动的对抗），而且还将决定公司和组织的内部结构转变的效率。它是通过对市场进入的控制、占统治地位的结构形式和管理组织的灵活性来实现这一点的。那些用来鼓励增长知识、培养有创造力的天才企业家的规则尤其重要。②

二是制度供给的数量和时间问题。即能否及时供给有效的制度，保证供给的数量，满足社会不同经济主体对制度的需求。按照诺思对制度的定义，制度包括正式制度、非正式制度及其实施机制。一个国家的正式制度大多数是由国家提供的。国家是最大的制度供给者。有效的制度可以大大地降低交易费用。国家在提供制度时会出现三种情况：（1）制度的供给与制度的需求基本相等。这是国家供给制度最理想的情况。（2）制度供给不足。由于认知、成本及制度供给中的滞后等原因，历史和现实生活中会出现制度供给不足的现

---

① 诺思：《国家经济角色的昨天、今天与明天》，载斯蒂格利茨：《政府为什么干预经济——政府在市场经济中的角色》，中国物资出版社，1998年版，第163页。

② 诺思：《国家经济角色的昨天、今天与明天》，载斯蒂格利茨：《政府为什么干预经济——政府在市场经济中的角色》，中国物资出版社，1998年版，第164页。

象。(3) 制度供给过剩。① 无论是制度供给不足还是制度供给过剩，都会增加社会经济生活中的交易费用。

三是制度供给的效率问题。制度供给的效率在很大程度上取决于制度供给的性质。诺思认为，在人类历史上，人们选择的制度并不总是最有效率的，这其中的原因是什么呢？为什么我们选择的制度并不是最有效率的？第一，许多制度的建立并不完全取决于成本—收益的计算，还要受政治制度的制约，而政治市场按照经济学的效率标准往往是低效的。许多制度基于公平的考虑，不得不牺牲一些效率。第二，利益集团对制度的选择及制度的变迁起着极为重要的作用。第三，路径依赖引起的转换成本太高。第四，受人类认知能力的限制，我们的制度选择集及构造制度的能力是有限的，制度的完善也是一个试错过程。第五，如诺思所说，国家将会制定使统治者及其集团收入最大化的规则，并以此为前提，设定降低交易费用的规则。②

虽然国家是最大的制度供给者，但国家并不了解什么是最好的经济制度。心理学指出，老鼠在吃了可疑的食物之后会环顾四周，看看其他老鼠会怎么做。同样，国家也会努力进行“社会学习”，它们有时候之所以决定引入某项制度，是因为看到其他一些国家在采取了这项制度之后取得了良好的经济表现。国家不断地供给制度最终会形成复杂的制度网络，其实每个国家的制度网络都存在巨大的随意性③。

2. 作为产权界定和保护者的国家

国家与产权的关系是新制度经济学所探讨的一个重要问题。新制度经济学认为，离开国家，人们很难对产权作出有效的分析。因为产权的本质是一种排他性的权利，在暴力方面具有比较优势的组织处于界定和行使产权的地位。正如诺思所指出的那样，国家理论“关键的问题是解释由国家界定和行使的产权类型以及行使的有效性。最富有意义的挑战是，解释历史上产权结构及其行使的变迁”。④ 诺思认为，“我研究的重点放在制度理论上，这一理论的基石是：(1) 描述一个体制中激励个人和集团的产权理论；(2) 界定实施产权的国家理论；(3) 影响人们对‘客观’存在变化的不同反应的意识形态理论，这种理论解释为何人们对现实有不同的理解”⑤。总之，离开了国家理论，我们很难对产权及其演变作出分析。国家可以被视为通过保证行为人产权的安全而使其获得帕累托最优结果的一个有效率的制度。这种保证使他们避免了在没有国家的状态下引发的耗费成本和偷窃成本，国家对于作为整体的社会具有纯粹的分配性的特征。⑥

按照新制度经济学的分析，政府从来就不能被当做发展政策的一个外生角色，只有恰当地安排一系列产权并执行（这些将会产生竞争的市场条件），适宜价格的产生才能实现

① 卢现祥：《论制度变迁中的制度供给过剩问题》，《经济问题》，2000年第10期。

② 诺思：《历史上经济组织的分析框架》，载盛洪主编：《现代制度经济学》（上），北京大学出版社，2003年出版，第300页。

③ 菲尔普斯：《国家的经济繁荣：繁荣依赖于活力，活力取决于制度》，载吴敬琏主编：《比较》（第41辑），中信出版社，2009年版。

④ 诺思：《经济史中的结构与变迁》，上海三联书店，1991年版，第21页。

⑤ 诺思：《经济史中的结构与变迁》，上海三联书店，1991年版，第7页。

⑥ 肖特：《社会制度的经济理论》，上海财经大学出版社，2003年版，第75页。

所要的结果。[1] 不同的主体对产权的选择是有差异的，从个体来看，按照新古典经济学关于个体追求最大化利益的假设，个体是能够选到最有效的产权安排的。但是到了中观及宏观后，由于集体选择和国家选择都受双重目标（寻利与寻租）的制约，不可能达到产权效率的最大化安排。但是，国家也有自己的优势，如国家在产权的界定、保护等方面是有自己优势的，与私人保护产权相比，国家大大降低了产权保护的成本。显然，所有的行为人为了实施对应于博弈的核引致的产权而一致同意建立的大的保护性组织不是别的，就是国家，它是由行为人在均衡状态下创生的，虽然国家产生于这个分析，但参与者们并没有在最初就创生它。它的创生是作为自然状态偷窃博弈的解的一部分而出现的，与之相对应的产权系统也是一样。在没有国家的情况下，人们生活在霍布斯式的丛林里，更多的时间不是用来生产财富，而是相互争夺。于是国家的制度性价值在这个分析中被视为内生的变量，而不是在一开始就被强加给这个分析的。结果，我们就有了哈耶克所描述的被人们行动所创生而不是人类设计所创生的制度。[2] 对于界定和保护产权的国家，我们主要探讨两个问题：

（1）国家为什么要界定和保护产权？

第一，界定和保护产权是建立市场经济的必要条件。如上所述，诺思认为国家理论“关键的问题是解释由国家界定和行使的产权类型以及行使的有效性”。尊重和保护产权之所以有利，是因为它将企业家精神、人的精力、创造性和竞争性导入建设性的、和平的方向。战争或盗窃只能将企业家精神引入零和博弈或负和博弈，而保护私人产权则促进大量正和博弈。这些正和博弈将汇入总的经济增长，并使社会成员更易于实现自己的愿望。[3]

第二，对于国家或地区来讲，特别是对于财产或资源能够流动的地区来说，产权的界定和保护会更加重要。欧洲在经历了“黑暗时代”之后，私人财产逐渐在有效的政府行动下受到系统的保护。在小而开放的欧洲国家，机会主义的统治者们常要对付有钱人和商人及企业家逃离其领土的问题。别的国家则开始强化产权，其主要手段是发展可以进行产权交易的自由市场。那些国家通过制定法律和建立有效的法庭来保护契约，建立了有序的税制，并使其服从于法律。谁的产权保护得好，财产和资源就流向那个地方。像威尼斯、佛罗伦萨、热那亚，以及后来的葡萄牙、纽伦堡、荷兰、英国等都受益于资本和企业的流入，这使它们的收入不断增长。于是，那些为财产提供良好制度保护的国家繁荣了起来，而财产保护差的国家则变得越来越贫穷。这种成功受到模仿，加上竞争的压力，政府对产权的保护在西欧多数地区普及开来。君主们经常抱怨他们控制商人的权力越来越小，但他们除了尊重私人产权以外别无选择。在20世纪，对产权的保护已扩散到了许多非欧洲经

---

① 诺思：《新制度经济学及其发展》，载孙宽平主编：《转轨、规制与制度选择》，社会科学文献出版社，2004年版，第10页。

② 肖特：《社会制度的经济理论》，上海财经大学出版社，2003年版，第75页。

③ 柯武刚、史漫飞：《制度经济学——社会秩序与公共政策》，商务印书馆，2000年版，第252页。

济。① 历史与现实表明，国家与国家之间的竞争，地区与地区之间的竞争，最终在很大程度上是一个产权保护的竞争。

第三，从理论上来看，产权的极端重要性被启蒙运动时期的哲学家和经济学家发现和强调。在1739年，休谟在其《人性论》中写道："财产必须稳定，它必须靠一般规则来保护。尽管在某一场合，公众可能是受害者，但这种暂时的毛病可以靠始终不渝地执行规则以及这种规则在社会中所建立起来的平安和秩序来完全补偿。"在他们看来，要使社会系统按最大多数人的利益运转，排他性是必需的。他们还将注意力集中于自主运用产权方面的基本经济自由，并谴责政府垄断和对私人特权的政治庇护。作为对这些考虑的反映，美国宪法明确地保护财产权，反对任意的没收。后来，世界上许多其他国家的宪法虽未必在精神上，但至少在形式上仿效了这些保护措施。② 如何衡量国家保护产权的程度？巴罗用法治测量产权保护程度，用自由选举测量民主。只有法治国家才能更好地保护产权，法治程度越高，产权保护也会越完善。实践也证明，在法治环境下，产权保护的成本是最低的。

（2）为什么国家在大多数情况下提供的是低效率的产权？

所谓"低效率"的产权，诺思指的是在现存权利结构下，因为丧失机会或重新分配行为导致的损耗，造成不是实现而是放弃潜在租金。诺思认为，政治制度有一种形成低效率产权制度的天生倾向，这种制度导致了经济停滞或衰退（诺思，1987）。诺思主要从三个问题中得出现行政治制度无效率的看法：信息不完全、各种交易成本和第三方行为者的后果（如在产权实施或不实施中国家代理人的作用）。这三个问题都能很容易地用于市场经济中通常的商业交易研究。国家的作用往往与强制因素联系在一起。③ 国家根据掌权的统治集团的利益界定产权，然后在这些约束条件的限制下规定能使交易费用最小化的经济组织形式。④ 如果假定一个"中立"的国家存在，那么在给定现行技术、信息成本和不确定性的约束条件下，在稀缺与竞争世界中以最小成本解决方案而存在的产权形式将是有效率的。实际上，产权的出现是国家统治者的欲望与交换当事人努力降低交易费用的企图彼此合作的结果。⑤

从深层次来看，低效率的产权与国家的双重目标有关。按照诺思的分析，国家有双重目标，一是界定形成产权结构的竞争与合作的基本规则（即在要素和产品市场上界定所有权结构），这能使统治者的租金最大化；二是在第一个目标框架中降低交易费用以使社会产出最大，从而使国家税收增加。换言之，国家有两个方面的目标，它既要使统治者的租金最大化，又要降低交易费用以便全社会总产出最大化，从而增加国家税收。然而，这两个目标是相互冲突的。也正是因为存在着这样的冲突并导致相互矛盾乃至对抗行为的出

---

① 柯武刚、史漫飞：《制度经济学——社会秩序与公共政策》，商务印书馆，2000年版，第249页。

② 柯武刚、史漫飞：《制度经济学——社会秩序与公共政策》，商务印书馆，2000年版，第250页。

③ 德勒巴克等编：《新制度经济学前沿》，经济科学出版社，2003年版，第51页。

④ 诺思：《经济史中的结构与变迁》，上海三联书店，1991年版，第119页。

⑤ 诺思：《经济史中的结构与变迁》，上海三联书店，1991年版，第17页。

现，国家由此兴、由此衰。国家的双重目标为既得利益集团追求最大化留下了活动的空间，如政府官员的设租与相关利益集团的寻租就会产生。在界定形成产权结构的竞争与合作的基本规则过程中，相关利益集团之间为了争取利益最大化就会不断地博弈。在社会博弈过程中，与其他集团相比，往往小集团处于有利的地位，对他们有利的产权安排不一定有利于其他利益集团。

政治市场的效率是理解这一问题的关键。如果政治交易费用较低，且政治行为者有准确的模型来指导他们，其结果就是有效的产权。但是，政治市场高昂的交易费用及行为者的主观偏好，往往导致产权无法诱致经济增长，组织也不能作为创造更有生产率的经济规则的激励。① 诺思对交易成本政治学的分析使得他得出以下结论：我们应当看到政治市场比经济市场更多地被交易成本所困扰，换言之，政治市场的交易成本比经济市场的交易成本高，因此，国家的运转更没有效率。②

3. 作为第三方实施者的国家

新制度经济学把国家定义为由个人组成，这些人受制于一个单一的、以使用暴力作为强制实施手段的最终第三方。国家的地域边界是以它的强制实施力来划分的。在此边界内，国家的范围是以所有被第三方以暴力手段强制执行的协议的价值与总产品价值（其中包括输入产品）的比率测量的。③ 作为第三方实施者的国家在一国制度体系的有效性方面起着极为重要的作用。按照诺思对制度的定义，制度包括正式制度、非正式制度及其实施机制。非正式制度主要起源于民间及社会各主体之间的博弈，而正式制度的制定及其实施机制的运作则主要是由国家来完成的。

从历史来看，我们观察到商法仲裁这种私人裁决制度最终让位于正式的第三方机制，它以法典为准绳，由国家实施。诺思和温加斯特认为，当国家最终掌握了强制性权力，可以没收不履行裁决的人的财产或将他们投入监狱时，惩罚犯规者的成本大为减少。他们同时也指出，国家实施的全面性税收制度代替个人对商法仲裁者的付费可大大降低维护第三方组织的成本。④ 国家不是唯一的第三方强制实施者，它以使用暴力强制实施为特点。国家在施加大量直接成本上具有比较优势，但是，在诸如意识形态等其他手段有效的地方，其他第三方在强制实施上有优势。使用暴力的强制实施者使用权力时有可能会没收被强制者的财产。被强制者可以事先团结起来，建立某个机制以对抗强制实施者，并且能够制约实施者的权力，但也要允许他有足够的权力以强制实施协议。他们会要求强制实施者仅使用明确客观的强制实施标准。在商品交易中，共有标准是最有效的。第三方累积权力的使用，以及国家强制实施的合同下的商品交易都具有规模经济。⑤ 从这些分析可以看出，国

---

① 诺思：《制度、制度变迁与经济绩效》，上海三联书店，1994 年版，第 71 页。

② 迪克西特：《经济政策的制定：交易成本政治学的视角》，中国人民大学出版社，2004 年版，第 34 页。

③ 科斯、诺思等：《制度、契约与组织：从新制度经济学角度的透视》，经济科学出版社，2003 年版，第 246 页。

④ 青木昌彦：《比较制度分析》，上海远东出版社，2001 年版，第 79 页。

⑤ 科斯、诺思等：《制度、契约与组织：从新制度经济学角度的透视》，经济科学出版社，2003 年版，第 269 页。

家最终作为正式的具有强制力的第三方实施者与其规模经济、比较优势及相对较低的成本有关。

巴泽尔对作为第三方实施者的国家作了深入的研究，他提出的三个命题为：(1) 国家是一种第三方实施的暴力机制，它在一定程度上比其他机制更有利于契约的实施；(2) 人们只有当暴力实施者滥用权力的倾向能被有效制约时，才会使这种实施机制（国家）出现；(3) 国家愿意实施的法律权力取决于对界定权力与调解纠纷的交易成本的比较。从巴泽尔的分析我们可以看出，国家作为第三方实施机制与其他第三方实施机制相比，有比较优势。但问题是，国家作为第三方实施者，其职能的发挥必须有两个前提条件，第一，国家的权力能得到有效制约。第二，国家作为第三方实施机制的运作成本要低。集体行动的代理人（统治者及其行政助手）为了履行其各种职能，必须耗费资源。这被称为政府的代理成本。这部分成本必须得到弥补，通常是靠强制性征税。而征税和管理公共资金又会进一步引致各种代理成本。① 与其他第三方实施机制相比，国家的优势主要表现为两个方面：一是具有暴力机制，从而可以最终保证各种合同的实施；二是具有规模经济，每个制度（包括正式的和非正式的）的实施都是有成本的，国家作为第三方实施机制具有规模经济的优势。

按照诺思的分析，国家作为第三种当事人，能通过建立非人格化的立法和执法机构来降低交易费用。既然法律的发展是一种公共产品，它就能随之带来具有重要意义的规模经济。既然交换的基本规则已经确立，那么，只要存在法律机构，谈判和行使的费用就会不断减少。② 在一国制度体系中，法律的重要性还没有引起人们的足够重视。我们认为，在一国制度体系中，法律制度起着重要的作用。就像科斯所说，在交易成本为正的情况下，法律制度极其重要。国家作为第三方实施机制的有效性和权威性主要源于其法律制度及其威慑作用。如果法律没有权威或在一个非法治的环境里，那么各种机会主义行为和违约行为会大大增加，从而增加经济活动的交易费用。在人类的经济活动中，尽管大量的交易及其纠纷是通过“私了”（交易双方甚至非国家的第三方仲裁者）解决的，但是如果没有法律作为后盾，一些“私了”就不会进行。因为在法律没有权威或执法成本很高的情况下，在交易中处于“不利”的一方就会选择违约。

4. 作为不同利益集团利益关系协调者的国家

国家的一个重要职能是协调不同利益集团的利益关系与利益矛盾。国家本身就是“社会阶级之间相互妥协的累积过程，每个阶级都企图单独控制隐含在私有制社会中的强制图素”③。新制度经济学应该从三个层次来研究制度及制度演化的问题。第一是在微观层次（个人和企业）研究个体与制度的关系，第二是在中观层次（利益集团）研究集体行动与制度及制度演化的关系，第三是在宏观层次研究国家与制度及制度演化

① 柯武刚、史漫飞：《制度经济学——社会秩序与公共政策》，商务印书馆，2000 年版，第 374 页。

② 诺思：《经济史中的结构与变迁》，上海三联书店，1991 年版，第 39 页。

③ 卢瑟福：《经济学中的制度：老制度主义与新制度主义》，中国社会科学出版社，1999 年版，第 122 页。

的关系。利益集团在制度的形成尤其是在各种正式制度中发挥着极其重要的作用，如何在制度变迁中协调不同利益集团的利益关系是国家的一个重要职能。

许多制度都是由独裁者、强势利益集团和政治上的多数派创立的，他们建立这些制度的目的就是为了牺牲他人利益从而使自己获利。例如，公共选择理论就认为国家所有权就是在任的政治家用来向庇护人分配职位和取得政治支持的一种手段（Shleifer 和 Vishny，1998）。①

制度设计过程实际上是不同利益集团博弈的结果。制度设计常常更多地牵涉利益派别间的谈判和讨价还价，牵涉正规制度的功能发挥。这也正是康芒斯以及公共选择理论研究的主题。两者都假定，国家的起因部分来自自发过程运作的限制，部分来自群体改变收入分配、增加自身利益的愿望。公共选择理论进一步详细地分析了投票规则、直接民主与代议制民主、政党、寻租、官僚行为等制度形式的实际后果。② 个人既可以在既定的制度框架内专心于生产，也可以从规则制定者、立法者和政府机构争取法律或规则的有利变动，以实现个人财富最大化，具体的途径取决于改变权利结构的相对成本。当成本较低时，有影响的利益集团会影响制定一些使社会的生产能力只部分实现的经济制度。为什么我们不能总是选到最有益于社会财富最大化的制度安排？这与利益集团的存在及其对制度安排的影响是分不开的。

拉丰和梯若尔也考察了政治的不确定性将使政府不会从长远的角度来制定政策，但他们认为，如果当权的政府总是偏向某一个特殊的利益集团，并且放任政府锁定这个对该利益集团有益的政策，对社会可能是有害的，因此，制约与平衡是十分重要的。③

从上述分析可知，利益集团对制度安排的影响是股强大的力量。这就有可能导致制度的非中性。中立的国家是很难的，没有偏向的国家是不存在的，不同利益集团之间的博弈及其不平衡将会影响国家的目标及行为。国家如何协调不同利益集团的利益呢？第一，国家要受到制约。国家也有自身利益，并会使用强制力来实现自身利益。国家这样做时，它就成为“掠夺之手”。如果国家“掠夺之手”的一面没有受到制约，那么很难让国家成为不同利益集团的协调者。第二，通过制度安排约束社会中的“强势利益集团”，扶助社会中的“弱势利益集团”。不同的利益集团对政府决策的影响是不一样的，让“弱势利益集团”在政府的决策中也有自己的“话语权”是国家协调不同利益集团利益关系的基本条件之一。第三，打破垄断、引入竞争、减少管制，尽可能地减少政府对经济的干预是国家有效协调不同利益集团利益关系的基本前提。利益集团的形成与国家和经济的关系是联系在一起的。一般而言，所谓“强势利益集团”往往是借助于国家力量（如行政特许权）形成的。国家应缩小不同利益集团的差距，从而减少利益矛盾。这是治本之策。

---

① 詹科夫、波塔等：《新比较经济学的新视角》，吴敬琏主编：《比较》（第 4 辑），2002 年版。

② 卢瑟福：《经济学中的制度：老制度主义和新制度主义》，中国社会科学出版社，1999 年版，第 110 页。

③ 迪克西特：《经济政策的制定：交易成本政治学的视角》，中国人民大学出版社，2004 年版，第 52~53 页。

三、国家作用的“本质两难”

关于国家作用的“本质两难”(fundamental dilemma),最先是由政治学家温加斯特这样表述的:国家需要足够强大,才能具有足够的强制力,去做它该做的事,即执行合同;但国家又不能过分强大,以至于它可以不受约束,滥用自己的强制力,任意侵犯公民的财产和权利。“诺思悖论”是指“国家的存在是经济增长的关键,然而国家又是人为经济衰退的根源”①。没有国家不行,有国家又有许多麻烦。研究如何制约国家比研究国家起源更重要。在共和时代的罗马,国家权力的确受到了约束,但这种约束来自于罗马政府的制度结构,而不是来自于人民的利益②。国家权力的行使的需要以及这一点可以通过制度设计做到的观念,在伯里克利时代的雅典和共和时代的罗马政治体系中都是显而易见的。“立宪的”政治秩序的观念的起源与西方政治思想一样古老③。

与诺思等其他研究国家理论的学者一样,巴泽尔认同对保护者(统治者)权力的制约(捆住掠夺之手)是国家内部组织的核心问题。但是,巴泽尔认为并非不存在走出“诺思悖论”困境的方法。他认为解决所谓“诺思悖论”的方法是建立集体行动机制。当集体行动机制能够有效控制保护者使用强制力时,国家将成为法治国家。此时,受保护的臣民通过决定税收种类、税率和税收用途控制保护预算的支出。然而,令人遗憾的是,由于集体行动机制天然存在“搭便车”问题,臣民难以有效遏制保护者的权力。其结果是,由保护者控制保护预算的独裁国家成为国家组织的常态。

第二节 国家模型

把企业理论引入国家问题分析是新制度经济学关于国家理论的一个特色。统治者是一个受竞争与交易费用双重约束、追求统治者租金最大化和全社会总产出最大化的具有福利或效用最大化行为的经济人。

一、国家模型的基本特征

诺思构建的国家模型建立在效用最大化的假设之上。正如前面所指出的,关于国家起源的契约论和掠夺论这两种理论都是不全面的。由霍布斯和洛克等人建立的社会契约理论只假设了人们订立契约的原因和契约本身的功能,而没有进一步分析订立契约各方的利益要求,以及为了实现各自利益最大化所进行的斗争或争夺,因而它实际上忽视了国家作为契约各方实现各自利益最大化工具的功能。而掠夺或剥削理论虽然解释了国家实现统治利益最大化的本质,但忽视了国家与选民之间的互动关系,因为选民也是通过追求个人利益最大化来限制国家行为的,同时,这一理论没有看到国家也

① 诺思:《经济史中的结构与变迁》,上海三联书店,1991年版,第20页。
② 戈登:《控制国家——西方宪政的历史》,江苏人民出版社,2001年版,第15页。
③ 戈登:《控制国家——西方宪政的历史》,江苏人民出版社,2001年版,第2页。

是促进社会总收益提高的一种主要的力量这样一个事实。由此，我们看到，在诺思那里，国家既是一个具有自身效用最大化的组织，也是一个实现社会效用最大化的机构。诺思的假设具有很强的经济人色彩。

诺思的国家模型具有三个基本特征，其一是说明统治者与选民的交换过程，其他两个是说明确定交换要素的条件。

第一，国家为获取收入，以一组服务（我们称之为保护）与公正作交换。由于提供这些服务存在着规模经济，因而作为一个专门提供这些服务的组织，它的社会总收入要高于每一个社会个体自己保护自己拥有的产权的收入。换言之，国家为选民提供“保护”与“公正”，选民交纳税收维持国家正常运转，在某种程度上，这就是一种“交换关系”。

第二，国家试图像一个带有歧视性的垄断者那样活动，为使国家收入最大化，它将选民分为各个集团，并为每一个集团设计产权。在这里，国家实际上是一个“带有歧视性的垄断者”。

第三，由于总是存在着能提供同样服务的潜在竞争对手，国家受制于其选民的机会成本。它的对手是其他国家，以及在现存政治—经济单位中可能成为潜在统治者的个人。因而，统治者垄断权力的程度是各个不同选民集团替代度的函数。在这里，国家面临的外在竞争压力与开放程度相关，越是开放的国家，统治者所感觉到的竞争压力越大。

二、国家的目标

国家提供的基本服务是博弈的规则。国家最基本的目标有两个：一是界定形成产权结构的竞争与合作的基本规则（即在要素和产品市场上界定所有权结构），这能使统治者的租金最大化。二是在第一个目的框架中降低交易费用以使社会产出最大，从而使国家税收增加。这第二个目的将导致一系列公共（或半公共）产品或服务供给，以便降低界定、谈判和实施作为经济交换基础的契约所引起的费用。与法律、公正和防卫的设计相关的规模经济是文明的基本源泉。在整个历史上，当人们需要在国家（可能具有剥削性）与无政府之间作出选择时，人们均选择了前者。几乎任何一套规则都好于无规则。

上述目标有三个重要的推论：

(1) 上述两个目标并不完全一致。第二个目标包含一套能使社会产出最大化而完全有效率的产权，而第一个目标是企图确立一套基本规则以保证统治者自己收入的最大化（或者，如果我们放宽单一统治者的假设，那么就是使统治者所代表的集团或阶级的垄断租金最大化）。从历史上来看，在使统治者及其集团的租金最大化的所有权结构与降低交易费用和促进经济增长的有效率体制之间，存在着持久的冲突。

国家两个目标冲突的根源在于有效率的产权制度的确立与统治者的利益最大化之间存在着冲突。建立有效率的产权可能并不有利于统治利益（租金）的最大化。在历史上，西班牙曾经有一个“羊人团”，他们有在全国放羊的特权，农民就糟糕了，农民种什么，就必须考虑羊是不是喜欢吃，否则你就会难有收获，因为“羊人团”的羊进入你的田地，庄稼就会被糟蹋。为什么“羊人团”会有这个特权？因为“羊人团”要给国王交费。为了社会产出的最大化就必然要废除“羊人团”的特权，从而建立一种有效率的产权；但是建立有效率的产权将在短时期内危及国王的利益，于是“羊人团”的特权迟迟不能废除。政府可以通过重新界定产权结构影响社会的净财富量，也可以通过提供公共产品，比如规定度量标准从而降低交易费用来实现这一目标。新制度经济学家认为这种在一定程度上由政府所控制的竞赛规则对于决定经济是持续增长还是陷入停滞有着举足轻重的作用（埃格特森，1990）。

（2）国家基础结构的创立旨在界定和实施一套产权，并指定统治者的代理人。由于代理人的效用函数与统治者并不一致，统治者要设立一套规则试图使他的代理人与他自己的利益保持一致。然而，代理人在一定程度上并不完全受统治者的约束，因为存在着统治者权力扩散。这也会降低统治者的垄断租金。

（3）统治者提供的服务有着不同形状的供给曲线。某些服务是纯粹的公共品，而另外一些则具有典型的 U 形成本曲线，它表明超出某产出量的平均成本会上升。保护的成本曲线与国家的军事技术有关，当保护的边际成本等于增加的收入时，它可以确定一个“有效率”的政治—经济单位的规模。从希腊城邦到罗马帝国，再从封建时代小的分散的政治组织到民族国家，军事技术及其变化在决定供给曲线的形状上起着主要作用。弗里德曼（1977）运用国家规模与形式的理论探讨了收入类型与国家的规模和形式之间的关系。他认为，如果贸易是主要的政治收入来源，那么其结果就会出现大国；若租金是主要的政治收入来源，则导致小国；若劳动是主要的政治收入来源，则形成有封闭边界或相同文化的国家。

三、国家活动的范围和国家权力的强度

国家活动的范围主要指政府所承担的各种职能和追求的目标。国家权力的强度指国家制定并实施政策和执法的能力，特别是干净的、透明的执法能力，现在通常指国家能力或制度能力。国家概念的这两个维度能够使我们构建一个数学坐标以区别各类国家中国家概念的不同程度。世界银行 1997 年的《世界发展报告》提供了国家职能清单，它将国家职能分为“最小”、“中等”和“积极的”三类（见表 11-1）。

表 11-1 国家职能

最小职能	国防、法律及秩序 财产权保护 宏观调控	公共卫生 增进公平 保护穷人
中等职能	反垄断 应对经济外部性 教育、环境保护	公共设施管理 保险、金融监管 社会保险
积极的职能	产业政策	财富再分配

资料来源：世界银行：《世界发展报告》（1997）。

我们沿着一条 x 轴来排列这些职能（见图 11-1），就可以确定不同国家在该坐标上的

不同位置，并且看出这些国家的政府职能有多少，是大政府还是小政府。图 11-2 的 y 轴表示制度能力的强度。这里的强度包括制定政策及法律的能力，高效管理的能力，控制渎职、腐败和行贿的能力，保持政府机关高度透明和诚信的能力以及最重要的实施制度的能力。

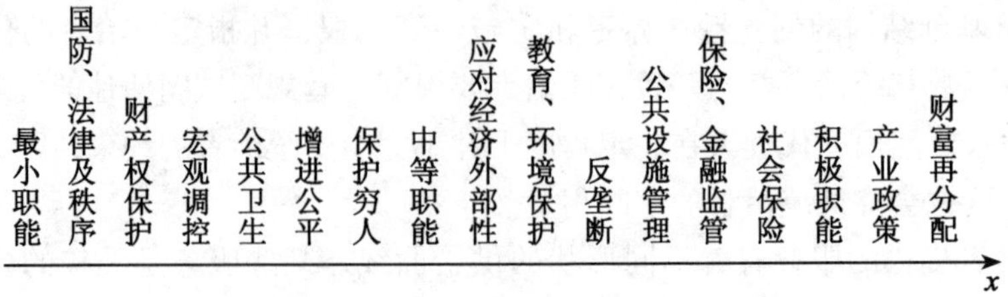

图 11-1　国家职能的范围

资料来源：世界银行：《世界发展报告》（1997）。

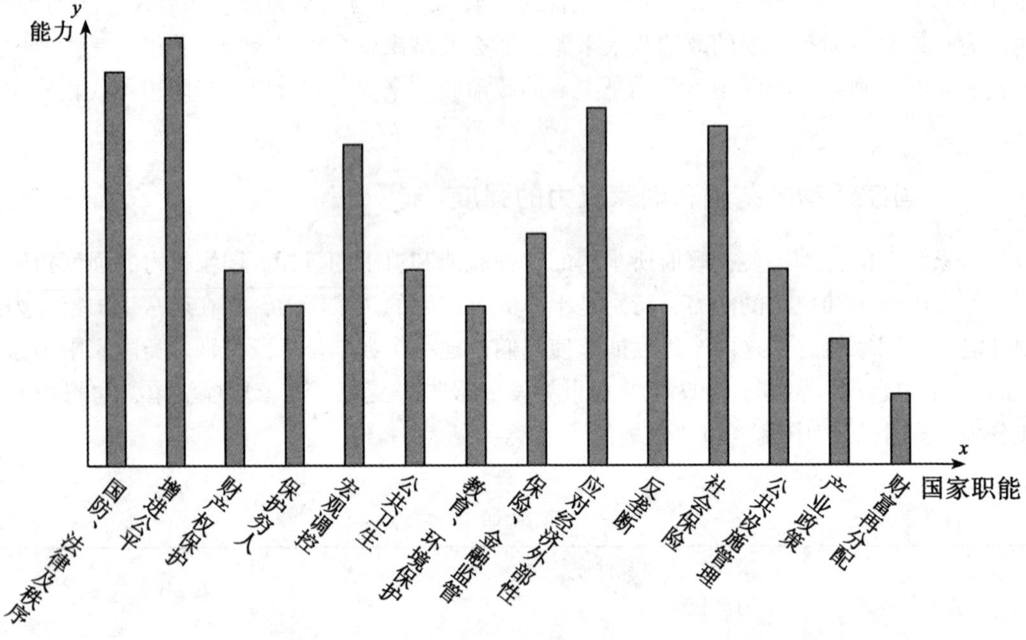

图 11-2　国家能力（假设）

对国家机构能力的大小还没有普遍公认的衡量标准。一个国家各个政府部门在该坐标上所处的位置可能会不一样。现在可以利用许多指标来确定各国在 y 轴坐标上的位置。这些指标主要有腐败评价指数，通过对各国商界的调查数据来确定。目前常用的腐败评价指数包括四类：（1）建立在专家评价基础上的腐败评价指数。例如 International Country Risk Guide（ICRG）使用的腐败评价指数。ICRG 腐败评价指数主要依靠专家的评估，它将腐败分为 0~6 个等级，当一个国家排名最低或最高时，一般得分为 1 或 5。这个数字分别用来衡量腐败、法律及秩序和官员素质等方面的程度。（2）建立在企业调查报告基础上的腐败评价指数。最具代表性的就是 GCR 腐败评价指数和 WDR 腐败评价指数，GCR 腐败评价指数基于对 58 个国家的 2381 家企业的调查报告，该报告涉及进出口许可、商业许可、交易控制、税收、政策保护或贷款等方面的腐败情况，并将腐败评定为 1~7 等 7 个等级。WDR 腐败评价指数与 GCR 腐败评价指数非常相似，不过其调查主要针对中小企业。（3）建立在综合性调查报告基础上的腐败评价指数。例如透明国际（Transparency International，TI）提出的 CPI 指数。CPI 指数建立在 15 种不同的民意测验和 9 个独立机构的调查之上，将腐败分为 1~10 等 10 个等级。由于 CPI 指数是基于对其他调查报告进行问卷调查和加权平均的结果，所以尽管它的一些指标具有主观性，但在长期比较稳定，且与其他腐败评价指数存在一定的相关性。目前，CPI 指数是使用最广泛的腐败评价指标。（4）建立在主观评价和客观指标综合基础之上的腐败评价指数。这些腐败评价指数有些综合了 ICRG/GCR/WDR/TI 等建立的腐败评价指数，如 Kaufmann（1999）、Wei（2000，2001）；有些则在这些指数的基础上，又增加了一些客观指标（如腐败案件的数量、黑市价格、中介的发达程度等①）来补充对腐败程度的描述，如 Neumann（1994）、Knack 和 Keefer（1995）、Manion（1996）、Schlesinger 和 Meier（2000）、谢平和陆磊（2003）等建立的腐败指数衡量体系。此外还有国家的治理指标等。

我们把范围和强度这两个维度合并在一个图中，就会形成一个坐标系（见图 11-3）。在坐标系中有四个象限，每个象限对经济增长具有不同的影响。最佳位置处于第Ⅰ象限，位于该象限之内的国家职能，其范围小但制度有效性高。在第Ⅲ象限之内的国家职能过于接近坐标的原点并且连财产保护这类最小的职能都不行使，经济增长就势必会停滞不前。但一个国家的职能沿 x 轴向右移动，国家管得太宽，经济也会滑坡。最糟糕的位置是第Ⅳ象限。在这个象限内，没有能力的国家却管理着它管不了也管不好的事务。许多发展中国家都恰好在这个象限内②。

在《国家理论》一书中，巴泽尔专辟一章论述国家规模和国家范围。在巴泽尔（2006）看来，所谓国家规模主要是领土规模和人口规模，而国家范围是“暴力维系的第三方所实施的协议价值与一国境内总产品的价值之比”。由此可见，规模和范围在国家理论中并不是同一语，规模扩大并不意味范围扩大。因为，国家规模扩大只是表明一国境内总产品价值上升。如果总产品交易很多是在企业内部完成的，国家规模扩大甚至会导致国家范围缩小。巴泽尔举例说明，纵向一体化程度提高导致很多交易在企业内部完成，从而缩小国家范围。在对规模和范围进行概念区分的基础上，巴泽尔分别从保护的规模经济和签约的规模经济两个方面进一步分析了国家规模和国家范围的影响因素。

---

① 谢平、陆磊：《中国金融腐败指数：方法论与设计》，《金融研究》，2003 年第 8 期。

② 福山：《国家构建：21 世纪的国家治理与世界秩序》，中国社会科学出版社，2007 年版，第 7~12 页。

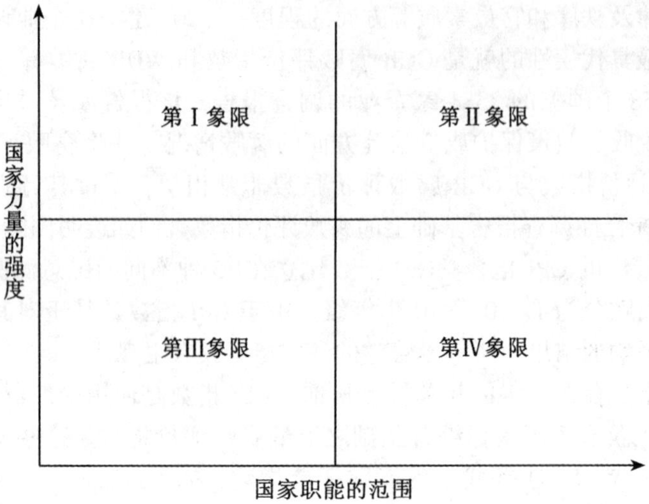

图 11-3 国家概念及有效性

第三节 强化市场型政府

有人提出按照奥尔森的思想，用现代制度的构建、演化和分析方法来构建一个新制度主义的国家理论。在构建新制度经济学国家理论的过程中，吸收奥尔森理论的部分观点是必要的，但仅建立在奥尔森思想上又是不够的。新制度经济学所需要的国家理论要解决两大基本问题：第一，国家的目标是什么？政治人物的利益是什么？这些利益将如何体现在政策和制度中，以服务于政治人物的目标？第二，如何限制国家的"掠夺之手"？奥尔森所提出的理论框架有利于第一个基本问题的解决，但是如何限制国家的掠夺之手，奥尔森采取的是悲观的态度，所以我们还要研究如何限制国家的掠夺之手。

一、强化市场型政府：内涵及意义

奥尔森创造了一个可以高度浓缩其长期增长理论的重要概念：强化市场型政府（market-augmenting government）。一个政府如果有足够的权力去创造和保护个人的财产权利并且能够强制执行各种契约，与此同时，它还受到约束而无法剥夺或侵犯私人权利，那么这个政府便是一个"强化市场型政府"。这里包括四项内容：创造个人财产权，保护个人财产权，执行各种契约，政府的权力受到制约。既要创造和保护私人财产权，又要使私人权利不受到侵犯，是强化市场型政府的基本内涵。

与强化市场型政府相对应的是自然政府。诺思等人把暴力专营者创设的政府称为自然政府。在自然政府中，政治和经济紧密地结合在一起。政府通过限制经济上的进入而获得租金，用以在精英阶层中订立可信承诺，从而支持现有政权并提供社会秩序①。自然政府面临一个两难境地：建立多大规模的统治联盟才是适宜的？扩大联盟会有更多力量，但使联盟绑在一起的租金被摊薄了。自然政府必然是“掠夺之手”。自然政府的特点表现为，政府控制的资源多，管制太多，设租和寻租现象较严重，腐败较普遍，社会分配不公等。

强化市场型政府的内涵也是奥尔森反复且多角度论证的经济成功的两个必要条件：

第一，存在可靠且明确界定的财产权利和公正的契约执行权利。个人权利是人们在经济活动中，特别是在复杂的交易中获得收益的必不可少的条件。尤其是，只有所有的经济当事人，无论是个人还是公司，国内的还是国外的，都有权公正有效地履行他们所选择的契约时，市场经济才能充分地发挥它所具有的全部潜能。而契约能够公正有效地履行又必须以个人权利得到有效保护和清楚界定为基础，而且，这种个人权利并非是自然赋予的，而是社会的，或政府设计的结果。如果没有政府的保护，个人所拥有的就仅仅是资财，而不可能有真正意义上的个人财产。一个社会只有能够保护和清楚界定个人权利，人们才有动机去进行生产、投资和从事各种互利交易，社会经济才得以繁荣。

世界各地的单位资本家收益有很大差异，正如奥尔森所说，标准的增长发展的主流模型中的有关变量不能解释这种差异，相反，这些差异应该由制度环境差异来解释。

第二，不存在任何形式的掠夺。在霍布斯的“原始丛林”中，在某种极权统治下，在传统的计划经济里，以及在市场经济不发达的地方，这种掠夺到处可见。但是，在个人权利得到较好保护、经济发达的社会中，这样的条件在尊重个人权利的民主社会中是能够达到的。对个人权利掠夺的情况也时有发生。这种掠夺往往是通过制定某种有利于特殊利益集团的法律、对某些经济事务的管制，以及通过卡特尔来固定价格或工资的方式进行的。如果一个社会的财富被少数人攫取，如果一个社会的创新被窒息，如果市场价格机制的运作被扭曲，那么这个社会的经济一定会没有活力而僵滞。如果一个社会的掠夺有利，那么人们就会在再分配领域投资和积累知识，从而导致社会的非生产性活动增加，净财富的增加下降。

当然，这两个条件并不能完全保证出现完善的市场、社会创新的充分利用、资源的有效配置及社会财富的公正分配。但离开了这两个条件，社会经济繁荣绝不可能实现。只有在这两个条件充分满足的情况下，一个社会才会存在市场，才能让市场拓展到经济活动的各个方面②。经济成功的两个必要条件与强化市场型政府的内涵具有一致性。

强化市场型政府是社会经济发展中关于政府的一种理想模式。好的市场经济体制需要一个什么样的政府？亚当·斯密关于政府是守夜人的观点奠定了奥尔森强化市场型政府的基础。在斯密看来，市场这只看不见的手能够使资源得到有效配置。政府只是起守夜人的作用，对外防止侵略，对内保护公民的财产和人身安全，再就是政府还要提供必要的公共产品。强化市场型政府是能较好解决国家悖论的政府。其前提就是民主制度和法治化社会。

---

① 诺思等：《诠释人类历史的一个概念性框架》，载吴敬琏主编：《比较》（第30辑），中信出版社，2007年版，第23页。

② 易宪容：《权力运作与经济繁荣》，《国际经济评论》，2001年第3期。

建立强化市场型政府是完善我国社会主义市场经济体制的需要。我国要素市场这些年严重地滞后于产品市场的发展。其根本的原因在于要素市场对产权的创立和保护以及对契约的实施有较高的要求。这种制度环境的形成与强化市场型政府的建立是一个互动的过程。强化市场型政府设立的目标，在于获得所有潜在的得自贸易的收益。为此就必须建立一套法律体系和政治秩序来强制执行合同或抵押协议，提供负有限责任的公司制度安排，并且保障资本市场的长期稳定及有效运转。在这里，财产权利、契约权利以及由此催生的资本市场，便成为区分市场强化程度之"色谱"的重要尺度。该"色谱"的两端分别为产权高度密集型和产权高度粗放型，各国的经济也就可以据此被划分成不同的类型。显而易见，为创新提供必要资本支持的金融市场属于高度契约密集型产业，因而对强化市场型政府的依赖性就特别高。当把贸易领域和生产领域联系起来考察时，我们还会发现一个有趣的现象：产权密集型经济通常对应的是资本密集型经济。其背后的逻辑十分简单，如果机器或工厂总是面临着被没收或充公的高风险，那么人们就不愿意从事资本密集型生产。这也可以解释在产权—资本粗放型经济中，往往是那些具有自我保护性质的产业比较发达，比如人力资本密集的手工业和种植业①。有人测算了 49 个国家保护外部股东和债权人免受侵占的法律，发现对投资者的保护越好，资本市场就越充分越有价值。资本化、工业化、城市化及市场化是我国近些年社会经济持续发展的动力，而这个过程是需要强化市场型政府支撑的。

因此，经济转型必然伴随着政府的转型。保护财产权和契约的实施看似是一个简单的事情，但实际上这是一国制度体系建立中最难的部分。它涉及政治、经济、法律及文化等领域的相关转变。在建立强化市场型政府的过程中，最难的是政府自己约束自己。从当今各国情况来看，越是发达的市场经济国家，其政府就越接近强化市场型政府。

二、建立强化市场型政府的基本前提条件

民主制度与法治化社会是建立强化市场型政府的基本前提条件。民主与法治是一种互动的过程，民主与法治不断完善的过程，也就是强化市场型政府建立的过程。

强化市场型政府与民主制度的关系十分密切。强化市场型政府的产生条件，也就等价于如何使政府或执政者具有共容利益的条件。换言之，就是执政者的利益与大多数人的利益是否一致的问题。对此，奥尔森的回答是：民主政体，或至少是代议制政体，能使执政者的利益与大多数人的利益一致。奥尔森谈论的民主，其核心或本质不在于它是否赋予公民普遍选举权，而在于它是否保证政府产生于自由的政治竞争过程，从而确保拥有共容利益的精英掌握政治领导权。与独裁制度相比，民主制度中的多数派与社会的共容利益更大，我们假设他们都是自私的，民主制度的当权者更倾向于限制自己在再分配中的所得。只有个人和企业拥有安全的财产和契约权利，一个社会才可能获得最大限度的产出②。

从理论上讲，与独裁制度不同，民主政治中没有任何人有权废除产权、取缔契约和攫

① 张宇燕：《强化市场型政府》，《读书》，2005 年第 2 期。

② 克拉格主编：《制度与经济发展——欠发达和后社会主义国家的增长与治理》，法律出版社，2006 年版，第 72 页。

取资产。正是基于这种性质，民主政体中的政治领袖无权镇压反对者，也无权废除财产和契约权利。其结果是，财产和契约权利很可能依赖于民主政体本身是否能够得到延续，而与特定领袖的任期无关①。

从实证分析来看，从产权保护的角度对体制进行排序，持续的民主是最好的。最差的是持续期很短的民主体制，在这种情况下，独裁比民主的表现要好。长期持续的独裁处于中间位置，其表现好于持续期较短的民主体制，但比持续的民主要差②。理论分析和历史证据都证明了一个假设，即永续的民主有利于提高经济效率。民主制度的形成不仅有利于私人财产的保护，它也有利于限制政府的权力。

巴罗（1994）在论文《经济增长的决定因素——多国经验研究》中考察了1960—1990年约100个国家的经验数据发现，在给定的真实人均GDP的初始水平下，那些教育水平较高、出生率与政府支出水平较低以及法治较好的国家，经济增长率更高。很多人认为政治民主与经济自由是高度关联的，认为民主是市场经济的基础和经济增长的希望。但巴罗研究发现，作为竞选权利和公民自由量度的民主，与经济增长并无多大关联。他用法治测量产权保护程度，用自由选举测量民主，然后考察这两个指标与经济增长的联系，他发现“法治对于增长的效果相当大，而民主与经济增长的关系则相当弱”，即是说，“民主既不是经济增长的充分条件也不是必要条件”。因此，巴罗主张发展中国家要实现经济增长必须加强法治，没有法治，民主不可能带来经济繁荣。巴罗的这个分析有值得进一步推敲的地方，民主与经济增长的直接关系并不强，但是民主，尤其是永续性民主是一国社会经济持续发展的基本条件。对民主与经济增长进行简单的相关分析是没有说服力的。民主更有利于解决一些国家有了财富和收入以后如何更有效地进行分配的问题。有效的民主体制可以限制政府的权力和利益集团对多数人利益的侵蚀，从而使经济增长的好处被更多的人分享。

强化市场型政府与法治化社会的关系也十分密切。所谓法治国家实质是国家权力受到有效制约的国家。强化市场型政府是建立在法治化社会基础之上的。强化市场型政府的建立与法治化社会的建立可以说是一个问题的两个方面。为什么建立强化市场型政府需要法治化社会来支撑？法治可衡量私有财产保护的程度，也只有在法治化社会里才能限制国家的权力。维护法律和秩序是经济增长的一个首要条件，而且，许多国家之所以衰落，正是因为国家不愿意或无力保护财产的所有者不受盗贼或土匪的侵犯③。所有权指的是排除其他人使用某种资源的法律权力。一个社会，如果不能保护一种资源及其成果免受公众的侵害，那么这种资源肯定会被滥用，而且很少有人会发现为改善这种资源而投资是值得的。产业革命只产生在那些法治化社会或国家，同样，强化市场型政府的构建也是建立在法治化社会基础之上的。

---

① 克拉格主编：《制度与经济发展——欠发达和后社会主义国家的增长与治理》，法律出版社，2006年版，第144页。

② 克拉格主编：《制度与经济发展——欠发达和后社会主义国家的增长与治理》，法律出版社，2006年版，第125~126页。

③ 刘易斯：《经济增长理论》，上海三联书店，1990年版，第71页。

强化市场型政府是建立在可信承诺基础上的。契约及信用构成了市场有效运行的基础，而信用社会的有效运行必须以法治社会为基础。在一国制度体系中，法律制度起着重要的作用。国家作为第三方实施机制的有效性和权威性主要源于其法律制度及其威慑作用。如果法律没有权威或在一个非法治的环境里，那么各种机会主义行为和违约行为会大大增加，从而增加经济活动的交易费用。在人类的经济活动中，尽管大量的交易及其纠纷是通过“私了”（交易双方甚至非国家的第三方仲裁者）解决的，但是如果没有法律作为后盾，一些“私了”就不会进行。因为在法律没有权威或执法成本很高的情况下，在交易中处于“不利”的一方就会选择违约。法治既可以有效地保护产权，同时又可以大大地降低契约的实施成本。制度的效率不在于其设计的制度效率，而在于实施的效率。法治国家的交易费用要低于非法治国家的交易费用。

法治的实质就是对国家权力的约束。法治在制度上起始于法律对最高国家权力的限制。诚如洛克所论证的：法治的真实含义就是对一切政体下的权力都有所限制。缺乏对国家的制约是发展中国家落后的重要根源，同时，也是发展中国家难以建立强化市场型政府的根源所在。从制度经济学的角度来看，法治化社会的建立是一国正式制度完善的重要表现。科斯在《生产的制度结构》中指出，如果我们从零交易费用的世界走向正交易费用的世界，在这个新世界中法律体系至关重要的性质立刻清晰可见。

在世界上越来越多的国家，使统治者、当选政治家和官员受制于一般性约束规则的宪法设计变得十分常见。一项重要的宪法设计是在立法（规则的制定）、行政（规则的执行）和司法（裁决冲突）之间分解政府的权力，并在控制集体行动的这三类权威的执掌者之间设置监察和平衡系统①。

三、封闭经济条件下制约国家的三个层次及其均衡

有效的国家制度是如何形成的？在封闭经济条件下，在制约国家的机制中，这三个层次一旦形成并能相互制约就可以解决温加斯特所说国家作用的“本质两难”问题。这三种力量及其均衡机制是新制度经济学需要进一步探讨的理论问题。

1. 个体权利与国家的关系

即国家不能侵犯个人的权利（私有产权），并保护私人产权。这涉及如何限制国家的权力与如何有效地界定产权并保护产权。个体权利的分析可以以产权作为切入点。

新制度经济学认为，离开产权，人们很难对国家作出有效的分析。因为产权的本质是一种排他性的权利，在暴力方面具有比较优势的组织处于界定和行使产权的地位。正如诺思所指出的那样，国家理论“关键的问题是解释由国家界定和行使的产权类型以及行使的有效性。最富有意义的挑战是，解释历史上产权结构及其行使的变迁”。② 理想的国家可以被视为允许行为人通过保证他们产权的安全而获得帕累托最优结果的一个有效率的制

---

① 柯武刚、史漫飞：《制度经济学——社会秩序与公共政策》，商务印书馆，2000 年版，第 399 页。

② 诺思：《经济史中的结构与变迁》，上海三联书店，1991 年版，第 21 页。

度。国家对于作为整体的社会具有纯粹的分配性的特征①。问题是国家能否做到这种分配是有效率和公平的。国家能否提供有效的产权结构和有效的产权保护主要取决于三个条件：

一是私有产权会对国家权力形成制约。私有产权制度的强化很大程度上在于限制政府的权力。目的就是使一套综合性的规则体现在客观的法律结构中，这套规则不会因出现政治狂热和立法机构的变化而变化。因此，按照马歇尔当时法院的解释，制定宪法契约条款的目的是为了消除私人财产的不安全性，这种不安全性主要是由组成联邦的各个州的行为所引起的②。自己没有什么私人财产、只受过很少教育的公民易于受极权体制支配，这样的体制压制自由结社和独立的选民。然而，当经济增长造就了一个受过良好教育的中产阶级时，就像许多小而发达的东亚国家的情形那样，对统治者实施有效的选举控制和司法控制的要求就会进一步普遍起来③。私人产权的第二个重要作用是它们为经济自由提供了实质性内涵。当政府主体表现出限制个人自由权的苗头时，对私人产权的保护往往会成为自由的最强堡垒。在由“有产公民”构成的社会里，人们会努力对统治者施加民主和法律方面的限制以巩固其经济自由④。

二是政治市场。政治市场的效率是理解这一问题的关键。如果政治交易费用较低，且政治行为者有准确的模型来指导他们，其结果就是有效的产权。但是，政治市场的高昂交易费用及行为者的主观偏好，往往导致产权无法诱致经济增长，组织也不能作为创造更有生产率的经济规则的激励⑤。诺思对交易成本政治学的分析使得他得出以下结论：政治市场的交易成本比经济市场的交易成本高，因此，它的运转更没有效率⑥。为什么政治市场的交易成本高？这与国家的双重目标有关。按照诺思的分析，国家有双重目标，一是界定形成产权结构的竞争与合作的基本规则（即在要素和产品市场上界定所有权结构），这能使统治者的租金最大化；二是在第一个目标框架中降低交易费用以使社会产出最大，从而使国家税收增加。换言之，国家有两个方面的目标，它既要使统治者的租金最大化，又要降低交易费用以便全社会总产出最大化，从而增加国家税收。然而，这两个目标是相互冲突的。国家的双重目标为既得利益集团追求最大化留下了活动的空间，如政府官员的设租与相关利益集团的寻租。

三是经济权力与法律权力的关系。第三方暴力实施机制（国家）的创立还直接导致了法律体制的出现。在巴泽尔的分析框架里，经济权力是指由个体自发界定的权力，而法律权力是指由国家界定的权力。为了使实施机制有效，国家必须界定可实施的权力和可用

① 肖特：《社会制度的经济理论》，上海财经大学出版社，2003 年版，第 75 页。

② 诺思：《经济史中的结构与变迁》，上海三联书店，1991 年版，第 212 页。

③ 柯武刚、史漫飞：《制度经济学——社会秩序与公共政策》，商务印书馆，2000 年版，第 405 页。

④ 柯武刚、史漫飞：《制度经济学——社会秩序与公共政策》，商务印书馆，2000 年版，第 252 页。

⑤ 诺思：《制度、制度变迁与经济绩效》，上海三联书店，1994 年版，第 71 页。

⑥ 迪克西特：《经济政策的制定：交易成本政治学的视角》，中国人民大学出版社，2004 年版，第 34 页。

于解决纠纷的调解机制。在巴泽尔看来，界定本身是有成本的，因此对一种资产要不要进行保护取决于对产权界定成本的权衡。例如，特质性资产很难进行界定，从而国家也不太可能对此给予保护；同样，如果某些商品很容易导致纠纷且调解成本很高时，国家会简单地选择禁止这些商品的交换。此外，在现有技术条件下，法律权力界定和实施成本是决定国家对什么进行保护和如何保护的关键①。这也表明经济权力与法律权力不是完全一致的，经济权力的复杂性与法律权力的实施成本使产权的界定和保护不可能是完全的。但是值得指出的是，法治化程度越高，产权的保护就越完善。正因为如此，巴罗就用法治化程度来衡量产权的保护程度。

2. 集体行动与国家的关系

利益集团对国家制度安排的影响和国家如何有效地平衡不同利益集团的关系是新制度经济学国家理论的重要组成部分。

（1）利益集团对国家制度安排的影响。制度设计实际上是不同利益集团博弈的结果。制度设计常常更多地牵涉利益派别间的谈判和讨价还价，牵涉正规制度的功能发挥。个人既可以在既定的制度框架内专心于生产，也可以从规则制定者、立法者和政府机构那里争取法律或规则的有利变动，以实现个人财富最大化，具体的途径取决于改变权利结构的相对成本。当成本较低时，有影响的利益集团会影响制定一些使社会的生产能力只部分实现的经济制度。为什么我们不能总是选到最有益于社会财富最大化的制度安排？这与利益集团的存在及其对制度安排的影响是分不开的。

在界定形成产权结构的竞争与合作的基本规则过程中，相关利益集团之间为了争取利益最大化就会不断地博弈。在社会博弈过程中，与其他集团相比，往往小集团处于有利的地位，对其有利的产权安排不一定有利于其他利益集团。国家会建立和实施一套产权，但是使统治者收入最大化的产权一般会在结构上偏离能使整个国家财富最大化的产权。这是因为，首先，统治者需要“避免冒犯有影响的选民”，这些有影响的选民往往容易形成小集团。其次，统治者要回应显要个人和群体的议价权力，这些人或许能对他构成挑战并接管国家的控制权。即使不存在有影响的利益集团，国家也不一定能够提供财富最大化产权②。

利益集团对制度安排是股强大的影响力量。这就有可能导致制度的非中性。中立的国家是很难的，没有偏向的国家是不存在的，不同利益集团之间的博弈及其不平衡将会影响国家目标及行为。一是这些既得利益集团往往从舆论上打着国家利益的招牌，进行院外活动，影响政府制定对自己有利的产业政策或保护政策；二是对新的进入者设置障碍，即斯蒂格勒所说的存在一种管制需求，强调管制，以行政的手段分配资源等；三是在这种有利益集团影响的行业或部门往往形成以行政垄断为支撑的产权结构，其他经济主体很难进入

① 朱华等：《国家的起源、作用与演变——关于国家理论的比较分析》，《浙江工程学院学报》，2004 年第 12 期。

② 卢瑟福：《经济学中的制度：老制度主义和新制度主义》，中国社会科学出版社，1999 年版，第 140~141 页。

这些行业，产业缺乏竞争，从而导致低效①。

集团行动主要表现为介于个人与国家之间的各种中介组织，如行会、产业工会、宗教、党派等。这些组织往往代表一个群体的利益，它们与国家之间的博弈关系对于一个国家的制度及其体系的形成产生了重要的影响。人类社会中许多制度的形成往往是集体行动的结果。不研究人类社会的集体行动，许多制度的起源及其变迁是解释不了的。奥尔森对这个层次进行了开拓性的研究，个人对国家制度及其政策的影响往往是通过这些组织来进行的，对这些组织（集体行动）的研究将为国家这个组织运行的研究以及国家供给制度的机制提供分析的基础。

（2）国家如何有效地平衡不同利益集团的关系。拉丰和梯若尔也考察了政治的不确定性将使政府不从长远的角度来制定政策，但他们认为，如果当权的政府总是偏向某一个特殊的利益集团，并且放任政府锁定对该利益集团有益的政策，这对社会可能是有害的，因此，制约与平衡是十分重要的。

第一，建立制约政府偏向某些特殊利益集团的制度安排。让政府自身中立是很难的，必须建立制约政府偏向特殊利益集团的制度安排。如增加部门法规和产业政策制定的透明度，增加公共政策中公众的参与度的制度规定等。第二，通过制度安排约束社会中的“强势利益集团”，扶助社会中的“弱势利益集团”。不同的利益集团对政府决策的影响是不一样的，让“弱势利益集团”在政府的决策中也有自己的“话语权”是国家协调不同利益集团利益关系的基本条件之一。第三，打破垄断、引入竞争、减少管制，尽可能地减少政府对经济的干预是国家有效协调不同利益集团利益关系的基本前提。利益集团的形成与国家和经济的关系是联系在一起的。一般而言，所谓“强势利益集团”往往是借助于国家力量（如行政特许权）形成的。国家应缩小不同利益集团的差距，从而减少利益矛盾。值得指出的是，集体行动也有制约国家滥用其权力的作用。国家作为暴力实施者会滥用其权力。人们于是会创建一种集体行动机制，以限制国家的过度侵权行为。

3. 法治化社会与国家的关系

在世界上越来越多的国家，使统治者、当选政治家和官员受制于一般性约束规则的宪法设计变得十分常见。一项重要的宪法设计是在立法（规则的制定）、行政（规则的执行）和司法（裁决冲突）之间分解政府的权力，并在控制集体行动的这三类权威的执掌者之间设置监察和平衡系统②。

法治，在制度上起始于法律对最高国家权力的限制。正如洛克所论证的：法治的真实含义就是对一切政体下的权力都有所限制。诺思认为发展中国家之所以落后，其根源在于缺乏进入法治化社会的机会，换言之，缺乏对国家的制约是发展中国家落后的重要根源。但是，为什么有些国家进入法治化社会，有些国家又没有进入法治化社会？从制度经济学的角度来看，法治化社会的建立是一国正式制度完善的重要表现。

---

① 卢现祥：《论政府在我国基础设施领域促进竞争及反垄断中的“诺思悖论”》，《管理世界》，2002年第2期。

② 柯武刚、史漫飞：《制度经济学——社会秩序与公共政策》，商务印书馆，2000年版，第399页。

有效的法律制度对于其他制度的实施提供了一种稳定的预期，在这种预期中，人们会预计到谁违约了，谁违规了，谁最终就会受到更严厉的处罚。许多制度的最终实施机制是在法律领域（如各种合同），但是更多的实施过程是在交易双方之间。许多合同的实施并没有经过法律，而是私了。从这个意义上讲，法律制度与所有的正式制度是一种互补关系。正式制度的有效性取决于法律制度的有效性。

如何建立法治化社会，这是发展中国家和转型国家建立有效制度体系和有效国家体制的关键。已经有一些国家成功地建立了限制国家权力的政治制度。它们成功的关键就在于认识到“权力只有通过权力才能加以控制”，这一命题直接导致了以最广为人知的“制衡”原则为基础的宪法设计理论①。在当今相当数量的国家中，存在着公民对公共政策形成的广泛参与，而国家权力的行使也受到一种已经确立的宪政秩序的控制②。以法治化为主线来建立正式制度体系既是新制度经济学要探讨的理论问题，也是发展中国家和转型国家发展战略的重要组成部分。

如何让国家在制度变迁中发挥积极作用又限制国家的“掠夺之手”是新制度经济学国家理论要解决的核心问题。大量的历史与现实表明，国家在制度变迁中发挥了消极作用，而这又与国家的“掠夺之手”没有得到有效遏制密切相关。

我们是在封闭经济条件下分析如何制约国家的问题的，实际上还有第四种力量，那就是开放经济条件下国与国之间的竞争，在诺思等人关于国家的分析中都提到了这个问题，这种国与国之间的竞争不仅有利于制约国家的行为，而且还能促使一个国家不断地完善本国的制度及制度环境。

◎思考题

1. 解释下列名词。

无为之手　扶持之手　掠夺之手　诺思悖论　本质两难

2. 诺思国家模型的基本特征是什么？
3. 国家的目标是什么？
4. 简述国家活动范围和国家权力强度之间的关系。
5. 试述国家的职能。
6. 什么是强化市场型政府？如何建立强化市场型政府？

---

① 戈登：《控制国家——西方宪政的历史》，江苏人民出版社，2001年版，第16页。

② 戈登：《控制国家——西方宪政的历史》，江苏人民出版社，2001年版，第3页。

第十二章　互惠制度与掠夺型制度

人类的相互依赖性及合作关系产生了大量的互惠制度，而互惠制度是制度分析的微观基础。行为中自私自利的作用和社会合作的基础等互相纠缠在一起的课题，不仅在经济学中是基础性的，而且在所有的社会科学中，以及大部分生物学中也是基础性的。① 本章是对制度质量的分析。

本章探讨的互惠制度是制度分析的微观基础。新古典经济学强调的是对经济活动中竞争的分析，而新制度经济学强调的是对经济活动中合作的分析。第三节是掠夺型制度的分析，该制度使大多数人面临被政府、统治阶层及其代理人剥削和控制的危险。掠夺型制度大多存在于发展中国家，它与我们前面对利益集团的分析以及国家理论的分析有着内在的联系。

第一节　互惠制度

一、互惠制度是制度的微观基础研究

马林诺夫斯基认为："所谓互惠制就是一种双方承担义务的制度，一方做出给予行动后，被给予的另一方必须给予相应的回馈。同理，一方不正当的欺骗行为也会导致另一方与之断绝关系。"古尔德纳指出："互惠规则是一个和乱伦禁忌同等普遍而重要的文化因素。"可见，互惠行为是人类根深蒂固的本性，自己得到礼物或帮助，一定会以某种形式加以报答。互惠之所以是互助的基本原则，是因为"互惠是典型的劳动交换模式的观念基础"，也是一般的社会交换所应遵循的最基本的规则。②

经济人类学家卡尔·波朗尼提出了"社会整合的三种模式"，即互惠、再分配和市场交换。所谓"互惠"是一种交换的形式。"互惠性"不一定是"等价性"，交换对象可能只有象征性价值。它并不限于物质与服务的提供，而是一种广义的互助关系。波朗尼认为，互惠行为的动机不是个人私利，而是害怕在社会上受到轻视、排斥或降低声誉与丧失身份。③

---

① 《新帕尔格雷夫经济学大辞典》（第三卷）经济科学出版社，1996年版，第662页。

② 蒋英菊：《苏村的互助——乡村互惠交换体系的人类学分析》，《广西右江民族师专学报》，2004年第1期。

③ 菲尔德：《利他主义倾向——行为科学、进化理论与互惠的起源》，长春出版社，2005年版，第95页。

自从人类社会开始有交换活动以来，就开始了人类的互惠活动。就像《西方经济学的终结》所指出的那样，“价格”是一个区间，交换双方的权利都分别反映在这个区间的左右两个边界上了。因此，交换是互惠互利的，只有在相互认同对方的价值诉求的共识之下，才有可能达成皆大欢喜的成交局面。“成交”本身就是不同价值观念与价值尺度的相互尊重、相互妥协，而这种尊重和妥协就包含着道德。

互惠与交易都是一种交换行为，但二者又有着本质的区别。第一，交易双方地位平等，关系不牢固，交易完后就结束了，然而互惠双方地位不一定平等，但关系牢固，而且通过交换，双方的关系进一步强化。第二，交易是商品的等价交换行为，但是，互惠交换一般是不等价的。第三，交易双方的行为是同时进行的，而互惠中的帮助和回报不是同时进行的。第四，交易的目的是为了获得个人利益，但互惠行为不完全是为了个人的利益，它还涉及社会性、个人的感情和道德等因素。如在中国农村盛行的“帮工”与“还工”这种互惠行为不仅是一种以道德约束为基础的劳动交换，而且也是塑造德行的劳动过程。① 经济学对交易的研究较多，而对互惠则研究相对不足。实际上，人类许多交换行为是以互惠的形式存在的。

目前国外有关“互惠”问题的文献研究表明：（1）个人在做经济决策时，不仅会考虑到自己的物质利益，也会表现出一种“互惠”的行为倾向，“互惠”指的是这样一种倾向：对于友善的人，人们愿意牺牲自己的物质利益去帮助他们；对于刻薄的人，人们愿意牺牲自己的物质利益去惩罚他们。这一事实是与新古典经济学的追求物质利益最大化的“经济人”假设相矛盾的，而与新制度经济学关于人的双重动机的假设是相一致的，新制度经济学认为人们不仅追求物质利益的最大化，同时也追求非物质利益最大化。（2）“互惠”的出现，可以支持大量的合作行为，合作问题是传统的经济学所忽视的问题，又恰恰是新制度经济学所关注的问题，新制度经济学总是试图在理论模型中引入制度变量，来说明竞争的双方为什么要进行合作，因此，互惠制度是用来研究合作问题的一个新的思路。（3）人的互惠倾向这种社会性偏好对于经济行为中的双边谈判，对于市场和激励功能的发挥，对于产权与合约结构，对于合作与集体行动的规律，是非常重要的。人们之间的许多经济交易活动并不是一次能结算清楚的，这种不能一次结算清楚的性质正是人的互惠性（Fehr and Fischbacher，2002）。

从制度经济学的角度来看，研究产权、交易费用、公共选择及新经济史等问题都涉及互惠制度是怎样形成的问题。这就是制度的微观基础研究。无论是正式制度还是非正式制度，其实都涉及互惠的问题。制度实际上涉及人与人之间的关系，这种关系既可以体现为共同的利益关系，也可能体现为一种包含着冲突的利益关系。制度的基本功能之一是减少人们之间交易的冲突或矛盾，为人们之间的合作提供一种解。新制度经济学的一个重要任务就是要揭示各种互惠制度是如何形成的。没有规则结构，互利互惠和复杂的社会组织便不可能产生。互惠制度可以大大地减少市场的不确定性，并且能给人们提供稳定的预期。

新制度经济学是研究人们如何合作的科学。建立在经济人假设基础上的新古典经济学

---

① 蒋英菊：《苏村的互助——乡村互惠交换体系的人类学分析》，《广西右江民族师专学报》，2004年第1期。

并没有回答"看不见的手"是通过什么机制将自利、互利和社会利益有机地结合起来的。而这正是新制度经济学需要探讨的问题。无论是正式制度和非正式制度，还是相应的实施机制，其实质都包含着把自利、互利和社会利益有机地结合起来。

新古典经济学的制度分析主要从效率方面去分析制度是不完善的，我们对制度的选择与评价必须联系制度的正义、公平等互惠性质。正义的重要特性之一是互惠性。康德在《道德形而上学原理》中提出道德学的主要原则是"要只按照你能同时认为也能称为普遍法则的准则去行动"。这一原则就表明了正义的互惠性，它表明正义的承诺是相互的，是有条件的利益交换规则，每个人能否遵守正义规范，取决于他人是否也遵守这些正义规则，"你"可以追求自己合理的利益和愿望的满足，正义行为不能是单方面的付出，正义行为者可以正当地期望当自己处于与自己的公正行为的受动者相当的处境时也能得到相同的公正待遇；但在追求自己利益和需求的行动中，也要遵循人们普遍认同的正义规范，照顾他人的利益和愿望。被称为道德黄金律的格言"己所不欲，勿施于人"，也典型地表达了这样一种互惠性，即若你想别人怎样待你，你就应该怎样待人。人们自觉地遵守制度（尤其是非正式制度）正是基于制度的互惠性。我们的许多非正式制度正是基于其互惠性才能自我实施，并且能世世代代地传承下来。

二、博弈、合作与互惠制度

博弈论着重强调了合作问题，并揭示了为改变支付给游戏者的报偿所采取的具体策略。博弈论模型同新古典模型一样，也假定游戏者是财富最大化的。但是，正如一些实证经济学文献所揭示的，人类行为显然要比这一简化的行为假定所包含的内容复杂得多。尽管博弈论表明了在各种关系下合作与背叛所获得的收益，但它却没有向我们提供一个作为交易成本基础的理论，也没有分析这些成本在不同制度结构下是如何改变的。要理清这些问题有必要回到科斯定理。

在一个非人格的市场中，导致低成本交易的条件并不是自发出现的。博弈论很好地说明了这一点。在交换中个人通常会发现，当博弈重复进行时，当有关博弈者以往表现的信息完备时，当参与博弈的人数足够少，亦即以人格化交易为特征的小社会条件得到满足时，与别人合作是有利可图的。而当博弈不是重复进行（或博弈次数有限）时，当关于其他博弈者的信息不足时，当参与博弈者众多，亦即以现代经济非人格化交易为特征的相互依存世界之条件得到满足时，合作是难于维持的。创建可以改变成本—收益比率并兼顾各方利益的制度是经济绩效的主要问题，因为这必将导致有效的（亦即生产性的）经济和政治制度的创立。① 博弈、合作与互惠制度的关系表现为：

（1）交换在时间和空间上越复杂，为实现合作结果需要的制度就越复杂，成本也越高。通过建立由第三方实施或降低另一方的信息费用的自愿制度，可能使十分复杂的交换得以实现。经济生活中存在着许多情形，与个人各自努力取得收益相比，合作增加了潜在团体的总收益。这种结果的实现是一个"协调问题"。制度的本质就是协调。在一个信息完全的世界，是不需要制度的。然而在信息不完全时，合作方案将会失败，除非创造出的

① 德勒巴克等：《新制度经济学前沿》，经济科学出版社，2003 年版，第 20 页。

制度为人们监察背离行为提供了充分的信息。一种制度要保证合作必须有两部分：第一，形成一种必要的交流机制，以提供知道什么时候进行惩罚的必要信息。通过获取相应的信息，制度使监察成为可能，它们一般能节约信息。第二，由于惩罚常常是一种公共品，对此共同体成员能获取收益，而成本却由少数人来承担，因此，制度必须提供一种激励。应该强调的是，创造一种制度环境，以诱致可信的承诺，将能确保一个复杂的制度框架，在此正规规则、非正规制约及实施机制一起使低成本的交易成为可能。① 在霍布斯哲学世界，市民缺乏甚至是很基本的能够使他们考虑在商业事业和自发组织方面与别人合作的信任。②

（2）有效的社会合作是可行的，因为人们会从真实的世界中获取经验，更多的人会认识到他们具有共同的利益，同时合作行为也是互惠的。合作、互惠与制度是一种互动关系，并相互制约。历史上，非文字的传统和协议在社会中是自发形成的。凯维勒关于19世纪美国的描述是目前开始这方面讨论的一个普遍的例子。他观察到，在一些小镇，那种有利于促成一个健康的民主和经济的信任的基础本质上并不是社区的存在，而是组织的发展。事实上，自利导致某些制度安排出现，这些制度安排使可能的商业合作出现，而正是从这些商业合作中人们学会了彼此信任。只有在那时他们才更普遍地认识到了在自愿范围内组织的价值和信任的价值。③

由此可见，恰当的制度安排是要为市场中和组织里的人际合作提供一套框架，并使这样的合作较具可预见性和可信赖性。一套协调框架是由如文化习俗、共同的伦理体系、正式的法律规章和管制条例那样的制度来提供的。互惠制度是人类社会合作得以进行和延续的制度保障。

（3）当博弈重复进行的时候，互惠互动机制是存在并且可以维持的。相互依赖的个人为了得到分工的好处和合作的剩余，有一种对互惠制度的需求，只有互惠制度才能给他们带来分工的好处和合作的剩余。另一方面，互惠制度既强化和维持了人们之间的分工与合作关系，同时也有延续性和跨际的功能，我们的后代生存在一个互惠的制度环境里，他们就不需要像我们的祖先那样，要在博弈中建立互惠制度。互惠是人类的本性，但是并不是所有的组织和规则都有利于互惠的形成。如一个职业团体的活力源泉来自于互惠——自由地给予和接受帮助、知识和资源，但一个公司的制度设计和文化有可能对互惠构成阻碍。例如，在一种只以个人的绩效来评价和激励的公司文化中，人们就不愿意自由地分享知识。相反，最好的公司能创造出一种坚持互惠原则的文化。④

合作以及由合作产生的剩余，可能是人类心智、人类社会行为包括人类文化和人类制度共生演化的最终原因。从人类社会发展的历史来看，互惠制度的建立可以分为三

---

① 诺思：《制度、制度变迁与经济绩效》，上海三联出版社，1994年版，第78~79页。

② 科斯、诺思等：《制度、契约与组织：从新制度经济学角度的透视》，经济科学出版社，2003年版，第161页。

③ 科斯、诺思等：《制度、契约与组织：从新制度经济学角度的透视》，经济科学出版社，2003年版，第161页。

④ 曾荣湘选编：《走出囚徒困境——社会资本与制度分析》，上海三联书店，2003年版，第21页。

个阶段：

一是“自然为人类立法”时期的互惠制度。建立一个更缜密、更精致、更有效的合作规范，使合作秩序得以维持和扩展，也许是人类这个物种在生存竞争中最大的优势。在长达数百万年的演化链上，最初的动力来自自然本身的选择压力，这是一个合作规范内部化的过程，即自然选择压力迫使人类进化出有利于合作的偏好；这些偏好被桑塔费学派恰如其分地称为“亲社会情感”，主要包括同情心、愧疚感和感激心！正是它们平衡了进化赋予人类的另一种天性——冷酷的自私与理性的算计。由于依靠自我约束实现社会规范内部化的进程主要凭借自然力量，我们把这一阶段称作“自然为人类立法”。这个时候互惠制度的形成主要是基于自然的压力。这个阶段的合作、互惠及相应的习俗、规范使人类在物种的生存竞争中具有最大的优势。

二是“个人为社会立法”时期的互惠制度。随着人类生产能力的不断提高，自然施加于人类的选择压力开始减少，单纯依靠自我约束已经难以维持不断扩展的合作秩序，于是人类开始进入金迪斯和鲍尔斯所描绘的渔猎—采集社会；严格按照人类学知识设计的计算机仿真表明，由强互惠者实施的利他惩罚是一个“进化稳定策略”，它能够在更大范围内维持人类合作，从而显著提高族群的生存机会；在这个阶段，已经内部化的社会规范虽然仍在发挥作用，但强互惠者提供的利他惩罚——其实它就是人类固有的“路见不平，拔刀相助”的正义感——对维护合作秩序具有不可替代的作用，因此有学者把这一阶段称为“个人为社会立法”。这个阶段的合作、互惠及相应的习俗、规范受地理、气候等的影响会表现出区域及民族性的差异。

三是“社会为个人立法”时期的互惠制度。近现代社会，尤其是工业革命带来前所未有的分工，使人类合作在规模和程度上都发生了根本的质变，这种合作必须依赖一个建立在理性和民主基础上的不断完善的司法制度，于是我们把当今这个阶段称为“社会为个人立法”①。这个阶段的合作、互惠及制度受到国家、司法制度的影响。可以讲，这个阶段互惠制度的形成更复杂，涉及的因素更多。

总之，在不同阶段，互惠制度的起源的机制及特点是有差异的。互惠制度具有累积及规模经济效应问题，在我国这样一个讲关系的国度里，互惠（相对市场的交换行为）的比重较大，这对市场化改革是有一定制约的。调查结果表明：中国人仍然局限于“亲缘社交”，对以陌生人为主体的“外圈”，虽然“沟通意识”较强，有着很浓厚的“交往兴趣”，但相比之下，沟通活动能力就弱得多，尚未达到及格水平②。

研究互惠制度有利于我们克服新古典经济理论的局限性。新古典经济理论可以解释为什么人们按自我利益行事，也可以解释人们为什么讨厌选举。它可以解释，作为搭便车问题的结果，当个人得利微不足道时人们为什么不愿意参加集体行动。然而，它不能有效地解释问题的另一面，即对自我利益的计较并不构成动机因素的那些行为。我们如何解释利他行为（如自愿献血），以及人们自愿作出巨大牺牲而从事并无明显报酬的活动（历史上无数个人和集团为了抽象的事业而被关进监狱或牺牲）？我们怎样解释大量参与选举的人

① 本节三个阶段的划分参考叶航：《利他行为的经济学解释》，《经济学家》，2005年第3期。
② 袁岳：《中国生活真相片段》，《读者》，2008年第18期。

或自愿作出大量努力参与一个自发的组织的人（在那里个人得益甚少、甚微）?① 威尔逊（1975）认为，对利他行为的解释是进化生物学的中心问题，这个问题同时也是现代社会科学的中心问题。

虽然国外对“互惠”问题有大量的研究，但是大多将“互惠”看做一种动机、偏好、倾向或者行为，致力于论证“互惠”的存在这一事实，而很少有人解释互惠制度是怎样从人类行为的这一倾向中产生出来的。一个特例是金迪斯、鲍尔斯等人的研究，他们的强互惠模型为“互惠”的存在提供了一种解释，但仍然没有将其作为一种制度来解释它的起源。在《道德情操论》里，亚当·斯密描述了相互依存的关系是如何被“爱、慷慨、友谊和尊敬”来促进的，在这种情况下的社会是“繁荣而幸福的”。在《国富论》中，他详细地阐述了在不确定次数重复相互作用的环境下，为什么互惠可以作为在纯粹关注自身利益的动机下所产生的结果而维持下去。《国富论》重点讲述了利益如何维持社会秩序，而不是什么建立了秩序。

研究互惠制度不仅是新制度经济学的任务，它也是其他社会科学的共同任务。如诺思所说，创造经济和政治的非个人交易的合作框架，是社会、政治和经济生活中的问题的核心。② 亚当·斯密第一个提出“人都是追求自利的经济人”假设，但也正是亚当·斯密第一个发现人类合作的伟大之处，视之为社会进步的源泉，并将“学会合作”作为人猿相区别的最大之处。亚当·斯密认为，人类进步的根源恰在于人学会了“以物易物、物物交换和把一件东西换来另一件东西”，没有人看到“狗赶集市和仔细考虑与另一条狗用一块骨头交换另一块”。新古典经济学在关于市场机制的分析中特别强调竞争的作用，而新制度经济学则特别强调合作在市场机制及社会经济中的作用。

互惠制度的起源及功能的深入研究还有赖于跨学科的研究。仅仅从某一学科对互惠制度的起源进行解释是不全面的。美国桑塔费学派的金迪斯和鲍尔斯等人的研究表明，利己行为并非是一个无可挑剔的“生物进化稳定策略”，根据计算机仿真，在具有人类早期演化特点的条件下，较小数量的强互惠者可以侵入自私者人群并获得进化稳定。强互惠的特征是与他人合作并不惜花费个人成本去惩罚那些违反合作规范的人（即使背叛不针对自己），甚至在预期这些成本得不到补偿时也这么做。正如金迪斯和鲍尔斯指出的，这类行为很难用亲缘利他和互惠利他来解释，因此带有纯粹利他的性质。瑞士苏黎世大学的费尔等人则通过正电子发射线断层扫描技术，观察了强互惠行为的神经基础。这一杰出的研究成果发表在2004年8月的《科学》杂志上。在这篇研究报告中，费尔博士和他的同事们指出，在没有外部补偿的条件下，合作剩余促使合作得以维持的社会规范内部化，即人类在长期进化过程中形成了一种能够启动纯粹利他行为的自激励机制，这种机制是由位于人类中脑系统的尾核来执行的，它使行动主体从利他行为本身获得某种满足，从而无须依赖外界的物质报偿和激励③。人类在长期的进化过程中，不仅仅是一个生物意义上的进化，还有一个社会意义上的进化。人类在外在约束条件下的选择和行为会影响人类的生理。这

① 诺思：《经济史中的结构与变迁》，上海三联书店，1991年版，第11页。

② 诺思：《经济学和认知科学》，《北京大学学报》，2004年第6期，第18~23页。

③ 叶航：《利他行为的经济学解释》，《经济学家》，2005年第3期。

个影响的机理是什么，还需要我们进行科学的探讨，而这正是跨学科研究人类行为的意义所在。

第二节 互惠模型

现在关于“互惠”的研究主要集中在两大领域：一类是互惠制度如何产生和维持，另一类是互惠制度如何影响经济绩效。互惠制度是新制度经济学的微观基础。探讨互惠制度的产生及其演化成为新制度经济学研究的前沿问题之一。关于互惠制度的产生的解释主要沿着两种思路：（1）将个人的公平偏好纳入效用函数，得到“公平均衡”，用它来补充纳什均衡，这类模型是经典博弈论的衍生物，如心理博弈（psychological game）模型，不平等厌恶（inequity aversion）模型，平等、互惠与合作（Equity，Reciprocity and Cooperation，ERC）模型，等等；（2）采用演化博弈论的方法，将各种各样的行为看作策略（即“基因”），看不同的策略在演化选择的压力下表现如何，能否抵御其他策略的入侵，能否入侵其他策略（演化稳定），或者能否受到自然选择的青睐（复制子动态），如直接互惠模型、间接互惠模型和强互惠模型等。在这些演化模型中，互惠与合作策略通常都是受到以基因为单位的自然选择的青睐的，但也有一些学者指出，这些互惠—合作均衡有可能在一些条件下走向瓦解（Fehr and Henrich，2003），应该考虑采用以下几类模型：群体选择（group selection）模型、文化演化（culture evolution）模型①或者前两者结合而成的一些衍生物，如文化群体选择（cultural group selection）模型、基因—文化共生演化（gene-culture co-evolution）模型等。本节仅仅阐述和评论演化博弈论下的互惠制度的产生，原因有两个：（1）“公平均衡”博弈的缺陷在于对博弈方的动机限制得较严格，演化博弈仅仅针对的是行为本身，而不是动机，由于互惠行为的动机是十分复杂的，所以后者的适用性更强；（2）“公平均衡”博弈不能解释公平倾向的演化根基，而演化博弈论可以做到。因此，本节按照直接互惠、间接互惠和强互惠的分类依次对其有代表性的模型进行介绍。

一、直接互惠模型

直接互惠（direct reciprocity）的定义是：个人愿意承担一定的成本（或适应性②损失）去帮助那些善待自己的人，愿意以一定的成本（或适应性损失）去惩罚那些亏待自己的人。前者是正互惠（positive reciprocity），后者是负互惠（negative reciprocity）。前者相当于特里维斯的“互惠利他”（reciprocal altruism）这个概念，即两个无亲缘个体之间互相做出的利他行为，区别于汉密尔顿的“亲缘利他”（kin altruism）。将两者综合起来，这个定义与回报具有完全相同的含义，艾克斯罗德的“一报还一报”（tit for tat）或称“针锋相对”就是一个典型的例子。下面简要地介绍艾克斯罗德（1996）的

---

① 一般说来，文化演化是指各种各样的策略通过模仿、学习等传播方式在人群中扩散的演化机制，与基因演化相对。

② 适应性（fitness）在生物学中指生物个体拥有后代的数量，生物学家与经济学家一般都假定适应性与经济学中的收益（payoff）是可以等同起来的概念。

直接互惠模型。

假设在一个“囚徒困境”博弈中，有两个局中人 1 和 2，列出他们的收益矩阵如图 12-1 所示。

局中人1		局中人2：合作	局中人2：背叛
局中人1	合作	R,R	S,T
局中人1	背叛	T,S	P,P

图 12-1　“囚徒困境”博弈中局中人 1 和 2 的收益矩阵

两个局中人要么合作，要么背叛，且都面临四种可能的结果 T、R、P 和 S。“囚徒困境”的定义要求它们之间满足两组关系，即：（1）$T>R>P>S$；（2）$R>(T+S)/2$。关系（1）是显而易见的，而关系（2）的含义是指局中人不能通过轮流背叛对方来摆脱“困境”。这个假设意味着，交替地背叛对方和被对方背叛的收益没有双方合作好。

模型假定在一个重复环境下的囚徒困境博弈中，局中人两两随机①配对进行博弈，下一回合发生的概率是 w（$0<w<1$），w 越大，未来的重要性就越高，反之则反是。

现在考虑以下几种策略：（1）“总是背叛”，即在每一步都背叛；（2）“一报还一报”，即在第一步合作，然后采用对方上一步的选择；(3)“总是合作”，即在每一步都合作。这三种是模型中最为典型的策略，还有其他的策略，如“合作与背叛交替”策略，即在第一步合作，第二步背叛，第三步合作……

艾克斯罗德在他的模型中给出了一个非常重要的命题：当且仅当 w 足够大时，“一报还一报”是集体稳定的②，且 w 的临界值是四个收益参数 T、R、P 和 S 的函数。艾克斯罗德证明，在所有入侵策略中，能做得最好的两个策略是“总是背叛”与“合作与背叛

---

① 艾克斯罗德后来在他的模型中还考虑了分类配全（assortation）的问题，譬如越相似的个体打交道的可能性越高。这里为了简化，只考虑随机情形。

② 集体稳定策略是由约翰·梅纳德·史密斯（John Maynard Smith）率先提出的。它用数学方法表述就是：如果对于任何策略 B 来说，一个策略 A 满足不等式 $V(A|A)\geqslant V(B|A)$，那么策略 A 就是集体稳定的。其中 $V(X|Y)$ 表示当与采用策略 Y 的个人对决时采用策略 X 的个人的期望效用。假设存在一个全部采用某一个特定策略的群体和一个采用另外不同策略的变异个体。如果这个变异个体能得到的收益比群体中的个体得到的更多，那就称这个变异策略能侵入这个群体。如果一个策略不能被其他策略侵入，这个策略就是集体稳定的。根据这个定义，当“一报还一报”不能被其他任何策略侵入时，它是集体稳定的。

交替”。而且，当且仅当 $w \geqslant (T-R)/(T-P)$ 时，“一报还一报”不能被“总是背叛”侵入；当且仅当 $w \geqslant (T-R)/(R-S)$ 时，“一报还一报”不能被“合作与背叛交替”侵入。概括起来，就是当且仅当 w 大于或者等于 $(T-R)/(T-P)$ 和 $(T-R)/(R-S)$ 中的较大者时，“一报还一报”（TFT）不能被“总是背叛”和“合作与背叛交替”侵入，从而“一报还一报”不能被其他任何策略侵入，它是集体稳定的。

在艾克斯罗德的原始模型中，用集体稳定均衡分析了在什么条件下“一报还一报”不能被其他策略侵入和在什么条件下“一报还一报”能够侵入其他策略，强调的是“变异”。而目前演化博弈论中广泛使用的复制子动态（replicator dynamics）强调的是“选择”。Martin Nowak 和 Karl Sigmund 在他们为艾克斯罗德的囚徒困境博弈所建的复制子动态模型中，假设群体由“总是合作”、“总是背叛”和“一报还一报”这三种类型的人组成，且局中人两两随机配对进行博弈，下一回合发生的概率是 w。当“一报还一报”者的初始比例大于 $\frac{P-S}{(R-wP)/(1-w)-T-S+P}$ 时，选择的结果是互惠—合作均衡，即群体最终由“一报还一报”者和“总是合作”者共同组成；而当“一报还一报”者的初始比例小于 $\frac{P-S}{(R-wP)/(1-w)-T-S+P}$ 时，选择的结果是背叛均衡，即群体最终完全由“总是背叛”者组成。总之，结果依赖于“一报还一报”者的初始比例，只要它的比例足够高，就能够在一定条件下抵御“总是背叛”的入侵。对维持合作均衡所需的“一报还一报”者的初始比例与 T、R、P、S 以及 w 这几个参数有关：它随着 T、P 的增加而增加，随着 R、S 和 w 的增加而减少，表明当背叛的收益增加时，维持合作均衡所需的“一报还一报”者的初始比例增加；而当合作的收益增加或者下一回合发生的概率增加时，维持合作均衡所需的“一报还一报”者的比例减少。总之，当合作的收益相对于背叛的收益足够大，且下一回合发生的概率足够大时，只需要一点点“一报还一报”的存在，就可以使互惠—合作均衡得以维持。

二、间接互惠模型

间接互惠是亚历山大在 1987 年的著作《道德系统的生物学》中提出的，即“个体不期望从他（她）的直接受惠者（正面的或者负面的）那里得到回报，而从其他人那里得到回报”。两个具有代表性的间接互惠模型分别是由 Nowak 和 Karl Sigmund（1998（b））建立的基于“形象分”策略的间接互惠模型与 Panchanathan 和 Boyd（2003）建立的基于“名声”策略的间接互惠模型。

1. 基于“形象分”策略的间接互惠模型

假设在一个人口中，博弈者被两两随机选择进行配对，其中一个被选为施惠者，另一个被选为受惠者，施惠者能够以成本 c 来帮助受惠者，使之得到 b 的收益（$b>c$）。如果施惠者不帮助，那么两个人的收益都为 0。每个博弈者都有一个形象分，形象分为好的（good，简称 G）或坏的（bad，简称 B），如果一个博弈者在作为施惠者时选择帮助，那么他的形象分就会变成 G；如果选择不帮助，那么他的形象分就会变成 B。一个受惠者的形象分不变。这个人口由合作者、背叛者和辨别者（discriminator）这三种类型的人组成，合作者总是帮助，背叛者总是不提供帮助。辨别者会帮助那些形象分为 G 的人，不帮助那些形象分为 B 的人。为了使模型简化，进一步假设博弈过程会经历许多代，每一代人都经历了一些回合的交往。在每一回合中，每个人都同时处在施惠者和受惠者的角色中。此外，所有的博弈者只记得最近一回合的所有群体成员的分数。在第一回合，辨别者作为施惠者并不知道潜在的受惠者的分数，现假设他们认为自己遇到形象分为 G 的人的概率是 1，并且考虑下一回合的概率是常数 w。

经过计算，得出当辨别者的比例大于 c/wb 时，选择的结果是互惠—合作均衡，即群体最终由辨别者和合作者共同组成；当其比例等于 c/wb 时，群体最终由辨别者、合作者和背叛者三者共同组成；而当其比例小于 c/wb 时，选择的结果是背叛均衡，即完全由背叛者组成。对维持合作均衡所需的辨别者的初始比例与 b、c 和 w 这几个参数有关：初始比例随着 c 的增加而增加，随着 b 和 w 的增加而减少，表明当提供帮助的成本增加时，产生和维持合作均衡变得更加困难；而当得到帮助的收益增加或者下一回合发生的概率增加时，产生和维持合作均衡变得更加容易。

Nowak 和 Sigmund 还在原有模型的基础上引入不完全信息，即假设个体以 q（$0<q<1$）的概率知道随机选择的对手的分数，发现引入不完全信息后，均衡的结构没有发生变化，选择要么导致一个完全由背叛者组成的群体，要么是一个由合作者与辨别者共同组成的混合状态，或者是一个由三种类型的人共同组成的混合状态。但是维持互惠—合作均衡所需的辨别者的初始比例变成了 $c(2-w)/bwq$，明显大于 c/wb（因为 $0<w$，$q<1$），所需的辨别者的初始比例增加意味着互惠—合作均衡的产生和维持变得更加困难，特别地，当 $q=0$ 时，无论辨别者的初始比例有多高，互惠—合作均衡都是不稳定的，只要有一个背叛者存在，就能使群体变成完全由背叛者组成。

2. 基于“名声”策略的间接互惠模型

如前所述，假设在一个人口中，博弈者被两两随机选择进行配对，其中一个被选为施惠者，另一个被选为受惠者，施惠者能够以成本 c 来帮助受惠者，使之得到 b 的收益（$b>c$）。如果施惠者不帮助，那么两个人的收益都为 0。每个博弈者都有一个名声，名声为好的（G）或坏的（B），博弈者在作为受惠者时名声不变。这个人口由合作者、背叛者和“名声”辨别者（standing discriminator）这三种类型的人组成。合作者总是帮助，背叛者总是不提供帮助。“名声”辨别者会帮助那些名声为 G 的人，不帮助那些名声为 B 的人。需要强调的是，这里的“名声”辨别者与前面的“形象分”辨别者类似，但是两者有区别：当观察到背叛时，后者不加区分，而前者区分正当的背叛和不正当的背叛，即如果一个博弈者在作为施惠者时不帮助好名声的受惠者，那么他的名声就会变成 B；如果他不帮助坏名声的受惠者，那么他的名声就不变。与“形象分”策略模型一样，假设在第一回合，辨别者认为自己以概率 1 与一个名声为 G 的人配对。

经过计算得出，当名声辨别者的初始比例大于$\frac{1-w}{w}\frac{c}{b-c}$时，选择的结果是互惠—合作均衡；而当其比例小于$\frac{1-w}{w}\frac{c}{b-c}$时，选择的结果是背叛均衡。维持合作均衡所需的名声辨别者的初始比例与 b、c 和 w 这几个参数有关：所需的初始比例随着 c 的增加而增加，随

着 b 和 w 的增加而减少，具体的分析过程与“形象分”策略模型类似，这里不再赘述。

Panchanathan 和 Boyd 还在原始模型的基础上，引入不完全信息 $0<q<1$。结果和“形象分”策略一样，均衡的结构没有发生改变，但是维持互惠—合作均衡所需的名声辨别者的初始比例变成了$\frac{c(1-wq)}{(b-c)wq}$，明显大于$\frac{1-w}{w}\frac{c}{b-c}$，说明所需的名声辨别者的初始比例增加了，与完全信息条件相比，互惠—合作均衡的产生和维持变得更加困难。

三、强互惠模型

Sethi 和 Somanathan 1996 年在解决“公用地悲剧”问题时，提出人们在公共资源的使用中形成了社会规范，而人们会惩罚那些违反社会规范的行为，即使这种行为会给自己带来成本。首先使用“强互惠”概念的是 Bowles 和 Gintis，他们给出的定义是：“在一个群体中，当所有的成员都可以从互相遵守规范中获益时，个人会遵守规范并惩罚那些违反规范的人，即使他们的适应性与那些不遵守规范和/或不惩罚违规者的人相比会承担一定的损失，他们也会如此行事。”本书将先后介绍 Sethi 和 Somanathan（1996）建立的公共池资源（Common Pool Resource，CPR）模型与 Bowles 和 Gintis（2004）建立的公共物品模型。

1. 公共池资源模型

在一个由 n（固定数量）人组成的 CPR 博弈中，每个人都有同等的从一个公共池中获取资源的权利。博弈方 i 在资源获取过程中每单位时间的劳动量是 l_i，而 L 是个人劳动量的总和：$L=\sum l_i$。记 $A(L)=f(L)/L$ 为劳动的平均产品所产生的收益（将产品价格单位化为 1），劳动的机会成本为 w（即平均工资），假设所有的局中人都是理性的自私者，该博弈唯一的子博弈完美纳什均衡是所有的人都选择劳动量 $l_i=l_N$，它大于符合社会效率的个人平均劳动量 l_E，结果会导致资源的过度使用，即“公用地悲剧”。

现在假设原博弈被扩展为两阶段，第一阶段人们选择劳动量并且只能选择两种劳动量，分别是 $l_l=l_E$ 和 $l_h=l_N$，前者是与效率一致的劳动水平，后者是与 CPR 博弈中唯一的子博弈完美纳什均衡一致的劳动水平。在第二阶段，有些人可以 γ 的成本惩罚另一些人，使后者遭受 δ 的损失。假设博弈方由合作者、背叛者和实施者（enforcer）三种类型的人组成：合作者选择 $l_l=l_E$，背叛者选择 $l_h=l_N$，实施者选择 $l_l=l_E$ 且惩罚背叛者，合作者不惩罚背叛者。

该博弈的复制子动态表明，当实施者的初始比例大于$\frac{(l_h-l_l)(A(L)-w)+\gamma n}{n(\gamma+\delta)}$时，选择的结果是互惠—合作均衡；而当其初始比例小于$\frac{(l_h-l_l)(A(L)-w)+\gamma n}{n(\gamma+\delta)}$时，选择的结果是背叛均衡。维持合作均衡所需的实施者的初始比例与 l_h、l_l、$A(L)$、w、γ、δ 以及 n 这几个参数有关：初始比例随着 l_h、$A(L)$ 和 γ 的增加而增加，随着 l_l、w 和 δ 的增加而减少，具体分析如下：

劳动量的差距 l_h-l_l 和实施惩罚的成本 γ 的上升会使互惠—合作均衡的产生和维持变得更加困难，而 $A(L)$ 的上升也会产生同样的效果，$A(L)$ 的上升来自于两种途径：技术的改良和资源价格的上升；平均工资 w 的上升则有利于互惠—合作均衡的产生和维持，这是由于工资的上升意味着劳动的机会成本的增加，而惩罚给背叛者带来的成本δ上升也会产生同样的效果。人口规模n对所需初始比例的影响比较复杂，如果不考虑n对其他参数的影响，那么n的增加会引起比例的增加。但是，n对于$A(L)$、w和δ这些外生变量会产生影响：首先，人口增长会通过需求的增加提高资源的价格，从而使$A(L)$上升；其次，群体规模的扩大会使得人与人之间交往的匿名性程度变高，从而使背叛者逃避惩罚的机会增多，导致惩罚给背叛者带来的成本δ下降；此外，人口增长还会通过劳动力供给的增加使工资w下降，从而减少劳动的机会成本，这些效应都会导致所需的初始比例增加。但是，n的增加又会引起$A(L)$下降，进而产生减少所需的初始比例的效应。总之，人口增长对于互惠—合作均衡的产生和维持的影响既有负面的，又有正面的，最终的结果是不确定的。但是，Sethi 和 Somanathan 的原文没有考虑不完全信息的问题。我们在原始模型的基础上，引入不完全信息（$0<q<1$），发现维持互惠—合作均衡所需的实施者的初始比例变成了$\frac{(l_h-l_l)(A(L)-w)+\gamma nq}{n(\gamma+\delta)q}$，而简单的计算表明它大于$\frac{(l_h-l_l)(A(L)-w)+\gamma n}{n(\gamma+\delta)}$$\left(\text{前式减去后式等于}\frac{(l_h-l_l)(A(L)-w)(1-q)}{n(\gamma+\delta)q}>0\right)$，说明维持互惠—合作均衡所需的实施者的初始比例增加了，群体规模n的增加一般会使不完全信息的程度更加严重，所以它对互惠—合作均衡的产生和维持的负面影响比前面所分析的更加复杂。

2. 公共物品模型

在一个由n人组成的公共物品博弈中，群体成员参加合作劳动，劳动者以c的净成本产出b（$b>c$）。群体由合作者、自私者和强互惠者这三种类型的人组成。强互惠者无条件地参加合作劳动并以$c_p>0$的成本惩罚那些偷懒的卸责者，使后者承担s的损失；自私者最大化自身的收益，从来不惩罚卸责者，而且仅仅在劳动的收益超过遭受惩罚而带来的成本s时，他们才参加合作劳动；合作者无条件地参与合作劳动，从不惩罚卸责者。

该模型的复制子动态表明，当强互惠者的初始比例大于或者等于$\frac{2c+b/n}{s}$时，群体最终由合作者、背叛者和强互惠者三者共同组成；而当强互惠者的初始比例小于$\frac{2c+b/n}{s}$时，群体最终完全由背叛者组成。与前面的模型有所不同，该模型没有稳定的互惠—合作均衡。使系统摆脱完全背叛的状态所需的强互惠者的初始比例受到参数b、c、s和n的影响，其中b和c的增加会带来所需初始比例的增加，而s和n的增加会带来所需初始比例的减少。由于自私者根据劳动的收益和成本来选择自己的卸责率，所以对于自私者而言，b的增加意味着因为别人卸责而造成整个群体产出分配到个人身上的那一部分成本增加，而c的增加意味着劳动的净成本增加，这两者都会使劳动的成本上升，故而导致自私者的卸责率上升，所以需要更多的强互惠者；群体规模n的扩大则意味着因为别人卸责而造成整个群体产出分配到个人身上的那一部分成本减少，使劳动的成本下降，而受到惩罚所遭到的损失s的增加可以看做劳动的收益上升，这两者都会引起自私者的卸责率下降，所以就不需要那么多的强互惠者了。但是该模型与前面的 CPR 模型一样，都没有考虑不完全信息，所以群体规模n的变化产生的影响还没有完全表现出来。

我们在原始模型的基础上，引入不完全信息 $0<q<1$，发现摆脱背叛均衡所需要的强互惠者的初始比例增加到 $\frac{2c+b/n}{sq}$。此外，群体规模 n 的扩大也会像前面的 CPR 模型一样加重信息不完全的程度，使强互惠的作用减弱。

艾克斯罗德的囚徒困境模型（原始模型和复制子动态）说明当处于一个重复作用的环境下且博弈次数不确定时，如果合作的收益相对于背叛的收益足够大且下一回合发生的概率足够高，如果那么基于"一报还一报"策略的互惠—合作均衡就可以在"一报还一报"的一定初始比例下产生和维持，互惠制度作为一种自我实施的博弈的内生规则就能够产生。但是，只有在相同的个体之间重复交往并且个体对未来的收益足够重视的条件下，直接互惠与合作关系才能够维系下来，这主要发生在关系比较紧密的人群之中，而在现代大型社会，人与人之间的一次性交往大量发生，这些合作问题不是直接互惠能够圆满解决的，因此"间接互惠"模型出现有其必要性。

两类间接互惠模型共同反映了不同于直接互惠所刻画的现实社会中人与人之间交往的方式，其特点主要体现在：(1) 说明互惠制度的建立和维持不需要成对个体之间长期的重复交往，虽然在间接互惠模型中也是无限期重复博弈，但是它们并不是相同个体之间的长期交往，而是不同个体之间的交往。只要人口的规模足够大，个体在与他人交往的过程中，与相同个体再次相遇的几率就很小，这与现代社会个人与更多不同的人打交道机会增多是吻合的。(2) 说明声誉在互惠制度的建立和维持之中扮演了极其重要的角色，与直接互惠关系中所建立的信誉不同，间接互惠关系中个人的声誉不仅被与自己交往过的人观察到，而且被社会上的其他人观察到，因此信息在传播声誉的过程中起到了十分重要的作用，所以语言的出现是一个必要条件。

然而，正是由于声誉和信息在间接互惠模型中的重要性，所以，无论是基于"形象分"策略还是基于"名声"策略的间接互惠模型，与直接互惠模型相比，都极易受到不完全信息的影响（不完全信息的程度越严重，互惠—合作均衡越难产生和维持）。而"名声"策略对于信息的要求更高，因为这种策略的采纳，不仅需要一级信息（first order information），还需要二级信息（second order information）、三级信息（third order information）甚至更高级别的信息。具体说来，一个名声辨别者要区别正当的背叛和不正当的背叛，当他作为施惠者，遇到一个好名声的潜在受惠者时，他不需要更多的信息就可以选择帮助；但是，当他遇到一个坏名声的潜在受惠者时，他在作出决定之前必须判断对方是由于惩罚背叛者还是由于纯粹的背叛行为而得到了坏名声，所以他又必须了解对方以前交往的对象以前的行为，如果对方以前交往的对象也是坏名声，就需要更高级别的信息……如此循环往复。许多学者都因此而倾向于支持"形象分"策略，Milinski 等（2001）在他们的实验中，除了提供最后一回合的信息之外，还提供了所有受惠者和他们先前的受惠者的所有信息，使得实验对象有机会了解更高级别的信息，但是得到的实验数据却与"形象分"策略模型所预测的结果一致，而与"名声"策略模型所预测的结果相差甚远，说明实验对象只采用了较低级别的信息，并没有兴趣了解更高级别的信息。但是，在实验室之外的现实社会中，或许有更有效的机制来加强信息的深度。

无论是直接互惠模型，还是间接互惠模型，解决的都是双边交往中的囚徒困境，两者都无法单独①解决多边交往中的囚徒困境，这类问题通常发生在集体行动的过程中。而强互惠模型恰恰可以单独解决多边交往中的囚徒困境，如公共池资源模型可以解决负外部性问题，公共物品模型可以解决正外部性问题，这就是强互惠模型优势所在。但是它也有两个局限性：(1) 与直接互惠关系相比，强互惠关系也对信息有较高的要求，这一点与间接互惠关系相似。(2) 强互惠的瓶颈主要体现在信息的广度上，而不像间接互惠那样体现在信息的深度上，如果群体规模太大，强互惠者就难以观察到所有的违反社会规范的行为，所以强互惠关系主要在规模相对较小的人群中建立和维持，这与直接互惠关系类似，区别于间接互惠关系在较大规模人群中的相对优势。

从以上三类互惠模型的阐述和评论中，可以总结出这样一个结论：互惠制度的产生和维持是频数依赖的（frequency dependent），它依赖于群体中有足够高比例的互惠者，具体的比例又依赖于群体规模、交往次数、合作/背叛的相对收益与成本、声誉、信息的可获得性等因素。直接互惠关系通常只发生在关系十分紧密的人群之中（如亲戚、邻居、长期参与互惠交换的群体）；而间接互惠虽然在理论上可以通过名誉的传播在关系纽带较为松散的现代大型社会中发挥更多的作用，但是它在现实社会中会受到声誉和信息传播机制以及被惩罚者所受损失的限制；强互惠则更容易在群体规模较小，且具有某些共同目标的组织中被观察到（如俱乐部、工作小组、合作组织等）。互惠制度产生和维持的范围的局限性与学者们大多将其看做一种非正式约束有关。事实上，如果群体规模太大，那么法律、法规、规章等正式制度可以实施有效的“第三方惩罚”（third-party punishment）。“第三方惩罚”的定义是：在一个群体中所有的成员都可以从互相遵守规范中获益，而第三方除外，无论规范是否被违反，他们的经济利益都不受到影响，虽然实施惩罚对他们来说是代价高昂的，他们还是愿意实施惩罚。注意强互惠与第三方惩罚的区别：当群体规模较小时，强互惠者很有可能从规范的普遍遵守中获益；当群体规模较大时，规范的普遍遵守所分摊到强互惠者身上的利益就可以忽略不计了。有的学者指出此时的强互惠就相当于第三方惩罚。但是他忽视了一点：强互惠者也是需要为群体作贡献的，而第三方惩罚者不需要。所以强互惠者具有违反规范的可能性，他们的背叛行为同样要受到惩罚，而第三方惩罚者不存在违反规范或受到惩罚的问题。因此，第三方惩罚者在任何情况下都不是强互惠者的等价物，如果他们要实施有效的惩罚，就必然成为独立于群体而存在的权威，如法律、法规、规章等。权威部门本身并不是互惠者，但是它们充当了社会中各种形式的互惠者的代理人的身份，代理人的“角色”扮演得好坏直接影响着互惠的实施是否能够得到保障。总而言之，只有将正式的互惠制度纳入互惠模型之中，才能完整、全面地理解互惠制度的产生。

第三节　掠夺型制度

奥尔森发现，解释国家间贫富差别的道理虽然有很多，只有一条是放之四海而皆准

① 有些研究表明，将公共池资源博弈或者公共物品博弈与间接互惠联结在一起时，也可以解决多边交往中的囚徒困境问题，如 Sigmund（2001）、Hauert et al.（2002）、Milinski et al.（2002）等。

的：在任何一个社会里，只要巧取豪夺比生产建设来得容易，掠夺活动就会使投资、分工、合作等创造活动萎缩，经济就不发达，社会就贫穷。奥尔森在《权力与繁荣》一书中分析了以下问题：为什么有的市场经济国家贫穷，有的富裕？为什么市场经济不是保证国家繁荣的唯一条件？什么样的市场经济能够带来经济繁荣？

掠夺型制度是利益集团的寻租之手与政府掠夺之手联合的一种产物。它存在于发展中国家和转型国家之中，本节从理论上探讨掠夺型制度的内涵、表现形式及生成机制，重点分析产生掠夺型制度的根源，并提出治理掠夺型制度的对策。

一、掠夺型制度及其表现

任何一个市场经济中都潜在地存在两种掠夺：第一种是私人掠夺，包括私人掠夺私人和私人掠夺国家。第二种是政府掠夺，主要有三种情况：（1）政府作为一种组织，如地方政府、政府部门或政府整体的掠夺，比如乱摊派、超过公共服务需要的费和税、通货膨胀等。（2）政府的一些官员利用政府权力的腐败行为。政府官员利用手中的各种审批权力，把财富转移到自己手中。（3）私人通过政府权力的掠夺。这里的形式很多，但实质都与政府的权力有关。比如一些行业的行政垄断，游说政府对潜在竞争对手设定市场准入的限制。又如，企业内部人控制、证券公司挪用客户保证金实际上也是一种掠夺，因为这些都要政府补窟窿，或给予低息贷款来变相补贴（钱颖一，2006）。

上述掠夺并不一定都以制度形式存在，但是其中一些（主要是第二种情况即政府掠夺）却可能以种种手段或途径转变为制度的形式。掠夺一旦制度化就具有隐藏性、合理性甚至合法性。人们一般很难识别它。从性质来看，制度可分为两种：一种是把良好的社会组织理解为一组政治、经济和社会制度，它可以确保社会各阶层获得有效的财产权利，这组制度称为“私有财产制度”（institutions of private property）或有利于经济发展的制度。另一种则是“掠夺制度”（extractive institutions），该制度导致社会非生产性再分配、财富分配不公及非和谐式增长。当然，这种分类是粗略的，实际上纯粹的“私有财产制度”和“掠夺制度”是不存在的，不少国家是介于这两者之间的，只是各自所占的比重不同而已。转型国家由于制度的缺失，会出现这两种制度的较量，而这种较量最后的结果往往取决于政治体制的改革及转型。掠夺型制度研究的目的是基于政治家追求个人利益的假设，研究不同制度的选择及决定，以及在承认改革必须满足政治利益和约束的条件下，探讨进行制度改革的战略。它的理论意义在于为制度改革服务。

制度很重要，这已经得到了越来越多人的认同。但是在人类的历史和现实中，并不是所有的制度都有利于经济发展和技术进步，并不是所有制度都有利于全体人民或大多数人民。其实，所谓掠夺型制度就是少数人的利益通过制度的形式最大化。掠夺型制度具有较大的隐蔽性。体制内腐败比体制外的腐败有更大的隐蔽性和欺骗性，也有更大的破坏性。但是，由于这种行为本身有一些政府部门的强制力保证实施，往往不被视为腐败行为，其危险性还没有引起人们足够的重视，甚至有时还把它当作所谓的改革经验加以推广。政治家或利益集团所追求的个人利益可以通过社会产出的最大化来实现，这一般会形成一种发展型制度；也可以通过租金最大化来实现，这一般会形成一种掠夺型制度。

我们分析一个国家或地区的制度是私有财产制度还是掠夺型制度，其观察的视角是比较多的。从总体上识别一个国家的制度是否掠夺型制度，我们可以从一些世界排名中略知一些，如世界关于腐败的排名，世界关于自由度的排名，世界关于商务环境的排名。如果一个国家在这三个指标的排名都比较靠后，那么可以判断这个国家的制度可能就是掠夺型制度。

财富的增长与分配是一个重要指标。比如，如果社会大多数成员的收入增长速度远低于社会总体经济的增长速度，将使社会总体经济的增长被社会贫富差距的拉大所抵消。经济增长并不等于发展，经济增长的成果也不会自动惠及整个社会。政治家们在利用权力来追求个人利益的时候，阻碍经济增长的税收、管制、腐败、短缺等现象就会出现①。

腐败和短缺也是识别掠夺型制度的重要指标，腐败被解释为政府官员故意创设管制的结果，企业家为了绕过管制而支付贿赂。这样，腐败就成为政治家将权力转化为金钱收入的一种机制。腐败提高了生产性经济活动的成本，因此降低了效率。腐败并不是道德败坏才出现的结果，而是政府的掠夺之手在失去约束时普遍而自然的运行结果。又如，短缺这个传统社会主义经济体制的本质特征之一，有学者从掠夺型制度角度来看，是政治家们进行理性经济选择的结果，而不是计算错误或者仁慈的社会政策所带来的。在短缺经济中，价格控制为官员们创设了受贿的机会，人们为了获取稀缺的资源而行贿②。这种分析只是一种理论假设，尚需作进一步的实证研究。

掠夺型制度的特点表现为：第一，制度的设计有利于少数人或既得利益集团。第二，制度的实质更利于非生产性活动或相关知识的积累。第三，在制度设计中公民的参与度低，政府的权力没有受到制约。政府控制的资源太多。第四，掠夺型制度下也有增长，但这种增长往往是非共享型增长，或者说会出现不利于大多数人的经济增长。

掠夺型制度对社会经济发展的影响主要表现为：

（1）掠夺型制度不仅带来再分配，而且会造成巨大的效率损失。掠夺型制度的主要问题是促使人们进行再分配。在这种情况下，人们不是把精力用在生产性活动上，而是用于非生产性活动。

从博弈论角度来看，私有财产制度下的博弈是总和为正数的博弈，即正和博弈。在这种情况下，交易之后双方的效用都有所增加，社会的财富总量增加了，社会的经济增长了。在掠夺型制度下，掠夺者与被掠夺者之间的博弈是总和为零的博弈，即零和博弈，也就是说，掠夺型制度只是将财富从被掠夺者那里转移到掠夺者手中，社会财富总量没有增加，社会的经济没有增长，相反，由于被掠夺者的生产积极性受到打击，此后的社会财富总量还可能会下降。诺思发现，如果“统治者”通过提供基本规则，尽可能降低交易费用，社会产出可以达到最大，也就是说，社会经济将繁荣起来；如果统治者运用暴力方面的比较优势界定和实施一套能够使其租金最大化的产权，那么该国的经济会出现停滞。前一种情况下的制度就是一种有利于经济发展的私有财产制度，统治者提供的基本服务是界定和实施产权，而得到的将是税收等；后一种情况下的制度就是一种掠夺型制度。

（2）在掠夺型制度下，不仅有才能的人被配置到寻租性职业而不是生产性职业上，

① 施莱弗、维什尼：《掠夺之手——政府病及其治疗》，中信出版社，2004 年版，第 13 页。
② 施莱弗、维什尼：《掠夺之手——政府病及其治疗》，中信出版社，2004 年版，第 14 页。

降低经济增长，而且最大的问题是把社会的精英吸引到寻租上来，使整个社会的动力机制扭曲，这会降低创新和技术进步。资源在生产性领域和非生产性领域的应用配置，对于一个社会技术创新及其应用推广有着深刻的影响。秘鲁经济学家迪索托在其1989年出版的《另一条道路》一书中，生动记载了秘鲁过多的法律和法规，赋予政府种种权力对民营企业的建立和进入市场制造种种障碍，造就了一个整体寻租性社会，压制了秘鲁经济发展的活力。太多的法律阻碍了人们进入生产性经济领域，迫使企业家转入地下或从事非生产性活动。

（3）掠夺型制度导致不利于穷人的经济增长。从理论上讲，社会总体经济的增长对社会贫困状况的改善始终具有正面积极的影响。但是，如果考虑社会各阶层的结构差异以及制度的类型，则经济增长对社会贫困状况的改善所起的作用就不那么明确了。社会各阶层实际收入增长的差异可能削弱甚至抵消社会总体经济的增长对社会贫困状况所带来的改善。有利于穷人的经济增长要有制度性渠道把民众（特别是弱势群体）的要求反映出来，要有政治性激励机制促使政府去关怀民生。而掠夺型制度下的增长是不平衡的增长，很大程度上讲是不利于穷人的经济增长。这表现为社会贫富差距较大，政府对公共品的投资增长缓慢，经济增长的好处并不能惠及广大的公众等。

二、发展中国家掠夺型制度形成的内因与外因

掠夺型制度大多产生于发展中国家，全球知名的反腐败机构、总部设在柏林的“透明国际”组织（Transparency International，TI）公布了2006年度清廉指数排行榜。从这个排行榜中可以看出，在所有的163个国家和地区中，腐败比较严重的国家占了约75%，几乎包括所有的低收入国家。这与发展中国家的掠夺型制度有关。那么发展中国家的掠夺型制度是如何形成的呢？为什么发展中国家不采用有利于经济发展的“私有财产制度”呢？这既有外部原因，也有内部原因。从外部原因来看：

一是殖民者在发展中国家建立了掠夺型制度。殖民者在某种特定环境下实施不同殖民策略可能取得的收益有差别。在那些人口比较稠密的地方，欧洲人或者引入了掠夺型制度，或者维持了原来的掠夺型制度，强迫当地人从事采矿或种植业，保留现成的税收和贡赋体系。相反，在那些人口稀少的地区，他们会向那里大量移民，并创建良好的私有财产制度，保证社会各阶层人士的财产权利，鼓励工商业的发展。掠夺制度和高度集权化的政治体制可以比较有效地利用农业技术，但工业技术的扩展却需要众多人士的参与。工业时代的来临为那些拥有良好的私有财产制度的社会提供了起飞的机会①。

二是一些发展中国家从国外移植了掠夺型制度。法律起源对法律制度移植绩效的决定作用首先由施莱弗等人提出。La Porta、Lopez-de-Silanes、Shleifer 和 Vishny（以下简称LLSV）用一系列显示保护投资者和法律执行质量程度的指标分析得出，保护投资者（法律及其执行的有效性）与各国的法律制度起源密切相关。法律体系以英国判例法为起源的国家表现最强，以法国成文法为起源的国家表现最弱，以德国、北欧各国法律体系为起

① 阿西莫格鲁等：《贫富逆转：现代世界贫富格局中地理和制度的作用》，载吴敬琏主编：《比较》（第23辑），中信出版社，2006年版。

源的国家表现居中；此外，以法国法为起源的国家，其资本市场的发展速度最慢（LLSV，1997）。他们研究发现，法国式的大陆法国家比普通法国家表现出更高的程序形式主义特征，同时却没有为司法体系带来更高的效率、更多的一致性和更大的公平。大陆法国家对经济活动干预较多，但更多的干预并没有带来良好的经济和社会效果，不仅如此，采纳法国大陆法体系的国家通常伴随着更为糟糕的公共部门和更多的腐败（LLSV，1999）。其原因在于当英法殖民者在它们的殖民地进行制度移植时，保留了母国的制度特征，却无法保证这些制度的有效性。事实证明，接受了法国法律传统的国家往往存在更多的政治控制，同时经济和社会发展也较落后①。

三是狭隘的发展观演化为掠夺型制度。狭隘的发展观包括发展就是国民生产总值增长、个人收入提高、工业化、技术进步或社会现代化等的观点。在阿马蒂亚·森看来，有利于穷人的发展要求消除那些限制人们自由的主要因素，即贫困以及暴政，经济机会的缺乏以及系统化的社会剥夺，忽视公共设施以及压迫性政权的不宽容和过度干预等。

三、掠夺型制度是如何形成的：一个分析框架

利益集团在任何国家都是存在的，政府的权力如果不能受到有效的制约就有可能形成掠夺之手，形成掠夺型制度的前提是利益集团的寻租之手与政府的掠夺之手在一定条件下结合在一起。这种结合一般产生于有限准入秩序的社会中。

我们的分析框架的基本思路是：（1）在有限准入秩序的条件下分析掠夺型制度。（2）在利益集团的分析上采用奥尔森的观点，并提出利益集团的寻租之手。（3）关于政府的分析采用诺思等人自然政府的概念，揭示自然政府的掠夺之手。（4）借用拉詹与津加莱斯的模型，分析利益集团的寻租之手与自然政府的掠夺之手是如何联合起来并创设掠夺型制度的。

1. 利益集团的寻租之手

奥尔森在《国家兴衰探源》一书中提出了一个重要的理论前提，一般来讲，一个国家内所有具有共同利益的人并不都能组成平等的集团。有了这个前提之后，奥尔森通过集体行动的逻辑演绎提出一个重要结论：穷人和失业者没有任何刺激手段可以帮助他们自己组织起来，反之，少数大企业或富豪建立自己的组织却很容易。因此，特殊利益集团的出现并没有使社会生活变得更加容易，社会生活效率因此而降低。特殊利益集团就是分利联盟。

利益集团的形成是必然的，问题是，采用什么样的制度和方式将利益集团对制度的影响降低到最低限度。这首先取决于是在什么秩序下：如果是在有限准入秩序下，强势利益集团很容易进入统治联盟；而在开放准入秩序下，强势利益集团对政治及制度的影响会受到很多制约，与有限准入秩序相比，其影响要低得多。在有限准入秩序下，强势利益集团可以较低的成本直接进入统治联盟；而在开放准入秩序下，强势利益集团进入统治联盟的成本则要高得多，并且竞争和透明度大大地降低了强势利益集团对制度的影响。

---

① 詹科夫等：《新比较经济学的新视角》，载吴敬琏主编：《比较》（第4辑），中信出版社，2002年版。

2. 自然政府的掠夺之手

诺思等人把暴力专营者创设的政府称为自然政府。在自然政府中，政治和经济紧密地结合在一起。政府通过限制经济上的进入而获得租金，用以在精英阶层订立可信承诺，从而支持现有政权并提供社会秩序①。自然政府面临一个两难境地：建立多大规模的统治联盟才是适宜的。扩大联盟会有更多力量，但会使租金摊薄。自然政府一般形成“掠夺之手”。

掠夺之手的研究，其目标并不是要抨击政府，也不是提倡纯粹的放任自由，相反，是为了在政治家追求个人利益的假设下，理解不同制度的运行机制，以及在承认改革必须满足政治利益和约束的条件下，探讨进行制度改革的战略②。从深层次看，掠夺之手是分析政府的一个新的视角，不同于以往无为之手、扶助之手对政府的分析。掠夺之手更好地揭示了国家的本质，它可以较好地解释现实中的一些国家现象，如垄断、腐败、利益集团、分配不公等，并且提出了一个当代经济学甚至社会科学需要探讨的一个问题，为什么一些国家采用了掠夺之手，而另一些国家采用了无为之手、扶持之手？

掠夺之手模型主要回答两个问题：第一，政治家的利益是什么？第二，这些利益将如何体现在政策和制度中，以服务于其目标③？布坎南和塔洛克（1962）以及奥尔森（1965）等人的研究主要是针对第一个问题，应该说，对政治家目标的分析，把理性理论贯穿到政治家的行为分析中已经取得了较大的进展。当前研究比较多的是第二个问题。如果国家的掠夺之手没有受到限制，那么许多制度的设计及建立就会受到掠夺之手的影响，从而会演化为掠夺型制度。

按照 Shleifer 和 Vishny（1998）的观点，政治家的目标并不是社会福利最大化，而是追求自己的私利。他们区分了两类政体的政治家：独裁者和民主政治中的政治家。通过对政治家的行为分析发现，不论是独裁者还是民主政治的政治家，他们的行为极为相似，只不过后者需要付出更大的代价。独裁者运用他们的权力来维护自己的地位，将资源配置给自己的政治支持者，以牺牲公共福利为代价；而民主政治中的政治家虽然比独裁者拥有更多的功利动机，但是，通过民主方式选举的政治家“一般也不会追求社会福利最大化”。他们建立的“掠夺之手”模型的理论出发点是，很多管理的实施目的其实是为了增加政治家自己的财富和权力，政治家的目标在大多数时候与社会福利最大化的目标并不一致。因此，对反腐败而言，放松管制和自由化远比在官僚体制内增加激励和进行人事选择更重要；至于有些在所难免的管制，则应该使得官员个人在行使权力时的随意性越少越好。

政治家竞选行为可以用完全或不完全政治民主的框架来分析。在完全的政治民主中，他的当选只取决于他要符合其选区中大多数投票者的意愿，但在不完全的政治民主中，这种依赖程度不甚清楚。当选的可能性仍取决于大多数人的利益，不过，人们对他们自己的利益并不熟知，也不会主动地去寻求。尽管如此，竞选胜利还是依赖于某候选人或其政党

① 诺思等：《诠释人类历史的一个概念性框架》，载吴敬琏主编：《比较》（第30辑），中信出版社，2007年版。

② 施莱弗、维什尼：《掠夺之手——政府病及其治疗》，中信出版社，2004年版，第8页。

③ 施莱弗、维什尼：《掠夺之手——政府病及其治疗》，中信出版社，2004年版，第13页。

投入多少人力和财力。这些资源用于使其选区的广大选民相信他及其正当的利益就是他们的利益①。我们可以从三个前提出发来寻找判别标准：（1）政治人（不仅包括政治家、官僚，而且包括政治领域中的普通公民）是自利的；（2）如果没有足够的限制性因素存在，政治家和官僚采用掠夺方式谋利的效益比采用交易方式的效益高；（3）自利的普通公民难以组成集体行动来反对政治家和官僚对其所作的掠夺②。从政治体制来看，发展中国家的共同的问题是政府官员的权力缺乏制约；从市场体制来看，掠夺之手与坏的市场经济往往是一个问题的两个方面。在掠夺之手存在的情况下，实际的市场运作充满权钱交易、垄断、寻租以及收入分配不公的扩大等。掠夺之手与坏的市场经济的互动会导致政策决定中的利益集团和制度改革中的路径依赖。

从历史来看，在大部分时间里，国家并没有为经济增长提供一个很好的结构。严格地讲，国家开始关注经济是一个现代的现象。从重商主义时代，代议制政府出现时，这种现象才出现③。代议制的一个重要功能就是对国王权力的限制。私有产权的出现与代议制政府的出现是一个硬币的两面。欧美国家通过制度创新和有效的政治体制限制国家掠夺之手是经济增长的重要条件。

3. 利益集团的寻租之手与自然政府的掠夺之手的联合：掠夺型制度

利益集团和政治家（或政府官员）都是追求利益最大化的。在利益集团与利益集团的博弈中，寻利与寻租的双重目标在囚犯困境的作用下，最大化的选择是寻租。利益集团的寻租追求与统治者租金最大化具有内在一致性。政治家的目标在大多数时候与社会福利最大化的目标并不一致，反而容易与利益集团的目标一致。为什么？政治家的任期与社会福利最大化的回报不一致，为多数人服务有一个“搭便车”问题，而少数人（即利益集团）与政治家也容易在利益上达成一致意见，并且可以共同实现利益最大化。

拉詹与津加莱斯认为，人们在初期得到的人力和物质资本禀赋的数量有差异，这种初始资源和机遇的差异决定了人们有不同的偏好，并结成了不同的政治利益集团。各种集团通过投票来决定国家的政策和制度，从而影响未来的资源分配甚至未来的政治格局。所以，与其关注制度的缺失，不如关注需要良好制度的利益集团的缺失。这使未来的讨论转移到如下的问题上：我们怎样才能改变贫穷国家的要素禀赋，特别是克服占据统治地位的利益集团的阻力？这个问题可能比如何改变制度的问题更有指导意义。

拉詹与津加莱斯提出了一个利益与政策和制度关系的模型。他们认为人们在初期得到的人力和物质资本禀赋的数量有差异。初始的资源分配和发展机遇的差异决定了人们有不同的偏好，并结成了不同的政治利益集团。这些集团通过投票来决定国家的政策和制度，从而影响未来的资源分配和未来的政治格局（见图 12-1）。

利益集团在有限进入秩序的制度环境中，在同政府官员的不断博弈中会分化出精英阶层和非精英阶层，自然政府就会与社会精英阶层结合在一起，形成统治联盟，把租金及相

① 德姆塞茨：《竞争的经济、法律和政治维度》，上海三联书店，1992 年版，第 62~63 页。

② 奥尔森：《集体行动的逻辑》，上海三联书店，1995 年版，第 27 页。

③ 诺思：《国家经济角色的昨天、今天与明天》，载斯蒂格利茨：《政府为什么干预经济——政府在市场经济中的角色》，中国物资出版社，1998 年版，第 161~162 页。

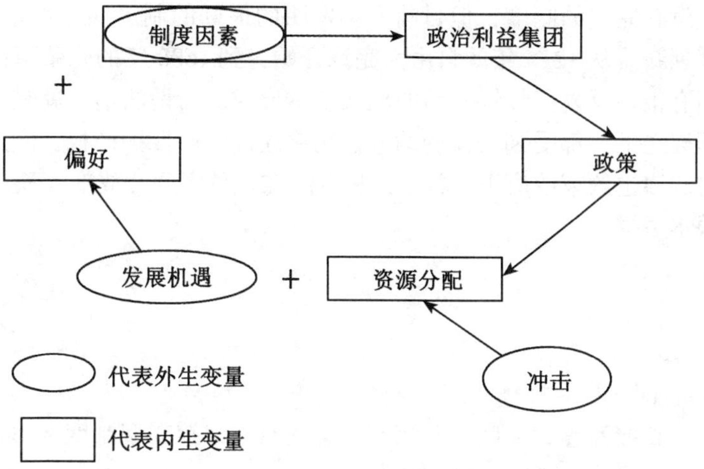

图 12-1　模型

关利益制度化，并体现在相关政策中，从而影响着资源的分配。在开放准入秩序的制度环境中，利益集团也会通过种种途径影响政府及其官员，但是由于存在开放与竞争，很难形成特权与租金，不平等的制度或掠夺型的制度就很难形成。

用利益集团的逻辑来分析，如果没有一个竞争性政治市场和对利益集团的制约机制，那么一些利益集团就会成为制度选择的决定者，会影响制度的性质，并往往导致掠夺型制度。利益集团理论可以较好地解释掠夺型制度的产生。如何治理掠夺型制度呢？

（1）从自然政府到强化市场型政府。是发展型制度还是掠夺型制度很大程度上取决于政府行为。而政府行为在很大程度上取决于一国的政治体制。对发展中国家来讲，有一个如何从自然政府向强化市场型政府转变的问题。

（2）从保护一部分人的产权到保护全社会的产权。巴泽尔论述了从专制到法治过程中产权的变化及其作用。统治者和臣民都被假定是利益最大化的，统治者面临着一个两难选择：自身安全和财富追求。控制臣民可以提高统治者的内部安定程度，代价是产出的降低和统治者财富的减少，而增加财富是抵御外部威胁的保障。

在有限准入秩序下，产权和法律体系源于对精英权利的界定。非精英阶层在物质资本和人力资本方面的投资要比其权利能得到可靠保障时愿意做出的投资小得多。也就是讲，在掠夺型制度下，社会对产权的保护主要限于精英阶层。这是不利于整个社会协调发展的。所以，从保护精英阶层的产权到保护全社会的产权是从掠夺型制度到有利于全社会发展的制度转变的关键。

（3）从有限准入秩序到开放准入秩序的转变。从根本上治理掠夺型制度就要从有限准入秩序向开放准入秩序转变。开放准入秩序需要政治和经济上的竞争与开放准入。在这个转变过程中，组织的开放也是极其重要的。因为组织的开放准入造就了政治竞争和经济竞争。同时，拥有大量契约型组织的开放准入社会更有条件实施宪政政治。可以说，开放与竞争是从有限准入秩序到开放准入秩序的转变的两个基本点。

民主与法治有利于抑制掠夺型制度的产生。通过制度的方式来约束政府，是现代社会的创新。世界上没有完美的制度，但目前人类发明的最好的制度叫做法治。从历史上看，这是英国的制度创新。从1215年的自由大宪章开始，到1688年的光荣革命，在英国经过四百多年，中间有很多反复，最终法治的框架基本形成。所谓法治，就是经济人和政府都置身于法治的框架之下，都受到法律的约束。法律通过政府保护产权，实施合同，维护市场秩序，但同时法律也约束政府①。总之，从有限准入秩序到开放准入秩序的转变是治理掠夺型制度的根本举措。

◎思考题

1. 解释下列名词。

互惠制度　　直接互惠　　间接互惠　　强互惠　　掠夺型制度

2. 简述博弈、合作与互惠制度的关系。
3. 掠夺型制度对社会经济发展的影响主要表现在哪些方面？
4. 发展中国家形成掠夺型制度的外因是什么？
5. 试述互惠模型。
6. 从理论上分析掠夺型制度的形成。

---

① 钱颖一：《政府与法治》，载吴敬琏主编：《比较》（第5辑），中信出版社，2003年版。

第十三章 制度、非制度因素与经济发展

有效率的制度促进经济增长和发展，反之，无效率的制度抑制甚至阻碍经济增长和发展。新制度经济学家对于经济发展理论的贡献在于：一是认为经济发展实质上是更有效利用资源的制度变迁过程，二是更有利于解释长期的、持续的经济发展，为什么有些国家发展，而有些国家处于停滞不前的状态。

我们现在比较清楚的是，什么样的制度有利于经济发展，不太清楚的是，怎样才能从一个不利于经济发展的传统制度过渡到一个有利于经济发展的好制度（诺思，2003）。一系列的制度组合是决定一个国家的活力水平和经济发展的重要因素，或者说在任何情况下，制度都是最重要的因素①。从某种意义上讲，制度的起源、制度变迁与创新、国家供给制度等都与经济发展有关。本章从经济发展的角度来审视制度的重要性，重点介绍新制度经济学中的有关论述。第一节分析了经济发展中的制度因素，第二节是经济发展中制度因素与非制度因素的关系，第三节探讨了制度移植与经济发展的关系。

第一节 经济发展中的制度因素

一、为什么经济会增长

奥尔森研究了大量富国和穷国后指出，国家间人均收入的巨大差距不能用获取世界知识存量或进入国际资本市场的能力差距来解释，也不能归因于可出售的人力资本或个人文化的品质差异。唯一剩下的合理解释就是其制度和经济政策有高下之分了。国界勾勒出不同的制度和经济政策，这一论据不仅与社会在禀赋约束下产出最大化的观点相矛盾，也直接表明，对经济绩效来说，制度和经济政策具有决定性作用。国家（具有不同制度和政策的基本单位）之间的人均收入差距远远大于国内不同区域的差距，同样，国界有时候将贫富悬殊的地域截然分割开来②。

经济学家们一直在探索经济增长的原因，专业化和劳动分工的发展，生产技术的进步及由此产生的市场规模的扩大都用来解释经济增长。20 世纪 70 年代之前，西方占主导地位的经济增长理论是新古典增长理论，索洛—斯旺模型是索洛、斯旺等人在修正哈罗德—

① 菲尔普斯：《国家的经济繁荣：繁荣依赖于活力，活力取决于制度》，载吴敬琏主编：《比较》（第 41 辑），中信出版社，2009 年版，第 9 页。

② 奥尔森：《为什么有的国家穷有的国家富》，载吴敬琏主编：《比较》（第 7 辑），中信出版社，2003 年版，第 34~35 页。

多马模型基本假设的基础上构造的，该模型从要素投入和技术进步的角度考察经济增长，而人口增长和技术进步是外生变量，这个模型在一定程度上解释了一些西方发达国家的增长实践，然而由于将技术外生化，存在无法解释技术在经济增长中的作用和地位，无法解释不同国家经济增长的巨大差异等问题。20世纪80年代中期产生了以罗默和卢卡斯为代表的新增长理论，又称为内生增长理论，这一理论没有统一的模型，而是观点相同或相似的一系列模型。该理论从理论上说明了知识和技术进步是经济增长的决定因素，并对技术进步的实现机制作了详细的分析，对一些经济增长事实具有较好的解释力。新增长理论被认为有两个主要的缺陷：一是其模型都对假设条件有严格的设定，二是忽略了经济制度对经济增长的作用。由于在新增长模型中，经济制度作为外生变量存在，对经济增长起决定性作用的经济制度因素被排除在增长分析之外。在大量的统计分析的基础上进行经济增长因素分析的经济学家们，在因素分析中逐渐对制度因素的重要性有越来越清晰的认识。

美国经济学家丹尼森将经济增长因素分为七类，有四类属于要素投入量，即就业人数及其年龄—性别构成，包括非全日工作的工人在内的工时数，就业人员的教育年限，资本存量的大小；另外三类属于全部要素生产率范畴，即资源配置（主要是指低效率使用的劳动力比重的减少），规模的节约（以市场的扩大来衡量），知识进展和它在生产中的应用。丹尼森通过长期的测定，把产量增长率按照各个增长因素对增长所作的贡献，分配到各个增长因素中去，分配的结果用来比较长期经济增长中各个因素的相对重要性。在这七个因素中，知识进展是最重要的因素，劳动力教育年限的延长也是一个基本增长因素。

丹尼森于1967年出版《为什么增长率不同——战后几个西方的经验》一书，利用他1962年设计的增长因素分析方法（有人把这种方法称为丹尼森模型），对1950—1962年美国、英国、法国、前联邦德国、意大利、比利时、荷兰、丹麦和挪威九国的真实国民收入增长率进行因素分析，但把应该计算的因素都计算后，经济增长率中仍有“余值”或“剩余”存在。在丹尼森的模型中并没有制度因素，但丹尼森模型提出了这样的问题：一是什么原因使模型中的各个因素由潜在生产力转变为现实生产力？二是经济增长中的“余值”应该归入哪个因素？

在20世纪50年代，著名经济学家舒尔茨利用计算机计算各个要素对经济增长率的贡献各是多少，发现有形的要素的贡献所占的比重不大，有很多剩余找不到归属，也提出了“余值”问题。舒尔茨判断教育决定剩余里很大的比重（但并没有“穷尽”），他提出“人力资本”概念，将“余值”归入人力资本。主流经济学用生产函数来解释经济增长，将产量看做劳动、资本、土地和技术的函数，将“余值”归入技术创新因素。

美国经济学家库兹涅茨在关于经济增长源泉的分析上强调了制度的重要性。库兹涅茨最早从事国民收入统计的研究，并创立了国民生产总值（GNP）核算体系。他在大量统计资料的基础上，对促进经济发展的各种因素进行综合分析，从数量和结构方面对经济增长的趋势作了说明。他发现了制度在经济增长中的作用，1971年接受诺贝尔经济学奖时，他演讲的题目就是《现代经济增长：研究结果和意见》。在演讲中他给经济增长下了一个比较完全的定义：一个国家的经济增长，可以定义为“不断扩大的供应它的人民所需的各种各样的经济商品的生产能力有着长期的提高，而生产能力的提高建立在先进技术之上，并且进行先进技术所需要的制度上和意识形态上的调整”。他认为这个定义的三个部分是相互联系、相互制约的。持续扩大商品的供应是经济增长的结果，这种丰裕情况应该是由于应用各种先进的现代化技术实现的；然而先进技术只是潜在和必要的条件，而不是充分条件；若要保证先进技术充分发挥作用，必须有相应的制度和意识形态的调整。

根据制度因素在经济活动和经济发展中的地位和作用，经济增长理论可分为三种：

(1) 制度因素被忽略不计。如哈罗德—多马经济增长模型、新古典经济增长模型、剑桥学派经济增长模型等就是将制度视为“自然状态”的一部分，因而制度被剔除掉了。在他们的模型中，制度不会发生变迁，它们或者是外生的，或者是一个适应于增长动态的变量。

(2) 制度被视为外生的变量，但很重要。在经济分析中，一些经济学家视制度结构与制度变迁为给定的，认为制度变迁可能是重要的，且在社会经济发展过程中是不可缺少的，但其关键的基本假定是这些制度变迁与经济增长无关。

(3) 新制度经济学家视制度为经济领域的一个内生变量，制度在长期经济增长的分析中至关重要①。

二、经济制度与经济发展

1. 制度是经济增长的决定因素

经济增长的源泉是经济学家们一直在探讨的问题，他们把经济增长的主要原因归于天赋要素或资本积累或技术进步等，然而在经济增长率与各投入要素增长率之间仍然存在着巨大的剩余，人们在探索剩余的比例和原因，随着研究的深入，开始从制度中去寻找问题的根源。新制度经济学研究认为，制度是经济增长的决定因素。科斯证明了由于交易费用的存在，制度安排与资源配置及经济表现是相关的，认为解决市场失败的关键在于制度安排，“没有适当的制度，任何有意义的市场经济都是不可能的”，从而把制度纳入了经济理论的实证分析。在运用科斯的交易费用和产权分析方法的基础上，诺思对制度的重要性进行了深入的研究。

首先，诺思认为没有投入要素的增加，而只有制度创新的情况下也能产生经济增长。诺思通过对历史的考察发现，1600—1850 年，世界海洋运输业中并没有发生用轮船代替帆船之类的重大技术进步，但这期间海洋运输的生产率却有了大幅度的提高，用生产要素和技术的变化根本解释不了这种现象。诺思对海洋运输成本进行多方面的统计分析，结果发现，尽管这一时期海洋运输技术并没有大的变化，但海洋运输变得更完善和市场经济变得更完善，即船运制度和市场制度发生了变化，从而降低了海洋运输成本，最终使得海洋运输生产率大幅提高。由此诺思指出在没有发生技术变化的情况下，制度创新亦能提高生产率和实现经济增长。经济学家们在构造他们的模型时，忽略了在专业化和劳动分工发展的情况下，生产要素交易所产生的费用，而这些交易费用是制度建立的基础。专业化和劳动分工的发展会增大交易费用，而不会自动导致降低交易费用的制度产生。结果，逐渐增大的交易费用会阻碍专业化和劳动分工的进一步发展，导致经济衰退。制度的建立是为了

① 舒尔茨：《制度与人的经济价值的不断提高》，载科斯等：《财产权利与制度变迁：产权学派与新制度学派译文集》，上海三联书店，1991 年版，第 256~257 页。

减少交易成本，减少个人收益与社会效益之间的差异，激励个人和组织从事生产性活动，最终导致经济增长。

其次，诺思认为有效率的经济组织是增长的关键因素。诺思在《西方世界的兴起》一书中，在对欧洲经济发展的历史作了重新考察的基础上，批驳了那种把近代欧洲经济高速增长的原因归结为产业革命的结果的传统观点。他认为产业革命所包含的技术创新、规模经济、教育发展和资本积累等现象，本身就是经济增长，或者说，产业革命不是近代欧洲经济增长的原因而是其结果，真正决定性的原因是私有产权制度的确立。这种经济增长之所以发生在欧洲的某些国家，而没有发生在其他一些历史文明更悠久、资源更丰富的国家，就是因为那些国家始终没有建立起一整套能够激励人们的生产性活动，从而有利于经济增长的私有财产制度。诺思指出，“西方世界兴起的原因就在于发展一种有效率的经济组织。有效率的组织需要建立制度化的设施，并确立财产所有权，把个人的经济努力不断引向一种社会性的活动，使个人的收益率不断接近社会收益率”①。因此，有效的制度安排是经济增长的关键。诺思从制度角度论证了西方世界兴起的奥秘所在，得出的结论是，“制度提供了一种经济的刺激结构，随着该结构的演进，它规定了经济朝着增长、停滞或衰退变化的方向”。

对一国而言，其经济活力的水平和经济发展主要依赖于一些非常关键的经济制度及其发展状况，这些经济制度包括公司法和公司治理、金融市场和金融工具等方面的制度。更一般性的制度，如法治以及为个人的收入、储蓄和投资提供安全保障，是任何市场经济所必需的②。

在发展中国家，市场发育还不完善，国民收入水平不高，财富和权力集中在少数人手中，公众的教育水平低下。这时，因为缺乏必要的经济和社会基础，很难建立一个稳定的现代国家制度，而制度的落后又反过来制约着经济的发展，使一个国家长久地陷入贫困之中。这就会形成一种贫困的恶性循环。要打破这一恶性循环，是应该先努力改变制度，还是先努力发展经济呢？如诺思指出的那样，对这一制度变革和经济增长的互动与关系问题，我们的认识还是非常不够的。这个问题应该是制度经济学下一步研究的一个重点。

2. 以产权和交易费用为核心的制度分析

诺思认为制度安排是经济增长的关键，在诺思的分析中，制度主要指产权制度，通过产权制度的演进来解释经济增长。建立产权体系的意义在于：（1）在一些产权尚不明确的领域，重新分配所有权产生新的权利的方式简化了交易，节省了人力和社会资源，有利于提高社会财富水平；（2）通过强制人们遵守履行共同的准则，以简化交换和谈判的社会交往，节省了交易费用③。诺思的产权演进理论可归结为降低交易费用的制度变迁。因此，诺思认为产业革命是经济增长的结果，经济增长的原因是有效的所有权制度的出现，从根本上来看是社会全部运转费用尤其是交易费用的降低。也就是说，一种产权制度的创

---

① 诺思：《西方世界的兴起》，学苑出版社，1988 年版，第 1 页。

② 菲尔普斯：《国家的经济繁荣：繁荣依赖于活力，活力取决于制度》，载吴敬琏主编：《比较》（第 41 辑），中信出版社，2009 年版。

③ 勒帕日：《美国新自由主义经济学》，北京大学出版社，1985 年版，第 13 页。

新产生足够的激励机制和降低交易费用，然后才有总产出的提高，经济增长的过程就是不断出现新的降低交易费用的产权制度的过程。产权制度的不同在于保障个体或集体占有、使用、转让、分享他们努力成果方面的专有程度、明晰程度和自由流动性程度的不同。那么，个人的所有权专有程度越高、明晰程度越强以及流动性越大，对个人的激励越显著，结果经济增长的动力越大，所谓私人成本接近社会成本也就是一个逐步实现彻底所有权个体专有化的过程①。

诺思在论述荷兰和英国经济走向增长的道路时，围绕交易费用降低来阐述合意的制度创新，相应的，西班牙和法国的王权都极力保持对征税权的绝对控制，它们的交易费用不仅没有下降，反而因专制制度的自利行为而有所增加，从而走向停滞和衰败。

3. 有效率的制度与无效率的制度

制度被视为决定人们的相互关系而人为设定的一些制约。制度为什么能促进经济增长？原因在于制度构造了人们在政治、社会或经济方面进行交换的激励结构，这种激励结构能降低交易费用，从而有利于经济增长。因此，诺思认为有效率的组织是经济增长的关键因素。然而从历史上看，并不是所有的制度都是促进经济增长的，根据是否有利于经济增长，制度可分为有效率的制度和无效率的制度。如前所述，有效率的制度促进经济增长和发展；反之，无效率的制度抑制甚至阻碍经济增长和发展。那么，什么样的制度才是有效率的呢？

按照诺思的观点，首先，有效率的制度能够使每个社会成员从事生产性活动的成果得到有效的保护，从而激励他们努力从事合乎社会需要的经济活动，使得每个社会成员的生产投入的私人收益率尽可能地等于其社会收益率。所谓私人收益或成本指参与任何经济活动的个人的盈利或亏损，社会成本或收益为整个社会的成本或收益。每当所有权的专有性不确定或没有付诸实施时，或者有第三方未经同意获得某些收益或付出某些成本，就会产生个人收益率与社会收益率的差额。所谓“搭便车”是指某些人或某些团体在不付出任何代价（成本）的情况下从别人或社会获得好处（收益）的行为。大量“搭便车”现象的产生必然导致社会经济生活的低效。有效率的制度就应最大限度地消除人们“搭便车”的可能性。其次，有效率的制度能够给每个社会成员发挥自己才能的最充分的自由，降低交易费用，从而使整个社会的生产潜力得到最充分的发挥。当一项制度在不减少社会收益的同时，使得私人收益超过了私人成本，个人通常愿意从事能引起经济增长的活动。

严格意义上讲，“现存制度均是有效率的制度”这个命题是“理性人追求财富最大化”这一逻辑前提的推论。但是对于这一理论结论，即使在新制度经济学内部也存在较大的分歧。诺贝尔经济学奖获得者诺思早年坚持上述结论，但到晚年，当他开始从产权理论转向国家理论的研究时，诺思却放弃了早年的坚持。与诺思不同的是，在巴泽尔整个的理论研究中，无论是契约、组织还是国家理论，他始终坚持“没有真正无效率的制度存在”。

从“适者生存”的演化角度考察，只有有效率的制度才会在残酷的制度竞争过程中得以存续，但正如诺思所言，为什么现实世界存在如此多“无效率”的制度安排？对于

① 朱勇、徐广军：《现代增长理论与政策选择》，中国经济出版社，2000 年版，第 93 页。

这样的质询，巴泽尔认为应该从对“效率”判断的标准出发予以解释。如果以“帕累托最优”作为判断制度是否有效的标准，我们可以说现存所有制度均是无效的。因为真实世界存在的正交易费用使任何制度均无法达到“帕累托最优”的新古典经济学效率标准。因而，判断制度效率的科学方法，应该是考察在目前的约束条件下，资源配置是否实现了最优。对任何制度“有效性”的考察都不能脱离制度赖以存在的“约束条件”。正是基于这种“存在就是合理”的存在主义认识思路，巴泽尔认为排队、寻租等这些被主流经济学认为“无效率”的经济现象并不是真正无效率的。

相反，无效率的制度的特征是不能使每个社会成员从事生产性活动的成果得到有效的保护，不能使个人收益和社会收益趋于一致，降低人们从事生产性活动的积极性，产生大量的搭便车现象，而且无效率的制度也使广大社会成员从事生产活动的自由受到了不合理的限制，同时存在着某些特殊利益集团的寻租行为，把大量的资源引入寻租领域，从而降低整个社会的生产效率。

在对制度的选择中，人们为什么会选择无效率的制度呢？诺思提出有两个普遍的原因：一是缺乏技术阻止“搭便车”现象及负的外部性的产生；二是对任何团体和个人来说，创造和实施所有权的费用可能超过收益。同时诺思指出，“政府的财政要求可能导致对某些不是促进增长而是阻碍增长的所有权的保护，因此我们不能担保一定会出现生产性的制度安排”①。

随着新制度经济学及其他学科的发展，诺思进一步的研究对这个问题做出解释：(1) 专制制度的存在。统治阶级的利益高于社会大多数人的利益。当两者的利益不相容时，后者的利益要服从前者的利益。于是就可能存在这种情况：一种制度，虽然从社会大多数人利益的角度看是无效率的，但它却非常符合统治阶级的利益，因此，只要统治者掌握着制定政策的权力，那么这种制度就会成为该社会的选择。诺思认为，统治者为了他们自己的利益会修正产权，而由此造成的较高的交易费用会导致很普遍的无效产权，这就解释了历史进程中和现在广泛存在的不导致经济增长的产权。(2) 不完全信息和主观主义。制度是由人来制定的，而要制定一个有效率的制度，需要大量的准确的信息。但信息常常是有成本的，而且有些信息可能即使付出了成本也不一定能得到。因此在制定制度的过程中，制定者们的根据常常是不完全的信息和主观想象。既然人们的一些主观主义的思想观念(如宗教信仰等) 也会产生很重要的作用，那么人们犯错误的可能性就是存在的。(3) 相对价格的变化。一种制度在建立之初，可能是有效率的，但是随着社会的发展和相对价格的变化，即随着社会条件的变化，这种制度也可能逐渐变成无效率的。

三、制度变迁与长期经济发展

经济发展的过程从某种意义上说就是一个制度变迁的过程。制度变迁理论是新制度经济学体系的核心部分。在传统经济学中，制度被视为既定的；而在新制度经济学家看来，在人类社会经济发展历史上，制度是至关重要的。只有在历史的长河中，我们才能发现制度及其变迁是如何影响人类社会经济发展的。本节重点概述制度变迁理论对经济发展的

---

① 诺思：《西方世界的兴起》，学苑出版社，1988 年版，第 9 页。

影响。

1. 制度创新与路径依赖

如何解释在历史长河中经济绩效的差异？为了解决这个问题，诺思等使用了均衡分析框架来分析制度创新。他们认为制度创新是制度从非均衡到均衡的演变过程中，通过创新活动，创新者或创新集团取得因制度变革带来的潜在利益。制度创新可能使个人或团体获得在现有制度下不可能得到的利润，在市场规模扩大、生产技术发展及由此引起的一定集团或个人对自己收入的预期的变化等因素的作用下，当预期收益超过预期成本时，一项新的制度安排就会被创造。现有制度与新制度之间可能存在的利润差称作“外部利润”，在新制度条件下，这些利润实现后，制度达到一个均衡。制度在“均衡—非均衡—均衡”的不断循环中推动经济增长。

制度创新在某种意义上讲是一种生产关系的调整，有效的制度能促进经济发展，不利的制度会阻碍经济发展。

制度变迁是一个制度的替代、转换过程，制度变迁能否发生取决于很多因素，如相对价格的变化、制度变迁的代理人以及制度变迁的成本与预期收益的比较等。根据达尔文优胜劣汰、适者生存的理论和有效竞争原理，社会、政治和经济的长期演进会朝一个方向收敛，不会有发达与不发达之分。但实际上，不同国家的社会经济演进方向并不相同，经济贫困国家亦长期存在，如何解释历史上不同地区、不同国家发展的差异？诺思关于制度变迁具有路径依赖（path dependence）性质的论述是对长期经济变化作分析性理解的关键，路径依赖决定了制度变迁、经济增长的方向和强度。

制度变迁如同技术变迁一样，也存在着报酬递增和自我强化的机制（关于这一点在前面的章节中已论述），这种机制使制度变迁一旦走上了某一条路径，它的既定方向会在以后的发展中得到自我强化。诺思指出，“人们过去做出的选择决定了他们现在可能的选择”。沿着既定的路径，经济和政治制度的变迁可能进入良性循环的轨道，迅速优化；也可能顺着原来的错误路径往下滑；如果弄得不好，它们还会被锁定在某种无效率的状态之下。一旦进入锁定状态，要脱身就会变得十分困难，既有方向的扭转，往往要借助于外部效应，如引入外生变量或依靠政权的变化。

新制度经济学的分析表明，只要随之而来的市场是竞争性的、完全的市场，制度变迁的轨迹将是有效的，经济长期运行的轨迹也是有效的，即经济总会保持增长的势头，不会出现发散的轨迹和持久的贫困。但是一旦市场是不完全的，信息反馈只是部分的，交易成本将会增加，当事人根据不完全的信息建立的主观模型不仅是不完全的，而且也是多种多样的，从而会使制度变迁的轨迹呈现发散的状态，并使无效的制度保持下去，从而贫困的发展实绩不可避免。

2. 经济发展与制度变迁的稳定性和连续性

制度变迁具有相对稳定性和连续性。用诺思的话说，“对比的稳定与变迁的故事构成解释人类经济条件变化之谜的核心”。这里所谓的稳定是指经济主体的最大化活动将不会诱致知识技能的增加，因而不能诱致产生具有更高生产率的制度框架；所谓的变迁是指一个通过提高生产力的组织与制度变化而实现私人收益，进而诱致递增的经济变化的过程。制度变迁的稳定性和连续性的特征决定了它对经济发展的作用和机制。

制度变迁具有相对稳定性。这种稳定性主要来自规则和习惯的相对稳定性，尤其是习惯并不会与规则同步变迁，由此会产生黏滞的稳定性，但这种稳定性并不否定制度变迁的可能性。诺思认为从产权经济学的角度看，没有绝对的权利和绝对的规则，正式规则的变迁总是从非正式规则的边界开始的，正式规则是确定的，难以变更，但仍有变迁的余地。变迁一般是对构成制度框架的规则、准则和实施的组合所作的边际调整。所谓边际是指，执行规则的成本限制了规则的适用范围，执行成本越高，规则的边际就越大。在边际上，规则的执行成本通常很高，使得它实际上不起作用，而习惯在此发挥了直接作用。习惯即非正式规则，之所以取代正式规则是因为这时习惯的动作成本小得多，行为可以在边际上逃避规则的约束。因此，诺思认为日常大量的制度变迁即是边际上连续发生的非正式规则的变迁，而正是这些缓慢无形的变迁造成了人类历史中有限的几次正式规则的重大变迁。诺思对出现长期停滞的现象给予了这样的解释：一个制度框架的总体和定性使得跨时间和空间的复杂交换成为可能，但这种稳定性不一定是实现效率的一个充分条件。也就是说，一个长期稳定的制度结构可能是无效的，所以会现长期停滞。

对于制度变迁的连续性，诺思区分了连续变迁和不连续变迁，一般来说制度变迁是连续渐进变迁，非连续变迁是指规则变迁的根本改变，发生这种变迁的条件是出现革命和武力征服。我们认为后者是经济发展中的非常态，前者是经济发展过程中的常态，因此制度变迁对经济发展的作用和机制以渐进连续为主。集体学习（collective learning）和非正式规则的研究的拓展使制度变迁表现出某种连续渐进特征，成为与经济发展紧密相连的过程。诺思运用集体学习的研究探讨制度变迁对经济发展作用的机制，所谓集体学习是动态地获取、积累、筛选和传递知识的过程，跨越时间的集体学习作为一个文化积淀和观念调整的过程，不断改变人们对于机会、选择和制度合法性的认识，产生制度变迁的持续动力。一方面，集体学习是人类生产知识与制度知识的积累沉淀，是非正式规则的缓慢累积，它决定了制度变迁是渐进的过程。在经济中制度变迁是由制度与组织的相互作用完成的，制度是博弈规则，组织则是博弈者，每个组织的集体学习所留下来的非正式规则构成制度框架中的重要组成部分。只有集体学习过程中产生观念转变，非正式规则在边际上的连续变迁才会形成正式规则的变迁，由此改变经济发展的秩序和结构特征。另一方面，现行制度对集体学习提供的保障和诱导决定了集体学习对经济发展构成的实际影响。

从集体学习到经济发展的转化不是自发实现的，尽管人类的集体学习是持续不断的，但其速度与方向却差异很大，要促使人们更多地从事现代经济发展所需要的学习，就要依靠适当的制度安排来矫正集体学习的方向。因此集体学习所产生的思想模式是人们解释环境的内在框架，而制度安排是人们创造出来的规范和控制环境的外在机制，正是通过制度的作用，集体学习才得以保留并固定下来，以意识形态和信念体系的形式存续，有效地影响经济发展①。

四、制度差异与经济发展

发展中国家与发达国家的经济绩效的差异主要是一种制度上的差异。制度瓶颈使发展

① 邹薇：《经济发展理论中的新古典政治经济学》，武汉大学出版社，2000年版，第296页。

中国家的各种要素难以通过市场机制有效地配置。本节从发展中国家与发达国家的制度差异角度静态地来考察经济发展差异的原因。

1. 经济绩效

为了说明在经济发展中制度差异的影响，我们先要了解衡量经济发展程度的概念：经济绩效。经济发展与制度变迁的关系已经成为制度学派、发展经济学等共同关心的问题，把制度、制度变迁、制度安排等内生化，即作为经济发展的一个重要因素是新制度学派的一个重要贡献。制度对经济发展的作用体现在两方面：一方面，制度创新也是一种生产力；另一方面，有效的制度可以降低技术进步和技术成果转化为生产力的交易成本，从而促进生产力的发展。在转型国家，这种双重制度效应是比较明显的。制度绩效难以量化使得制度在经济发展中的作用往往被忽视。如何量化制度在经济发展中的作用？对这两种作用可进行案例分析和量化分析。目前关于制度绩效的量化分析主要有以下几种方法：一是案例分析，如对一些重大的制度变迁在能排除其他因素的情况下，可以对某一制度变迁或制度创新的绩效进行量化分析，如对庄园制（诺思）、船运制度（诺思）、奴隶制度（巴泽尔、福格尔）等制度绩效的分析。这一分析是比较成功的。二是模型分析，如运用现代经济分析模型对制度变量的经济绩效进行分析，但制度不同于一般商品，难以给予准确的定义和模型化，而且由于制度变迁通常过程漫长，统计资料一般不完备，尽管新经济史学在一定程度上弥补了这个缺憾，仍然难以进行严谨的计量分析。

分析制度在经济发展中的作用要注意以下几点：(1) 制度必须与其他因素结合起来分析，单方面地强调制度因素也是不可取的。(2) 制度因素对经济发展的促进作用也有一个生命周期问题，当新的制度建立或替代了传统的不利经济发展的制度的时候，制度对经济发展的促进作用是比较明显的，但后来会呈稳定甚至下降的趋势，制度会出现“制度平台”，没有永远适应经济发展的永恒制度。(3) 制度从外生变量转变成一个内生变量是制度学派的一个贡献，制度也是一个稀缺性因素，当经济发展中的制度是一个瓶颈因素的时候，制度创新或制度变迁都会带来经济的发展。诺贝尔经济学奖获得者诺思认为，制度安排能够使经济单位实现规模经济（股份公司、企业），鼓励创新（奖金、专利法），提高要素市场的效率（圈地、汇票、废除农奴），或者减少市场的不完善（保险公司），这些制度安排起到了提高效率的作用。

制度也是一种生产力，不同制度安排下的经济绩效是不一样的。同样的投入，由于制度的不同，产出可能会有很大差异。西方经济学把生产函数仅仅看做投入与产出之间的纯技术关系是不全面的，应该考虑制度这个重要因素。制度促进一国经济发展可以从两个层面分析，一是宏观层次，二是微观层次。从宏观层面来看，制度能促进一国经济发展主要表现为一国有效的制度环境及制度安排大大地减少了交易中的不确定性，降低了社会经济活动的交易成本。从微观层面来看，制度能促进一国经济发展主要表现为有效的制度能解决激励和约束这两大市场经济中的基本问题。制度包含着激励与约束的双重功能。我们很难用精确的方法来量化制度的绩效，也许有这方面的原因。过去人们大大低估了制度在社会经济发展中的作用，但越来越多的理论家们开始认识到，发展中国家与发达国家的差异主要是一种制度上的差异。制度瓶颈使发展中国家的各种要素难以通过市场机制有效地配置。在我国市场化改革过程中，我们最缺乏的就是具有激励功能和约束功能的制度。

2. 计划经济体制与市场经济体制的经济绩效差异研究

美国马里兰大学的两位经济学家默瑞尔和奥尔森指出，为更准确地衡量一国经济的真实绩效，需要考虑其实际人均国民收入增长率和潜在人均国民收入增长率的差距，即良好的经济绩效意味着一国能尽可能地挖掘该国经济增长的潜在能力，缩小其实际人均国民收入增长率和潜在人均国民收入增长率的差距。

根据他们的研究，计划经济体制国家和市场经济体制国家在1950—1965年、1965—1980年这两个时期的经济绩效如表13-1、表13-2所示。

表13-1　　**计划经济体制国家和市场经济国家1950—1965年经济绩效比较**

	实际增长率（%） （1）	潜在增长率（%） （2）	增长率差距（%） （2）-（1）
市场经济国家	3.75	5.49	1.74
计划经济国家	4.43	6.05	1.62

表13-2　　**计划经济体制国家和市场经济国家1965—1980年经济绩效比较**

	实际增长率（%） （1）	潜在增长率（%） （2）	增长率差距（%） （2）-（1）
市场经济国家	3.36	5.13	1.77
计划经济国家	3.24	5.71	2.47

1965—1980年，市场经济国家人均国民收入实际增长率和潜在增长率的差距（1.77%）和上一时期（1.74%）相比基本相同，但计划经济体制国家人均国民收入实际增长率和潜在增长率的差距从上期的1.62%扩大到2.47%，市场经济国家的差距仅扩大了0.03%，而计划经济国家的差距则扩大了0.85%。

五、政治文化制度与经济发展

制度是一个含义范围很广的概念，如经济制度、政治制度、文化制度等，上面对经济制度与经济发展的关系作了论述，这里简要地论述政治文化制度与经济发展的关系。

1. 政治制度与经济发展

诺思等人从经济史的角度阐明了经济发展的内在机制——制度是至关重要的，将分析从具体的市场制度特别是产权制度，扩展到了国家和意识形态领域，使其理论构架趋于完善。产权制度的效率直接决定了经济体制运行的效率，而建立有效率的产权制度则在很大程度上取决于政府行为和意识形态。诺思认为因为是国家界定产权结构，所以国家理论是根本性的。最终国家要对造成经济增长、停滞和衰退的产权结构的效率负责。因而国家理论必须对造成无效率产权的政治—经济单位的内在倾向做出解释，而且要说明历史中国家的不稳定性。新制度经济学是把国家置于一种“矛盾状态”中来分析国家在制度变迁以及社会经济发展中的作用的。

国家的政治法律制度通过对经济自由度和个人行为特征的制约，作用于经济发展从而影响绩效。阿罗研究了是否存在一种民主的政治制度可以满足不同个人的经济需要。他认为假如大家没有对自己偏好进行分类的共同标准，又假设两个以上的投票人和选择项，那么人们不可能制定出达到一致的集体选择的投票程序，这就是阿罗不可能定理。阿罗定理表明，真正的民主政体是不存在的，也是不可能存在的，多种现行政治制度的经济效应主要是负面的。公共选择理论将经济学分析用于政治过程，其代表人物布坎南在《自由的限度》中表达了这样的思想：我们的时代面临的不是经济方面的挑战，而是制度和政治方面的挑战。良好的政治法律制度是经济发展的重要保障。布坎南等人认为经济人假设在政治领域内同样是有效的，政治家是利益最大化的理性主体。在立宪秩序分析上，公共选择的规则是立宪秩序的重要组成部分，布坎南、塔洛克等人通过投票悖论说明，在现代民主制下，少数服从多数的原则并不总是有效的，也并不总是合理的。奥尔森则通过“集体行动的逻辑”说明：在大多数情况下，多数集团由于机会主义和搭便车心理困扰，往往不容易为共同利益做出努力，反而会受到少数集团的控制甚至利用。因此，公共选择理论认为由于政府和公共部门的垄断性质和经济人性质，政治家追求的利益是扩大政府规模和预算规模，加强政府控制，使政治生活中充满腐败、寻租和利益集团的游说，结果导致政府运作效率低下。

Acemoglu 等（2004）认为，经济体中只有实施制度激励特别是政治制度激励，刺激社会投资和技术进步才能实现经济增长，经济增长从根本上依赖于政治制度。为验证政治制度贡献和经济增长决定因素分析，Rodrik 等（2004）利用 64、79 和 137 个国家的数据，分析发现：（1）政治制度对经济增长的作用贡献显著，政治制度在 GMM 方法估计下更为显著，并且系数是 OLS 估计下的 22 倍。在控制了政治制度的作用后，贸易对经济增长的贡献不显著，地域也表现出类似的特征。（2）贸易、政治制度和地域间存在因果关系，政治制度对贸易和地域的作用系数高而且显著。在 Acemoglu 等（2001）的研究样本及更大的样本中，我们发现只有政治制度表现出对人均收入、单位资本、人力资本的解释力，即政治制度决定论在上述样本中对经济增长的解释更具效力，政治制度是国家间经济增长和经济绩效差异的根本原因。虽然政治制度决定论对特定国家的特定历史有着较强的解释力，却无法有效解释众多国家的经济发展差异、同性质国家的多元经济发展模式、既定政治制度约束下的经济改革和地区经济发展差异，也无法解释制度断点和制度发展连续性问题。

政治制度与经济发展的关系应该联系不同经济发展阶段来分析。在不同的经济发展阶段，政治制度对经济发展的影响是不一样的。Acemoglu（2007）发现，政治制度对经济增长存在正负双重效应，实证分析表明在一些发展阶段内，政治制度对经济增长有着显著的正向作用，而在另一些发展阶段，政治制度对经济增长的作用却明显为负①。

2. 文化制度与经济发展

诺思认为制度是基于个人行为约束而设计的，但这里的个人不是总在寻求自身经济利

① 董直庆、王林辉：《政治制度对经济增长贡献的文献述评》，《南方经济》，2009 年第 7 期。

益最大化的独立“经济人”，而是具有多维性的社会人，个人选择是直接镶嵌到社会文化结构中的，文化的作用也日益为新制度主义者重视。正如诺思指出的，新制度经济学不仅寻求在给定一系列制度下的个人选择给予解释，更为重要的是寻求这样一种方法，即个人信仰和选择影响自身制度演进的方法。

新制度经济学开始重视以习俗、习惯、知识等形式累积下来的非正式规则对人们经济行动的约束，从而影响经济发展。这是文化制度影响经济发展的一种表现，另一种表现则是以道德伦理观为主体的社会精神对人们价值取向的影响。亚当·斯密最早对此做出解释，他认为财富增长不是以道德沦丧为代价的，经济生活中表面上的混乱无序可以通过市场主体的自我矫正而导向有序，结果是每个人都较以前更加富裕，而不是尔虞我诈，损人利己。刘易斯提出了相关的观点，认为文化与企业家精神有关，与影响经济增长的广泛的社会、政治问题有关，尤其是作为文化的重要组成部分的宗教影响着人们的储蓄习惯、对待风险的态度、诚实度和理性，从而与经济发展密切相关。

文化不仅通过影响制度的生成而间接影响经济发展，而且在有些情况下，文化甚至直接对经济发展起作用。关于文化与经济发展的关系，著名社会学家韦伯的《新教伦理与资本主义精神》、《中国宗教：儒教与道教》中就有精辟的论述。他所说的“资本主义精神”实际上是含义丰富的文化范畴。西方典型的精神观念，即时间就是金钱、信誉就是金钱、金钱应该用于增殖、善于付给别人钱的人是别人钱袋的主人等，对人类行为具有强大的推动力，它不仅是取得经济成功的手段，而且是一种特殊的伦理规范。他认为正是这种道德观念使得西方形成了理性资本主义经济制度，建立了有规则的市场，使人们合法地追求利润或效用的最大化，从而造就了西方资本主义文明。而在中国和印度等东方社会，资本主义萌芽之所以未得到发展，也正是由于缺乏适宜的具有资本主义理性的文化制度支持。

文化与经济的关系还有许多问题值得我们进一步研究。尽管国家的制度选择确实是造成它们不同的经济表现的重要原因，但国家之间的制度差异恰恰是文化差异的反映。换言之，文化差异才是主要原因，即文化可以直接解释经济表现和经济发展，而根本不需要借助经济制度这个中间变量①。

非正式规则中的习俗惯例的形成与其产生的文化背景是密切相关的，知识、信息、价值观念及其他影响人们行为的因素通过“集体学习”代代相传，这个过程蕴含了大量非正规规则的形成和信息的传递，体现了文化与经济发展之间的动态关系②。

第二节　经济发展中非制度因素与制度因素的关系

有关经济发展中制度因素与非制度因素的关系是经济学研究中一个有争议的问题。新制度经济学强调制度在经济发展中作用的观点产生了一些误区，有过分夸大制度功效的

---

① 菲尔普斯：《国家的经济繁荣：繁荣依赖于活力，活力取决于制度》，载吴敬琏主编：《比较》（第41辑），中信出版社，2009年版。

② 邹薇：《经济发展理论中的新古典政治经济学》，武汉大学出版社，2000年版，第305页。

问题。

我们这里所说的非制度因素是指资源禀赋，包括普通资源、大气、地质、水文和其他地理条件、技术等。与资源禀赋相对应，制度指的是人们为方便合作而做出的安排①。本节从三个方面探讨经济发展中的非制度因素与制度因素，并分析这两者的关系。

一、经济发展中制度因素与非制度因素的作用

在经济发展中，制度因素与非制度因素的作用的大小（或主次）主要与一定的发展阶段相联系。我们主要讨论以下四种情况下的制度因素与非制度因素：

1. 从人类交易的阶段来看，从简单的交易到非人格化交易的过程，也是一个制度作用不断增加的过程

如前所述，诺思认为人类经历了两类交换形式。一类是简单的交换形式。在这类交换形式中，专业化和分工处于原始状态，交易是不断重复进行的，卖和买几乎同时发生，每项交易的参加者很少，当事人之间拥有对方的完全信息，因而不需要通过建立一套制度来约束人们的交易行为，达到合作解。这种个人的交易受市场和区域范围的局限，专业化程度不高，生产费用高。实际上这就是新古典理论中的完全竞争状态。这个阶段类似于布罗代尔的下层市场组织，即面对面的即时买卖交易，一手交钱，一手交货，这种交易随处可见，属于市场经济的基本内容。这个阶段也类似于奥尔森的"自我实施型"交易，在发展中国家，他看到更多的是现货交易，是依靠交易者的自我实施完成的，如在印度加尔各答街头的商品买卖，奥尔森把这种市场中的交易称为"自我实施型"交易或在现场进行的交易。

随着专业化和分工的发展，交换的增加，市场规模的扩大，另一类即非个人交换形式出现了。在这类交换形式中，交易极其复杂，交易的参与者很多，信息不完全或不对称，欺诈、违约、偷窃等行为不可避免。这样个人收益与社会收益就会发生背离，如果个人收益与其投入不对称，个人便失去了从事生产性活动的动力，社会效率也达不到最优。新古典理论没有把这两种交换状态区别开来。亚当·斯密所说的通过看不见的手的作用，人们追求个人利益最大化的同时，能自动实现社会利益最大化的假定，说明不了非个人交换的状态，于是产生了"囚犯困境"和"搭便车"（free rider）等情况，因此，制度便应运而生。诺思所说的非个人交换形式类似于布罗代尔的上层市场组织，上层的首要特点在于交易双方互相并不见面，中间形成一个专业的、独立的部门，商人分化出来了。这个阶段也类似于奥尔森所说的"非自我实施型的互利性交易"，在发达国家，典型的市场是资本市场、货币市场、保险市场、期货市场与外汇市场等复杂类型的市场，奥尔森认为这类市场中的交易属于"非自我实施型的互利性交易"。这类交易不是现场进行的，而是依靠契约的实施来完成的，他把这类市场称为产权密集型或契约密集型市场。制度的作用在于规制人们之间的相互关系，减少信息成本和不确定性，把阻碍合作得以进行的因素减少到最低程度。从简单的交易到非人格化交易的过程，也是一个制度作用不断增加的过程。也就是

① 德姆塞茨：《经济发展中的主次因素》，载科斯、诺思等：《制度、契约与组织：从新制度经济学角度的透视》，经济科学出版社，2003 年版，第 83 页。

说随着分工的发展，交易范围的扩大，交易层次也在增加，交易越来越复杂，人的行为也越来越难以预期，于是制度就很重要了。

2. 从一个地区或一个国家的发展阶段来看，在一个地区或一个国家的经济发展中，非制度因素在发展初始阶段的重要性要高于在后期阶段的重要性

在发展的初始阶段，非制度因素为制度变迁创造了制度创新的潜力。在一定阶段后，制度因素比非制度因素更重要。制度确实很重要，但在经济发展过程中，它们是在非制度因素这一背景下起作用的。随着制度的产生、成熟和消亡，每一代人所获得的禀赋中都包含了从过去历史继承下来的制度。也就是讲，制度具有累积性和延续性。在这种意义上，制度成为更广泛的定义的资源禀赋的一部分，并且随着时间的流逝越来越重要。人类刚摆脱原始状态时只拥有少数制度安排，因而在发展的早期阶段，资源禀赋在很大程度上控制了经济发展的时间和模式。随着经济发展过程一步步展开，更大的并经过更多试验的制度集合出现了，从而影响了以后经济发展的时间和模式①。

为什么随着人类社会经济的发展制度越来越重要？相对而言，非制度因素在发展初始阶段的重要性要高于在后期阶段的重要性。在经济发展的后期阶段，产生了众多的上下层制度安排以引导经济发展。而经济发展的最初阶段由于缺乏这些安排，资源禀赋的作用就特别重要②。在进入工业化时代以后，制度上的差异会发挥更大的作用③。一些实证研究表明，那些较早进入工业化并能迅速完成工业化的国家，往往是那些制度建设较为完善的国家。在人类社会发展的后期阶段，制度创新会使各种资源的潜力最大化发挥，有效的制度可以克服资源瓶颈。

3. 从一国的体制变迁来看，一国处在新旧体制转轨时期，此时制度绩效可能较高也可能较低

在制度创新过程中经济增长率通常较高。一旦制度体系逐步完善以后，制度效率就会处于相对稳定的状态。从某种意义上讲，新制度经济学对发展中国家更具有实用价值。经济学家估计，中国由家庭承包责任制取代原来的集体农作制度这一变迁对中国农业生产力的贡献份额为20%~50%，有的学者的估计值甚至高达70%。从这些分析来看，新旧制度的转型期可能对人的行为影响极为明显，一种能够充分调动人的积极性的制度取代了压制人的积极性的制度后，会使生产率大大地提高。当经济发展中制度是一个瓶颈因素的时候，制度创新或制度变迁都会带来经济的发展。

基弗和雪莉提出了不同的观点，他们指出，拥有完善制度的国家具有较高的增长率。通过对中国和加纳的比较分析，他们认为，正式制度（诸如控制和平衡性政治体制）以

---

① 德姆塞茨：《经济发展中的主次因素》，载科斯、诺思等：《制度、契约与组织：从新制度经济学角度的透视》，经济科学出版社，2003年版，第98页。

② 科斯、诺思等：《制度、契约与组织：从新制度经济学角度的透视》，经济科学出版社，2003年版，第83页。

③ 阿西莫格鲁、约翰逊、鲁宾逊：《贫富的逆转：现代世界贫富格局中的地理和制度的作用》，载吴敬琏主编：《比较》（第23辑），中信出版社，2006年版。

及某些重要的非正式制度是经济发展的关键①。是不是只有具有完善制度的国家才有较高的增长率呢？我们认为不一定，如中国30多年的改革开放是一个制度不断完善的过程，我国与市场经济相适应的制度体系并不完善，但我国经济一直保持着较高的增长率。当然，在转型期制度绩效不一定都是高的，如前苏联、东欧一些转型国家，在一定阶段就出现过经济增长的下降或放缓。

4. 从一种社会形态到另一种社会形态的转变中制度作用比较明显

西方国家在从封建社会过渡到资本主义社会的过程中，制度的变迁和创新起着极为重要的作用。诺思认为，在从封建社会过渡到资本主义社会的过程中，有的制度安排能够使经济单位实现规模经济（股份公司、企业），有的制度安排鼓励创新（奖金、专利法），有的制度安排提高要素市场的效率（圈地、汇票、废除农奴），或者减少市场的不完善（保险公司），这些制度安排起到了提高效率的作用。马克思也曾经讲过，封建时代的生产力要比奴隶时代的生产力高，而资本主义时代的生产力又比封建时代的生产力高。

以上四个方面从不同层面揭示了制度和非制度因素在社会经济发展中的作用是与经济发展阶段联系在一起的，离开经济发展阶段我们很难搞清楚制度因素与非制度因素在社会经济发展中的作用。以上四个方面有些重叠，但我们分析问题的切入点还是有差异的。

二、贫富分化中的制度因素与非制度因素

为什么有些地区富裕，有些地区贫困？非制度因素确实很重要，气候、地理位置、自然条件等对一国经济发展起着重要的作用。如我国东部与西部的经济发展水平及收入差距很大部分是由非制度因素造成的。

世界上大部分生产活动集中在大城市、领先省份以及富裕国家。半数的生产活动位于1.5%的陆地区域。开罗的产值占埃及GDP的一半以上，所使用的土地面积仅占该国总面积的0.5%。巴西中南部三个州的土地面积占该国总面积的15%，但生产活动却占全国的一半以上。北美、欧盟和日本的人口不到10亿，却拥有全世界3/4的财富。然而，由于经济上的集中化，有些人口被关在富裕大门之外。例如，在巴西、中国和印度，落后州/省/邦的贫困率是经济活跃州/省/邦的两倍以上。发展中国家2/3以上的穷人生活在乡村。有10亿人生活在最贫困和最闭塞的国家，这些国家大多数位于非洲撒哈拉以南地区以及南亚和中亚，他们赖以生存的财富还不到全世界财富的2%。

地理因素通过自然地理（如气候、土壤特质和地形地貌等）与人文地理（即人口居住模式）间的相互作用对社会经济发展产生影响。自然地理主要通过三个方面对经济和社会发展产生影响：土地生产率、健康状况以及自然灾害发生的频率和强度。地理因素会对社会发展产生强大而全面的影响，最直接的证据就是世界上绝大多数贫穷国家位于热带，而那些最发达的国家都位于非热带地区。1900年，巴西、秘鲁、哥伦比亚和委内瑞拉等热带国家的人均国内生产总值比智利和阿根廷这些温带国家的低一半还多，同时也低于墨西哥和古巴这些位于热带边缘地区的国家。气候温和的美国或加拿大的收入水平要比

① 科斯、诺思等：《制度、契约与组织：从新制度经济学角度的透视》，经济科学出版社，2003年版，第2页。

热带拉美国家高 3 倍。在不考虑历史和人口因素的情况下，热带地区在经济方面的弱势体现在农业生产率低下。如在投入相同的情况下，热带和干旱生态带的农业产量要比温带的产量低 30%~40%，而且这两个生态带农业产量的年增长率也比温带低 2%①。地理因素主要是通过影响农业产量和健康状况来影响经济发展的。

自然和人文地理因素对经济增长具有一定的影响。如实证研究表明，全部国土都位于热带的国家的增长率比非热带国家低 0.3 个百分点。受疟疾危害较重国家的增长率要比没有疟疾流行的国家低 0.6 个百分点。人口的居住模式也会对增长产生影响。远离海岸地区的增长率低于沿海地区。人口聚集在沿海地区会产生聚集效应，但在人口稠密的内陆地区这种效应就减弱了。沿海地区人口密度大的国家发展得较快，而内陆地区人口密度大的国家的发展速度则缓慢得多。当一个国家的城市化率比另一个国家高出 50%时，其增长率将高出 1%。此外，地理因素对收入差异也有较大的影响。实证分析表明，对那些用地区级收入水平加以衡量的国家而言，因地理因素造成的收入差距占总收入差距的 66%~72%。在用家庭级收入水平加以衡量时，地理因素造成的收入差距占总收入差距的比重从 7%到 47%不等，虽然所占比重较小，但与其他影响家庭收入的因素比起来，仍占相当大的比重。②

如何看待非制度因素（地理、气候等）在经济增长与收入差距中的作用?

（1）非制度因素对经济增长及收入差距的影响在经济发展的初期比较大，但随之会逐步下降。随着经济的发展，未来经济增长对自然地理的依赖程度将会越来越小。初始地理优势会促进经济网络的发展，但在经济网络形成以后，自然地理对经济行为的影响力会消失。经济积聚的力量将产生一种经济地理，这种经济地理实质上不同于一般的地理概念。在财富的生产与分配中，制度因素与非制度因素都发挥着极为重要的作用。有时我们很难把制度因素与非制度因素的作用区别开来。从经济发展的初期来看，非制度因素确实发挥着极为重要的作用，如地理位置、气候、人口等都有可能成为经济发展差异和贫富分化的原因。但是经济发展到一定阶段以后，制度因素的作用越来越明显了。

（2）在经济增长与收入差距的形成方面起决定作用的还是体制和制度因素，而非制度因素方面的影响是可能通过体制和制度创新减少的。估算表明，如果一个完全位于热带的国家从人均收入高出其他热带国家两倍的基础上开始发展，其增长率将高出 0.7 个百分点左右。这表明一个国家越富裕，自然地理造成的限制就越小。另外它证明了地理因素并不是发展过程中的决定因素，同时表明，热带国家要想摆脱贫困，就需要比非热带国家多得多的初始投入。换言之，非制度因素并不是一个不可改变的因素。还有一些比较研究也证明了制度因素比非制度因素更重要，如地理条件对投资效益的影响要小于体制运行状况和腐败程度所产生的影响。

（3）自然环境对经济增长的影响主要是通过长期的制度造成的。例如，适合发展大规模种植园的自然环境将很快滋生出有利于少数大地主而损害农民利益的政治和法律制度（Easterly and Levine，2003）。贫困的陷阱在本质上是因为初始的资源分配格局造成的，某

① 美洲开发银行：《影响发展的非经济因素》，世界知识出版社，2007 年版，第 56 页。
② 美洲开发银行：《影响发展的非经济因素》，世界知识出版社，2007 年版，第 175 页。

些分配格局造成了特定的利益集团，他们会继续支持糟糕的政策延续下去，以确保自己的利益和原有的分配格局①。这表明，非制度因素与制度因素往往是一种互动关系。初始的资源分配格局起着极为重要的作用，它们会确定制度的选择。这种制度反过来会强化既有的利益格局。这是我们在研究有利于穷人的经济增长及其制度安排和公共政策时要考虑的一个问题。地理因素假说认为，经济成就的差异反映了各国之间地理、气候和生态环境的不同。缪尔达尔非常重视地理因素对农业生产力的影响，并认为在考虑欠发达地区问题时应该考虑气候及其对土地、植被、动物、人类和物质资产的影响。萨克斯等（1997）认为一国资源禀赋的丰裕程度将决定利益集团的寻租机会并诱致政府的制度选择。Acemoglu、Johnson 和 Robinson（2001，2002）认为欧洲殖民者在殖民地的制度安排和生产结构取决于所在殖民地的自然环境和人口密度。他们使用殖民地时代（1500 年前后）的死亡率和人口密度作为制度工具变量，认为殖民者选择在死亡率低和非欧洲人口密度低的地方居住下来，同时移植了较好的制度，而在死亡率高、非欧洲人口密度高的地方，他们并没有打算长期居住，因此对殖民地建立掠夺性的制度。

（4）一体化及公共政策是地区协调发展的重要保障。处于不利地理位置的人们面临这样的现实情况：发展活动并非给所有地区都带来经济繁荣，市场青睐某些地区，而忽视另一些地区。然而，使生产活动分散化并不一定促进繁荣。经济上取得成功的国家一方面促进生产活动的集中化，另一方面通过实行各种政策使各地区人民生活水平（包括营养、教育、健康、卫生）平等化。要获得经济集中化和社会平等化这两个方面的效益，就需要采取有利于实现经济一体化的政策行动。一体化的第一步是建立必要的机构，确保所有人都获得基本服务，包括基础教育、基础医疗服务、适当的卫生条件以及清洁的饮用水。随着一体化难度的上升，国家应该调整政策，包括建设公路、铁路、机场、港口和通信系统，促进地方、全国、国际的货物、服务、人员和思想的流通。在最难实现一体化的地区，由于社会和政治上的原因，所采取的措施必须具有相应的综合性，既要建立能够起到团结作用的机构，又要发展起到连接作用的基础设施，还要采取有针对性的干预措施，例如执行贫民窟改进方案以及通过奖励措施促进生产者迁到某些地区（世界银行，2007）。

三、禀赋在制度变迁和经济发展中的作用

新制度经济学家在分析经济发展中的主次因素时，讨论了初始禀赋在制度安排及经济发展中的作用。所谓初始禀赋包括天气、地域、植物、动物和矿产，它们的差异产生了各个原始部落不同的从制度和技术变化中获利的机会。随着经济发展并持续，其影响力会逐渐减弱。在经济发展过程中人们通过智慧传递、科学创造和物质投资来增加禀赋，禀赋的增加和改变使持续的经济发展模式更少依赖初始禀赋，从而提高了经济中内生因素增长的相对重要性。同时经济发展的持续也减少了禀赋的来源地对禀赋的使用地和使用者的控制。德姆塞茨分析了初始禀赋、禀赋、制度变迁和经济增长的关系。首先，一个普遍规律是，制度变迁与它预期能产生的回报相关，资源禀赋是影响预期回报的一个因素。其次，

① 拉詹、津加莱斯：《痼疾难消的贫困——政治制度、人力资本还是利益集团?》，载吴敬琏主编：《比较》（第 25 辑），中信出版社，2006 年版。

在经济发展过程中，制度是在非制度因素（如资源禀赋）的背景下起作用的。再次，随着制度的产生、成熟和消亡，每一代所获得的禀赋中都包含了从过去历史继承下来的制度，因此制度成为更广泛定义的资源禀赋集合中的一部分，并且随着时间的推移越来越重要。最后，人类在刚摆脱原始状态时只拥有少数制度安排，因而在发展的早期，资源禀赋在很大程度上控制了经济发展的时间和模式，随着经济的发展，更大的制度集合出现，从而影响了以后经济发展的时间和模式。这就是说，在开始阶段，制度对经济发展的作用可能很小，但在以后的作用可能变大①。

由此可见，禀赋的提出从另一个角度研究了制度变迁如何促进经济的长期发展，其模式是：初始禀赋（以自然资源为主）—经济发展，新制度产生、发展和消亡—旧的制度并入禀赋作用于经济发展，新制度继续产生、发展和消亡，这个过程周而复始，每个阶段的经济发展都在原有的禀赋上进行。这也就是个制度变迁和经济发展的路径依赖问题，但值得注意的是，这种提法更清楚地说明了路径依赖的程度的变化，当禀赋越来越多时，对它的依赖也就越来越强，它对经济发展的影响也就越来越大。制度的影响也可以从禀赋的内涵说明，随着经济的发展，禀赋从以包含自然资源为主到包含由制度转化的资源占越来越多的比重。

"资源诅咒"指的是丰富的自然资源对经济增长产生了限制作用，自然资源丰富的经济体反而呈现出令人失望的经济发展绩效的现象。实证分析表明，1960—1990 年，资源贫乏国家的人均收入增长速度比资源丰裕的国家快 2~3 倍，20 世纪 70 年代以来这种增长速度之间的差距尤为明显（Auty，2001）。有学者以 95 个发展中国家为样本，以初级产品出口额占 GDP 的比重反映资源禀赋水平，利用 1970—1989 年的截面数据进行回归分析，结果表明资源禀赋与经济增长之间存在显著的负相关，即使将更多的解释变量纳入回归方程，如制度安排、区域效应、价格波动及地理气候等因素，负相关仍然存在。我国也存在这种现象。我国西部地区蕴藏着丰富的自然资源，但是经济发展却相对落后。据相关统计，西部地区石油和天然气的探明储量分别占全国的 41%和 65%，但 2005 年西部地区 GDP 仅占全国 GDP 的 16. 9%，西部地区除内蒙古外其余省份的人均 GDP 均低于全国平均水平。"富饶的贫困"现象非常普遍。早期古典学派的学者一般都会认为，自然资源对经济增长有积极的推动作用，特别是矿产资源富集会给本国提供迅速发展的机会。一些学者开始用逻辑实证的方法对这一传统观点进行检验，在比较世界各国经济表现的基础上提出了"资源诅咒"命题，即资源贫乏的国家在经济增长上的表现通常都优于资源丰富的国家。

Auty（1993）首次提出了"资源诅咒"概念，通过对资源出口国的研究，认为自然资源富集是一种"诅咒"而非"恩赐"。"资源诅咒"有以下一些解释：（1）贸易条件波动。初级产品具有价格波动大的特点而导致国内需求随之波动，政府财政收入大受影响并进而影响宏观经济政策的制定，使经济产生大起大落的状况，不利于整个经济的长期持续稳定增长。（2）"荷兰病"。资源丰富可能产生资源转移效应、相对价格效应和支出效应

① 德姆塞茨：《经济发展中的主次因素》，载科斯、诺思等：《制度、契约与组织：从新制度经济学角度的透视》，经济科学出版社，2003 年版，第 98~99 页。

而使制造业衰落。(3) 挤出效应。大量的自然资源主要通过对经济增长促进行为的挤出效应来阻碍经济增长。这些行为主要包括储蓄投资、人力资本投入、创新行为等。换言之，丰富的自然资源不利于储蓄投资、人力资本投入及创新行为等。(4) 政治制度弱化效应。自然资源提供了一种收取经济租金的简单方法，并增加了为获得资源租而向政府官员行贿的回报。此外，资源丰富还伴随着某种政治权力利益集团的产生，这些集团会试图影响政治家制定有利于其特殊利益的政策而滋生寻租和腐败行为，这些行为弱化了政治制度的质量，进而对经济增长产生负的非线性影响①。

对“资源诅咒”作用机制的解释大多数基本沿用“挤出”逻辑进行分析。自然资源富集挤出活动X，而X正好是经济增长的重要驱动因素，因此自然资源不利于资源富集国长期的经济增长。“资源诅咒”的传导渠道包括许多内容，一般囊括了传导机制中的各个环节。以“荷兰病”的传导渠道为例：自然资源富集→工资和收益提升（资源生产部门）→挤出劳动力、资本等要素（制造业部门）→竞争力下降→经济增长停滞，传导渠道因而是一条包含若干中间变量的系统链条。

“资源诅咒”发生与否，取决于专业化和交易效率的改进程度，当资源富集国拥有较差的组织制度和交易效率改进时，“资源诅咒”就会发生，反之则不会出现诅咒。“资源诅咒”的发生不是绝对的，它取决于该国所拥有的制度质量。如果该国拥有掠夺型制度环境，就会导致低增长；如果是有利的生产型制度环境，则能够帮助该国充分利用自然资源实现经济高增长②。

为什么“资源诅咒”现象主要产生在发展中国家？根源在于自然资源的产权制度的缺失导致公用地悲剧，并在公用地悲剧的情况下产生了资源使用中的掠夺型制度，从而产生政治制度弱化效应。现有的文献并没有分析政治制度弱化效应产生的原因是什么。“资源诅咒”与资源的产权不明晰有着内在联系。资源的产权越不明晰，“资源诅咒”的效应就越大。因为资源的产权不明晰，人们就会花大量精力去寻求由于产权不明晰所导致的租金。

Torvik（2002）通过构建考虑寻租的经济增长模型认为，大量的自然资源会增加参与寻租行为的企业家数量，减少进行生产性活动的企业数目，使生产性收入的下降远远超过自然资源生产带来的收益，因而自然资源富集可能会导致更低的增长。Aslund（1999）依据俄罗斯改革经历得出结论，矿产资源富集国家会给精英们提供大规模寻租的机会，得到租金的人会进一步组成反对改革的联盟，从而制约国家的经济增长。Auty（2001）也通过对处于转轨过程中的里海国家进行案例分析，认为矿产资源产生的大量租金会使政府收入在GDP中所占比例过高，通过腐败和寻租行为阻碍改革和经济增长，因而矿产资源富集国家的改革速度较慢。

在许多国家的发展初期，自然资源都是公共所有的，在这种公共所有情况下的开发就

---

① 邵帅、齐中英：《西部地区的能源开发与经济增长——基于“资源诅咒”假说的实证分析》，《经济研究》，2008年第4期。

② 张亮亮：《自然资源富集与经济增长——一个基于“资源诅咒”命题的研究综述》，《南方经济》，2009年第6期。

容易产生公用地悲剧，所以自然资源开发过程中的产权制度改革及相应的法律规定就极为重要。在美国历史上，土地、林地、矿产、石油及公海（都与自然资源有关）在开发的过程中，都经历了相应的产权制度改革及法律制度的完善，这一方面避免了公用地悲剧，另一方面也限制了政府的权力，从而使这些自然资源得到了有效的使用，并能使市场机制在自然资源的配置上发挥极其重要的作用。广大的非洲国家的大量自然资源就游离于有效的产权制度之外，从而导致自然资源的低效使用，并成为少数人致富的手段。良好的制度是避免“资源诅咒”的重要保证。这包括有效的政治体制、提高租金管理透明度、谨慎的财政和开放的外贸政策以及从租金中提取公共基金等方式，这些都有助于租金的有效使用。

第三节　制度移植与经济发展

许多发展中国家的制度不是本土的，有的是从发达国家直接引进的，有的是历史上殖民地时期移植过来的。制度移植在发展中国家的制度体系中尽管占有相当的比例，但是其效果不尽如人意，这是值得新制度经济学家进一步探讨的问题。国家间的制度差异在很大程度上可用制度移植来解释。

一、为什么会产生制度移植

所谓制度移植就是制度（或规则）从一个国家或地区向另一个国家或地区的推广或引入。制度移植在发展中国家的制度变迁中占有相当大的比重。如拉丁美洲国家90%的制度是从欧美国家移植的。对一个国家来讲，制度变迁的途径主要有两个，一是制度创新，二是制度移植。发展中国家对于发达国家的制度移植有两种情况，一种是主动移植，如一些转型国家从发达国家学习有利于经济发展的制度（规范）；另一种是被动移植，如殖民时期的制度移植。当欧洲国家19世纪大肆推行殖民化政策时，它们也把相关制度移植到这些殖民地。英国将普通法带到了南亚、东非、澳大利亚和新大陆，法国通过拿破仑战争将民法移植到许多欧洲国家，包括西班牙和葡萄牙，并进一步扩散到拉丁美洲、北非、西非和其他许多地方。各国制度的不同在很大程度上可由制度传播解释，制度起源决定了制度间的区别。

为什么会产生制度移植？

一是国与国之间的差距，人们往往把先进国家的经济发达与其制度联系起来，于是会产生一种示范效应，接着是模仿与学习；技术之间的竞争引起国与国之间的技术转移，产品之间的竞争引起国与国之间产品的交换，组织形式的竞争引起组织形式的移植，同样的道理，制度与制度之间的竞争引起制度的移植。有效的制度可以大大地促进一国经济发展，这种示范效应是制度移植的一个重要原因。那些具有制度优势的国家也有一种输出制度的动力。斯库利在研究中发现：“制度结构的选择对经济效率和增长有深远的影响。与法律条例、个人财产、资源市场配置相结合的开放社会，与那些自由被限制和剥夺的社会相比，其增长率是后者的 3 倍，其效率是后者的 2.5 倍。”①

国与国之间的竞争、地区与地区之间的竞争实际上是制度的竞争。这主要表现在有效的制度安排可以大大地降低这个地区的交易成本，吸引更多的生产要素流入这个地区。有效的制度安排还可以大大地提高要素使用的效率。制度比较优势比其他要素的优势更重要。一个值得我们思考的现象是，一些发展中国家的领导人宁愿花大量的钱从发达国家（或外国）引进先进的技术、设备，但是他们不愿在制度创新方面进行投资。这是因为前者往往看得见、摸得着，并且能立竿见影，而后者一般看不见、摸不着，并且制度创新显现成效是一个很缓慢的过程。一些发展中国家花了不少钱从发达国家引进先进的技术，但是由于缺乏相应的制度环境，这些先进的技术并没有发挥应有的作用，有的甚至是低效使用。福格尔指出，与技术使用有关的伦理道德以及控制技术使用的人类制度往往会落后于技术进步的要求②。

尽管国与国之间、地区与地区之间的制度的竞争看不见、摸不着，但却客观存在，并且愈来愈激烈。有人讲，21 世纪世界的竞争将是制度之间的竞争。谁的制度好，资源就会流向那里。人才、资金及技术等都会流向那些制度环境好的地方。我国加入 WTO 后，制度竞争对我们的挑战更加明显。国与国之间的竞争压力以及制度差异导致的经济绩效的差异已经被越来越多的发展中国家进行所认识到，因此，制度移植的重要性也被越来越多的发展中国家的理论家和政治家们所意识到，这是发展中国家进行制度移植的重要原因。

二是制度移植可以降低制度变迁的成本。在发展中国家，与经济发展相适应的制度供给不足是一种较普遍的现象。过去不少人把缺乏资本看做一个国家经济发展的主要约束。其实，缺乏资本的主要原因是制度安排的缺乏。著名经济学家阿克洛夫（1970）把制度安排的缺乏看做经济发展的主要约束。在历史上，一些国家有大量的钱闲置，由于缺乏一种制度，这些钱都没有用于生产和投资活动。法国历史年鉴学派的代表人物布劳代尔发现，历史上一些国家有许多钱，但没有有效使用。鲍尔和耶梅批评在发展进程中对资本积累过分关注而忽视社会和政治制度。他们指出，与其说发展依赖资本积累，不如说经济发展创造了资本。为什么制度供给不足？影响制度供给的因素有：宪法秩序、现存制度安排、制度设计成本、现有知识积累、实施新安排的预期成本、规范性行为准则、公众态度、上层决策者的预期净利益等③。从成本的角度来讲，以正式制度安排为例，制度供给的成本至少包括：（1）规划设计、组织实施的费用；（2）清除旧制度的费用；（3）消除制度变革阻力的费用；（4）制度变革及其变迁造成的损失；（5）实施成本；（6）随机成本。这些成本的存在会制约发展中国家的制度创新。制度安排的供给还受实施的预期成本的影响。制度从潜在安排转变为现实安排的关键就是制度安排实施的预期成本的大小。一些好的制度安排因实施的预期成本太高而无法推行。对发展中国家来讲，除了制度创新的设计成本制约一国制度创新以外，更重要的是新制度的预期收益往往是不确定的，这就加

① 转引自詹姆斯·A. 道等编著：《发展经济学的革命》，上海三联书店，2000 年版，第 9~10 页。

② 福格尔：《第四次大觉醒及平等主义的未来》，首都经济贸易大学出版社，2003 年版，第 51 页。

③ 奥斯特罗姆等编：《制度分析与发展的反思——问题与抉择》，商务印书馆，1996 年版，第 155 页。

大了制度创新的成本，而从发达国家移植一种较成熟的制度则可以大大地降低成本与风险。

三是一些制度在世界范围内有共同性，能够移植就没有必要再去创新。对制度输出国来讲，使用同一制度可以大大地扩大市场范围，降低交易费用。许多制度规则是人类共有的，这些规则可能在一些国家先创立起来，没有这个规则的国家没有必要重复创新，制度移植是一个有效的途径。市场经济的许多规则在市场经济国家都是通用的，这些规则经过实践检验证明是有效率的。加入 WTO 实际上意味着成员国必须按照 WTO 的规则（实际上是市场经济的规则）来构造自己的经济体制。加入 WTO 后一国的制度移植和制度变迁就加快了速度，同时，加入 WTO 会产生强制性的制度移植效应。如果制度变迁中的路径依赖形成以后，制度变迁就可能变成“修修补补”的游戏了。因此，新旧体制转轨的国家要不断解决“路径依赖”的问题。渐进式改革很容易产生路径依赖，这主要表现为，人们对这种改革方式习以为常，并且每个人都希望从这种改革方式中获得好处（如优惠政策、改革试点、配套资金、税收减免等）。这种改革往往只有局部的改进，而没有整体改进。

二、制度移植及其制约因素

1. 制度的可移植性

许多发展中国家在市场化改革的过程中移植了一些西方国家有关市场的规则，这就大大降低了正式制度创新和变迁的成本。一些规则的移植给“输入国”带来了不少的好处或收益，而且制度移植并不像技术转让那样涉及知识产权（专利权）和技术转让费之类的问题。从制度的可移植性来看，一些正式规则尤其是那些具有国际惯例性质的正式规则是可以从一个国家移植到另一个国家的。而非正式规则由于内在的传统性和历史积淀，其可移植性就差很多，一种非正式规则尤其是意识形态能否被移植，不仅取决于所移植国家的技术变迁状况，而且更重要的取决于后者的文化遗产对移植对象的相容程度。如果两者具有相容性，那么，正如拉坦所说，制度创新的引入，不管它是通过扩散过程，还是通过社会、经济与政治程序所进行的制度转化，它们都会进一步降低制度变迁的成本。在新制度经济学看来，一种制度安排是从一个可供选择的制度安排集合中挑选出来的，就是以生产费用和交易费用为选择标准，选择在制度安排集合中较其他制度安排更有效的制度安排。制度引进可以扩大制度选择集合，通过借用其他社会制度安排来完成本社会制度变迁的可能性，极大地降低了在基础社会科学研究方面的投资费用。

发展中国家的很多制度都是从移植中形成的，而不是根据当地情形做出的有组织的反应。一种新的技术使用是没有国界限制的，而一种新的制度的传播或移植，不仅受既定利益格局的制约，而且还受相互冲突的价值观念以及意识形态等因素的制约。在民主和有限政府国家中适宜的制度移植到不同政治环境以后，可能不会良好运作。如果统治者利益和公众利益不一致以及规则容易受到破坏，规则实施将是无效率的。大量研究表明，制度移植能否成功很大程度上取决于制度输入国的环境以及对制度移植的认可度。

2. 制度移植与制度环境和制度配套（制度的互补性）

在前面我们已对制度环境作了大量分析，制度环境是一国的基本制度规定，它决定、影响其他的制度安排。物质和技术上的先进可以降低生产成本，而制度上的先进可以大大地降低交易成本。诺思在《西方世界的兴起》一书中指出，有效率的经济组织是经济增长的关键，有效率的经济组织也是西方世界兴起的原因所在，欧洲在18世纪就建立起这种有效的制度。我国从计划经济转向市场经济，引进了市场经济机制，还需要一种使理性人追求最大化收益的制度保障，在制度移植过程中，这种制度保障可以看成是所引进的新制度安排的制度环境和相应的配套制度。

制度配套使用才有效是新制度经济学的一个命题，从制度互补和配套的角度来看，最有效的制度安排是一种函数，尤其是制度结构中其他制度安排的函数。引进制度扩大了制度选择集合的选择范围，但制度引进面临着一个"配套"的问题，某一制度在国外可能很先进，但引进本国可能并不适用。制度移植可能比技术移植更困难，因为一个制度安排的效率极大地依赖于其他有关制度安排。如拉美国家几乎90%的制度是复制欧美国家的制度，但其效果远没有欧美国家那么大。又例如，缅甸政府曾经派遣一些人去以色列集体农庄接受实践训练。一年后这些受训者得出一个结论：这种集体主义极端形式对他们来说是不能接受的，因为它需要较强的公共精神和自我约束。已经移植过来的制度安排要实现其功能，则需要作更大的适应性调整。有些制度规范是植根在一定文化基础之上的，如果这些制度规范离开了其相应的文化土壤，就很难有效了。因此，制度引进在扩大制度选择集合的同时也要考虑到相应的制约因素。

3. 制度移植与资产的专用性

在当今经济一体化的世界里，当资本、技术、劳动力、信息等在世界上更自由地流动时，为什么发达国家与发展中国家的差距不仅没有缩小，反而有扩大的趋势呢？技术可以转移，资本可以转移，劳动力也可以转移，但是制度却难以转移，这是因为其具有资产专用性，即使发展中国家能强制性地照搬发达国家的某一制度，但这种制度移植往往变形，甚至低效，有的还比不上原有的制度。这其中的原因确实值得我们探讨。过去人们往往从技术、资本、劳动力、自然资源等有形因素去比较不同国家的发展差异，而忽视了制度、价值观、意识形态等无形因素对经济发展的影响。

资产的专用性质，是交易费用经济学在研究交易—协约—经济组织体制时常用的基本概念。在考察交易—协约关系时，必须注意投入协约实施的资产是否可以转移配置。其实，制度作为一种特定"资产"，也存在资产的专用性问题。这个概念有助于分析发达国家与发展中国家差距中的深层次问题①。

4. 制度移植与正式规则、非正式规则

新制度经济学家认为，正式约束只有在社会认可，即与非正式约束相容的情况下，才能发挥作用。把制度划分为正式约束与非正式约束，只是为了理论分析的方便，在实际社会经济生活中，正式约束与非正式约束对经济发展的"共同影响"是很难分割开的。按照诺思的分析，市场经济的演化或经济制度的变迁是由三个因素共同决定的，一是正式规则，二是非正式约束，三是其执行和实施的特征。在制度移植过程中，正式规则较容易快速获得，但仅仅引进经济市场和政治市场的正式规则还不能实现成功的制度移植。例如前

① 卢现祥：《西方新制度经济学》，中国发展出版社，2003年版。

苏联和东欧，尽管它们的宪法都修改了，却未能形成有效的市场经济。再例如美国的宪法早就移植到了拉丁美洲，然而拉丁美洲的经济体制却与美国的经济体制相差甚大。我们在前面关于制度构成的分析中指出过，非正式约束的改变需要一个长期的过程。正式约束与非正式约束是相互联系、相互制约的。移植正式规则需要非正式规则的支持，并为正式规则提供合法性。

短期的经济增长比较容易取得，而长期的经济增长则需要更多的条件保证。有利于短期经济增长的非正式规则也能够促进长期的经济增长，在某种意义上讲，非正式规则比正式规则更重要，因为非正式规则占社会规则的绝大多数，不少正式规则“脱胎”于非正式规则，或者说，一国正式规则的完善受非正式规则的制约；另一方面，非正式规则的变化要比正式规则的变化缓慢得多、艰难得多。我们可以在一夜之间引进正式规则（如颁布新法律等），但是我们无法在短期内改变非正式规则。

改革以来，我国不少正式规则的制定参考了国外发达的市场经济国家的经验，移植了一些正式规则，这些规则在国外很有效，但是在中国行不通。一些正式规则公布以后或者流于形式，或者在执行中变形，或者根本无法实施（如我国筵席税）。这种现象产生的根本原因就在于这些引进的正式规则与现行的非正式规则是矛盾的。

在经济全球化的影响下，许多发展中国家的制度体系更多地移植了发达国家的制度，而不是从自身条件发展出更有效率的法律和秩序体系。那些适合于发达国家的制度并不一定能在一个不同的政治环境中有效运行。因此，有必要从理论上探讨发展中国家制度移植的绩效问题。

三、发展中国家制度移植的绩效问题

现在国外理论界有一种观点，发展中国家从发达国家移植的制度除了少数有效以外，大多是低效的。为什么一些制度移植往往是低效的？关于发展中国家从发达国家移植制度的低效问题主要有两种情况：一是有些移植制度的效率相对于发达国家来讲是低效的；二是移植的制度相对发展中国家原来的制度来讲是低效的。在此我们主要分析前一种情况。

1. 从制度的内在构成来看，正式约束与非正式约束的矛盾往往会导致制度移植的低效

从制度的可移植性来看，一些正式约束尤其是那些具有国际惯例性质的正式规则是可以从一个国家移植到另一个国家的。如我国在市场化改革的过程中就移植了一些西方国家有关市场的规则。但非正式约束（或非正式制度安排）由于内在的传统性和历史积淀，其可移植性就差很多。一种非正式规则尤其是意识形态能否被移植，不仅取决于所移植国家的技术变迁状况，而且更重要的取决于后者的文化遗产对移植对象的相容程度。如果两者具有相容性，那么制度创新的引入，不管它是通过扩散过程，还是通过社会、经济与政治程序所进行的制度转化，都会进一步降低制度变迁的成本。

发展中国家在制度移植过程中，改变了的正式约束与持续的非正式约束之间的紧张程度，对经济变化的方向有着重要的影响。进行制度变迁的国家总想尽快通过改变正式规则实现新旧体制的转轨（如从计划经济体制转向市场经济体制），但这种正式规则的改变在

一定时期内，可能与持续的非正式约束并不相容，即出现了“紧张”。这种紧张程度取决于改变了的正式规则与持续的（或传统的）非正式约束的偏离程度。1993年诺思在获得诺贝尔经济学奖发表演讲时指出，离开了非正式规则，即使“将成功的西方市场经济制度的正式政治经济规则搬到第三世界和东欧，就不再是取得良好的经济实绩的充分条件。私有化并不是解决经济实绩低下的灵丹妙药”。因此，国外再好的正式规则，若远远偏离了土生土长的非正式规则，也是“好看不中用”的。这类似于发展中国家在引进国外的先进技术曾经经历过的教训一样，开始认为越先进的技术越好，似乎只有这样才能尽快地赶上发达国家。事实证明，“欲速则不达”。后来发展中国家的人们才逐渐发现“适中”的技术才是最好的技术。这个道理同样适用于制度移植。

2. 从制度的层次来看，发展中国家的制度移植还存在制度环境与制度安排的矛盾

制度安排，是支配经济单位之间可能合作与竞争的方式的一种安排。制度安排可能是正规的，也可能是非正规的；它可能是暂时性的，也可能是长久的。制度安排一般在制度环境的框架里进行。

发展中国家可能偏向于移植次级制度而不改变基础性制度。如一些国家在宪政上与发达国家并不一样，或者有较大的差异，移植的仅仅是次级制度。这两者会产生一些矛盾。在宪政秩序没有大的变化的情况下，仅仅移植次级制度不一定有效。从经济市场与政治市场的关系来看，诺思认为，有效的市场经济模型是不仅可以在短期内提高经济运行的效率，而且从长期来看，可以随着市场经济模式的演化，不断促进技术创新和新的生产方式的应用，从而提高社会生产力的动态模型。这个模型的建立，首先需要一个交易成本较低的有效的经济市场，其次需要一个有效的政治市场来界定和执行市场经济的产权安排，最后需要经济市场与政治市场之间的协调（诺思，1998）。当前我国经济市场与政治市场之间由于政治体制改革的相对滞后，我国政治市场与经济市场之间还缺乏一种有效的互动关系。

对一个转轨国家来讲，如从传统的计划经济转向市场经济，萨克斯和皮斯特（1997）认为，转轨的核心是宪政规则的大规模改变。经济转轨（即价格自由化和私有化）只是转轨的一部分。现在的问题是，宪政规则的改变对一个国家的社会经济影响是全方位的，其中一个突出问题是，宪政规则改变对经济绩效的长期效应和短期影响并不总是一致的，如在法国，宪政秩序形成始于法国大革命，持续了大约一个世纪。法国大革命对经济的短期影响是灾难性的。但是，从旧制度到新宪政秩序漫长转轨过程中出现的拿破仑法典和许多其他制度及政策对于法国的经济发展具有长期的正面效应。这次转轨连同英国、法国、其他欧洲大陆国家和美国之间的竞争，导致了西欧大陆经济发展的跳跃，在19世纪的后半叶超过英国。宪政规则改变的短期效应与长期效应的不一致成为发展中国家愿意移植次级制度而不愿意改变宪政规则的原因之一。

另外一种情况是，一些发展中国家可能在宪政制度上移植了发达国家的制度，但是与之相适应的制度安排，或者经济基础并不配套，这也会产生基础性制度与制度安排的矛盾。在许多国家，政治制度存在着系统性差异。在宪政设计上，根据哈耶克的观点有两种方式：一是英国的普遍法思想，即司法独立，也就是法律一旦被议会通过，就应不受政治干预地由司法机构独立执行。二是美国式的政府间相互制衡思想，即法院有权力评估与宪

法不符的立法者的决策和法律，与英国的传统不同，美国的法院可在多方面干预立法选择。在过去的200多年间，两种宪制思想均被传播到许多国家，但其影响的范围和程度却存在较大差异。司法独立思想主要被英国殖民地国家采用，而对民法国家的影响较小。美国式的权力制衡思想则首先被移植到受美国影响的拉丁美洲国家，第二次世界大战后进一步影响到欧洲大陆国家。现在，欧洲民法国家普遍设立了宪法法院。根据对71个国家宪法的比较研究，普通法国家更多地吸收了司法独立的思想，而受美国影响较大的国家更多地接受了权力制衡思想。一般而言，司法独立的宪制与高度的政治和经济自由相关，而权力制衡的宪制与高度的政治自由相关，但对经济自由有较大限制①。在这种宪政格局下，一些发展中国家可能在宪政上改变了，但与此相适应的制度安排还严重滞后，也可能导致制度移植的低效。

3. 制度移植往往是一部分或局部的，制度的效果往往取决于整体及制度环境

发展中国家的很多制度都从移植中形成，而不是根据当地情形做出的有组织的反应。这引起一个问题，那就是在民主和有限政府国家中适宜的制度移植到不同政治环境以后，可能不会良好运作。如果统治者利益和公众利益不一致以及规则容易受到破坏，规则实施将是无效率的。这可以解释为何在法国和德国运作良好的大陆法，在某些政府手里会变成压制的工具②。这些研究表明，制度移植能否成功很大程度上取决于制度输入国的环境以及对制度移植的认可度。

格莱泽和施莱弗（2002）研究认为，普通法的母国英国和大陆法的母国法国在制度设计上的差异很大程度上反映了两国各自不同的法律和秩序特征。当它们的殖民地在进行制度移植时，保留了母国的制度特征，但无法保证这些制度的有效性。很多方面的事实表明，接受了法国法律传统的国家往往存在更多的政治控制，同时经济和社会发展也相对落后③。一个较普遍的现象是发展中国家容易从发达国家移植相应的经济制度或体制，但不容易从发达国家移植政治制度或体制，因为后者涉及统治者的利益、权力等。制度移植本身可能就是效率低下的原因，如把在中等收入国家和发达国家中运行良好的制度移入不同的政治和经济环境里，导致这些制度被滥用或被破坏，所产生的结果只能是专制和腐败④。这表明，经济体制和政治体制本身具有内在的一致性，如果分割开政治与经济体制，仅仅移植经济制度就有可能导致低效。

皮思特等研究了6个法律移植国家的公司法，认为移植国家在法律制度的有效性上明显不同于起源国家，而且法律变革倾向于变化不定或停滞不前，法律移植的低效关键不在于法律起源，而在于国内的环境条件和法律变革的创新与自我持续能力⑤。

对移植制度的适应性问题，近期的相关研究得出了制度的移植效率与殖民定居者生存

---

① 陈志昂：《比较经济学的新发展》，《经济学消息报》，2003年4月25日。

② 斯莱夫：《新比较经济学》，《经济学消息报》，2003年1月24日。

③ 詹科夫、波塔等：《新比较经济学的新视角》，吴敬琏主编：《比较》（第4辑），中信出版社，2002年版。

④ 詹科夫、波塔等：《新比较经济学的新视角》，吴敬琏主编：《比较》（第4辑），中信出版社，2002年版。

⑤ 陈志昂：《比较经济学的新发展》，《经济学消息报》，2003年4月25日

率相关的结论。阿塞莫格勒等指出不同殖民地的殖民定居者面临不同的生存率，而生存率高的殖民定居者总试图移植和发展其制度，并与当地的环境相适应。这样生存率高的殖民地的制度效率就高。这就是说，制度是与人文环境并存的，制度的外生影响或移植是否成功，在很大程度上取决于是否移植了人，正是这些殖民定居者带入、继承和发展了其母国的法律制度，并使其在国外有效运行。这也正是美国、加拿大、澳大利亚等国制度移植有效，而定居者较少的国家制度缺乏效率的重要原因。①

诺思认为，适应性效益是经济增长的关键性因素，而配置性效益则不是。配置性效益是短期经济增长的标准，适应性效益则有利于经济体制的演化，并在演化过程中形成促进经济长期增长的经济、政治、法律体制框架。这个体制框架具有一定的灵活性和弹性，能够适应各种条件的变化和经济体制的演化，从而带来经济的长期增长。然而适应性效益只能被观察到，却不知道是如何创造出来的，即只能通过长期观察得到过程演化的结果。

此外，发展中国家在从发达国家移植制度的时候降低了制度规划设计的成本，但是没有考虑到制度的实施成本及技术支撑条件，这也是制度移植出现低效的原因之一。

发展中国家要提高制度移植的效率必须做到：（1）注重制度环境的完善，尤其是加快政治体制改革的步伐。（2）注重非正式规则的完善及文化建设，注重观念的转变。（3）注重制度移植的配套性和适应性研究，尤其要打破利益集团在制度移植过程中加上自己的所谓“创新”之说。

◎思考题

1. 解释下列名词。

非制度因素　　路径依赖　　资源诅咒　　制度移植

2. 为什么说制度是经济增长的决定因素？
3. 如何正确理解经济发展中制度因素与非制度因素的作用？
4. 为什么会产生制度移植？
5. 试述制度移植的制约因素及发展中国家制度移植的绩效。

---

① 陈志昂：《比较经济学的新发展》，《经济学消息报》，2003 年 4 月 25 日。

第十四章 比较制度分析与经济转型

比较制度分析（Comparative Institutional Analysis，CIA）是经济学的一个新领域，是新制度经济学理论研究的前沿问题之一。这一学派的主要代表人物青木昌彦在他的新作《比较制度分析》中对这个新领域作了系统的介绍，诺思给予高度评价，认为“如果新的制度经济学要实现其目标，它必须超越现有的描述、见解和假设，并将它们组织成系统的理论框架，青木昌彦的《比较制度分析》将该进程大大地向前推进了”。本章拟论述比较制度分析的研究对象、方法和主要研究内容，并介绍对经济转型问题的研究。

第一节 比较制度分析的产生及其背景

比较制度分析是通过将经济体制看做各种制度的集合来分析市场经济体制的多样性和活力的①。该学派产生的现实背景是20世纪80年代末，世界经济制度和政治制度格局的剧烈变动。1990年秋，在美国斯坦福大学经济学院，由青木昌彦、米尔格罗姆、格雷夫、钱颖一、利德巴库等人开设了比较制度分析这门课程。在此后世界经济一体化进程中，因各种经济体制之间的差异而导致的各种问题引起了众多经济学者对比较制度分析的重视。比较制度分析从而逐渐形成一个新的学派。

这一学派的主要代表作是青木昌彦的两部著作。青木昌彦与奥野正宽合著的《经济体制的比较制度分析》是第一部进行系统论述的专著，这本书将现代日本的经济体制作为比较制度分析的主要分析对象，并从理论上说明了这一体制的内部结构及其各种组合要素所具有的激励效果和相互依存关系。青木昌彦在《比较制度分析》一书中对比较制度分析作了系统的介绍，将其方法论运用于当今重要的制度问题。如果说这一体系在前一部书中是从一国经济体制的具体分析得出的理论总结，那么在该书中已经开始对制度的经济分析，某种意义上是对新制度经济学的经济分析作一般性理论框架的构建，这是比较制度分析在理论上的一个大跨越。比较制度分析的另一个代表人物是格雷夫。格雷夫主要从事经济史研究，具体说是欧洲革命之前11—12世纪地中海的经济史。在完成一系列的经济史案例研究之后，格雷夫开始对自己的理论进行了总结，为了区别于其他人的新制度经济学，他将这一领域称为历史制度分析（historical institutional analysis）。比较制度分析很重视历史分析，青木昌彦认为比较制度分析的方法，仅有博弈论是不够的，还需要量的比较的和历史的分析，比较分析和历史分析是互补和统一的。因此，总的来说，格雷夫仍属于比较制度分析学派。

---

① 青木昌彦、奥野正宽：《经济体制的比较制度分析》，中国发展出版社，1999年版，第1页。

对现代日本的经济体制的思考是比较制度分析最初产生的起点，整个世界经济急速变化的现实也对经济分析提出了强烈的需求，比较制度分析的主要代表人物青木昌彦认为这一方法产生的背景是20世纪80年代发生的世界局势的巨大变化，以及自70年代以来经济学理论本身的发展①。

一、现代日本经济体制

日本经济体制有着与其他国家不同的显著特征，如劳资关系中的“终身雇佣制”、工资晋升方面的“年功序列制”、法人治理结构中的“相互持股”、政府的“行政指导”等，然而对日本经济体制的社会评价在日本经济发展进程中大相径庭。在高速增长时期以前，这些制度被看做文化特征的反映或日本社会经济落后的表现；20世纪70年代后日本经济进一步发展，日本企业涌入国际市场，这些特征被评价为日本企业和日本经济强盛的源泉；随着跨入90年代泡沫经济的破灭，日本经济体制又被看做与国际社会不同的“异质结构”的封闭体制而遭到批判。经济学家们对日本经济给予了特别关注和研究，这些研究使人们较为客观地认识其合理性和优劣性，同时也认识到“制度的经济分析”的重要性。为了理解日本的经济体制，对于各种社会制度的作用与有效性以及使之构成稳定结构的激励机制、各种不同制度之间的相互依存关系的特征等进行系统的分析、作为制度的总体来考察具有决定性的重要意义。

二、东欧向市场经济转型与东亚的经济发展

20世纪80年代末苏联和东欧国家发生剧变，这些国家向所谓的民主国家和市场经济体制转轨，在转轨过程中人们认识到，作为经济转轨的目标，市场经济体制本身也存在着不同的模式，有美国式的市场机制发挥主导作用的市场经济体制，有日本式的政府与市场密切结合的市场经济体制，也有德国式的自由竞争和社会公平相结合的社会市场经济体制。准备取代计划经济体制的市场经济体制自身其实包含着多样化的体制模式，转型国家在选择哪一种目标模式上存在着很大的选择余地，如何进行选择成了急需解决的重要问题。

另一方面，同时期的“东亚奇迹”也是人们关注的焦点。进入20世纪80年代，东亚经济高速稳定发展。继日本之后，人称亚洲四小龙的韩国、新加坡以及中国台湾和香港地区都取得了惊人的经济发展成就，泰国、马来西亚和印度尼西亚也紧跟其后；在中国大陆，以沿海地区为中心的工业化也在迅速兴起，并已孕育了大量消费型社会。这些国家和地区的经济体制的共同特点是：依靠政府对市场的大规模介入或补充而取得了经济发展的成就，这使人们开始质疑以新古典经济学为基础的传统经济发展战略，即完善市场机制，减少政府干预。对发展中国家来说，要实现工业化的“起飞”，是否不仅要依靠市场，而且也必须有效地利用一些包括国家机构在内的各种制度？为了有效地发挥市场机能，政府是否应起到非常重要的补充作用？对这些问题的思考和研究推动了比较制度分析的产生和发展。

---

① 青木昌彦、奥野正宽：《经济体制的比较制度分析》，中国发展出版社，1999年版，第5页。

三、经济理论的发展

理论经济学自20世纪70年代以来发生了巨大的变化，比较制度分析的问题随着一系列经济理论的发展而提出来，如以研究计划经济向市场经济转轨问题为对象的“转轨经济学”（transition economics），以分析东亚国家和地区经济发展背景的“经济发展理论”，等等。为了探讨不确定性与风险、信息与激励、契约与谈判等以往经济学不涉及的各种问题，博弈理论作为新的分析工具在20世纪80年代取得了长足发展，使劳资关系、企业间的复杂交易关系有可能放到制度背景下进行有条理的叙述和分析。新古典经济学将市场经济作为前提，假设无论与市场参与者中的什么人签订合同，都同样能够进行交易。在这个过程中，经济主体为了建立某种长期的交易关系，使相互间的行动达到预期的结果，然后再进行适当的分配，就有必要对信息与激励、协调与谈判能力等各种因素适当地进行控制，而控制的机制包括组织、合同、规则等。而各种不同交易关系和对象的经济活动，又存在着不同的机制。因此，新时期经济学的历史使命是以多样化的机制和制度作为分析对象，而不是像新古典经济学仅仅分析市场这一单一机制。

第二节　比较制度分析的研究对象和框架

一、制度含义的三种观点

青木昌彦在《经济体制的比较制度分析》一书中开篇就写道，比较制度分析是“通过将经济体制看做各种制度的集合来分析市场经济体制的多样性和活力的”。该书还认为“比较制度分析是对现行的各种制度进行比较分析”。这就明确指出了比较制度分析的研究对象是制度。

青木昌彦认为经济学家赋予“制度”至少三种不同但相互联系的含义，通过将经济过程类比于博弈过程，认为不同的经济学家分别将制度看做博弈的参与人、博弈规则和博弈过程中参与人的均衡策略。

第一种观点是沿袭人们日常交谈中所涉及的制度的含义，即重要的组织机构，将制度看成是博弈的特定参与人，诸如行业协会、大学、法庭、政府机构、司法机关等。还有的将法律条文、非正式规范、组织、契约及人们的意识等也看成是制度。持这种观点的有纳尔逊、奥斯特罗姆等。

第二种观点是将制度看做博弈规则。诺思持该观点，他认为，制度应该被视为博弈规则，以区别于它的参与人。“制度是社会的博弈规则，或更严格地说是人类设计的制约人们相互行为的约束条件……用经济学的术语说，制度是定义和限制个人的决策集合。”这里所说的约束条件可以是非正式的（如社会规范、惯例和道德律），也可以是有意识设计或规定的正式约束。正式规则包括政治规则（如宪法和政府管制）、经济规则和契约。经济规则用来界定产权，即用于处置经济资源并从中获得效用或收益的权利束；契约是一种关于物品使用和交易的协议，受产权规则的制约。

经济博弈的正式规则不可能由正在博弈之中的参与人自行制定，其确立必须先于博弈过程。因此诺思对博弈规则和博弈参与人（组织及其政治企业家）作了明确的区分，后者是推动制度变迁的主体，即规则制定者，现在的博弈规则决定了参与人如何交易及创新的动机，因而在根本上导致了伴随相对价格变动而产生的对新规则的有效需求。持博弈规则论的还有赫尔维茨，他给出了更为技术性的定义，指出规则必须是可实施的，只有对人类行动的一组人为的和可实施的限定才构成一项制度，博弈规则可以由参与人能够选择的行动（决策集）以及参与人决策的每一个行动组合（profile）所对应的物质结果（后果函数）来描述。他认为为了使博弈形式中一组人为设计的限定可实施，而参与人又允许从所有技术上可行的决策集中自由选择其行动，该博弈必须存在一个纳什均衡。

第三种观点是将制度看成博弈均衡。这一观点又分为两种：一种是进化博弈论（evolutionary game approach），认为参与人的行为习惯可以自我形成，不需要第三方实施或人为设计。当惯例（convention）演化时，参与人在进化选择的压力下倾向于发展某些适应性更强的特征（如环境认知、偏好、技能等）。这样，惯例和参与人的特征共同演化的惯例也许最终会以法律条文的形式固定下来，从而节约了因变异和错误带来的失衡成本，而且用文字清晰表述人们行为中已经习惯化的准则，有助于得出具体环境下具体的行动指南。另一种是重复博弈论（repeated game approach），这种观点提出了较为复杂的均衡概念，如重复性囚犯困境博弈下的子博弈精炼均衡（subgame perfect equilibrium）。比较制度分析学派的代表人物之一格雷夫就持这一观点，他从博弈均衡角度给制度下了一个简明定义：在博弈论框架中，两个相互联系的制度要素是关于别人行为的预期和组织，组织是非技术因素决定的约束，它们通过引入新的参与人（即该组织本身）改变参与人所得的信息，或者改变某些行动的报酬来影响行为。

关于制度的起源，持博弈规则论的经济学家倾向于认为规则是立法者、官僚资本或从事机制设计的经济学家明确设计的结果。博弈均衡论中，进化博弈论者明显赞成制度是“自发的秩序”（Hayek，1973）或自组织系统；而重复博弈论者的子博弈精炼均衡概念假定，个体参与人能认识自己决策和别人决策之间的反馈机制，在这方面具备完全的演绎推理能力。制度是个体参与人联合选择，采取相互一致策略的结果，特定的策略组合（即实际的博弈路径和参与人预期）一旦确立，就是可维持的并能自我实施的。

二、比较制度分析的制度观

1. 制度的简单定义

青木昌彦支持上述的第三种观点，但认为在博弈均衡制度观中存在一个理论悖论没有解决。如果制度的作用在于以一定方式制约参与人的决策，那么参与人是如何意识到这种约束并认为是相关的呢？若是在均衡出现以后，那么个体参与人在知道均衡结果之前是如何发现和选择适当的均衡策略的呢？关键的问题是，参与人关于未来情形的理念及其基于这些理念做出的选择所导致的结果，即理念和结果之间的一致性是怎样建立的。青木昌彦认为这个问题是个根本性问题，他在解决这个问题的基础上，修正了上述的博弈均衡观，而提出了新的制度观。

（1）什么是制度。为了理解制度安排的多样性和制度变迁的过程，青木昌彦认为需要引入适合分析这些问题的制度定义。简单地说，制度是关于博弈重复进行的主要方式的共有理念的自我维系系统。这里的“博弈重复进行的主要方式”是指由参与人的策略互动内生的、存在于参与人的意识中并且可自我实施的博弈规则，这与博弈均衡论者的理解相同。① 所谓共有理念的自我维系系统，其实质是对博弈均衡的扼要表征（summary representation）或信息浓缩（compressed information），它起着协调参与人理念的作用，以人们的默契理解或某种符号表征而表现出来。在任何情况下，当某些理念被参与人共同分享和维系，具备足够的均衡基础时，其逐渐演化为制度。

（2）外生性规则（博弈域）。为分析外生性规则，比较制度分析方法提出了域的概念。域（domain）是分析制度过程的基本单位，它包括两个要素：一是参与人集合，二是每个参与人所面临的技术上和意识上可靠的行动集合。假定时间由（无穷）时期的序列组成，在每个时期，每个参与人只能选择一种行动。所有参与人选择的行动加在一起，则为行动组合（action profile），每一个行动组合与该时期域的参与人的福利后果（如产量的最终分配）的集合相对应，每个参与人都试图使其报酬最大化，即实现自己最佳的结果或实现未来结果的最佳序列，但最终结果不是由单个人的行动唯一决定，而是由参与人之间的策略互动决定，每个参与人最优的行动决策取决于别人的决策。博弈的外生性规则是指域特征及联结每个行动组合和后果的对应规则。

在了解域的概念后再来看制度的含义。假定博弈是重复进行的，由此演化出一个行动组合，每个参与人基于个人经验，对博弈在本域进行的方式形成了一个大致的认识。换言之，参与人无法推断甚至不需要推断别人行动决策规则的全部细节，而只需要知道有关参与人在行动决策时可能采用的规则的一些显著特征。对别人行动规则的主观认知（理念或信念）是不完全和浓缩的，参与人依靠这些浓缩信息得出自己在域的各状态下的行动规则，即策略。只有在关于他人行动规则的浓缩认知稳定下来并不断再生时，他们自己的行动规则才能趋于稳定，成为参与博弈的有用指南。当参与人的信念与其行动规则形成一致时，我们称这种状态为纳什均衡。认知与策略形成一致时就处于纳什均衡状态，只要参与人维持现有的认识，则偏离相对应的行动规则就是不理性的。于是，制度对应着（几乎所有）参与人共享的那部分均衡理念，其中理念是关于博弈将实际进行的方式（或者说参与人在域使用行动规则的方式）的预期。虽然制度是一种均衡现象，但不应把它们看做在一次博弈下完全演绎推理的结果，也不应视为一种根本不需要归纳推理的完全的静态平衡。它们代表了实际重复参与博弈的当事人自我维系的基本预期。制度是由有限理性和具有反思能力的个体构成的社会长期经验的产物（Kreps，1990）。

（3）内生性规则。均衡制度是一种社会建构的现实，因而它必然内生于域之中。它通过扼要表征（默契的或符号的），协调着参与人的信念。制度作为一种均衡现象，只要别人不忽略它，任何人都不敢不正视它的存在，从而对人们的策略选择构成影响。参与人基于共有理念而做出的策略决策共同决定了均衡的再生，均衡的再生反过来又强化了关于它的扼要表征。这样，制度具有内生性和客观性的双重性质。

制度作为共有理念的自我维系系统可以采取各种不同的形式，这具体取决于博弈的性质、对应的均衡概念和均衡方式。比方“如果统治者欺骗商人，商人就举行无限期的集

① 青木昌彦：《比较制度分析》，上海远东出版社，2001 年版，第 11 页。

体罢市”，这就界定了在统治者违约条件下商人将采取的行动决策规则。但正如前面所讲的那样，这种情况并不会实际发生，因为统治者对商人行动规则的理念使他不敢违约。所以上述行动规则可以认为是既代表了统治者的理念，也代表了商人的理念。这是管制性制度发生作用的一个例子，其中关于强制性惩罚的可信理念制约了参与人实际的行动决策。这样一类的制度适合于用重复博弈下子博弈精炼均衡的概念来予以分析。

(4) 制度的形式。制度可能表现为明确的条文化的符号形式，如成文法、协议或系统界定社会不同角色的社会结构和组织等；制度也可表现为其他形式，如人们的习惯或某些交易的惯例。不过，成为制度的关键是参与人相信并接受某种具体表现形式。因此，成文法和政府管制如果没有人把它们当回事就不构成制度。举例来说，政府根据某项法令禁止进口某些物品，但如果普遍现象是人们相信贿赂海关官员可以绕开此项法令，那么真正构成制度的是贿赂而不是这项法令。一些没有正式化的实践只要参与人认为它们是域内在状态的相关表征，就可以看做制度；而当参与人对它们的信念动摇了，它们就不再作为制度存在了。

(5) 制度的作用。从均衡的扼要表征来概括制度有助于澄清制度既制约又协助的双重性质。通常按照外生博弈规则论，制度的作用是制约参与人的行为：制度确实通过协调人们的理念控制着参与人的行动决策规则。共有理念引导着参与人在多种可能性（即多重均衡）中抉择，朝其中某一特定的方向行动。在此意义上，不论共有理念是管制性的、规范性的还是认知性的，制约都是其内生特征。制度通过均衡状态的扼要表征来协调参与人的信念，在一个信息非完全和非对称的世界里，制度又“协助”有限理性的参与人节约决策所需的信息加工成本。

2. 制度的重新定义

(1) 博弈域的几种基本类型。博弈的域由参与人集合和每个参与人在随后各个时期所面临的技术上可靠的行动集组成，参与人可以是自然人，也可以是组织。经济是由不同域（共用资源、经济和社会交换、组织和政治）组成的，各域之间或被包含或相互重叠和交叉。

根据参与人集合和不同参与人决策规则的特征可将博弈域分为六种类型：

①共用资源域。共用资源域最主要的特征是存在共用资源，参与人集合是由使用共用资源的个人构成的，而共用资源是任何参与人都可获得的资源。假定参与人集合是固定的，而且是策略性参与人，他们只对如何在预期别人行动的情况下使自己的报酬最大化感兴趣。每个人的行动决策都包括生产、维护和使用共用资源，而且个人的行动决策将通过域导致外在经济或外在不经济，如使用时产生的拥挤，维护共用资源时的“搭便车”行为。

②交易域（经济交换域）。在交易域中，参与人集合是由拥有可以自由交换或处置物品的个人构成的，一个重要的特征是所有参与人都有不交易的选择权。参与人还可以用物品或货币进行交换，可以接受或拒绝别人的出价，可以遵守或违背协商好的交易条件。交易域还可进一步区分为金融交易域、劳动交易适用域、供应域和产品市场域等。

③组织域。在组织域中，参与人可以通过联合行动生产产品并在他们之间进行分配。与共用资源域不同的是该域中的参与人拥有参与博弈的自由，因此集合是不固定的，而且

参与人的行动集合彼此可能存在巨大差异。与交易域的区别在于，交易博弈的协调可以通过两个交易者之间自愿协议来达到，而在组织博弈中必须赋予所有参与人必要的激励，以吸引他们加入博弈同时适当地协调其行动决策。

④组织场。组织场是介于交易域和组织域之间的类型，是一种相对来说较为原始的域，其中组织的建立是通过域内人们的配对实现的。参与人可以自由退出，可以选择人力资产的类型，决定是否接受某种配对结果。组织场有助于理解组织规范和人力资产的共同演化的内在逻辑。

⑤政治域。政治域包含一个独特的中心参与人：政府。政府拥有和私人参与者不对称的决策集合，政府具有排他性的管制权力，但私人参与者无法逃避政府行动的影响，但可以选择支持或抵制政府。这里政府的行动集合包括单方面将私人参与者的财产转移给自己或其他参与人，如税收、补贴和罚金等；强制动员私人参与者的服务，如服兵役；对私人参与者施加的有组织的暴力和垄断供应某些公共服务，如司法。私人参与者可以是公民、利益集团、产业协会、工会、阶级等。

⑥社会交换域。作为社会学研究的领域，有利于理解某些制度如社区规范和同质团队或组织的地位分层现象。当交换以多边的形式发生在相互认识的一群固定的参与人中间时，就是社区，如乡村社区、商人社区、职业社区。

（2）制度的重新定义。在共有理念和均衡的扼要表征的基础上，青木昌彦对制度再一次做出定义。假定在一个域或跨域内，参与人策略性地选择行动决策的计划，并且已演化出可持续的稳定结果，则在给定其他均衡的情况下，“制度是关于博弈如何进行的共有理念的一个自我维系系统。制度的本质是对均衡博弈路径显著和固定特征的一种浓缩性表征，该表征被相关域几乎所有参与人所感知，认为是与他们策略决策相关的。这样，制度就以一种自我实施的方式制约着参与人的策略互动，并反过来又被他们在边际变化的环境下的实际决策不断再生产出来”。①

（3）制度的五个特征。在上述的重新定义中，青木昌彦认为包含了制度的五个特征：内生性、扼要表征或信息浓缩、耐久性和稳定性、共享认知、多重性②。

①内生性。从均衡概念的角度来理解制度，认为制度是在一定域内生地产生的，而不是外在给它的。

②扼要表征或信息浓缩。指参与人在做决策的过程中，不可能也不必要预期别人所做决定的每一个细节。参与人的决策在很大程度上受既定制度的指导和约束，这表明制度是浓缩信息的载体，这些信息涉及参与人在一些重要场合行动决策的基本特征。也就是说，制度扼要代表了经济内在运行的一些基本特征，因而降低了有关他人决策的不确定性。

③耐久性和稳定性。制度通常能够经受住环境的连续变化，但当环境变化超过一定的量或当域内动态过程积累的后果导致了危机或困局时，该性质就受到冲击。因此制度并不是某个特定时刻的均衡状态，而是在环境和内部变化中相对不变的状态，制度具有对参与

① 青木昌彦：《比较制度分析》，上海远东出版社，2001年版，第28页。

② 青木昌彦在《比较制度分析》第7章给出了制度的博弈论诠释的数学模型，有兴趣深入的读者可进一步阅读。

人微小偏离的行动决策中隐含规则的承受力。

④共享认知。在特定域里，参与人关于影响其行动决策的经济状态必须有一些共同理解或共享认知，虽然他们对这些经济状态的含义的解释可能因人而异。如果某种人为设置一些人视为相关的制度安排并影响他们的行动决策，另一些人则认为与他们无关而置之不理，那么这种人为设置就不应该看做一种制度。

⑤多重性。制度是人为的秩序，并不是唯一由经济域的技术和生态环境决定的自然秩序，青木昌彦认为，在同一技术和生态环境之下可以建立多种制度方式。

三、比较制度分析的一般分析框架

在有了上述有关制度的基本概念的基础上，青木昌彦试图构建一般性的制度的博弈论分析框架。在均衡制度观的基础上，青木昌彦进一步分析制度如何相互共时和历时关联，如何通过联系不同域的制度组成一个整体，以及政府政策法令在制度变迁中的作用。

运用制度的博弈论观点进行制度分析严谨而清晰，但在分析制度演进的历时结构时却是不够的，因为如果参与人事先知道所有可能决策的完备集合并相应行事，或借助上述方法探测出所有相关的可能性，则随时间的推移，参与人总会找到最佳的整体制度安排，除非新技术和其他外生的环境改变这种安排。

这种推论是很理想的，但并不能很好地解释现实的制度演进。青木昌彦强调制度作为共有理念的内在特征是制度持续的主要原因，对制度变迁的探讨侧重于制度变迁机制的认知（主观）方面，侧重参与人的策略决策、认知和学习方面发生系统变化的机制。由此青木昌彦提出了主观博弈论模型，即认为参与人对博弈结构持有一种主观和简化的认识。当他们遇到巨大外部冲击或困境时，他们将以一种互动和创新的方式修改其观点。

第三节　方法及分析工具

比较制度分析在研究方法上有其独特性，除了最基本的比较分析法外，还引进了许多新的分析工具，如博弈论、历史分析法、有限理性与复杂系统、不确定性与风险、互补性与路径依赖、不完全信息与激励、契约与谈判。这里，我们重点介绍博弈论、比较分析法和历史分析法。

一、博弈论

博弈论在经济学上的应用日益广泛，在青木昌彦的比较制度分析中可以说是贯穿始终的。青木昌彦用博弈论来诠释制度的含义及其起源，认为制度是关于博弈如何进行的共有理念的一个自我维系系统；青木昌彦建立了一般性的博弈论框架，用来定义制度，分析制度跨域和随时间变化的相互依存性，从而理解当代经济制度安排的复杂性和多样性以及制度变迁。

青木昌彦认为博弈论对制度经济学的发展具有决定性的作用，它是一种分析制度的通用语言，现有的研究已表明，信息经济学和激励理论可以用博弈论的语言来统一描述。博弈论作为一种分析工具，能将各经济主体根据什么样的信息按照何种顺序行动给予严格的数学表述。将各种经济制度看成是通过对各经济主体的信息和行动加以制约来限制经济主体的行动，利用博弈论就可以使制度数学模式化。而过去的制度主义，由于对制度及其作用缺乏既能理解又能进行严格分析的模式，使得这一学派未能在经济学中发挥较大的作用。

最近被应用于经济学的进化博弈论的分析方法，用于分析多样的经济体制的形成和进化是很有效的。最初的博弈论中分析的是某些固定的参与者所进行的特定博弈，而进化博弈论则假定一个社会中存在着许多参与者，根据分析框架的不同，参与者有时是有限的，有时则是无限的，而且每一回都是对参与者的集合随机抽样，由被选出来的参与者进行预先规定好的博弈，即要素博弈，获得要素博弈中的利益。青木昌彦通过设定简单的进化博弈的框架，考察了社会习惯、规范、制度或体制在历史中变化的因子，得出结论认为，社会体制是由历史的初期条件以及过去的环境变化过程、社会中进行的试验、政府的介入以及同异文化的接触等因素决定的。立足于初期条件不断进行的伴随着淘汰的进化过程不一定带来效率性结果，但当社会中的一部分人不断进行试错或者创新时，进化的结果有可能转化为效率性结果，政府的政策介入或与不同文化的接触是有可能形成更有效率的规则的。现存的各国经济体制可以看做在由历史初期条件规定的同时，又按最佳反应动力发生变化，经过社会的试验、政府的政策介入、与不同文化的接触等的错综复杂的重合而形成的①。

二、比较分析法

青木昌彦认为，博弈论分析作为系统研究制度的理论工具本身尚不完备，从该框架出发考察制度的相互依存性可能会得出制度安排的多重性、次优性和帕累托不可比性。也就是说，即使面对相同的技术知识，制度安排也会因国家而异。因此，为了理解特定的制度安排在某特定国家演化生成的原因，还必须使用比较分析法和历史分析法。比较分析法用一句话概括就是：收集比较信息，建立内容特定的模型，用比较经验来检验研究得出的结论。

比较制度分析的重点是对经济体制多样性本身进行研究，只有基于制度是多种多样的这样一个认识，才可能对现行的各种制度进行比较。而产生多样性体制的原因是作为有机整体存在的体制内部的各种制度之间是互为补充的，即制度的互补性。即使同是市场经济体制也会因其内部的制度配置不同而存在着各种不同的市场经济体制形式。

在比较分析法中常用互补性与路径依赖作为分析工具。互补性是指构成经济体制的各种制度要素并不是孤立的，而是相互作用、彼此适应的。在一种经济体制中，如果设计了某个制度要素，那么这个制度为了能够持续下去，就必须和其他制度很好地契合，当体制发生巨大变化时新构成的各项制度仍然会呈现出某种互补性和彼此适应性。只有相互一致和相互支持的制度安排才是富有生命力和可维系的，否则精心设计的制度很可能高度不稳定。制度的形成过程是多重博弈的过程，这种博弈可以有多重解，制度分叉一旦发生，即使两国随后面临同一技术和市场环境，它们的整体性制度安排仍可能会相差甚远，这就取

① 青木昌彦、奥野正宽：《经济体制的比较制度分析》，中国发展出版社，1999年版，第270页。

决于各自制度发展的历史轨迹，即产生“路径依赖”的作用。

三、历史分析法

在比较制度分析中，将历史分析法提到方法论的高度的是格雷夫。格雷夫的研究领域主要是经济史，在完成一系列的历史案例研究后，他对自己的理论进行了总结，提出了历史制度分析的理论。格雷夫认为诺思的制度变迁理论在阐述制度与经济产出之间的一系列关系上是失败的，不能提供前后一致的解释。格雷夫的历史制度分析有以下特点：

首先，历史制度分析为制度分析提供了一种可操作的制度概念，制度是“具有自我强制的非技术性的行为约束”，两个主要的制度构成因素是预期和组织，二者相互影响，相互作用。博弈参与人相互间持有和面对的预期是非技术性的约束，组织也是非技术性的约束，通过引入新的参与人影响博弈结构中的信息交流、行为以及各自的收益权衡。其次，历史制度分析是均衡分析，认为制度选择过程是一个历史的耗时的动态过程。再次，由于制度具有文化信仰的基础，制度变迁过程就是知识增长的过程，通过国家强制力的应用影响经济运行的效率，产生斯密式的经济增长。最后，历史制度分析特别强调国家的制度基础。

历史制度分析得出了两个重要的结论：一是制度是内生的，历史是制度变迁的载体。不可能抛开历史本身去研究所谓的制度变迁和制度创新。二是制度是自我复制和自我演化的。自我强化机制会不停复制、不停演化，渗透到各个社会中去，如果一个体系受到大的冲击以致不能维系时，自我强化机制会对整个外部环境做出适应性的调整从而进行自我修复。

四、其他分析工具

1. 复杂系统（complex system）和有限理性

经济主体在传统经济学和博弈论的传统解释中，是假定为“理性”的。人的“理性”假定认为人类对于自身所面临的利害得失具有充分的认识，在这些认识的基础上做出自己的最优选择。而按比较制度分析的观点，“理性”假定是不现实的。

这是因为现实经济生活中的经济过程是一个复杂的过程，成千上万的企事业单位，掌握着许多技术和知识，利用各种各样的资源和劳动要素，生产出不计其数的产品及提供各式各样的服务，然后每天分配到几千万上亿有着不同偏好的消费者手里，而且这样一种过程总是处于环境的日新月异中和信息不对称中。面对这样的复杂系统的经济主体要清楚地权衡自己所面临的所有利害得失，并选择最佳的行动，几乎是不可能的。人类希望拥有完全理性，但实际上，人们对于周围的利害得失只能不完全地把握，也不具备计算最优选择的全部能力，因此经济主体只能具有有限理性。从这个角度出发，正如哈耶克所指出的，必须建立起能有效利用各企业和消费者的信息来进行资源分配的经济机构。制度作为人们选择行动的前提，提供了思考如何行动的要点，发挥着协调结构复杂的经济活动并使之更有效率的作用。传统经济学将市场机制作为唯一的发挥协调资源分配作用的制度，现实中社会制度是人类为了对付复杂环境而必然产生的结构，除了市场机制以外，还存在着各种各样的制度性结构，这些制度彼此相互影响。如政府在社会经济中解决市场机制所解决不了的资源分配问题，企业实现了市场机制实现不了的个体资源分配，另外还有其他各种各样的法律制度以及自发形成的结构，如组织、规则、约定、习惯做法等，在不同的场合发挥着对经济活动的协调作用，所有这些结构相互补充、相互竞争才使得整体经济复杂的资源分配过程得以实现。

比较制度分析用“有限理性”和“复杂系统”这一具有方法论意义的分析工具对制度在经济活动中的作用、经济体制的功能及其产生原因做出了独特的解释。

2. 不完全信息与激励

新古典经济学分析的市场假定全部的市场参与者、潜在的市场参与者都知道进入市场的商品和劳务的品质及价格，即市场主体具有完全信息。这种分析在信息获得成本较低的某些市场是有效的。但在大多数存在不完全信息的情况下，买卖双方所掌握的关于商品、劳务的知识有所不同时，市场交易难以达成理想的资源配置，就会产生各种各样的问题，青木昌彦分别从商品和服务两种情况考察这种由于信息不完全而产生的信息不对称问题。

签订合同前（事前）就存在的与属性有关的信息非对称性，这种情况下产生的问题叫做逆向选择。而服务性因素较强的卖方行为，努力程度就成为问题，即合同签订后（事后）行为的信息非对称问题。存在事后信息不对称的情况下，签订合同时一定确定了支付金额，代理人（劳动合同中的劳动者、服务业中的服务提供者）将签订合同后的努力水准降到比委托人当时预期的水平更低的程度，其结果是经济活动有可能成为非效率的，产生道德风险问题。对此有必要提出使代理人选择高努力水准的诱因激励合同。

代理理论是20世纪80年代发展起来的，主要是考察什么样的工资计划能够形成激励代理人努力工作的机制等问题。青木昌彦利用这一理论对经营者与员工之间的雇佣合同进行分析，这里的雇佣合同决定劳动性质、相应报酬和支付方法等内容，包括书面形式和默认形式的合同。

3. 契约与谈判

契约理论的方法是企业分析理论的方法之一，随着20世纪70年代以来信息经济学的发展尤其是80年代以来博弈论在经济学的广泛应用，探索非对称信息下经济主体行为的相互作用的分析工具相继出现。契约理论考察经济主体在以个人信息指导行动的状况下，订立什么样的契约才能产生最佳的结果。契约理论认为，持有个人信息的个人达至最佳行动的关键是激励，可以说契约理论的主要内容就是关于个人激励机制的设计。从这种观点出发，如何调整企业内利益不一的各成员的动机成为需要研究的问题。

团队理论的方法是企业分析理论的方法之二，这一方法把企业看做由多重成员构成的组织体，与契约理论方法不同的是，它从假设各成员由于某种原因拥有共同的目标出发，暂不考虑各成员之间的利害冲突。团队理论以企业内信息体制的形态为讨论焦点，考察如何协调各成员的活动比较理想，尤其是各成员间采取什么样的信息共享方式、个人以什么样的信息指导行动等对协调方式有重大影响的问题。

纳什对谈判结果会导致什么样的状态进行了规范分析，他认为谈判的特征由以下两点决定：第一，谈判结果可能带来什么样的分配情况；第二，如果谈判破裂又会产生什么结果。然后他从规范的立场出发，提出满足谈判结果的必要条件。纳什指出，若同时满足这些条件，则谈判的解就只有一个。比较制度分析用经济学研究的谈判模型分析了日本企业双向控制下的企业行为，认为在日本企业，对经营者有控制权的有两个集团，一个是作为企业剩余请求者的股东，另一个是企业职工。只考虑来自股东方面控制与只考虑内部职工控制的企业模式是大不相同的，如果两个集团从各自的立场出发坚持控制权必然会产生利益的对立，这就必须通过当事者的谈判来解决，青木昌彦根据纳什谈判的理论对双向式控制下的企业行为进行了分析，通过建立相应的模型用纳什谈判解分析了雇用量、工资、努力水平的状况，从而从纯粹经济学角度对日本企业的经营者和职工的行为加以说明。

第四节　比较制度分析的微观基础及现实经济研究

一、比较制度分析的微观基础

比较制度分析一个独特的分析视角是它对制度多样性分析的微观基础。新古典经济学一直把企业作为市场交易的一个经济主体，认为生产量是由资本和劳动等生产要素的投入约束决定的。而比较制度分析把企业作为各有关方面集中进行资源分配的场所，在作为场所的企业里，进行生产，租金在有关人员中分配，特定的资源配置并不总是最优的，企业里的资源配置的方式决定于其内部各种制度及其所处的制度性框架①。青木昌彦以日本的经济体制为主要对象，首先从企业层次出发，分析了企业的内部体制——内部组织中作为资源配置方式的制度、传统；其次从企业内部扩展到与企业拥有利害关系的经济主体（权益人）——作为交易对象的企业、股东、银行、政府，分析在企业与这些权益人的关系中可以看到的社会结构，即环绕企业的制度互补结构；在此基础上，从动态分析的角度，考察比较制度分析的经济体制的多样性与进化。

1. 企业内部体制

（1）企业内协调。对于企业内部门间协调，青木昌彦运用团队理论对各种信息系统的有效性进行比较，来考察哪种协调类型是最佳的。比较制度分析认为信息体制形态有这样几种：古典体制形态：各部门对能观测到的信息不利用，只是完成经营部门指定的业务；分权体制、分散化信息体制及异化信息体制等形态：侧重于各现场专门的信息处理能力的协调体制；同化信息体制与水平体制形态：侧重于部门间的共同信息的协调体制②。为了实现部门间的协调与资源的最优配置目标，企业必须在其内部确立信息体制，各业务部门只有有效地运用这些信息才能实现高效率的经营。由于存在不确定性，对所有业务部门的业务带来外部性的不确定因素称作系统震荡，只对某业务层面产生影响的不确定因素称为个别震荡。企业的各个部门是互补的还是竞争的，系统震荡与个别震荡哪一个影响大，从这样两个基准来考察在各种情形下，什么样的信息体制是有效的。

（2）从博弈论的角度来看企业体制的形成。企业活动的成果依赖于该企业的内部协调形式与交易企业间的协调形式。在现实中并非所有的产业都采用最适合该产业特性的信息体制，这是因为信息体制与社会中的其他种种制度相互交织存在。人们的技能形成的形

① 青木昌彦、奥野正宽：《经济体制的比较制度分析》，中国发展出版社，1999 年版，第 13 页。
② 青木昌彦、奥野正宽：《经济体制的比较制度分析》，中国发展出版社，1999 年版，第 63 页。

式与企业内协调方式选择之间存在互补关系。

一个国家的人们的技能形成与起主导作用的企业协调类型之间有着相互依存的关系。比较制度分析认为技能形成的类型有两种：一种是企业环境技能形成，就是在企业内部特有的环境下能够有效地达到信息共享的技能形成，通过工作岗位上的培训及正规训练形成。另一种是功能性技能形成，是指对于某些特定的信息处理，形成企业之间可能通用的技能，通过正规训练形成。与企业内信息体制相对应，重视企业内体制震荡的信息共享的信息共享型企业，更需要企业组织范围内的有用技能即企业环境技能；而重视个别性的信息处理的信息分散型企业，则更需要运用专门化的技能来处理个别发生的问题，即功能性技能。

（3）企业内的雇佣合同与雇佣体制。比较制度分析对企业雇佣的分析是分层扩展的。运用代理关系的合同理论从激励机制来分析企业中职工的激励问题，首先，说明企业与职工一对一的短期雇佣合同中，由于合同的信息不完全造成的激励问题，再来考虑多重职工和多重工作时的调资计划的影响及其存在的问题，认为晋级制度等以长期雇佣合同为基础的调资计划不仅可以激励职工掌握企业特殊技能，而且让工资和比较容易验证的变量相挂钩，使职工能安心并且努力工作，从而弥补短期合同存在的问题。

青木昌彦认为，企业通过将整体的业绩即信号的累计和根据单个职工的信号所得到的评价结合在一起，达到调控激励作用的目的①。他将日本企业的雇佣关系（如“终身雇用”、“晋升”等）的相互依存的习惯综合起来，看做一个雇佣体制，认为一个企业可以选择各种类型的雇佣体制，但因各个企业所选择的雇佣体制与其他企业的雇佣体制形成一种战略互补关系，如果许多企业都采用同样的雇佣体制，则一个国家经济整体的雇佣体制可以看做企业和从业人员间的战略性多元均衡②。

2. 环绕企业的制度互补结构

环绕企业的制度互补结构部分分析了企业与周围相关要素，如其他企业、股东与职工、银行及政府等的关系。

企业间的竞争与合并。青木昌彦以美日汽车产业中的零部件交易为例，对企业间交易进行比较分析，美国与日本的汽车产业零部件自产率有着巨大的不同。在美国，零部件生产厂商的合并曾是一种趋势，而日本则是以长期交易关系为基础进行零部件供应的。零部件生产厂商大多制造专用零部件，保持与组装厂商的紧密关系是必要的。运用合同理论来分析这种关系及其存在的原因，说明企业间的交易有各种不同的形态。它与新古典经济学所假定的市场交易不同，较多地依据合同和长期的合作关系。即使是同一行业的同一种产品的交易，不同国家和不同企业，其交易方式也不一样。

日本法人治理结构处于双重控制下，考察法人治理结构中股东与职工之间的剩余分配，可以发现在日本相互持股的形式很发达，个人股东的权限很小，企业不会为实现股东利益的最大化而努力，但由于职工也是企业的权益人，企业被置于股东和职工的双重控制之下，日本企业通过谈判决定工资、雇佣量和努力程度来兼顾股东和职工双方利益，这使

① 青木昌彦、奥野正宽：《经济体制的比较制度分析》，中国发展出版社，1999年版，第109页。
② 青木昌彦、奥野正宽：《经济体制的比较制度分析》，中国发展出版社，1999年版，第114页。

日本企业更能实现较高的增长率。

相机性治理。青木昌彦将这种治理形态，即将企业的剩余索取权和企业生存的决定权等各种企业经营方面的权利随着企业财务状况而转移的治理形态称为相机性治理。青木昌彦认为相机性治理可以解决团队生产型企业组织会遇到的道德风险问题。为了防范道德风险，外部投资者给予监督者适当的租金，使之对整个团队的产出进行监督，并给予监督者根据企业的经营状态解散团队的权限。在依靠股票市场进行法人控制的方式不能很好运作的例子中可以看出，像这样由监督者实施的状态依存型治理结构是有效的，状态依存型治理结构与团队生产的生产方式之间存在着制度上的互补关系。

主银行体制与金融规制。作为日本的金融体制和法人治理结构核心的主银行体制，可以看做将监督的三阶段（事前监督、中间监督、事后监督）统一于主银行的专属委任体制。比较制度分析认为主银行体制所起的是一种监督作用，为了充分发挥其作用，给予银行和企业双方适当租金的规制体系是非常重要的。

政府。青木昌彦根据三权分立的程度，以及构成政府的各部委管辖范围分割细化的程度、相互之间是否独立为判断标准，将政府的形态分为权威主义型政府、关系依存型政府、规则依存型政府三种类型。日本的政府是典型的关系依存型政府，这种类型能缓和结构调整上的摩擦，尽管存在一定的局限性，但应承认在日本高速增长时期起到了一定的作用。

3. 经济体制的多样性与进化

从进化博弈论的角度分析多种多样的经济体制相互作用及形成与进化，这是在前面静态的微观分析基础上，动态地考察比较制度分析的经济体制观。青木昌彦认为以有限理性为基础的进化博弈的观点对于解释制度及其多样性是非常有效的。他用进化博弈的思路来考察经济体制的形成，认为历史条件规定实现什么样的均衡，即所谓历史的路径依赖性是重要的。制度本身虽然存在着惯性，但是单个经济主体的“试验”、“政府介入”和“与异文化的接触”等重要因素可以使企业避免协调的失败，使经济体制内的制度获得积极变化，进而使经济体制自身得到进化。青木昌彦将现代日本经济体制的形成过程作为应用案例，用比较制度分析方法进行了经济体制的进化分析，得出结论认为日本战后改革将回归到战前经济体制的路径彻底地切断，经过“道奇路线”，日本经济形成了与高速增长相适应的体制。

二、比较制度分析与现实经济研究

比较制度分析运用其特有的制度观和制度分析框架，对实际经济体制进行分析，提供了不同于传统经济学的研究问题的视野。

1. 经济体制是一个具有自我约束性质的复杂的进化系统

所谓复杂系统是指在一个体系内的各种结构相对独立，相互作用，在整体上呈现出某种协调性。虽然系统内各结构是单纯的，但它们之间的相互作用使得系统的活动变得复杂起来，形成一个复杂系统。近年来开始关注复杂系统，之所以被称作复杂系统，它们的共同性在于虽然基本上是由简单原理所构成的，但因为这些原理相互之间发生了极为复杂的作用，所以会突然出现某种秩序或模式。传统的研究是从分析构成体制的最小单位到直接试图说明体制整体的活动（要素还原主义的研究手法），然而传统的研究方式无法解决一些问题。于是人们开始注意到复杂系统。

经济体制正是这样一个复杂的系统：在经济体制内作为构成体制最小单位的各经济主体的行动并不是简单地聚集在一起的，而是各经济主体的行动产生了各种各样的制度，这些制度相互间发生着作用，而且这些制度反过来对经济全体的行动施加影响。

从作为传统经济学的主要考察对象的市场机制来看，因为每一个经济主体的最优化行动的结果可以较为简单地合在一起，所以体制整体的行动显得非常容易了解。传统经济学的体系经常被拿来与古典物理的体系相比较，原因之一就在于，在理解体制时所奉行的要素还原主义以及由此而带来的预测可能性方面，这两者是共同的。不仅如此，丁伯根所提倡的最优经济体制论大概也是基于这种经济观。

和传统经济学相比，比较制度分析的经济观更接近于进化生物学的自然观。所谓经济体制并不是由谁设计出来以后突然实行的，它是由一定的历史所造就的，而且体制与体制和体制内部各式各样的制度之间互相不断地作用，从而实现了进化。世界经济中出现如此众多的经济体制正是这一复杂进化过程的结果。这些制度构成迥异的各式各样的经济体制，在保持了各自一定自主性的前提下共存，并且相互交流、相互促进。比较制度分析所关注的正是制度的多样性。由各种各样的制度构成的多姿多彩的经济体制共同存在于世界经济中，就仿佛地球上共同生活着许多种生物一样。在通过历史的进化过程而形成的生态系统中，很难说哪一个物种是最优越、最适宜存在的。即使有理想物种存在的话，我们永远也无法确定。青木昌彦认为现在日本、美国等国的经济体制也是由于复杂的历史原因进化而成的，尽管它们有良好的表现，但只是局部意义上的最优制度。比较制度分析认为，比较这样的只具有局部意义的最优体制，是有其意义的。

如上所述，制度是一个复杂的进化系统，经济活动的复杂性产生了制度，以及经过很长的历史过程，通过多种多样的途径进化而来，其中，制度的性质和进化依循着一定的“法则”。现行经济体制的多样性是由各国文化以及价值观的差异所带来的，但从文化方面来探讨，无异于用差异来说明差异，无法较多地分析经济体制的稳定性、经济是如何发挥作用的等问题。青木昌彦从不同的经济体制所共同的前提出发，即认为无论在什么样的社会，每一个经济主体都是按照自己的利益需要来行动的。尽管由此产生的许多问题大致相同，但是各个社会的解决方式却是多样的。也就是说，不论是怎样稳定的经济体制，既然它解决了这些问题，它就必然有其经济上的合理性。

在信息不完整、非对称等状况下，假设的理想状态是利害关系不相同的各经济主体互相帮助，互相配合，坚持不懈地努力使全社会都能得到一个有效的成果。实现这种状态非常困难，经济体制就是为解决这些问题而存在的组织结构。事实上解决问题的方法有很多，这样的制度性的组织结构并不仅仅只有一个。有必要建立各种不同的制度，以协调每个人根据自己的利益所采取的行动。制度本身也要靠个人基于自身利益所采取的行动来维持，如果制度最终得不到各经济主体的支持就会崩溃。比较制度分析认为各经济体制在不断地进行更新改造的同时，也保持着不同程度的自律性，正是因为经济体制中的个人在构成体制的各个制度的框架内一直采取了维持这些制度的行动，即经济体制成为自我约束的体制。① 因此经济体制尽管总是带着某种程度的矛盾发展变化的，但从根本意义上来说它还是作为一个自我约束的体制在不断地更新的。

2. 经济体制内部制度的互补和进化过程中的路径依赖

制度拥有相互补充的功能，因此经济体制虽然是由许多不同的制度构成的，但它同时也表现出了某种协调性。构成经济体制的诸项制度是在漫长的历史过程中，在对已有制度进行修改的基础上逐渐形成的，而这大大提高了制度间的互补性。当某个新制度从不同的角度设计出来，它必须和其他制度很好地契合才能持续下去。如我们以某种习惯做法为前提，某个领域存在着 A 制度，那么其他领域制度的构成就必须根据 A 以及支持 A 的人们的行动方式来决定。这时新产生的 B 制度便极有可能和 A 存在着作用互补的关系。也就是说当体制的变化过程中出现了较大的断裂层，新构成的各项制度间仍然会呈现出某种互补性。具有互补性的制度所构成的经济体制一般都表现出以下几个特征：

首先，体制的均衡状态很有可能同时存在着好几个，也就是说存在多重均衡。

其次，经济体制在进化的时候，因为各自的历史初期条件不同而有可能形成不同的平衡状态，体制进化的方式根据初期状态的不同而出现差异，在比较制度分析中把它叫做对历史的路径依赖。

再次，在经济体制的进化过程中，一旦采取了某种进化方式，即使受到大大小小的震荡，但由于制度、习惯做法等具有惯性，在惯性的作用下就很难再过渡到其他方式。这种惯性的产生是因为不可能所有人都对新的制度做出最适当的反应，而且因为一旦确认了某种选择以后，就会产生沉淀成本。关于这一点，最典型的例子就是键盘的排列顺序了。大多数人今天所使用的计算机键盘的左上角，按顺序排列着 QWERT。据说这种排列顺序是早期使用打字机时为了不使连接字的柄部相互缠绕而特意设计以降低打字的速度。计算机时代早已不存在这个技术问题，可是由于大家都习惯了这种排列顺序，反而使新的键盘排列方式很难普及。于是开始学打字的人也不得不学习这种排列顺序，即使它的效率不高，也无法轻易地改变。由具有互补性的各项制度构成的经济体制在进化到一定程度时，就开始表现出这种特征。但是，在遇到大震荡的时候，就有可能从原来的进化轨道上脱离，在新的轨道上惯性发挥了作用，造成了不可逆转的变化。这种现象人们称为履历效果（hysteresis）。

最后，进化的结果一般来说为局部最优的可能性大，但不一定会给更大范围带来最优的结果。芝加哥学派认为，非帕累托效率的结果必然会引起当事者之间的谈判或重新设计新的制度、组织等，并由此产生能带来利益的机会。在这样一个过程中，经济体制必然又会归结于帕累托效率的结果。但是，比较制度分析认为具有互补性的体制的均衡点一般来说是不可能按照帕累托意义来排序的，而且就算可以按照帕累托效率来排序，那么当它向别的平衡过渡时，构成体制的各项制度必须同时进行变更，现实中不可能发生这样的情况。在一个平衡向另一个平衡过渡过程中，必须逐个比较分析每个均衡点，因为各个均衡点被认为只在局部范围内是最优和稳定的。从比较制度分析的观点看来，不同的资本主义经济如美国、日本都是这些均衡中的一种，即多种多样的局部最优点表现的一种。

---

① 青木昌彦、奥野正宽：《经济体制的比较制度分析》，中国发展出版社，1999 年版，第 63 页。

3. 经济体制变革和转轨的理论分析

青木昌彦运用比较制度分析对经济体制变革和转轨进行理论分析，可以说是比较制度分析与现实经济关系的重要方面。

（1）体制变革的必要性与困难。现行经济体制都有其合理性，而且经济体制之间未必能进行帕累托比较，但这并不是说现行经济体制就不再需要变化。世界经济体制是一个复杂的系统，世界经济环境从未停止过变化。如果只是被动地应付外部环境的变化，而不积极地对现行经济体制进行改革，就只能落得一个悲剧性的结局。即使现在非常有效率的经济体制也有必要考虑该如何准确地把握世界经济环境的变化，并进行相应的制度改革。

然而真正要进行经济体制的改革和转轨却要面临许多困难，青木昌彦认为主要体现在以下几点：第一，经济体制作为一个自我约束的体制具有一定的稳定性，尽管有大大小小的震荡，但仍能在惯性的作用下继续发挥它的机能。一个原先局部最优的体制经过制度改革，要转轨成一个新的局部最优体制需要整体的变化。第二，由于制度间互补性的存在，仅改革一种制度是远远不够的，为了形成协调一致的经济体制，还必须不断进行多项配套制度改革。第三，尽管经济体制改革的必要性已无需多言，但是转轨后的体制到底是个什么样子，一般来说还很不明了，即便事先已经勾画好了体制转轨的蓝图，但在变革的过程中却往往出乎预料。第四，在制度的发展过程中势必产生形形色色的利益集团，对抗利益集团的压力而进行体制的变革会带来政治上的困难。

（2）体制变化的可能性。经济体制作为一个自我约束的体制有赖于每一个行为主体的支持，为了顺利实现经济体制的改革和转轨，必须努力构筑能使人们支持新制度的刺激机制。在这种刺激机制的基础上，制度又是如何变化的呢？青木昌彦用简单的博弈论的框架探讨了体制变化的可能性，具体的体制转轨的办法有：

①个别经济主体所进行的创造性革新以及通过学习和模仿向全社会普及。

②国家的介入和政府对革新、学习及模仿的协调。

③通过和不同的经济体制的接触来促进革新、学习和模仿。

④任体制自由发展直至迎来悲剧性的结局，再从中探寻进化的方向。① 这是在以上办法的基础上，青木昌彦提出的一个源自逆向思维的办法。

需要注意的是以上办法相互之间具有紧密的联系。如政府为了促进各个经济主体革新的创造性而实施相应的措施，为了增进和不同经济体制间的接触而积极地引进外国企业等。20 世纪 80 年代日美两国在汽车产业的组织方式方面差异很大，在和美国经济体制的相互作用中日本创造出了特有的生产方式；而在信息技术上，美国学习日本的企业组织以形成新的企业组织。这样，产业制度的发展在模仿和变革中不断进步。

在以上办法的使用中，经济所处的外部环境和变革对象的制度决定了充分地利用哪一种办法对于体制的变革最为有效。以日本的研究开发为例，在 20 世纪 50—70 年代，新技术几乎全从国外进口，国内仅仅进行改造和完善以强化企业的竞争力。这个时期以国家政府介入和通过与不同经济体制接触来促进革新学习和模仿的办法更有效。如今日本的新技术领域已居世界前列，则以个别经济主体所进行的创造性革新以及通过学习和模仿向全社

① 青木昌彦、奥野正宽：《经济体制的比较制度分析》，中国发展出版社，1999 年版，第 310 页。

会普及的办法更能发挥作用。

（3）制度互补性与经济体制的转轨成本。我们从瑞典的经济体制改革来看制度互补性和转轨成本的关系。福瑞曼（1995）研究表明，瑞典社会民主党执政下经过长期的努力构筑起来的经济体制，是由高所得税和高福利、稳定的就业和高工资以及政治上各阶级合作主义等各项制度相互紧密地支撑而形成的。20世纪80年代以来，由于继续维持这种体制已出现困难，瑞典一直在进行着经济改革，但现在还没有看到所期待的成果。福瑞曼认为其原因就在于，瑞典的各项制度间的互补性很强，如果拿一个制度开刀，新制度就会和其他制度发生摩擦而不能很好地发挥机能。因此，制度改革的成本就比较高。① 这也说明，制度间互补性强的体制改革成本较高，

制度改革怎样才能实现成本最小化呢？比较制度分析认为经济体制改革是一个从局部最优均衡状态调整到另一个局部最优均衡状态的过程，在这个过程中，必须同时调整若干制度。如果经济体制变革的方向较明确，那么伴随着制度改革，就必须考虑社会各个阶层福利的下降幅度以及这将持续多久等。人们在新经济体制将带来的利益与改革所带来的损失相比，更倾向于谋求在较短的时间内实现经济体制的平稳改革。在这个基础上，现在所能考虑的一种办法就是，找出经济体制中最具有影响力的制度结构，从它入手进行改革。这样一来，反而能使各项制度间的互补性为我所用。就像多米诺骨牌一样，推倒第一个骨牌使得所有的骨牌接连倒下去。只要首先改革关键性的制度，其影响就会波及周围的其他制度，从而使改革顺利地进行②。

（4）经济体制转型的两种方式。从比较制度分析的方法论出发，青木昌彦分析了经济体制转型的两种模式：激进方式和渐进方式。青木昌彦认为经济是一个复杂系统，即使某种环境的变化导致经济体制的性能下降，人们一般也无法知道向什么样的体制转型更为理想，而且，假使已经把握住了制度改革的大致方向，规划者也找到了最优的新制度体系并着手实施，人们会发现由于现实的制度是有赖于极其复杂的刺激体系来发挥作用的，实际上它很有可能并不能按照我们所期望的那样发挥作用。

以激进方式改革的如俄罗斯，随着计划体制的解体，采取了一举建立市场经济的大爆炸式的转变，准备一下子实行北美式市场经济化，设立了国民能够自由地进行股票交易的股票市场，以期实现高效率的企业经营。但是，在计划经济末期，政府当局为克服中央计划经济的局限性，已经将相当一部分权限下放给企业经营者；职工对企业也不仅在雇佣方面，而且在医疗、教育、养老金等福利收益方面享受着巨大的既得权益。由于这些既得权益者的反对，最初的改革计划被迫妥协。结果，在私有化了的企业中，大多形成了经营者、职工持有一半以上股票的内部人控制局面，引进市场经济并没有取得预期的成果。这说明在进行大幅度经济改革的时候，即使总的方向已经确定，在旧体制下形成的各种习惯做法和模式以及习惯势力还在继续发挥作用，制度改革的效果无法确知，所以初期的大规模举动具有很大的风险。

以渐进方式改革的如中国，采取了一边继续利用原有的制度，一边进行金融改革的做

---

① 青木昌彦、奥野正宽：《经济体制的比较制度分析》，中国发展出版社，1999年版，第312页。

② 青木昌彦、奥野正宽：《经济体制的比较制度分析》，中国发展出版社，1999年版，第312页。

法。在各地设立经济特区，不断反复地试验，逐步引进市场经济，改革呈现出良好的态势，这种改革方式也得到许多经济学家的肯定和认同。中国的经济改革不是一次性地改革所有的制度，而是根据实际状况一步步地进行。这种视实际状况不断进行调整的渐进主义更为安全，同时也是降低社会成本的方法。但是渐进方式同样要考虑到制度间的互补性，以及惯性所发挥的巨大作用，在初期必须同时进行若干制度的改革。为此应先确定好互补性的根源所在的制度环，由此入手才能够顺利地过渡到对其他制度的变革。青木昌彦认为渐进式方案将每个制度一个一个地加以改革，而还没改革的制度具有惯性，可能会使改革在一定阶段停滞不前。不过，"多米诺骨牌"战略的有效性使我们相信确定各种制度中位于最基础部位的制度结构，并改革这些基础结构，像倒多米诺骨牌那样地对相互关联的结构进行改革，可以化解由于制度的互补性存在的问题。

第五节　制度分析中的经济转型

上一节我们运用比较制度分析方法对经济转型问题从理论上进行了简单的阐述，本节我们来论述制度变迁理论，从其他的角度来分析这一经济生活中的重大现象。

一、经济转型成本

当今世界不少国家正在进行的经济转型被认为是20世纪最重要的经济事件之一，在这一事件的不断发展变化中，经济转型问题成为最近十几年理论研究的热点，而对制度的关注使新制度经济学的有关理论成为这一研究领域的主要工具，其中以制度变迁理论影响较大。我国研究经济转型的理论有人称为过渡经济学，即研究如何从计划经济向市场经济转变的经济学理论。这一理论可以被视为制度变迁理论的一个分支。① 经济学研究的重点也逐步转向并强化了制度经济学的观点，从强调市场和价格理论转为强调合同行为以及合同行为的法律、社会和政治环境，强调成功的经济由各种制度支撑，强调任一时刻当事人的制度环境及其演化。要理解转型，人们必须理解大规模制度变迁的动态过程，改革的势头是怎样产生的，制度结构又如何演化，改革的势头怎么会消失，又怎么会陷入无效率的制度结构的困境。转型迫使人们以动态而不是静态的方式去思考制度结构。②

制度变迁的成本主要指一项新的制度安排的设计及其实施所产生的费用或损失，有人将转型成本分为直接费用和间接费用，直接费用指新制度安排的酝酿、设计和实施费用，间接费用指新制度安排实施以后的风险费用和非帕累托改进中一部分人的既得利益的损失③。张仁德的《新比较经济学研究》中对转型成本进行了详细的分类，其中按改革转型的进程分为五类，对转型成本作了很好的概括。（1）组织成本。指新制度安排替代旧制度的过程中进行规划和设计，按照一定程序使之得以建立并准备投入实施所产生的费用。（2）实施成本。指为确保制度顺利推进而支付的成本，包括由于信息和知识不完全、

① 盛洪主编：《中国的过渡经济学》，上海三联书店，上海人民出版社，1994年版。

② 罗兰：《转型与经济学》，北京大学出版社，2002年版，第6页。

③ 张仁德：《新比较经济学研究》，人民出版社，2002年版，第434页。

制度预期不稳定所造成的效率损失。(3) 摩擦成本。指由转型的社会阻力或因社会上某些利益集团对制度变迁的抵触和反对所造成的时间和物质的耗费。(4) 随机成本。由于经济体制变革的不确定性可能发生某些随机事件，从而加大制度变迁成本甚至使变迁无法进行。(5) 目标成本。指在转型中政府、企业和个人的实际收益低于预期收益的差额或实际支出高于预期支出的差额。

二、经济转型比较：激进式和渐进式

在经济转型中引起争议最大的是转型的顺序和速度，理论界提出以这两个问题为主要表现的两种理论观点：激进式转型和渐进式转型。这两种观点有许多提法，前者人们也称为华盛顿共识、大爆炸（big-bang）、休克疗法（shock-therapy）；后者人们也称为渐进制度或增量主义观点。这样大致的划分从某种意义上更多是理论研究的方便，因为这两种观点中有许多方面已达成了重大的共识，而且，如罗兰所说，“多数研究者不完全知道他们自己的转型的观点属于哪一种”。

1. 两种改革的比较

华盛顿共识是在20世纪80年代末中欧和东欧转型过程的初期提出的以自由化和私有化为核心的经济政策主张，这一主张对大多数转型国家（其中中国是最大的例外）的影响颇深，这一主张因得到设在华盛顿的世界银行、国际货币基金组织和美国财政部的首肯而得名。

罗兰认为，华盛顿共识的理论基础主要来自：标准的新古典价格理论；标准的宏观经济学和宏观稳定性政策的经验；比较经济体系的大量知识，这些知识强调了经济系统的组成制度之间的互补性以及中欧和东欧局部改革的令人失望的教训。

渐进式转型观点在转型之初属于少数派，但中国改革的成功经验使之得到越来越多的支持。中国没有接受华盛顿共识的建议，而是以实用的方式走具有中国特色的转型之路，这给渐进式转型观点提供了一个很好的成功案例。这一观点的理论基础主要来自：现代微观经济学所提供的制度观点；非合作博弈论的方法论；经济学的演进方法的理论；哲学上的怀疑论，受哈耶克和波普的影响，特别强调对经济与社会系统及其转变的相对无知，强调社会演进的不确定性。

在东欧改革家中也出现了两种截然不同的学派：渐进式改革与激进式改革。主张渐进式改革的人认为，人们对于快速的变革缺乏准备，他们会抵制甚至反抗，或者他们会对改革不感兴趣。他们认为，无论是个人、家庭，还是整个社会都不能一下子接受剧变。主张激进式改革的人认为，缓慢的渐进式改革将会使反对派积聚力量，同时延长由于改革而引起的心存疑虑的时间。他们认为不彻底的改革措施更有可能使人们失去对市场自由体系的信任。①

按照萨克斯本人的解释，“休克疗法”（或激进式改革）的主要内容是：(1) 采取严格的货币紧缩政策，严格控制全社会的货币和信贷规模，削减财政补贴，减少财政赤字，以此抑制社会总需求，强制地消除总供给和总需求之间的缺口，并以此遏制通货膨胀的发

① 詹姆斯·A. 道等编著：《发展经济学的革命》，上海三联书店，2000年版，第272~273页。

展。(2) 放开价格，取消价格补贴，形成市场供求决定的价格体系。(3) 实现货币自由兑换，取消对外贸易的限制，建立自由贸易体制，从国外“进口”一个真实的价格体系。(4) 取消经济控制，尽快打破某些行业垄断，放弃对私有部门的各种限制。(5) 尽快实行私有化，改造国有企业，建立以私有制为基础的混合经济（萨克斯，1993）。

简单地讲，“休克疗法”是由三部分组成的：稳定宏观经济、经济自由化和私有化。三者之间，稳定宏观经济是必要条件，私有化是基础，而经济自由化是核心，三者构成一个完整的体系，追求在尽量短的时间内三者同时实现。

渐进式改革的特征可以概括为以下几个方面：(1) 渐进式改革是先试点后推广。即国家先在某一部门，或某一地区，或某一类企业试点，一旦成功后再在全国推广。但是这种改革有一个缺陷，由国家给予优惠政策或承担一部分改革成本的试点往往受财力的限制，一部分改革不可能在全国推广。(2) 渐进式改革经常选择双轨制改革方案。(3) 渐进式改革是一种自上而下的强制性制度变迁的过程。(4) 渐进式改革是一种倾斜式改革。为了减少改革的阻力和集中财力改革，渐进式改革会选择倾斜式改革方式，即选择那些旧体制的影响较小，又有建立新体制条件的地区作为改革的突破口。(5) 渐进式改革是一种增量改革、边际改革。也就是在保留、改革旧体制的同时，不断地引入新体制因素。

与激进式改革不同，渐进式改革是“摸着石头过河”。在它的开始阶段，可以进行具有地方特色的试验，当试验成功后就扩大试验范围。也就是先试验后推广，先局部后整体。关于渐进式改革与激进式改革的区别，主要可以概括为这样几个方面：

第一，从改革的内容上看，两种改革方式在稳定宏观经济上没有什么大的差别，其差别主要表现在所有制改革和经济自由化上。从所有制改革方面看，激进式改革主张尽快实行私有化，建立以私有制为基础的混合经济；而渐进式改革则是在进行国有企业改革的同时，大力发展包括私有制在内的非公有制经济，建立以公有制为基础的多种所有制形式并存的混合经济。从经济自由化方面看，激进式改革主张快步进行，一步到位，如尽快放开价格、实现货币自由兑换及取消经济控制等；而渐进式改革则主张分阶段进行，逐步到位，如价格改革并不是一步到位，而是实行双轨价格，在放松管制和经济控制上也是逐步进行，一个行业一个行业地推进，一个地方一个地方地进行。其中，最本质的差别是在所有制改革的方向或取向上不一样。

第二，从改革的哲学和理论基础来看，激进式改革者认为“跨越深渊时不可能用两步”，而渐进式改革者认为应“摸着石头过河”。其实这两种比喻并不是对立的，它们可以分别适应不同的情况。这两种改革方式最主要的差别主要体现在意识形态和理论基础上。激进式改革的意识形态取向是资本主义，其经济学理论基础是在西方占主流地位的新古典经济学。而渐进式改革的意识形态取向是社会主义，其经济学理论基础是马克思主义经济学，不过在其改革过程中又有选择地吸收了一些经济学流派的观点，如新制度经济学、产权经济学及公共选择学派的观点和方法。

第三，从改革的过程来看，这两种改革方式在改革的顺序、改革中的“破”与“立”、改革的可逆性、改革的速度、改革中的试验、改革的设计及改革中经济的“二元”性上都存在差异（默雷尔，1992）。激进式改革强调经济的迅速自由化作为改革的第一步，其逻辑起点是“资源配置”的效率，这样能避免经济系统中的不同部门面临不同的环境，服从不同的规则，由此形成的扭曲能得以消除；相反，渐进式改革以“信息处理”理论为起点，在其看来，现存的组织的信息倾向于旧的体制，而新的组织具有的信息倾向于新的体制。这样产生了两种相反的需求，一方面，一些现有的制度必须保留，改革的速度必须渐进，以免旧的组织的生产能力迅速崩溃；另一方面，必须大力鼓励边界企业的进入。这就不可避免地导致二元体制或“双轨体制”的形成。

从理论的逻辑完整性来看，渐进式改革远没有激进式改革那么完整。世界银行曾分析为什么绝大多数中东欧国家没有选择渐进式改革道路。首先，以前这些国家（包括前苏联在内）尝试的部分改革未能提高效率，其主要原因是范围太小，不足以刺激人们的积极性。其次，渐进主义之所以不能成为中东欧国家和前苏联改革的方式还有一个更重要的原因，即到20世纪80年代后半期，苏联的计划经济从内部瓦解了。1986年，苏联发生了政治松动和经济重组。随着计划贸易体制的瓦解及苏联的解体，经济互助委员会成员国之间的贸易量和苏联各共和国之间的贸易量下降了70%。这种混乱的局面和分崩离析的经济以及急剧削弱的政府使渐进的改革无法进行。对这些国家来说，激进的方案是唯一可行的选择。此外，政治、历史、文化和地理等非经济因素也是影响改革方式选择的重要因素（世界银行，1996）。

具有讽刺意味的是，建立在西方主流经济学基础上的激进式改革并没有给选择这种改革方式的国家带来持续的经济增长，反而是选择了渐进式改革的中国经济呈持续增长的态势。20世纪80年代后期，西方不少经济学家认为，中国所走的局部改革道路似乎已经进入一种半途而废的两难处境：产权改革严重滞后，制度创新严重短缺。后来中国持续的增长与所谓不完全改革的事实被许多经济学家认为难以用西方主流经济学的原理加以说明，也不符合正统经济学的逻辑。这种不一致的局面被英国的诺兰（1993）称为“中国之谜”。值得指出的是，选择不同的制度变迁方式是由各国的具体情况决定的，只要是约束条件下的最佳选择就是可行的。

但是，中国选择渐进式改革是要付出一定代价的，也面临着一些新的问题。其中的一个重要问题就是分阶段的渐进式改革及其新旧体制的摩擦和矛盾为各种权钱交易、腐败之类的寻租活动留下了体制性空间。

2. 转型的顺序比较

罗兰建立了一个模型来分析改革的最优顺序问题，模型讨论了预期结果、风险及支持者三种不同情况下的改革顺序①。通过分析总和不确定和互补性条件下渐进主义与大爆炸之间的权衡取舍，认为在大爆炸和渐进主义之间存在可能的事前/事后权衡取舍，与大爆炸相比，渐进主义有较高的事前可接受性，但其事后不可逆转性较低，因此改革的顺序对保证渐进主义方案的完好无缺和高质量至关重要，既可能推动改革也可能阻碍改革。渐进方式强调依靠试验的灵活性，以适当的顺序开展改革，也许会把不起作用的改革加以逆转并尝试其他改革方式。

渐进制度观点认为改革的顺序决定局部改革的成败，有些局部改革可能导致改革过程的停滞不前甚至不必要的倒退，但以其他的局部改革为起点却可能推动改革的进行。如中

① 具体的数学模型请参阅罗兰的《转型与经济学》的2.5节。

国的非集体化的成功推动了国有部门改革①；斯蒂格利茨就认为“中国把建立广泛的激励机制和市场改革置于私有化之前”，这是有道理的。② 而华盛顿共识反对局部改革，认为任何局部改革都会为特定集团创造寻租的机会，进一步的改革会对这些人造成威胁，产生反对改革的利益集团，从而阻碍改革的进行。

渐进制度观点承认改革的互补性的重要性，但认为改革的顺序可能产生继续改革的动力。引进世界上“实行得最好”的制度并不是改革成功的必要条件，而试验的灵活性对防止陷入难以改变的低效率制度也是重要的，并认为最初建立的转型制度仅仅是初始条件，仍要向更完善的制度演进。

3. 转型的速度比较

在转型的速度的问题上，最突出的体现是对自由化的不同观点。华盛顿共识认为，为了打破政府权力和迅速启动市场，要通过大规模私有化尽快把产权转移到私人手中，他们相信市场可以保证有效率的产权再出售。而渐进制度观点认为金融机构和市场发育不完善是不可避免的，其演进需要时间，这就难以保证产权的有效再出售。因此渐进制度观点强调私有部门的有机发展，对大型企业的私有化不强调快速，而是强调对外部人竞争性出售产权，从而使产权从国家手中有效地转移。斯蒂格利茨为渐进式改革的优越性提出了两个理由：第一是在政府承诺不会中途放弃改革的情况下，渐进式改革有利于政府选择成功系数较大的领域进行改革，投资者会对此做出理性预期，并形成良性循环。第二是渐进式改革有利于促进学习过程，这个学习过程是指个人必须学会如何对市场信号做出反应，而组织必须学会如何适应新的环境，用这个解释可以分析中国转型初期采用的价格双轨制如何通过边际操作，避免放开所有价格可能引起的大混乱。渐进式转型可以避免“信息超载”问题，使学习遵循循序渐进的一般原则，同时也可避免在激进式转型中组织遭到破坏必然会产生的信息损失③。

在对待低效率的国有企业的态度上，华盛顿共识认为必须迅速实现私有化以防止资产流失，尽可能迅速地关闭不盈利的工厂和企业。而渐进制度观点认为应在考虑政治约束的条件下限制和逐步缩小国有企业，硬化预算约束。重点在于更多地发展壮大新的私有部门，吸收国有部门的工人，逐步缩小国有部门。

4. 经济转型中的企业与政府

如何促进企业作为经济转型中的微观基础的建设，如何界定转型过程中政府的作用和范围，这是经济转型中的重要问题，人们已对此作了大量研究。以下从政府对经济的干预、企业对政府的控制程度及腐败、政府的组织结构改革等角度来看政府与企业的关系。

（1）政府对经济的干预。在从计划经济向市场经济转型过程中，所有权改革的作用很大程度上是减少政府对企业的直接干预，增强对企业的激励。华盛顿共识强调政府不干

---

① 罗兰：《转型与经济学》，北京大学出版社，2002 年版，第 313 页。

② 斯蒂格利茨：《社会主义向何处去——经济体制转型的理论与证据》，吉林人民出版社，1998 年版，第 298 页。

③ 斯蒂格利茨：《社会主义向何处去——经济体制转型的理论与证据》，吉林人民出版社，1998 年版，第 300~301 页。

预市场，市场自发地发展；渐进制度观点则特别强调订立合同的制度环境：最低限度的法律环境，产权的安全与执法，政治稳定，便利搜寻的商务和市场网络的建立，对长期商务关系的专用性投资的发展等①。这就是说政府在制度变迁中的作用主要是修改、完善基础性制度安排，创造企业发展的制度环境。制度变迁的理论说明，制度变迁是一个从均衡到非均衡再到均衡的过程，政府作为一种政治组织在影响制度变迁路径和经济绩效方面有重要作用。而转型成功的实践也表明，政府在市场化经济的转型中仍需要保持一定时期和一定范围的控制。相对成熟的自由化市场经济而言，在转型过程中政府对市场和企业的干预都存在，而且其方式和范围都不同。随着改革的推进，政府干预的方式和范围在变化，干预的总体水平也在减弱。但转型过程并不能等同政府干预强度降低的过程，如斯蒂格利茨所说的“向市场经济过渡并不是要弱化而是要重新界定政府的作用”②。

（2）企业对政府的控制程度及腐败。在经济转型中存在着许多的利益集团，某些利益集团能够通过政治的或其他渠道左右改革，他们可能通过非法的私下交易对政府政策形成施加影响，这种既得利益集团对政府的控制被称为“政府被控”（state capture）。政府被控的国家经济改革进展缓慢甚至停滞，严重阻碍制度的发展。强势企业通过对政府的控制来扭曲改革政策，同时，某些企业或个体通过行贿来控制或影响改革的进行。企业出于各种目的行贿公共部门官员以获取直接的私人收益，行贿是企业的一种非正常税，产生和发展源于管理体制的虚弱。③ 关于腐败，寻租经济学作了深刻的分析，也有人通过成本—收益分析得出结论认为在制度安排有缺陷的情况下，公务员作为经济人的理性选择就是腐败④。

（3）政府的组织结构改革。华盛顿共识强调缩小政府的规模，并不十分重视政府改革问题。而渐进制度观点则强调政府激励机制的改变。由于政府、政府机构和政府官员可能掠夺市场和私有部门，而且可能被垄断组织或其他利益集团所控制，有必要对政府组织机构作适当的改革，从而使私有部门和政府官僚之间产生更多的一致的利益。在这方面从中俄的比较可以得到启发。中国政府的分权化产生了财政竞争等各种形式的竞争，它们对转型环境下的改革有正面影响。中国上下级政府之间的财政合同非常接近最优激励机制合同，其中下级政府是边际税收的完全剩余索取人。这使得地方政府的利益和发展私有经济部分一致。地区之间的指标竞争也加强了政府官员的激励机制。俄罗斯国有企业的私有化进程非常迅速，但政府机构改革却被忽略。在财政上，俄罗斯税收增加的很大部分由上级政府拿走，地方政府没有动力去发展私有经济，政府官员对掠夺私有经济的行为也不承担消极后果。

---

① 罗兰：《转型与经济学》，北京大学出版社，2002年版，第310页。

② 斯蒂格利茨：《社会主义向何处去——经济体制转型的理论与证据》，吉林人民出版社，1998年版，第88页。

③ 赫尔曼、施克曼：《转轨国家的政府干预、腐败与政府被控》，《经济社会体制比较》，2002年第5期。

④ 胡鞍钢、过勇：《公务员腐败成本—收益的经济学分析》，《经济社会体制比较》，2002年第4期。

◎思考题

1. 解释下列名词。

比较制度分析　　纳什均衡　　博弈域　　华盛顿共识　　经济转型成本

2. 简述比较制度分析产生的背景。
3. 简述比较制度分析的主要方法。
4. 谈谈对比较分析法和历史分析法的理解。
5. 为什么制度间的互补性强的体制的改革成本较高？
6. 论述如何从企业层次出发来动态地考察经济体制的多样性与进化。
7. 试分析比较激进式和渐进式两种经济转型方式的区别。

主要参考文献

[1] 巴泽尔．产权的经济分析．上海：上海三联书店，1997.
[2] 巴泽尔．国家理论——经济权利、法律权利与国家范围．上海：上海财经大学出版社，2006.
[3] 诺思．国家经济角色的昨天、今天与明天//斯蒂格利茨．政府为什么干预经济——政府在市场经济中的角色．北京：中国物资出版社，1998.
[4] 诺思．经济史中的结构与变迁．上海：上海三联书店，1991.
[5] 诺思．新制度经济学及其发展//孙宽平．转轨、规制与制度选择．北京：社会科学文献出版社，2004.
[6] 肖特．社会制度的经济理论．上海：上海财经大学出版社，2003.
[7] 德勒巴克．新制度经济学前沿．北京：经济科学出版社，2003.
[8] 迪克西特．经济政策的制定：交易成本政治学的视角．北京：中国人民大学出版社，2004.
[9] 科斯，诺思等．制度、契约与组织：从新制度经济学角度的透视．北京：经济科学出版社，2003.
[10] 青木昌彦．比较制度分析．上海：上海远东出版社，2001.
[11] 卢瑟福．经济学中的制度：老制度主义和新制度主义．北京：中国社会科学出版社，1999.
[12] 奥尔森．集体行动的逻辑．上海：上海三联书店，1995.
[13] 诺思．制度、制度变迁与经济绩效．上海：上海三联书店，1994.
[14] 卢现祥．论制度变迁中的制度供给过剩问题．经济问题，2000（10）.
[15] 奥尔森．权力与繁荣．上海：上海世纪出版集团，2005.
[16] 克拉格．制度与经济发展——欠发达和后社会主义国家的增长与治理．北京：法律出版社，2006.
[17] 诺思．诠释人类历史的一个概念性框架//吴敬琏．比较（第30辑）．北京：中信出版社，2007.
[18] 柯武刚，史漫飞．制度经济学——社会秩序与公共政策．北京：商务印书馆，2000.
[19] 罗兰．转型与经济学．北京：北京大学出版社，2002.
[20] 青木昌彦，奥野正宽．经济体制的比较制度分析．北京：中国发展出版社，1999.
[21] 斯蒂格利茨．社会主义向何处去——经济体制转型的理论与证据．长春：吉林人民出版社，1998.
[22] 纳尔逊，温特．经济变迁的演化理论．北京：商务印书馆，1997.

[23] 科斯等．财产权利与制度变迁：产权学派与新制度学派译文集．上海：上海三联书店，1991.
[24] 格鲁奇．比较经济制度．北京：中国社会科学出版社，1985.
[25] 汪丁丁．制度分析基础．北京：中国社会科学文献出版社，2002.
[26] 张仁德．新比较经济学研究．北京：人民出版社，2002.
[27] 张军．“双轨制”经济学：中国的经济改革（1978—1992）．上海：上海三联书店，1994.
[28] 盛洪．中国的过渡经济学．上海：上海三联书店，上海人民出版社，1994.
[29] 韩毅．比较经济体制研究的新方法．经济社会体制比较，2002（1）.
[30] 胡鞍钢，过勇．公务员腐败成本—收益的经济学分析．经济社会体制比较，2002（4）.
[31] 马乌．转轨与发展：俄罗斯的10年．经济社会体制比较，2002（4）.
[32] 赫尔曼，施克曼．转轨国家的政府干预、腐败与政府被控．经济社会体制比较，2002（5）.
[33] 贾根良．制度主义与比较经济学的新发展．经济社会体制比较，2002（5）.
[34] 诺思．西方世界的兴起．北京：学苑出版社，1988.
[35] 巴罗．经济增长的决定因素：跨国经验研究．北京：中国人民大学出版社，2004.
[36] 菲尔德．利他主义倾向——行为科学、进化理论与互惠的起源．长春：长春出版社，2005.
[37] 曾荣湘．走出囚徒困境——社会资本与制度分析．上海：上海三联书店，2003.
[38] 艾克斯罗德．对策中的制胜之道——合作的进化．上海：上海人民出版社，1996.
[39] 阿兰·斯密德．制度与行为经济学．北京：中国人民大学出版社，2004.
[40] 艾克纳．经济学为什么还不是一门科学？．北京：北京大学出版社，1990.
[41] 威布尔．演化博弈论．上海：上海三联书店，2006.
[42] 诺思．制度研究的三种方法//柯兰德．新古典政治经济学——寻租和DUP行动分析. 长春：长春出版社，2005.
[43] 青木昌彦，金滢基，奥野-藤原正宽．政府在东亚经济发展中的作用：比较制度分析. 北京：中国经济出版社，1998.
[44] 施莱弗，维什尼．掠夺之手——政府病及其治疗．北京：中信出版社，2004.
[45] Barzel. The firm：Its internal structure and size. Washington University Workingpaper，2006.
[46] Daron Acemoglu，Pilippe Aghion，Rachel Griffith，et al.．Vertical integration and technology：Theory and evidence. Department of Economics MIT，2004.
[47] Furubotn，Richter. Institutions and economic theory. Michigan：The University of Michigan Press，2001.
[48] Knight. Risk，uncertainty ，and profit . New York：A. M. Kelley，1921.
[49] Krishnamurthy Subramanian. How do firm capabilities affect Their boundary decisions：Theory and evidence. Chicago University Working Paper，2004.

[50] Laura Poppo, Odd Zenger. Testing alternative theories of the firm: Transaction cost, knowledge-based, and measurement explanations for make-or-buy decisions in information services. Strategic Management Joural, 1998 (19).

[51] Nicolai J. Foss, Peter G. Klein. The theory of firm and its critics: A stocktaking and assessment. University of Missouri Working Paper, 2005.

[52] Oliver Hart, John Moore. Property rights and the nature of the firm. PE, 1990 (6).

[53] Sanford Grossman, Oliver D. Hart. The cost and benefit of owership: A theory of vertical and lateral integration. PE, 1986 (4).

[54] Williamson, Oliver E.. The economic institute of capitalism. New York: Free Press, 1985.

[55] Williamson, Oliver E.. Why law, economics, and organization. University of California Berkeley, 2000.

[56] Williamson, Oliver E.. The lens of contract: Private ordering. University of California Berkeley, 2002.

[57] Williamson, Oliver E.. The economics of governance. University of California Berkeley, 2004.

[58] Aoki Kenichi. A quantitative genetic model of reciprocal altruism: Condition for kin or group selection to prevail. Proceedings of the National Academy of Sciences, 1983.

[59] Axelrod Robert, Riolo, Rick L., Cohen, Michael D.. Beyond geography: Cooperation with persistent links in the absence of clustered neighborhoods. Personality and Social Psychology Review, 2002 (6).

[60] Boyd Robert, Lorberharm, Jeffrey P.. No pure strategy is evolutionary stable in the repeated prisoner's dilemma game. Nature, 1987 (6).

[61] Boyd Robert, Richerson Peter. Group beneficial norms can spread rapidly in a structured population. Journal of Theoretical Biology, 2002, 215.

[62] Bowles Samuel, Gintis Herbert. Origins of human cooperation. Genetic and Cultural Evolution of Cooperation. Cambridge Mass: MIT Press, 2003.

[63] Bowles Samuel, Gintis Herbert. The evolution of strong reciprocity: Cooperation in heterogeneous populations. Theoretical Population Biology, 2004, 65.

[64] Brandt Hannelore, Sigmund Karl. The logic of reprobation: Assessment and action rules for indirect reciprocity. Journal of Theoretical Biology, 2004, 231.

[65] Brandt Hannelore, Sigmund Karl. Indirect reciprocity, image scoring, and moral hazard. Proceedings of the National Academy of Sciences, 2005.

[66] Fehr Ernst, Henrich Joseph. Is strong reciprocity a maladaptation? On the evolutionary foundations of human altruism. Genetic and Cultural Evolution of Cooperation. Cambridge Mass: MIT Press, 2003.

[67] Fehr Ernst, Fischbacher Urs. Third party punishment and social norms. Evolution and Human Behavior, 2004, 25.

[68] Feldman, Marcus W. , Cavalli-Sforza, Reck, Joel R. . Gene-culture coevolution: Models for the evolution of altruism with cultural transmission. Proceedings of the National Academy of Science, 1985.

[69] Gintis Herbert. The hitchhiker's guide to altruism: Gene-culture co-evolution, and the internalization of norms. Journal of Theoretical Biology, 2003, 220.

[70] Henrich Joseph, Boyd Robert. The evolution of conformist transmission and the emergence of between-groups differences. Evolution and Human Behavior, 1998, 19.

[71] Henrich Joseph, Boyd Robert. Why people punish defectors? Weak conformist transmission can stabilize costly enforcement of norms in cooperative dilemmas. Journal of Theoretical Biology, 2001, 208.

[72] Imhof, Lorens A. , Fudenberg Drew, Nowak Martin. From the cover: Evolutionary cycles of cooperation and defection. Proceedings of the National Academy of Sciences, 2005.

[73] Kaplan Hillard, Gurven Michael, Hill Kim, et al. . The natural history of human food sharing and cooperation—A review and a new multi-individual approach to the negotiation of norms. The Moral Sentiments and Material Interests: On the Foundations of Cooperation in Economic Life. MIT Press, 2001.

[74] Milinski Manfred, Semmann Dirk, Bakke Krambeck, et al. . Cooperation through indirect reciprocity: Image scoring or standing strategy? . Proceedings of Royal Society Lond, 2001.

[75] Milinski Manfred, Semmann Dirk, Bakke Krambeck, et al. . Reputation helps solve the tragedy of the commons. Nature, 2002, 415.

[76] Nowak Martin, Sigmund Karl. Evolution of indirect reciprocity by image scoring. Nature, 1998, 393.

[77] Nowak Martin, Sasaki Akira, Taylor Christine, et al. . Emergence of cooperation and evolutionary stability in finite populations. Nature, 2004, 428.

[78] Panchanathan Karthik, Boyd Robert. A tale of two defectors: The importance of standing for evolution of indirect reciprocity. Journal of Theoretical Biology, 2003, 224.

[79] Panchanathan Karthik, Boyd Robert. Indirect reciprocity can stabilize cooperation without the second-order free rider problem. Nature, 2004, 432.

[80] Rabin Matthew. Incorporating fairness into game theory and economics. American Economic Review, 1993, 83.

[81] Richerson Peter, Boyd Robert, Henrich Joseph. Cultural evolution and human cooperation. Genetic and Cultural Evolution of Cooperation. Cambridge Mass: MIT Press, 2003.

[82] Sethi Rajiv Somanathan. The evolution of social norms in common property resource use. American Economic Review, 1996 (9).

[83] Sethi Rajiv Somanathan. Norm compliance and reciprocity, moral sentiments and material interests: On the foundations of cooperation in economic life. Cambridge Mass: MIT Press, 2003.

[84] Sigmund Karl. Complex adaptive systems and the evolution of reciprocation. Modeling Complex Systems. American Institute of Physic, 2001.
[85] Tranlser Arne, Nowak Martin. Evolution of cooperation by multilevel selection. Proceedings of the National Academy of Sciences, 2006 (7).
[86] Barzel. Transaction cost and contract choice. Washington University Working Paper, 2002.

21世纪经济学系列教材

- 管理经济学
- 产业经济学
- 发展经济学概论
- 新制度经济学
- 国际贸易学
- 国际投资学
- 环境经济学
- 国际经济学
- 保险学
- 产业结构理论与政策
- 区域经济学